शिक्षा मनोविज्ञान
(Educational Psychology)

शिक्षा मनोविज्ञान

(Educational Psychology)

लेखक

डॉ. जी. एस. असवाल

एम. एस-सी., एम.एड., डी. फिल

प्राचार्य, अध्यक्ष : शिक्षा विभाग

गढ़वाल विश्वविद्यालय, परिसर

टिहरी-गढ़वाल, उ. प्र.

वाणी प्रकाशन

वाणी प्रकाशन

ज्ञान के विविध आयामों के प्रकाशक

वाणी प्रकाशन का 'लोगो' विख्यात चित्रकार मक़बूल फ़िदा हुसेन की कूची से

वाणी प्रकाशन, 4695, 21-ए, दरियागंज, नयी दिल्ली-110002
वाणी प्रकाशन, अशोक राजपथ (पटना कॉलेज के सामने), पटना (बिहार)

SHIKSHA MANOVIGYAN
by G.S. Aswaal
Educational Psychology

ISBN : 978-93-5000-119-6

संस्करण : 1993
द्वितीय संस्करण : 2009

मूल्य : 450/-

वाणी प्रकाशन
फोन : 0091#11#23273167, 23275710
फैक्स : 0091#11#23275710
वेबसाइट : www.vaniprakashan.in
ई-मेल : vaniprakashan@gmail.com
vani_prakashan@yahoo.com

जयभारत प्रिंटिंग प्रेस द्वारा दिल्ली-110032 में मुद्रित

प्राक्कथन

पाठ्यवस्तु की विस्तृत जानकारी प्राप्त करने के उद्देश्य से यह पुस्तक लिखी गई है। यदि कहीं पर मनोविज्ञान का जिक्र होता है तो शिक्षित वर्ग में इसके महत्त्व को समझने तथा जानने की उत्सुकता बढ़ जाती है। मन में व्यवहार के विभिन्न पक्षों को समझने की कल्पना जाग्रत हो जाती है। शैक्षिक मनोविज्ञान के इस महत्त्व को पाठक ध्यानपूर्वक अध्ययन करने की जिज्ञासा रखता है। यद्यपि इस संस्करण में कुछ सीमित अध्याय ही सम्मिलित किए गए हैं परन्तु जो कुछ भी लिखा गया है उससे छात्रों को अवश्य लाभ होगा। इस बात का भी प्रयत्न किया गया है कि विषयवस्तु की भाषा सरल एवं बोधगम्य हो। स्नातक एवं स्नातकोत्तर कक्षाओं के लिए अध्याय लाभदायक सिद्ध होंगे, यह मेरा विश्वास है। छात्र विषय का पूर्ण ज्ञान प्राप्त कर उसे संक्षिप्त रूप में प्रस्तुत कर सकते हैं। तात्पर्य यह है कि विषयवस्तु के अधिक व्यापक एवं व्यावहारिक होने से विद्यार्थियों की शैक्षिक आवश्यकताओं की पूर्ति हो सकती है।

मैं उन समस्त लेखकों की कृतियों के प्रति आभारी हूँ जिनका उल्लेख इस पुस्तक में किया गया है। मेरा पाठकों से अनुरोध है कि लेखन की कमियों और त्रुटियों से अवगत कराएँ ताकि आवश्यक सुधार किएँ जा सकें।

—डॉ० जी० एस० असवाल

विषय-सूची

अध्याय 1

शिक्षा और मनोविज्ञान
(EDUCATION AND PSYCHOLOGY)

शिक्षा मनोविज्ञान का वास्ततिक अर्थ समझने के लिए शिक्षा एवं मनोविज्ञान को अलग-अलग जानना आवश्यक है। मनोविज्ञान के क्रियात्मक पक्ष को शिक्षा में प्रयोग करना, शैक्षिक जगत के विकास की एक महत्त्वपूर्ण उपलब्धि है। रूसो, हर्बाट, फ्रोबेल इत्यादि कई विद्वानों ने शिक्षा मनोविज्ञान के क्रियात्मक स्वरूप की विस्तृत रूपरेखा तैयार कर विकास-प्रक्रिया में एक क्रान्तिकारी परिवर्तन किया। सन् 1880 में मनोविज्ञान की एक नई शाखा, शिक्षा मनोविज्ञान की स्थापना हुई, जिसमें शैक्षिक परिस्थितियों में स्थित मानव के व्यवहार का विस्तृत अध्ययन किया जाता है, क्योंकि शिक्षा एवं मनोविज्ञान एक-दूसरे के परिपूरक हैं। अतः दोनों शब्दों की विस्तृत व्याख्या करना आवश्यक है।

शिक्षा क्या है ?

प्राणी जन्म से लेकर जीवनपर्यन्त कुछ-न-कुछ सीखता ही रहता है। मनुष्य की अन्तर्निहित शक्तियाँ, मूल प्रवृत्तियाँ, कार्यकुशलता, रुचि आदि सभी का अधिगम से प्रत्यक्ष सम्बन्ध है। उचित वातावरण में सीखने की विकास प्रकिया अधिक स्थिर एवं अग्रणीय संभव हो जाती है। व्यक्तित्व की आन्तरिक शक्तियों का विकास करने का प्रमुख कारक शिक्षा है। बालक के व्यवहार में अपेक्षित परिवर्तन शिक्षा प्रक्रिया द्वारा ही किया जा सकता है, जिससे मनुष्य एवं समाज का निर्माण किया जा सके। शिक्षा का वास्तविक उद्देश्य मानवीय गुणों का विकास करना, ज्ञान एवं अनुभव में सर्वसम्पन्नता एवं अन्तर्निहित शक्तियों का समुचित विकास करना है। प्रसिद्ध शिक्षाशास्त्रियों ने शिक्षा की परिभाषा में इन्हीं प्रत्ययों को आधार माना है। कुछ महत्त्वपूर्ण परिभाषा निम्न प्रस्तुत की गई हैं—

(1) **गांधी** (Gandhi)—"शिक्षा से मेरा अभिप्राय बालक एवं मनुष्य में शरीर, मस्तिष्क एवं आत्मा के सर्वोत्तम अंश की अभिव्यक्ति है।"

"By education I mean, an alround drawing out of the best in child and man's body, mind and spirit."

(2) **टी० पी० नन** (T.P. Nunn)—"शिक्षा व्यक्तित्व का पूर्ण विकास है, जिससे वह अपनी सर्वोत्तम क्षमता के अनुकूल मानव-जीवन में मौलिक योगदान कर सके।"

"Education is the complete development of individuality so that he can make an original contribution to human life according to his best capacity."

(3) **विवेकानन्द** (Vivekanand)—"शिक्षा प्रक्रिया का कार्य मनुष्य में पहले से विद्यमान पूर्णताओं को प्रकाश में लाना है।"

"Education is the manifestation of perfections already in man."

(4) **एडीसन** (Addison)—"शिक्षा के द्वारा मानव के अन्तर्निहित उन सभी शक्तियों, पूर्णताओं और गुणों को प्रकाशित किया जाता है, जिनको शिक्षा की सहायता के बिना अन्दर से बारह निकालना पर्याप्त असंभव है।"

"Education when it works upon a noble mind, draws out to view every talent virtue and perfection, which without such help, are never able to make their appearance."

(5) **रविन्द्रनाथ टैगोर**—"शिक्षा, व्यक्ति के उच्चतम प्रयोजन, आत्मा की पूर्णतम अभिवृद्धि एवं स्वतन्त्रता से किसी प्रकार कम नहीं कही जा सकती।"

"Education is nothing short of the highest purpose of man the fullest growth and freedom of soul."

मनोविज्ञान क्या है ?

'आत्मा' के प्रतीक को **'Psyche'** तथा 'विज्ञान' का अर्थ **'Logos'** जहाँ प्राचीन समय से ही **'Psychology'** शब्द को उत्पत्ति के द्योतक हैं, आज दर्शन के प्रभाव से भिन्न दिखाई दे रहा है। वर्तमान समय में मनोविज्ञान स्वतन्त्र विज्ञान के रूप में प्रदर्शित होता है तथा मनोविज्ञान का एक क्रमबद्ध एवं प्रायोगिक विधि के द्वारा वैज्ञानिक अध्ययन किया जाना संभव हुआ है। इस संरचित नियोजन के फलस्वरूप ही व्यवहार को क्रियाओं का सामान्यीकृत स्वरूप प्रातपादित किया गया है। विज्ञान की भाँति मनोविज्ञान में भी परीक्षणों के परिणामों की वैद्यता की जाँच की जाती है एवं निष्कर्षों की सत्यता की खोज के लिए निरन्तर प्रयत्न हो रहे हैं, परन्तु अब प्रश्न यह उठता है कि वास्तव में 'मनोविज्ञान' को विकास प्रणाली के साथ-साथ कैसे परिभाषित किया गया है।

मनोविज्ञान की परिभाषा

शिक्षा के विकास के साथ मनोविज्ञान के अर्थ को समझने के लिए मनोवैज्ञानिकों ने इसे निम्न रूप से परिभाषित किया है—

1. आत्मा का विज्ञान (Science of Soul)—'आत्मा' शब्द दर्शनशास्त्र के सन्निकट है। आत्मा क्या है यह स्पष्ट करना बहुत ही जटिल कार्य है। सत्रहवीं शताब्दी में डेस्कार्टे ने प्राणियों के व्यवहार को समझने के लिए भौतिक विज्ञान का सहारा लिया और आत्मा को जीवन एवं मानवीय गुणों का आधार माना। इसी के कारण मानव में विचार करने की शक्ति एवं इच्छा शक्ति दोनों मौजूद होती हैं। जबकि जानवरों में विचार रहित गुण आत्मा के अभाव का कारक बताया गया। आत्मा के अस्पष्ट उत्तरों से मनोविज्ञान की परिभाषा को पुन: संशोधित किया गया। यद्यपि आत्मा के कारण ही मनुष्य में विचार करने की क्षमता और संकल्प शक्ति (Ability to think and will power) है परन्तु उसके रंग, रूप और आकार का सही उत्तर न मिलने पर इसे अस्वीकार कर दिया गया।

2. मन का विज्ञान (Science of Mind)—प्रसिद्ध ब्रिटिश मनोवैज्ञानिक जॉन लॉक 'साहचर्यवाद' के सिद्धान्त से जाने जाते हैं, उस समय मन (mind) तथा विचार (idea) के पारस्परिक सम्बन्ध में समालोचनात्मक अध्ययन प्रमुख थे। विद्वानों दे आत्मा के स्थान पर मन (mind) शब्द के उपयोग को अधिक महत्त्वपूर्ण समझा। अर्थात मन का ज्ञान ही मनोविज्ञान है। परन्तु जहाँ मन के परिपूरक आत्मा, चेतना एवं मानसिक प्रतिक्रियाएँ थीं वहीं इसका स्वरूप क्या है? वैज्ञानिक विधि से इसका अध्ययन कैसे करेंगे? क्या मनोविज्ञान केवल मानसिक क्रियाओं से सम्बन्धित है? इत्यादि प्रश्नों के उत्तर मन को परिभाषित करने में भी अस्सष्ट रहे।

3. चेतना का विज्ञान (Science of Consciousness)—मनोविज्ञान के अध्ययनों का विकास जर्मन मनोवैज्ञानिक विलियम बुंट के समय में अधिक तीव्र हुआ। प्रत्येक प्राणी अपनी प्रतिक्रियाओं की अनुभूति चेतना-शक्ति के कारण ही करता है। मनुष्य सुबह से शाम तक अनेक क्रियाएँ करता है और वह अपने वाह्य वातावरण से सदैव चैतन्य रहता है। विलियम जैम्स, टिचनर आदि विद्वान मनोविज्ञान की परिभाषा चेतना की दशाओं के वर्णन और व्याख्या के रूप में व्यक्त करते हैं। परन्तु बाद के मनोवैज्ञानिकों ने इस परिभाषा को इसलिए नकारा क्योंकि चेतना हमारे सम्पूर्ण व्यक्तित्व का एक सूक्ष्म कारक है। अचेतन मन, सहज क्रिया, नाड़ी पद्धति इत्यादि चेतना के भाग न होकर मनोविज्ञान के क्षेत्र को परिसीमित कर देते हैं। अत: इस परिभाषा को भी अपूर्ण मानकर पुन: विचार किया गया।

4. अचेतन का विज्ञान (Science of Unconsciousness)—चेतन मन के

सर्वमान्य व्याख्या न होने पर अचेतन मन और अर्द्धचेतन मन के विचार जाग्रत हुए। फ्रायड (Freud) के अनुसार मनुष्य की वास्तविक व्यावहारिक क्रियाएँ अचेतन मन से सम्बन्धित हैं। मनोविश्लेषणवादियों ने अचेतन मन की विस्तृत जानकारी देकर मनोविज्ञान को अचेतन मन का विज्ञान सिद्ध करने का प्रयास किया। वास्तव में मनुष्य की कुछ क्रियाएँ चेतना से बाहर स्वचालित होती हैं, जो कि मनोविज्ञान के अध्ययन के अन्तर्गत निहित होनी चाहिए। अतः यह परिभाषा भी अपूर्ण रहकर अमान्य सिद्ध होती है।

5. व्यवहार का विज्ञान (Science of Behaviour)—'व्यवहारवाद' के जन्मदाता वाटसन (1912) ने बीसवीं शताब्दी के प्रारम्भ में मनोविज्ञान को 'व्यवहार का शुद्ध विज्ञान' कहा। इस सन्दर्भ में स्किनर की परिभाषा सर्वमान्य प्रतीत होती है। आपके अनुसार, "मनोविज्ञान जीवन की विभिन्न परिस्थितियों के प्रति प्राणी की प्रतिक्रियाओं का अध्ययन करता है। प्रतिक्रियाओं या व्यवहार से तात्पर्य प्राणी की सभी प्रकार की प्रतिक्रियाओं, समायोजनों, कार्यों तथा अनुभवों से है।"

"Psychology deals with responses to any and every kind of situation that life presents. By responses or behaviour is meant all forms of processes, adjustments, activities, and expressions of the organism."

मनोविज्ञान आन्तरिक एवं वाह्य दोनों प्रकार के व्यवहार का निरीक्षण करता है। आन्तरिक वैयक्तिक क्रियाओं की वाह्य अभिव्यक्ति व्यवहार में सन्निहित रहती है। इस प्रकार के व्यवहार के वैज्ञानिक अध्ययन को मनोविज्ञान कहा जाता है जो यह प्रदर्शित करता है कि मानव की सम्पूर्ण प्रक्रियाएँ व्यवहार के सापेक्ष हैं। मनोविज्ञान की परिभाषा के इन बदलते स्वरूप का वर्णन वुडवर्थ ने इस प्रकार व्यक्त किया है—

"सबसे पहले मनोविज्ञान ने आत्मा खोई फिर इसने मन का त्याग किया और फिर चेतना खोई, किन्तु इसमें व्यवहार का अध्ययन आज भी विद्यमान है।"

"First psychology lost its soul, then it lost its mind, then it lost consciousness; it still has behaviour of a kind."

मनोविज्ञान की कुछ आधुनिक परिभाषाएँ

(1) मन (Munn)—"आज का मनोविज्ञान व्यवहार सम्बन्धी वैज्ञानिक खोज करता है।"

"Psychology today concerns with the scientific investigation of behaviour."

(2) **ड्रेवर** (Drever)--"मनोविज्ञान वह शुद्ध विज्ञान है जो मानव तथा पशु के उस व्यवहार का अध्ययन करता है जो व्यवहार उस अन्तर्जगत के मनोभावों और विचारों की अभिव्यक्ति करता है, जिसे हम मानसिक जगत कहते हैं।"

"Psychology is the positive science which studies the behaviour of men and animals, so far as that behaviour is regarded as an expression of the inner life of thought and feeling which we call mental life."

(3) **स्किनर** (Skinner)—"मनोविज्ञान व्यवहार और अनुभव का विज्ञान है।"

"Psychology is a science of behaviour and experience."

(4) **वुडवर्थ** (Woodworth)—"मनोविज्ञान वातावरण के प्रति व्यक्ति की क्रियाओं का अध्ययन करने वाला विज्ञान है।"

"Psychology is the science of activities of the individual in relation to the environment."

(5) **मैकडूगल** (McDougall)—"मनोविज्ञान आचरण एवं व्यवहार का यथार्थ विज्ञान है।"

"Psychology is the positive science of conduct and behaviour."

व्यवहार का अर्थ

वास्तव में 'व्यवहार' क्या है, यह जानकारी मनोविज्ञान के स्वरूप को समझने के लिए महत्त्वपूर्ण प्रतीत होती है। जे० बी० वाटसन ने व्यवहार को परिभाषित करते हुए कहा है कि यह एक क्रिया है जो देखी जा सकती है और वस्तुनिष्ठ रूप से परखी जा सकती है। व्यवहार का यह अर्थ आन्तरिक एवं वाह्य दोनों उत्तेजकों को सम्मिलित करता है। व्यवहार जीवन की संघर्षपूर्ण परिस्थितियों के प्रति मानव तथा पशु की सम्पूर्ण प्रक्रिया है। जिसका विशिष्ट तरीके से मापन किया जा सकता है। वाटसन का मत है कि आप चूहे की 'चेतना' के बारे में कभी नहीं जान पाते लेकिन आप उसकी योग्यताओं और व्यवहार की क्षमताओं का भली भाँति अध्ययन कर सकते हैं। इस प्रकार का व्यावहारिक एवं प्रायोगिक अध्ययन ही वास्तव में मनोविज्ञान की विषयवस्तु है।

शिक्षा और मनोविज्ञान (Education and Psychology)

मनोविज्ञान व्यवहार का विज्ञान है। व्यवहार से तात्पर्य है—जीवन की संघर्षपूर्ण परिस्थितियों के प्रति मानव तथा पशु की सम्पूर्ण प्रक्रिया, जैसे अग्नि को छूने से तुरन्त अंग को हटाना, भयानक जानवर का तुरन्त उपस्थित होकर भागना इत्यादि, व्यवहार के उदाहरण हैं। साधारणतया शिक्षा द्वारा ही व्यक्ति के अन्दर व्यावहारिक परिवर्तन होते रहते हैं। अतः व्यवहार की रूपरेखा या उसमें परिवर्तन लाने के लिए यह आवश्यक है कि हम व्यवहार के विज्ञान का अध्ययन करें, ये व्यावहारिक परिवर्तन शिक्षा द्वारा ही संभव हैं। दूसरे शब्दों में हम यह कह सकते हैं कि शिक्षा एवं मनोविज्ञान दोनों का व्यवहार से घनिष्ठ सम्बन्ध है। एक सफल अध्यापक के लिए बच्चे की विकासात्मक प्रक्रिया में महत्त्वपूर्ण कारकों की जानकारी अति आवश्यक हो जाती है। अर्थात व्यवहार परिवर्तन के उद्देश्यों की प्राप्ति मनोविज्ञान की विधियों, सिद्धान्तों एवं शिक्षण नीतियों के द्वारा ही की जा सकती है। मनोविज्ञान ही इस तथ्य का परिचय देता है कि सीखने की सर्वश्रेष्ठ विधि कौन-सी है, बालक के व्यक्तित्व का विकास कैसे संभव है तथा व्यवहार को नियंत्रित कैसे कर सकते हैं इत्यादि। बच्चों को उनकी योग्यताओं, क्षमताओं, रुचियों एवं कार्यकुशलताओं के अनुसार शैक्षिक प्रगति में मनोविज्ञान बहुत उपयोगी है। उदाहरण के लिए हम कह सकते हैं कि जिस प्रकार एक सफल चिकित्सक के लिए उसे अपने व्यवसाय का सम्पूर्ण ज्ञान, कुशलता तथा निदानात्मकता का होना आवश्यक है उसी प्रकार एक सफल अध्यापक को बालक के व्यवहार को जानना परम आवश्यक है। अर्थात मनोविज्ञान की जानकारी के बिना सफल शिक्षण और पूर्ण शिक्षा संभव नहीं है।

शिक्षा मनोविज्ञान की परिभाषा

शिक्षा एवं मनोविज्ञान के पारस्परिक सम्बन्ध से स्पष्ट है कि शिक्षा-प्रक्रिया से सम्बन्धित या शिक्षा के क्षेत्र में प्रयुक्त मनोविज्ञान ही शिक्षा मनोविज्ञान है। वर्तमान शैक्षिक प्रणाली में शिक्षा मनोविज्ञान को मनोविज्ञान का व्यावहारिक पक्ष मानते हैं जिसमें मनोविज्ञान के सिद्धान्तों, नियमों, विधियों एवं नीतियों की शिक्षा-प्रक्रिया को विकसित करने के लिए प्रयोग किया जाता है। हम यह कह सकते हैं कि मनोवैज्ञानिक पद्धतियों को शिक्षा में अपना कर शिक्षक बालकों की शैक्षिक प्रगति के उद्देश्य प्राप्ति में पूर्ण सफल सिद्ध हो जाता है।

(1) **स्किनर** (Skinner)—"शिक्षा मनोविज्ञान का अर्थ शिक्षा में सामाजिक प्रक्रिया तथा मनोविज्ञान में व्यावहारिक विज्ञान से है।"

"Educational psychology takes its meaning from education, a social process and from psychology, a behavioural science."

(2) **कोलेस्निक** (Kolesnik)—"शिक्षा मनोविज्ञान, मनोविज्ञान की खोजों और सिद्धान्तों का शिक्षा के क्षेत्र में प्रयोग है।"

"Educational psychology is the application of the findings and theories of psychology in the field of education."

(3) **स्टीफन** (Stephen)—"शिक्षा मनोविज्ञान शैक्षणिक विकास का क्रमिक अध्ययन है।"

"Educational psychology is a systematic study of educational growth."

(4) **क्रेग आदि** (Craig et. al.)—"शिक्षा-मनोविज्ञान सामान्य मनोवैज्ञानिक सिद्धान्तों का शैक्षिक वातावरण में प्रयोग है।"

"Educational psychology is the application of general psychological principles to the educational setting."

(5) **क्रो एवं क्रो** (Crow and Crow)—"शिक्षा मनोविज्ञान व्यक्ति के जन्म से वृद्धावस्था तक सीखने के अनुभवों का वर्णन एवं व्याख्या करता है।"

"Educational psychology describes and explains the learning experiences of an individual from birth through old age."

(6) **औसुबल** (Ausubel)—"शिक्षा मनोविज्ञान, मनोविज्ञान की वह विशिष्ट शाखा है जो कि विद्यालयी अधिगम की प्रकृति, दशा, निर्गतता एवं मूल्यांकन से जुड़ी है।"

"'Educational psychology is that specific branch of psychology concerned with the nature, conditions, outcomes, and evaluations of school learning."

उपर्युक्त परिभाषाओं से स्पष्ट है कि शिक्षा मनोविज्ञान एक व्यावहारिक विषय है जो कि मनोविज्ञान तथा शिक्षा दोनों क्षेत्रों के पारस्परिक सम्बन्धों को दर्शाता है। मानव व्यवहार का यह एक वैज्ञानिक अध्ययन है जिसके द्वारा शिक्षा से जीवन उद्देश्यों की प्राप्ति में दिशा निर्देश, भविष्यवाणी एवं आत्म-बोध होता है।

शिक्षा मनोविज्ञान के उद्देश्य (Aims of Educational Psychology)

अन्य विज्ञानों की भाँति शिक्षा मनोविज्ञान के अपने विशिष्ट उद्देश्य हैं। संक्षेप में निम्नलिखित शिक्षा मनोविज्ञान के उद्देश्यों को निर्धारित कर सकते हैं—

1. वातावरण के अनुरूप समायोजन प्रक्रिया में बालक के व्यवहार की जानकारी प्राप्त करना।

2. अभिवृद्धि एवं विकास प्रक्रिया में बाल-व्यवहार से परिचित होना।
3. किसी परिस्थिति विशेष में व्यक्ति, समूह तथा समाज के भावी व्यवहार की कल्पना करना।
4. बालकों की व्यावहारिक क्रियाओं को उपयुक्त शैक्षिक वातावरण द्वारा सुधारने के उपाय प्रस्तुत करना।
5. अधिगम के विकास में नियमों एवं सिद्धान्तों का ज्ञान प्रयुक्त करना।
6. छात्रों को व्यक्तित्व एवं चारित्रिक विकास की पद्धतियों से परिचित करना।
7. छात्रों को योग्यतानुसार शिक्षण नीति, प्रविधि, एवं युक्तियों का निर्धारण करना।
8. संवेग-नियंत्रण, ज्ञानेन्द्रिय सम्बन्धी अनुभव, चिन्तन एवं सीखने आदि क्षेत्रों में मनोवैज्ञानिक परीक्षण कर शिक्षण पद्धति में सुधार करना।

शिक्षा मनोविज्ञान की चर्चा करते हुए स्किनर ने कहा है कि संगठित तथ्यों और सामान्य नियमों को जुटाकर अध्यापक का व्यावसायिक एवं सांस्कृतिक लक्ष्यों की व्यापक प्राप्ति ही शिक्षा मनोविज्ञान का सामान्य उद्देश्य है। परन्तु स्किनर ने निम्न आठ विशिष्ट उद्देश्यों का जिक्र भी किया है—

1. बालक के प्रति सहानुभूतिपूर्ण एवं पक्षपातरहित दृष्टिकोण विकसित करने में सहायता प्रदान करना।
2. बालकों की बुद्धि, व्यवहार एवं ज्ञान की प्रगति में उनके विश्वास को स्थापित करना।
3. बालकों के अपेक्षित व्यवहार के अनुरूप शिक्षा के स्तर एवं उद्देश्य को सुनिश्चित करना।
4. तथ्य एवं सिद्धान्तों के प्रयोग से समस्याओं के समाधान हेतु ज्ञान प्रदान करना।
5. बालक के सामाजिक सम्बन्धों को जानने में शिक्षा के कार्यों का महत्त्व समझना।
6. छात्र-व्यवहार की व्याख्या एवं विश्लेषण करने में सहायता प्रदान करना।
7. शिक्षा के परिणामों का मापन एवं मूल्यांकन करने में सहायता देना।
8. उन्नत शिक्षण-पद्धतियाँ, निर्देशन-कार्यक्रम, विद्यालय संगठन एवं प्रशासन के स्वरूपों के निर्धारण में सहायता प्रदान करना।

शिक्षा मनोविज्ञान द्वारा बालक के व्यवहार और वातावरण में आवश्यक सुधार लाने का प्रयत्न किया जाता है। उद्देश्य प्राप्त करने के लिए शिक्षा मनोविज्ञान नवीनतम वैज्ञानिक विधियों का प्रयोग करता है, जिससे बालकों में

अपेक्षित व्यवहार परिवर्तन प्राप्त किया जा सके। कुप्पूस्वामी के शब्दों में, "शिक्षा मनोविज्ञान का उद्देश्य मनोविज्ञान के सिद्धान्तों को शिक्षण तथा उत्तम ढंग से सीखने में प्रयुक्त करना है।"

शिक्षा मनोविज्ञान के क्षेत्र (Scope of Educational Psychology)

शिक्षा मनोविज्ञान को शैक्षिक पद्धति में अनेक रूप से प्रयोग कर सकते हैं। विभिन्न शिक्षण-अधिगम व्यवस्था का उद्देश्य बालकों के जीवन को समृद्ध एवं विकसित करना है। यह तभी संभव है जबकि शिक्षकों को अपने शिक्षक-कार्य में गुणात्मक उन्नति करने में सहायक तत्त्व ज्ञान प्रदान करने के लिए प्रेरक का कार्य करें अर्थात आप यह भली भाँति समझ सकते हैं कि शिक्षा मनोविज्ञान की पाठ्य-वस्तु का सीधा सम्बन्ध सीखने को प्रेरित करने वाली विभिन्न दशाओं से है। शिक्षा मनोविज्ञान का एक विस्तृत क्षेत्र है। बालक के सीखने के क्षेत्र को निम्न शिक्षण-प्रक्रिया में इंगित किया गया है—

(अ) छात्र—वैयक्तिक भिन्नता, बुद्धि, व्यक्तित्व, मानसिक स्वास्थ्य एवं विकासशील विशेषताएँ।

(ब) अधिगम प्रक्रिया—अधिगम का मनोविज्ञान, अधिगम को प्रभावित करने वाले कारक, अधिगम में प्रेरणा, अधिगम समस्याओं का निदान।

(स) अधिगम अभिव्यक्ति का मूल्यांकन—शैक्षिक समस्याओं के लिए अनुसंधान कार्य संपादित करना।

शिक्षा मनोविज्ञान का क्षेत्र शिक्षा एवं अधिगम की समस्याओं से सम्बन्धित है। इसके क्षेत्र को सीखने की प्रक्रिया से सम्बन्धित करते हुए कहते हैं कि— "शिक्षा मनोविज्ञान के क्षेत्र में वे सब ज्ञान एवं विधियाँ सम्मिलित हैं, जो सीखने की प्रक्रिया को भली भाँति समझने और अधिक कुशलता से निर्देशित करने के लिए आवश्यक है।"

"Educational psychology takes all its information and techniques pertinent to better understanding and a more efficient direction of the learning process."

मनोवैज्ञानिक अध्ययनों का निष्कर्ष यह प्रमाणित करता है कि शिक्षा बालकेन्द्रित होनी चाहिए। क्योंकि बालक के विकासात्मक अध्ययन के लिए ही पाठ्य-वस्तु का निर्धारण किया जाता है जिसमें शिक्षा मनोविज्ञान बाल-व्यवहार के क्षेत्रों का अध्ययन कर बालक के सर्वांगीण विकास की प्रक्रिया में मार्गदर्शन करता है।

(1) **बाल-व्यवहार का अध्ययन**—बालक के व्यवहार की विस्तृत जानकारी शिक्षा मनोविज्ञान के अन्तर्गत निहित है। इसमें बालक से सम्बन्धित विशेष कारकों

का अध्ययन किया जाता है।

(अ) बालक के वंशानुक्रम एवं जीवन क्षेत्र को प्रभावित करने वाले कारकों का अध्ययन।

(ब) बालक का विकासात्मक अध्ययन—शारीरिक, मनासिक, सामाजिक एवं संवेगात्मक विकास की प्रणाली का अध्ययन।

(स) बालक की योग्यताएँ, रुचियों, मूलप्रवृत्तियों, अभिरुचियों, आदतों एवं विशेष व्यक्तित्व कारकों का अध्ययन।

(द) बालक की वैयक्तिक भिन्नता की विलक्षण विशेषताओं का अध्ययन।

(य) बालक की मानसिक क्रियाओं की विकास-प्रक्रिया तथा मानसिक स्वास्थ्य का अध्ययन।

संक्षेप में, यह कह सकते हैं कि बालकों के सर्वांगीण विकास में शिक्षा मनोविज्ञान वैज्ञानिक रूप से अध्ययन कर समुचित मार्गदर्शन करता है। शिक्षक बालकों के विकास, उनकी योग्यताओं की सीमाओं, सीखने की पद्धतियों और सामाजिक कारकों को समझने में शिक्षा मनोविज्ञान पर ही निर्भर रहता है।

(2) **सीखने की प्रक्रिया का अध्ययन**—व्यवहार परिवर्तन की प्रक्रिया को समझने में शिक्षा मनोविज्ञान का विशेष स्थान है। इसके अन्तर्गत निम्न बातें प्रमुख हैं—

1. सीखेने की प्रक्रिया
2. सीखने की दशाएँ
3. सीखने को प्रभावित करने वाले कारक
4. सीखने में स्थानान्तर का अध्ययन

(3) **शिक्षण का अध्ययन**—बालक में अपेक्षित व्यवहार परिवर्तन ही शिक्षण का उद्देश्य है। शिक्षण का कार्य शिक्षा मनोविज्ञान के क्षेत्र के अन्तर्गत होता है तथा इसकी एक मनोवैज्ञानिक कार्यशैली है। इससे सम्बन्धित विधियों, सिद्धान्तों, नियमों, युक्तियों, नीतियों एवं शिक्षण के प्रतिमानों आदि का वैज्ञानिक अध्ययन का प्रयोग शिक्षण में किया जाता है।

(4) **शिक्षक का अध्ययन**—शिक्षण-क्रिया में शिक्षक की भूमिका महत्त्वपूर्ण है। उसी की शिक्षण शैली के अनुरूप बालकों में पाठ्य-वस्तु का ज्ञान होता है। सफल शिक्षण में अध्यापक के उन सभी व्यावहारिक कारकों का प्रभाव छात्रों के व्यवहार पर पड़ता है जिसे वह अधिकतर प्रस्तुत करता है। शिक्षा मनोविज्ञान शिक्षक से सम्बन्धित उन सभी बातों का अध्ययन करता है जो कि वह छात्रों की अधिगम सम्बन्धी क्रियाओं में अपनाता है तथा प्रभावशाली शिक्षण की ओर अध्यापक का ध्यान आकर्षित करता है।

(5) **शैक्षिक वातावरण का अध्ययन**—छात्रों की अधिगम प्रवृत्ति पर वाता-

वरण का प्रभाव अमिट है। उपयुक्त शैक्षिक वातावरण ही छात्रों में विभिन्न गुणों का निर्धारण करता है। शिक्षा मनोविज्ञान के अन्तर्गत उन सभी घटकों का अध्ययन किया जाता है जो कि सीखने के प्रेरक तत्त्व हैं। संगठित वातावरण, विद्यालयी वातावरण, परिवार वातावरण इत्यादि छात्रों के व्यवहार के प्रतिबिम्ब हैं। ये सभी वातावरण के घटक शैक्षिक प्रगति को निर्देशित करते हैं। शैक्षिक उद्देश्यो की प्राप्ति के लिए शिक्षा मनोविज्ञान अधिगम प्रणाली को उन्नत बनाने में वातावरण के प्रेरक कारकों की जानकारी देता है।

(6) **विद्यालयी उपलब्धि का अध्ययन**—शैक्षिक उपलब्धि के मुख्य कारक छात्रों की योग्यता तथा वातावरण के प्रमुख प्रेरक तत्त्व हैं। यह अधिगम एवं शिक्षण दोनों के आपसी संयोग का द्योतक है। शिक्षा मनोविज्ञान के अन्तर्गत इस बात का अध्ययन किया जाता है कि शैक्षिक उपलब्धि को उत्कृष्ट किन मनोवैज्ञानिक विधियों द्वारा किया जा सकता है तथा सीमित आन्तरिक शैक्षिक व्यवस्था के अनुरूप उत्तम निर्गति (Outcomes) शैक्षिक उपलब्धि कैसे प्राप्त की जा सकती है। क्योंकि शिक्षा मनोविज्ञान शैक्षिक समस्याओं को मनोवैज्ञानिक विधियों द्वारा समाधान करने का प्रयास करता है । अतः अनुसंधान का मुख्य उद्देश्य उन कारकों का पता लगाना है जिसके द्वारा शिक्षण कार्य को और अधिक प्रभावशाली बनाया जाए। शिक्षा मनोविज्ञान शिक्षा से सम्बन्धित व्यवहार और व्यक्तित्व के सम्पूर्ण परिसर का क्रमिक अध्ययन करता है। इस क्रिया के अन्तर्गत निम्नलिखित क्षेत्रों का अध्ययन प्रस्तुत किया जा सकता है।

1. अधिगम या सीखना
2. मानव विकास
3. व्यक्तित्व और संगठित समायोजन
4. मापन एवं मूल्यांकन
5. अध्ययन की प्रविधियाँ
6. सुनियोजित वातावरण

शिक्षा मनोविज्ञान का महत्त्व
(Importance of Educational Psychology)

मनोविज्ञान एवं शिक्षा के उद्देश्यों से यह निष्कर्ष निकाला जा सकता है कि शिक्षा के क्षेत्र में मनोविज्ञान का महत्त्व दिन-प्रतिदिन रचनात्मक रुख अपना रहा है। विभिन्न समस्याओं के निम्नलिखित समाधान में शिक्षा मनोविज्ञान के महत्त्व का उल्लेख किया गया है।

(1) **बाल केन्द्रित शिक्षा** (Chlid-centred Education)—अनुसंधान के

निष्कर्षों से प्रतीत होता है कि प्राचीन काल की शिक्षक केन्द्रित शिक्षा की अपेक्षा बाल केन्द्रित शिक्षा का प्रसार अधिक स्वाभाविक, सामंजस्यपूर्ण एवं प्रगतिशील है। बालक के स्थान को गौण न समझकर शिक्षा में तर्कसंगत परिवर्तन किया गया। ऐसी अवस्था में ध्यान का केन्द्र विद्यार्थी बन जाता है। अब शिक्षा बालक के दृष्टिकोण से दी जाती है। बालक का स्थान प्रमुख मानकर शिक्षक उसका पथ-प्रदर्शन करता है। बालक स्वतन्त्र रूप से शिक्षा ग्रहण कर अपना विकास भली भाँति कर सकता है।

(2) **अनुशासनात्मक सुधार** (Disciplinary Improvement)—शिक्षा मनोविज्ञान के क्रान्तिकारी विकास से कक्षा एवं विद्यालय में अनुशासन को स्थापित करने के लिए प्रशासनिक समस्याओं में पर्याप्त सुधार हुआ है। बालकों में स्वअनुशासन का ज्ञान शिक्षा मनोविज्ञान की ही देन है। इसमें रचनात्मक विधियों का प्रयोग कर बालकों में कार्य के प्रति अन्तर्दृष्टि का विकास किया जाता है। अनुशासनहीनता के कारकों का पता लगाकर उसके समाधान में अध्यापक मनोवैज्ञानिक विधियों का प्रयोग कर स्वाभाविक अनुशासन स्थापित कर सकता है।

(3) **सीखने की प्रक्रिया में सुधार** (Improvement in Learning Process)—सरल शब्दों में शिक्षा मनोविज्ञान प्रमुख रूप से सीखने का मनोविज्ञान है। शिक्षण समस्याओं के समरूप अधिगम समस्याएँ ही होती हैं। शिक्षा मनोविज्ञान इस ओर संकेत करता है कि कौन-सी ऐसी उपयुक्त विधि, युक्ति, नियम या नीतियाँ हैं जिनके प्रयोग से सीखने की शक्ति का अधिकतम विकास हो सके। मनोविज्ञान की देन से पाठ्यवस्तु को ग्रहण करने की प्रक्रिया अब अधिक सरल, बोधगम्य एवं रुचिकर बन गई है।

(4) **व्यक्तिगत भिन्नताओं का महत्त्व** (Importance of Individual Differences)—प्रत्येक बालक की रुचियों, अभिवृत्तियों, योग्यताओं, क्षमताओं एवं बुद्धि में भिन्नताएँ होती हैं। इन व्यक्तिगत भिन्नताओं के अनुरूप शिक्षण प्रणाली में भी परिवर्तन की आवश्यकता है। कक्षा में कुछ बालक तीव्र बुद्धि के होते हैं तो कई सामान्य बुद्धि के। वैयक्तिक गुणों की भिन्नता के कारण मनोवैज्ञानिक सिद्धान्तों का प्रयोग कर बालकों के नैसर्गिक क्षमताओं का समुचित विकास किया जा सकता है। आधुनिक शिक्षा में शिक्षा मनोविज्ञान ने विशिष्ट, पिछड़े, अपराधी एवं विकलांग बालकों की शिक्षण व्यवस्था में उत्कृष्ट सुधार एवं परिवर्तन किए हैं जिसमें उनकी योग्यता के सापेक्ष शिक्षण प्रक्रिया का प्रारूप प्रस्तुत किया गया है।

(5) **मापन एवं मूल्यांकन** (Measurement and Evaluation)—शिक्षक द्वारा बालकों के व्यावहारिक गुणों की ग्राह्यता एवं उपलब्धियों का मूल्यांकन

शिक्षा मनोविज्ञान भी करता है। बालकों की बुद्धि का मापन मनोविज्ञान विभिन्न परीक्षकों द्वारा करता है। प्राचीन समय में यह छात्र द्वारा कम या अधिक अंक प्राप्त करने के अनुसार किया जाता था। अब अध्यापक छात्रों के वैयक्तिक गुणों के विकास का मूल्यांकन विभिन्न मापन विधियों द्वारा कर सकता है। कई युक्तियाँ इस कार्य के लिए खोजी जा चुकी हैं। अनेक परीक्षणों का मनोवैज्ञानिक निर्माण हुआ है जिनकी सहायता से बालक के व्यक्तित्व का मापन एवं मूल्यांकन अधिक वैज्ञानिक विधि से किया जाता है और परीक्षणों की वैधता एवं विश्वसनीयता में भी अधिक प्रामाणिक निष्कर्ष प्राप्त हुए हैं।

(6) **पाठ्यक्रम-निर्माण में सुधार** (Improvement in Curriculum Construction)—शिक्षा मनोविज्ञान के अध्ययन के फलस्वरूप बालक की मानसिक क्षमताओं का मापन संभव हुआ है। सामान्य स्तर के बालक की योग्यता के अनुसार पाठ्यक्रम के आकार का निर्माण मनोवैज्ञानिक विश्लेषण के आधार पर किया जाता है। जिसमें बालक की आयु, रुचि, योग्यता एवं बुद्धि का ध्यान रखा जाता है। शिक्षा मनोविज्ञान इस सन्दर्भ में निरन्तर अनुसंधान कार्य के परिणामों के अनुरूप पाठ्यक्रम में सुधार ला रहा है तथा छात्रों की रुचि के अनुसार विषयों के चयन में भी सहायता प्रदान करता है। यदि ऐसे मनोवैज्ञानिक कारकों को ध्यान में न रखा जाए तो बालकों का समुचित विकास करना संभव नहीं है तथा उनकी शैक्षिक उपलब्धि पर इसका विपरीत प्रभाव पड़ेगा।

(7) **पाठ्यक्रम सहगामी क्रियाओं पर प्रभाव** (Effect on the Extra-Curricular Activities)—बालक के सर्वांगीण विकास के उद्देश्य की प्राप्ति केवल पुस्तकीय ज्ञान से नहीं हो सकती, बल्कि बालक की विभिन्न योग्यताओं का विकास करने के लिए शिक्षा मनोविज्ञान ने पाठ्यक्रम सहगामी क्रियाओं को भी अधिक महत्त्व दिया है। विद्यालय में सांस्कृतिक कार्यक्रम, वादविवाद, खेल-कूद, सामूहिक क्रियाकलाप तथा कला इत्यादि का मनोविज्ञान ने समान शैक्षिक महत्त्व बताया है। इस प्रकार के विद्यालयी क्रियाओं की व्यवस्था से बालक के बौद्धिक विकास के साथ-साथ शारीरिक, मानसिक एवं भावात्मक विकास भी होते हैं।

(8) **बालक का व्यक्तित्व विकास** (Development of Child Personality)—शिक्षा मनोविज्ञान बालक विकास के स्तर में उसके व्यक्तित्व में स्थापित गुणों का ज्ञान देता है क्योंकि विभिन्न अवस्थाओं में आवश्यकतानुसार वैयक्तिक गुणों का सामंजस्य स्थापित होता है, जिसका कि एक मनोवैज्ञानिक आधार है। अतः व्यक्तित्व के विकास के प्रभावकारी तत्त्वों का विवेचन शिक्षा मनोविज्ञान के द्वारा ही होता है। संतुलित व्यक्तित्व के लिए मनोविज्ञान की यह शाखा उपयुक्त वातावरण एवं क्रियाओं का संकेत भी देती है।

(9) **प्रभावशाली शिक्षण** (Effective Teaching)—बालक के स्थायी अधिगम प्रणाली के विकास में शिक्षण के उद्देश्य समाहित हैं। शिक्षा मनोविज्ञान के उद्देश्यों में अध्यापक की व्यावसायिक कुशलता अभिव्यक्ति में निहित है जिसमे छात्रों के प्रति उसका एक विशेष दृष्टिकोण विकसित होता है। इसके लिए अध्यापक का जीवन स्वयं उन्नत होना चाहिए ताकि वह बालकों का विकास कर सके। शिक्षा मनोविज्ञान अध्यापक के कार्य क्षेत्र का गहन विश्लेषण करता है।

(10) **बालकों में सुधार** (Reforming Children)—छात्र-क्रियाशीलता के फलस्वरूप शिक्षण व्यवस्था में अनेक व्यवधान उत्पन्न हो जाते हैं। विभिन्न समस्यात्मक बालकों का प्रभाव विद्यालयी शिक्षा एवं वातावरण पर पड़ता है। लेकिन शिक्षा मनोविज्ञान की सहायता से उन कारकों का पता लगाना संभव हो गया है, जिसके कारण ऐसी कठिनाइयाँ उत्पन्न होती हैं। ऐसे कई मनोवैज्ञानिक उपचार सुलभ हैं जिनके द्वारा समस्या का निदान करके बालक के समायोजन में सुधार लाया जा सकता है। शिक्षा मनोबिज्ञान में अपराधी एवं विशिष्ट बालकों का अध्ययन कर एक विशिष्ट शैक्षिक व्यवस्था का प्राविधान किया जा सकता है क्योंकि साधारण कक्षा से ऐसे बालक कोई लाभ नहीं उठा सकते हैं।

(11) **अनुसंधानों की प्रायिकता** (Probability of Research)—अनुसंधान के निष्कर्षों के आधार पर शैक्षिक-व्यवस्था में वांछनीय परिवर्तन संभव है, जिससे कि अध्ययन-अध्यापन पद्धति में छात्र एवं अध्यापक दोनों ही सुधार कर सकते हैं। शिक्षा के क्षेत्र में ऐसे मनोवैज्ञानिक अध्ययन किए गए हैं, जिससे कि शिक्षण कार्य का व्यावहारिक स्वरूप प्राप्त किया जा सके। छात्रों में प्रजातांत्रिक एवं स्वतंत्र विचारों का प्रादुर्भाव शिक्षा मनोविज्ञान के अध्ययनों के उपरान्त ही संभव हुआ है। अध्यापक का छात्रों में ज्ञानार्जन और नवीन अनुभवों को प्राप्त करने की प्रेरणा का प्रत्यय भी मनोवैज्ञानिक है। क्योंकि शिक्षण कार्य में शिक्षक की सफलता का मुख्य बिन्दु प्रेरणा है। इन नवीन खोजों से सीखने की प्रायिकता और अधिक बढ़ गई है। इन्हीं अनुसंधानों के फलस्वरूप वंशानुक्रम के गुणों के साथ-साथ बालक में अन्तर्निहित योग्यताओं, क्षमताओं, रुचियों एवं शक्तियों का ज्ञान हुआ है जिनका विकास एक विशेष वातावरण में होता है। शिक्षा मनोविज्ञान में लगातार अनुसंधानों के कार्यों के आधार पर हम यह कह सकते हैं कि प्रभावशाली शिक्षण एवं उत्कृष्ट अधिगम के विकास की संभावना उत्तरोत्तर बढ़ेगी।

अध्यापक के लिए शिक्षा मनोविज्ञान का महत्त्व
(Importance of Educational Psychology for a Teacher)

"केवल वही शिक्षा प्रकृति के अनुसार शिक्षा है जो मनोविज्ञान पर आधारित है।" (सर० टी० पी० नन)

शिक्षा मनोविज्ञान के महत्त्व का वर्णन करने से यह स्पष्ट हो जाता है कि इसके द्वारा शिक्षा में किए गए परिवर्तन से शिक्षक किस प्रकार लाभान्वित हो सकता है। शिक्षा मनोविज्ञान निम्न रूप से अध्यापक का सहायक होता है।

(1) **कक्षा-अधिगम की प्रक्रिया को समझना** (To understand the process of Classroom-Learing) कक्षा-अधिगम की विशिष्ट समस्याओं को समझने में शिक्षा मनोविज्ञान का ज्ञान परम आवश्यक है। सीखने का भी एक निश्चित मनोवैज्ञानिक क्रम है, जो कि सिद्धान्तों एवं नियमों में समाहित है। यह कहते हुए सुना होगा कि गणित के अध्यापक बहुत सुन्दर पढ़ाते हैं तथा रसायन विज्ञान के अध्यापक बहुत ही बेकार के हैं। हमारी तो समझ में उनका पढ़ाया हुआ कुछ भी समझ नहीं आता। ऐसा क्यों है? वास्तव में विषय-वस्तु के अतिरिक्त अध्यापक शिक्षण क्रिया प्रस्तुतीकरण में एक विशिष्ट शैली को प्रयोग करता है जिसमें व्यवहार के विज्ञान की जानकारी निहित होती है। प्रभावशाली शिक्षण के साथ अध्यापक को छात्रों की योग्यताओं, रुचियों, अभिरुचियों एवं विकासात्मक विशेषताओं का ज्ञान अति आवश्यक है। कक्षा-अधिगम क्रिया में अध्यापक को यह भी ध्यान रखना चाहिए कि उत्तम शिक्षण के लिए अधिगम के सिद्धान्त, शिक्षण में नियोजन अधिगम की समस्याएँ एवं इनके निराकरण की मनोवैज्ञानिक पद्धतियों का उपयोग कुशलता से कैसे करें। इस प्रक्रिया में अधिगम को प्रभावित करने वाले तत्त्व एवं प्रभावशाली अधिगम में सही निदेशन के ज्ञान से भी शिक्षक की विशिष्टता का परिचय होता है।

(2) **वैयक्तिक भिन्नता को जानना** (To know individual differences)—किसी भी कक्षा में मौजूद छात्र एक-दूसरे से हर दृष्टि से भिन्न होते हैं। इस असमानता के कारण अध्यापक को वैयक्तिक भिन्नता के ज्ञान के अनुरूप अपनी शिक्षण विधि को समायोजित करना है ताकि छात्रों की आवश्यकताओं की पूर्ति की जा सके। ऐसे विभिन्न वैयक्तिक भिन्नता के कारक जैसे वंशानुक्रम, सामाजिक-आर्थिक, संवेग, रुचि, योग्यता, बुद्धि इत्यादि छात्रों की उपलब्धि पर प्रत्यक्ष प्रभाव डालते हैं। अध्यापक का कर्तव्य है कि वह छात्रों में छिपी हुई शक्तियों का विकास करे। स्वस्थ वातावरण का निर्माण किस तरह किया जाए कि सभी छात्रों में अपेक्षित व्यवहार, परिवर्तन आसानी से सुलभ हो सके। बालक के सभी कार्यों के मूल में निहित शक्तियों के विकास में मनोविज्ञान से बड़ी सहायता मिलेगी।

(3) **विकासात्मक विशिष्टताएं** (Developmental Characteristics)—अध्यापक को बाल-विकास की अवस्थाओं और उनसे सम्बन्धित समस्याओं के निदान तथा उपचार की जानकारी होनी चाहिए क्योंकि विभिन्न विकासात्मक अवस्थाओं में छात्र-छात्राओं की प्रवृत्ति, स्वभाव एवं वैयक्तिक गुणों में भिन्नता

होती है। अतः सफल अध्यापक को इन विशिष्टताओं का ज्ञान रखकर शिक्षा के उद्देश्यों की प्राप्ति में शिक्षण क्रिया को व्यवहार परिवर्तन से सम्बन्धित करना आवश्यक है।

(4) **अध्यापन विधि का ज्ञान** (Knowledge of Teaching Method)—केवल अध्यापन विधि का ज्ञान ही किसी को सफल शिक्षक नहीं बना सकता बल्कि उसके लिए मनोवैज्ञानिक सिद्धान्तों का बोध आवश्यक है। शिक्षक को किसी भी विधि के अनुशरण में बाल-मन का अध्ययन करना होगा। मनोवैज्ञानिक नियमों एवं सिद्धान्तों का उपयोग सही समय पर प्रयुक्त करने में ही अध्यापन क्रिया की विशेषता है। शिक्षक को छात्रों की अनुक्रिया को भली भाँति समझकर पढ़ाने में अनुकूल परिस्थितियों में उत्पन्न करना चाहिए। इस प्रकार वह छात्रों की अधिगम क्रिया में प्रेरणा का स्रोत बना रहता है। गैरिसन के अनुसार शिक्षा मनोविज्ञान मनोवैज्ञानिक त्रुटियों से अध्यापक की रक्षा करता है और गलत शिक्षण विधि से शिक्षा को बचाता है।

(5) **पाठ्यक्रम निर्माण में सहायक** (Helpful in Curriculum Construction)—विभिन्न स्तर पर पाठ्यक्रम के निर्माण में मनोविज्ञान की सहायता अधिक महत्त्वपूर्ण है। किसी भी स्तर पर छात्र की मानसिक योग्यता एवं क्षमता के ज्ञान के बिना उसके लिए विषयों तथा पाठ्य-वस्तु का चयन करना कठिन है। विकास अवस्था के प्रत्यय को मद्दे नजर रखते हुए पाठ्यक्रम का निर्धारण मनोविज्ञान के सिद्धान्तों के ज्ञान पर ही निर्भर करता है। वर्तमान समय में पाठ्यक्रम में समाज एवं व्यक्तिगत आवश्यकताओं को सम्मिलित किया जाता है जिसे कि विद्यालयी परिस्थितियों से सामाजिक क्षेत्र में अधिक-से-अधिक स्थानान्तर हो सके। पाठ्यक्रम का तात्पर्य उन सम्पूर्ण परिस्थितियों से है जो कि शिक्षक के पास उपलब्ध है। अतः पाठ्यवस्तु का सुव्यवस्थित रूप ही पाठ्यक्रम की मनोवैज्ञानिक आवश्यकता है जो कि शिक्षक का एक साधन है।

(6) **अन्वेषण** (Research)—शिक्षा में सिद्धान्त एवं परीक्षण के क्षेत्र में मनोविज्ञान ने अद्वितीय विकास किया है। मनोवैज्ञानिक उपकरणों की सहायता से अध्यापक छात्रों की उपलब्धियों का मापन आसानी से कर सकता है। प्रयोगात्मक मनोविज्ञान के कारण स्मरण शक्ति, वातावरण का संगठन, कल्पना-शक्ति, ज्ञानात्मक क्षेत्र एवं व्यावहारिक क्रियाएँ इत्यादि का विस्तृत ज्ञान समयानुसार बढ़ता जा रहा है। इन अन्वेषकों का हमारी शैक्षिक प्रणाली पर प्रत्यक्ष पूरा प्रभाव पड़ता है। अध्यापक इन सत्यापित निष्कर्षों का परित्याग नहीं कर सकता है।

(7) **छात्रों का मार्ग-दर्शन** (Guidance for Students)—मनोविज्ञान ने अध्यापक को मार्ग-प्रदर्शक की श्रेणी दी है। स्वयं के विकास के सिद्धान्त की यह

मूलभूत माँग है । बालक की मूलप्रवृत्तियों का सदुपयोग करते हुए उसकी इच्छाओं की सन्तुष्टि अध्यापक के अनूकूल वातावरण प्रस्तुत करने से हो जाती है । दूसरे शब्दों में हम कह सकते हैं कि बालक किसी भी स्थिति को स्वतः समझे और शिक्षक को देखना है कि बालक समस्याओं का समाधान स्वयं निकालने में सफल होता है। वातावरण को नियन्त्रित करने में शिक्षक को मनोविज्ञान का ज्ञान आवश्यक है । विशिष्ट बालकों की शिक्षा के लिए इस प्रकार के प्राविधान अधिक उपयोगी होंगे । परन्तु मार्ग-दर्शन कराने के लिए अध्यापक को स्वयं को भी समझने की आवश्यकता है ।

(8) **बालकों की समस्याओं की जानकारी** (To understand problems of Children)—शिक्षक विभिन्न आयु स्तर पर उत्पन्न होने वाली समस्याओं का कारण शिक्षा मनोविज्ञान के अध्ययन द्वारा जान सकता है । इन समस्याओं को कैसे सुलझाया जा सकता है, यह प्रशिक्षित अध्यापक ही समझता है । यदि अध्यापक व्यवहार के मूल सिद्धान्तों की जानकारी रखता है तो वह मनोविज्ञान के इस ज्ञान को समस्याओं के समाधान में प्रयोग कर सकता है ।

(9) **मानसिक-स्वास्थ्य** (Mental-Health)—उत्कृष्ट अधिगम के लिए छात्र एवं अध्यापक का मानसिक स्वास्थ्य उत्तम होना चाहिए । बहुत से छात्र मानसिक दृष्टि से कमजोर होते हैं और समायोजित नहीं कर सकते । इस प्रकार के व्यवहार को प्रभावित करने वाले अनेक मनोवैज्ञानिक कारक हैं। शिक्षा मनोविज्ञान के अन्तर्गत अध्यापक छात्रों की मनोदशा एवं व्यवहार का अध्ययन करता है। जो छात्र सामान्य व्यवहार करने में असमर्थ हैं अथवा किसी मनोविकार से पीड़ित हैं उनका यथोचित उपचार करने की विधि भी मनोविज्ञान सुझाता है ।

(10) **अभिवृत्ति परिवर्तन** (Attitude Change) अध्यापक प्रशिक्षण का उद्देश्य छात्र-अध्यापकों का शिक्षण व्यवसाय के प्रति उच्च अभिवृत्ति का विकास करना एवं कक्षागत समस्याओं के तुरन्त निराकरण नें उनकी शक्तियों का समुचित कार्यान्वयन है। कक्षा में अनेक प्रकार की समस्याएँ उत्पन्न होती हैं। शिक्षक में यदि उन समस्याओं को सुलझाने में आत्मविश्वास निहित है तो वह आसानी से छात्रों को सन्तुष्ट कर सकता है। पाठ्यवस्तु का नियोजन संगठन इत्यादि सभी छात्रों के अधिगम में सहायक हैं। शिक्षक उपयुक्त वातावरण का सृजन कर, छात्रों को प्रेरित करता है। ये सभी क्रियाएँ बालकों में धनात्मक अभिवृत्ति को जन्म देती हैं । अधिगम के प्रति लगाव को प्रभावित करने वाले सभी तत्त्वों का ज्ञान अध्यापक को शिक्षा मनोविज्ञान से प्राप्त होता है ।

(11) **अनुशासन में सुधार** (Improving Discipline)—छात्रों की शारीरिक दण्ड की प्रक्रिया को प्रायोगिक मनोविज्ञान स्वीकार नहीं करता। यदि किसी पाठ्यवस्तु को सीखने में छात्र को दण्डित या आरोपित किया जाता है तो

उसकी सीखने की प्राथमिकता कम हो जाती है। डर की भावना सीखने में विपरीत कार्य करती है । वर्तमान समय में शिक्षा मनोविज्ञान दण्ड को अमानवीय समझकर अनुशासनहीनता के कारणों का पता लगाकर उसे अधिक वैज्ञानिक ढंग से दूर करता है। यदि शिक्षक प्रेम एवं सहयोग से समस्या का निराकरण करता है तो उसे मनोविज्ञान का ज्ञान अवश्य होगा।

(12) **शिक्षण सामग्री का चयन** (Selection of Teaching Material)—नवीन शिक्षण विधियों, नीतियों एवं युक्तियों को लागू करने के लिए पाठ्यवस्तु का सही चयन करना आवश्यक है। इस क्रिया में अध्यापक तथ्यों का विश्लेषण कर उन्हें एक क्रमिक ढंग से प्रस्तुत करने की योजना बनाता है। यह प्रायोगिक रूप से सिद्ध किया जा चुका है कि सहायक सामग्री के प्रयोग से अधिक कठिन प्रत्ययों को समझना बहुत आसान हो जाता है तथा अधिगम अधिक समय तक सुरक्षित रहता है। शिक्षा मनोविज्ञान इन कार्यों के लिए समुचित ज्ञान प्रदान करता है। शिक्षण प्रक्रिया से सम्बन्धित सभी कारणों को व्यक्त करते हुए एडेम्स महोदय लिखते हैं कि 'अध्यापक शिक्षा का एक ध्रुव है'। गुरु को विषय-वस्तु संगठन एवं शिष्य का अच्छा ज्ञान होना चाहिए।

(13) **प्रशासनिक सुधार** (Improving Administration)—आधुनिक समय में प्रजातांत्रिक सिद्धान्तों का उपयोग विद्यालयी एवं कक्षागत प्रशासन में अधिक प्रबल माना जाता है। प्रशासन की समस्याओं को अब आपसीय वार्तालाप, प्रेम एवं सहानुभूति के माध्यम से सुलझाया जाता है। अध्यापक बालकों की सामुदायिक आवश्यकताओं के अनुसार उन्हें समायोजन में सहायता पहुँचा सकता है। इससे वह स्वयं अपने एवं बालकों के मानसिक स्वास्थ्य में वृद्धि करके सन्तुलित व्यवहार प्रस्तुत करने में कुशल हो जाएगा।

(14) **मूल्यांकन** (Evaluation)—मूल्यांकन एक निरन्तर चलने वाली प्रक्रिया है। यह समस्त शिक्षाक्रम का महत्त्वपूर्ण भाग है और इस प्रकार इसका शैक्षिक उद्देश्यों से घनिष्ठ सम्बन्ध है। (कोठारी आयोग, 1966) क्या शिक्षक यह जानता है कि उसकी शैक्षिक योजनाएँ प्रभावशाली ढंग से लागू हो रही हैं? शिक्षक को शिक्षण एवं परीक्षण का साथ-साथ चलते रहने का ज्ञान शिक्षा मनोविज्ञान प्रदान करता है। विद्यार्थियों के न केवल तथ्यात्मक ज्ञान की जाँच की जाती है वरन् उनके व्यावहारिक परिवर्तनों का भी अध्यापक मूल्यांकन करता है। इन सभी प्रकार के व्यावहारिक परिवर्तनों का मूल्यांकन करने के लिए शिक्षक विभिन्न प्रकार की प्रविधियों का प्रयोग कर सकता है। यदि शिक्षक यह देखता है कि उसके द्वारा प्रयोग किए गए मनोवैज्ञानिक शिक्षण में नीति, युक्ति, प्रविधि तथा उपकरणों का बालकों पर वांछनीय प्रभाव नहीं पड़ा तो वह इनमें आवश्यक सुधार कर सकता है।

(15) **व्यवहार को सुधारना** (Improving Behaviour)—रूसो ने कहा है कि "बालक एक ऐसी पुस्तक के समान है जिसे शिक्षक को भली भाँति पढ़ाना है।" बालक के व्यवहार में सुधार मनोविज्ञान के आधार पर ही किया जा सकता है। शिक्षा का अर्थ विस्तृत होने से मानव व्यक्तित्व सम्बन्धी सारी बातों से शिक्षक का परिचय होना आवश्यक है। यदि बालक के छिपे हुए व्यवहार का मनोवैज्ञानिक समाधान न हुआ तो उसमें अवांछित भावना ग्रन्थियाँ पड़ जाती हैं और व्यक्तित्व निर्माण अधूरा रह जाएगा। इन सबके लिए मनोवैज्ञानिक अन्तर्दृष्टि आवश्यक है। मनोविज्ञान सभी व्यवहारिक क्रियाओं को वास्तविकता की ओर खींचता है। अतः अध्यापक को अपने शिष्यों के सभी प्राकृतिक गुणों, विशेषताओं एवं शक्तियों को भली प्रकार समझ लेना चाहिए। थामस फुलर (Thomas Fullar) ने सफल शिक्षक के व्यवहार का वर्णन करते हुए व्यक्त किया है: **"एक अच्छा अध्यापक वह है जो अपने शिष्यों के स्वभाव का अध्ययन उतनी ही चतुराई से करता है, जितनी होशियारी से वह पुस्तक पढ़ता है।"**

अध्याय 2

मनोविज्ञान की विधियाँ

(METHODS OF PSYCHOLOGY)

शिक्षा मनोविज्ञान सामान्य मनोविज्ञान की एक अनुपयुक्त शाखा है, जिसमें वह मनोवैज्ञानिकों द्वारा प्रयोगशाला से किए गए अनुसंधानों के निष्कर्षों एवं सिद्धान्तों का उपयोग कक्षागत वातावरण में शिक्षण-अधिगम प्रक्रिया के सुधार में करता है। मनोविज्ञान मन तथा उसकी प्रतिक्रियाओं को समझने की चेष्टा करता है। इन प्रतिक्रियाओं को समझने के लिए शिक्षा मनोविज्ञान विभिन्न पद्धतियों एवं प्रविधियों से छात्रों के व्यवहार की समस्याओं के प्रदत्तों को एकत्रित करता है। स्किनर के अनुसार—"शिक्षा मनोविज्ञान अपने प्रदत्तों के संग्रहों तथा वर्गीकरण में विज्ञान की विधियों और उपकरणों (साधन) का प्रयोग करता है।"

("In gathering and classifying its data, educational psychology uses the methods and tools of science.")

प्रथम प्रायोगिक अध्ययन का प्रयास जर्मन मनोवैज्ञानिक वुन्ट (W. Wundt) ने सन् 1879 में मनोविज्ञान प्रयोगशाला की स्थापना से किया और मनोविज्ञान को परिभाषित करते हुए कहा है कि "मनोविज्ञान चेतन अनुभवों के अध्ययन की दृष्टि में अन्तर्दर्शन पद्धति का एकमात्र उपयोग प्रदत्तों को एकत्र करने में करता है।" तदुपरान्त मनोविश्लेषण के विकास के साथ फ्रायड ने अचेतन मन को व्यवहार की क्रियाओं का आधार माना। उन्होंने स्वतंत्र साहचर्य (Free Association) तथा स्वप्न विश्लेषण (Dream Analysis) तकनीकि से अपने न्यादर्शों से पर्याप्त आँकड़े संकलित किए तथा उनका विश्लेषण कर मनोवैज्ञानिक पद्धति का विकास किया। परन्तु विकास क्रिया के साथ व्यवहारवादी पावलोव, वाटसन, गुथरी, हल इत्यादि ने वस्तुनिष्ठ परीक्षणों का मनोविज्ञान में प्रयोग किया। उन्होंने अन्तर्दर्शन एवं मनोविश्लेषण को व्यावहारिक क्रियाओं के मूल्यांकन में अपूर्ण विधि बताई। मनोविज्ञान को व्यवहार का विज्ञान मानकर निरीक्षण एवं प्रायोगिक की विधियों की खोज ने व्यवहार के अध्ययन में आँकड़ों को एकत्र किया। सभी व्यव-

हारवादी विचारकों ने व्यवहार की समस्याओं के अध्ययन में प्रयोगात्मक विधि को अधिक महत्त्वपूर्ण माना। क्षेत्र मनोवैज्ञानिकों ने समस्त परिस्थितियों में व्यवहार के निरीक्षण को आवश्यक समझा। शिक्षा मनोविज्ञान में सांख्यिकी के प्रवेश से नवीन विधियों का प्रवेश हुआ। आधुनिक समय में कम्प्यूटर के विकास से अनुसंधान कार्य में प्रदत्तों के विश्लेषण में नवीन विधियों का प्रयोग किया जा रहा है। यह सभव हो गया है कि जटिल सामाजिक व्यवहार इस इलेक्ट्रोनिक पद्धति से अब सरलतापूर्वक समझा जा सकता है।

कहने का तात्पर्य यह है कि वैज्ञानिक पद्धतियों को विभिन्न प्रकार से आज के मनोवैज्ञानिक व्यवहार के मापन में अपनाते हैं। इन विधियों का प्रयोग अनुसंधान की उपयुक्त विधि, समस्या के स्वरूप, अध्ययन के उद्देश्य और अनुसंधानकर्ता के साधन-सम्पन्न होने पर अवलम्बित रहता है। सामान्य रूप से इन विधियों को दो भागों में विभाजित किया जाता है—

(1) आत्मनिष्ठ विधि (Subjective Method)
- (अ) अन्तर्दर्शन पद्धति (Introspection or Subjective Observation)

(2) वस्तुनिष्ठ विधियाँ (Objective Methods)
1. बहिर्दर्शन पद्धति (Extrospection or Objective Observation)
2. प्रयोगात्मक विधि (Experimental Method)
3. जीवन इतिहास विधि (Case History Method)
4. निदानात्मक विधि (Clinical Method)
5. विकासात्मक विधि (Developmental Method)
6. परीक्षण विधि (Test Method)
7. साक्षात्कार विधि (Interview Method)
8. प्रश्नावली विधि (Questionnaire Method)
9. तुलनात्मक विधि (Comparative Method)
10. मनोविश्लेषण विधि (Psycho-analytical Method)

1. अन्तर्दर्शन विधि
(Introspective Method)

इस पद्धति को आत्म-निरीक्षण तथा आत्म-चेतना की भी संज्ञा दी गई है। प्रसिद्ध दार्शनिक जॉन लॉक के अनुसार, "आत्म-निरीक्षण या अन्तर्दर्शन में मस्तिष्क द्वारा अपनी क्रियाओं का स्वयं निरीक्षण किया जाता है।" ("To notice which the mind takes of its own operations.") टिचनर ने अन्तर्दर्शन के अर्थ स्पष्ट करते हुए कहा है कि "अपने अन्दर देखना ही अन्तर्दर्शन है।" ("Introspection is looking within.") स्टाउट के अनुसार, "अपने मस्तिष्क के कार्य-व्यापारों का

एक क्रमबद्ध रीति से अध्ययन करना अन्तर्दर्शन कहलाता है।" ("To introspect is to attend to working of one's own mind in a systematic way.") जबकि एन्जिल का मत है—"अंतः विचार अन्तर्दर्शन है।" ("Introspection is looking inward.") अन्तर्दर्शन का अर्थ केवल आत्म-विचार (Self-reflection) से ही नहीं समझना चाहिए। इसमें किसी विशिष्ट समय में व्यक्ति को आत्म (Self) का ज्ञान होता है। अतः आत्म-निरीक्षण आत्म-चेतना का विस्तृत स्वरूप है। स्टाउट ने अन्तर्दर्शन के क्रम में तीन प्रमुख दशाओं का वर्णन किया है—

1. किसी वाह्य वस्तु के निरीक्षण के क्रम में व्यक्ति स्वयं की ही मानसिक स्थिति के बारे में उत्पन्न प्रतिक्रियाओं पर चिन्तन करने लगता है। उदाहरण के लिए जब कोई व्यक्ति किसी प्रतिष्ठित व्यक्तित्व को देखता है तो वह विचारने लगता है कि उसकी समृद्धि के कौन-कौन-से अद्वितीय कारक हैं। क्या मेरी स्थिति भी इसके समकक्ष हो सकती है।

2. कभी-कभी स्वतंत्र रूप से व्यक्ति अपनी ही किसी क्रिया के सम्बन्ध में विचारता है। यदि कभी वह किसी से अप्रिय बात कह दे तो सोचने लगता है कि मैंने ऐसे क्यों कहा। यह सब कैसे हो गया। वह अपने इस व्यवहार के लिए अनेक प्रश्न सोचता है तथा उनके उत्तर स्वतंत्र मन से स्वयं ढूंढने का प्रयास करता है।

3. व्यक्ति की जो मानसिक प्रतिक्रियाएँ व्यावहारिक गुणों में कमजोरी के कारणों का आभास दिलाती है, वह उन क्रियाओं और शक्तियों में सुधार के सम्बन्ध में सोचता है। जैसे—"क्या मैं अपनी कल्पना-शक्ति को बढ़ा सकता हूँ। क्या मैं अपने कटु संवेगों पर नियंत्रण करने में समर्थ हो सकता हूँ। वह अपने विचारों में अधिक बौद्धिकता और तर्क प्रधानता लाना चाहता है।"

अन्तर्दर्शन विधि की विशेषताएँ

इस विधि की निम्न विशेषताएँ हैं—

1. हिलगार्ड और एटकिन्सन के अनुसार, अन्तर्दर्शन आत्मनिष्ठ (चेतन), घटनाओं या अनुभवों के विवेचन का कोई स्वरूप है। (Introspection is any form of reporting on subjective (conscious) events or experiences.) मनोविज्ञान में पर्याप्त ज्ञान की वृद्धि, इसी विधि से हुई है। प्राचीन काल में मनोविचार की यही एक मात्र विधि थी। इस विधि का उपयोग अन्य प्राकृतिक विज्ञानों में नहीं किया जाता।
2. व्यक्ति को अपनी मानसिक क्रियाओं का स्वयं अध्ययन करना पड़ता है।
3. इस विधि में अध्ययन के लिए एक समय में एक ही व्यक्ति को प्रयोग के लिए

चुनना पड़ता है ।

4. व्यक्ति अपनी मस्तिष्क की प्रतिक्रियाओं के बारे में शीघ्र जानकारी हासिल करता है ।
5. इस विधि में न तो किसी यंत्र या उपकरण की आवश्यकता है और न ही किसी प्रयोगशाला की ।
6. इस विधि का उपयोग कल्पना, भावना, संवेग, स्थायीभाव आदि से सम्बन्धित समस्याओं के अध्ययन में एक सार्थक विधि के रूप में किया जाता है ।
7. जेम्स ने प्रदत्तों को एकत्रित करने में अन्तर्दर्शन के महत्त्व को समझते हुए कहा है—"अधिकाधिक और हमेशा हमें जिस पर निर्भर करना है वह अन्तर्दर्शन निरीक्षण है ।" सभी इस बात से सहमत हैं कि हम इस क्रिया में चेतनता की अवस्था ढूँढते हैं ।
8. अन्तर्दर्शन का अपना ऐतिहासिक महत्त्व है । इसके कारण अधिक वस्तुनिष्ठ विधियों की धीरे-धीरे खोज की गई । अभी भी सभी प्रयोगात्मक अध्ययनों में आत्म-निरीक्षण विधि का प्रयोग किया जाता है ।

अन्तर्दर्शन विधि के दोष

1. प्रत्येक विषय के प्रति व्यक्ति की अनुभूतियाँ मूल रूप से निजी होती हैं । ये अनुभूतियाँ कभी-कभी मस्तिष्क के अवधान को इतनी प्रभावित करती हैं कि मस्तिष्क अनुभव करना बन्द कर देता है । तत्काल मस्तिष्क की प्रतिक्रियाओं का ज्ञान कठिन है । यदि हम क्रोध, भय या चिन्तन के समय अपनी मनोदशा का निरीक्षण करने लगें तो क्रोध, भय या चिन्तन पर मस्तिष्क का अवधान केन्द्रित न होकर उसके अध्ययन करने पर केन्द्रित हो जाता है । यह दशा भाव और संवेग के बारे में पूर्ण सत्यता का परिचय देती है । मानसिक प्रतिक्रियाओं के सफल अध्ययन का उपचार अभ्यास है। यद्यपि जेम्स के अनुसार—"आत्म निरीक्षण करने का प्रयास ऐसा है जैसा कि यह मालूम करने के लिए कि अंधकार कैसा लगता है । बहुत-सी गैस एक साथ जला दी जाएँ ।" फिर भी इस कठिनाई को दूर करने के लिए कुछ विद्वानों ने इसका अतीत-दर्शन (Retrospection) उपाय बताया । मेलॉन के अनुसार—"मानसिक क्रियाओं के समाप्त हो जाने के उपरान्त शीघ्र ही अध्ययन करना अतीत-दर्शन है ।" किन्तु स्मृति में उनके चिह्न अंकित होने चाहिए ।
2. मानसिक क्रियाएँ इतनी तीव्रता से घटित होती हैं कि व्यक्ति उनका निरीक्षण सरलता से नहीं कर सकता । ये प्रतिक्रियाएँ अनिश्चित, अस्थिर एवं क्षणिक होती हैं । यद्यपि इनमें भौतिक पदार्थों का अध्ययन संभव हो सकेगा परन्तु

मानसिक विषयों का बहुत कठिन, मस्तिष्क के उपयुक्त प्रशिक्षण से इस समस्या का समाधान किया जा सकता है।

3. यह विधि वैज्ञानिक नहीं है क्योंकि इसके निष्कर्षों की सत्यता की जाँच नहीं हो सकती।
4. टिचनर का मत है—"मानसिक क्रियाएँ क्षणिक, अस्थिर एवं लुप्त होती हैं।" विचारों के परिवर्तनशीलता के कारण ये क्रियाएँ निरीक्षण की दिशा को बदल देती हैं।
5. मन द्वारा मन का निरीक्षण संभव नहीं हो सकता है। क्योंकि इसमें निरीक्षण करने वाला और जिसका निरीक्षण किया जा रहा है, एक ही है।
6. इस विधि का उपयोग बच्चों, पशुओं एवं मानसिक रोगियों, असमायोजित व्यक्ति आदि से सम्बन्धित समस्याओं पर नहीं किया जा सकता है।
7. एक प्रसिद्ध दार्शनिक केन्ट के अनुसार अन्तर्दर्शन में मुख्य अवरोधक पद्धति यह है कि मनोविज्ञान की विषयवस्तु में चेतन अनुभव को स्वीकारना संभव नहीं है और साथ ही अन्तर्दर्शन को एक उपयुक्त विधि।

2. वहिर्दर्शन विधि
(Extrospection or Objective Observation)

निरीक्षण विधि अन्तर्दर्शन या आत्मनिरीक्षण विधि के विपरीत एक वस्तुनिष्ठ विधि है। गुडे तथा हाथ के अनुसार विज्ञान निरीक्षण से प्रारम्भ होता है और अपने अन्तिम वैद्यता की जाँच के लिए पुनः निरीक्षण का ही सहारा लेता है। (Science begins with observation and must ultimately return to observation for its final validation." वहिर्दर्शन विधि में निरीक्षण एवं परीक्षण दोनों ही विधियों को अपनाया जाता है। इसमें हम दूसरों की मानसिक क्रियाओं का अध्ययन करते हैं। हम यह निरीक्षण करते हैं कि एक व्यक्ति घृणा की अवस्था में किस प्रकार व्यवहार करता है? उसके चेहरे पर घृणा की कैसी प्रतिक्रिया होती है? उसके शारीरिक गुणों में क्या परिवर्तन दिखाई देते हैं? यंग के अनुसार निरीक्षण नेत्रों द्वारा सावधानी से किए गए अध्ययन को सामूहिक व्यवहार, जटिल संस्थाओं और पूर्ण वस्तु की पृथक इकाइयों का निरीक्षण करने की एक विधि के रूप में उपयोग किया जा सकता है। (Observation a deliberate through the eye may be used as one of the methods scruitinizing collective behaviour and complex institutions as well as the separate units composing a totality.")

मोसर भी इसी मत की पुनरावृत्ति करते हुए लिखते हैं कि निरीक्षण को स्पष्ट रूप से वैज्ञानिक खोज की उत्तम विधि कहा जा सकता है। गहन रूप में निरीक्षण

में कानों एवं वाणी की अपेक्षा नेत्रों का उपयोग होता है ("Observation can fairly be called the classic method of scientific enquiry. In the strict sense observation implies the use of the eyes rather than the ears and the voice.") किसी व्यक्ति की विशिष्ट क्रिया के प्रदर्शन से हम उसके व्यवहार का पता लगा सकते हैं।

इस विधि में व्यक्ति की मानसिक प्रक्रिया के साथ-साथ उसकी शारीरिक स्थिति का भी अध्ययन किया जाता है। व्यक्ति के शरीर की उद्दीपक के प्रति कैसे प्रतिक्रिया होती है, इसका अध्ययन किया जाता है। यदि कोई व्यक्ति घबराता है तो उसके चेहरे की बनावट, उसके बातचीत करने का ढंग आदि व्यवहार को देखकर हम उसकी मनोदशा का सही विश्लेषण कर सकते हैं। मनोवैज्ञानिकों का मत है कि हम मन (Mind) का सही निरीक्षण नहीं कर सकते, बल्कि व्यक्ति के वाह्य व्यवहार का निरीक्षण कर उसकी मानसिक प्रतिक्रियाओं का अनुमान लगा सकते हैं। जहाँ सामूहिक व्यवहार के अध्ययन की आवश्यकता होती है वहाँ इस विधि का प्राथमिक आँकड़ों के संकलन में उपयोग किया जाता है, जैसे अभिप्रेरणा, व्यक्तित्व, प्रत्यक्षीकरण, अभिवृत्ति आदि।

निरीक्षण विधि के तत्त्व

सभी निरीक्षण वैज्ञानिक निरीक्षण नहीं कहलाए जा सकते हैं। इसके लिए निम्न विशेषताओं का होना परम आवश्यक है : (1) वस्तुनिष्ठता, (2) क्रमबद्धता, (3) प्रामाणिकता, (4) विश्वसनीयता एवं (5) निश्चयात्मकता।

निरीक्षण विधि के पद (Steps of Observation Method)

1. व्यवहार के निरीक्षण की योजना—किसी भी समस्या के अध्ययन में उपयुक्त योजना यदि बना ली जाए तो अध्ययन अधिक उद्देश्यपूर्ण, सुनियोजित एवं आंकड़ों के संकलन में सहायक हो जाता है। निरीक्षण विधि से पूर्व व्यवहार और समस्या के विषय में योजना बनानी आवश्यक है कि किसी विशेष व्यवहार के अध्ययन में कौन-से उपकरण, कितना समय एवं किस क्षेत्र में निरीक्षण का प्रयोग करना है।

2. **व्यवहार के पक्षों का निरीक्षण**—पूर्व सुनियोजित योजना के अनुसार अनुसंधान के उपकरणों एवं दृष्टि की सहायता से व्यवहार का निरीक्षण प्रारम्भ हो जाता है। उन पक्षों का अधिक ध्यान से निरीक्षण किया जाता है जो अध्ययन समस्या के उद्देश्य हैं। व्यावहारिक क्रियाओं के कार्य के निरीक्षण के साथ-साथ व्यवहार के आँकड़े एकत्र किए जाते हैं। जैसे वीडियो कैमरे के प्रयोग से व्यावहारिक क्रियाओं के निरीक्षण की आसानी से जाँच की जा सकती है साथ-ही-साथ

मस्तिष्क में सोचे हुए विचारों को संवादों द्वारा जाने जा सकते हैं।

3. आंकड़ों का संकलन—निरीक्षित व्यवहार को यदि संभव हो तो आँकड़ों में परिवर्तित किया जाता है। आधुनिक मनोवैज्ञानिक विधियों में व्यावहारिक क्रियाओं को सांख्यिकीय विधि के माध्यम से अंकों में बदला जा सकता है। विभिन्न सांख्यिकीय विधियों का प्रयोग कर प्राप्त निरीक्षणों को आँकड़ों में बदलकर उनका वर्गीकरण व विश्लेषण किया जाता है। यदि यह संभव न हो तो किसी उपयुक्त विधि से निरीक्षित व्यवहार का विवरणात्मक विवेचन किया जाता है।

4. व्याख्या एवं सामान्यीकरण—व्यवहार की विशिष्ट समस्या से सम्बन्धित निरीक्षण विधि का उपयोग विभिन्न व्यक्तियों पर अपनाकर प्रदत्तों का संकलन एवं विश्लेषण करने के उपरान्त व्यवहार की व्याख्या की जाती है। विशिष्ट व्यवहार के कारणों का गहन अध्ययन किया जाता है। यह अध्ययन विभिन्न सिद्धान्तों पर आधारित होता है। यदि विभिन्न परिस्थितियों में प्रत्येक व्यावहारिक समस्या के समान कारक हैं तो न्यादर्श से प्राप्त परिणाम सामान्यीकरण कहलाता है। प्रत्येक प्राणी में सामान्यीकरण के सिद्धान्त पर आधारित व्यावहारिक समस्याएँ व्याप्त हैं।

निरीक्षण विधि के प्रकार (Types of Observation Method)

निरीक्षण विभिन्न प्रकार के हो सकते हैं : प्रत्यक्ष और अप्रत्यक्ष; प्राकृतिक और कृत्रिम; व्यवस्थित और नियंत्रित तथा सहभागी और असहभागी। हम केवल दो प्रकार के निरीक्षणों का वर्णन कर रहे हैं, जिनमें अन्य सभी समाहित हैं।

प्राकृतिक निरीक्षण (Natural Observation)—जब किसी विशिष्ट व्यावहारिक विशेषताओं का निरीक्षण प्राकृतिक परिस्थितियों में किया जाए तथा इन परिस्थितियों पर कोई वाह्य प्रभाव न पड़ता हो इस प्रकार के निरीक्षण को अनियंत्रित निरीक्षण या प्राकृतिक निरीक्षण कहते हैं। जैसे विद्यार्थियों के व्यवहार का निरीक्षण अध्यापक बिना बताए किसी सांस्कृतिक कार्यक्रम, सामुदायिक शिविर या खेल के मैदान में कर सकता है। छात्र इस क्रिया से स्वयं अनभिज्ञ रहते हैं। यंग के अनुसार, "अनियंत्रित निरीक्षण में हमें वास्तविक जीवन, परिस्थितियों का सूक्ष्म परीक्षण करना पड़ता है जिसमें विशुद्धता के उपकरणों के उपयोग का या निरीक्षित घटना की सत्यता की जाँच का कोई प्रयास नहीं किया जाता है।" ("In noncontroled observation we resort to careful scruitinizing of real life situations making no attempt to use instruments of precision or to check the accuracy of the phenomenon observed.")

यद्यपि इस विधि द्वारा प्राप्त परिणामों में विश्वसनीयता, अप्रमाणित एवं

वस्तुनिष्ठता जैसी विशेषताओं का अभाव है परन्तु अनेक समस्याओं का अध्ययन जिन्हें प्रयोगशाला की परिस्थितियों में नहीं किया जा सकता। यह विधि उपयोगी है।

मनोंविज्ञान के क्षेत्र में कुछ ऐसी समस्याओं का निरीक्षण प्रयोगशाला में किया जाता है, जिसमें मनोवैज्ञानिक निरीक्षणकर्ता एवं घटना दोनों पर नियंत्रण रखते हैं। अर्थात अध्ययनकर्ता व्यवहार का निरीक्षण करने के लिए ऐसी प्रयोगशाला में अध्ययन करता है जिसमें प्रयोज्य निरीक्षणकर्ता की उपस्थिति से अनभिज्ञ हो ऐसा न करने से निरीक्षणों पर निरीक्षणकर्ता की उपस्थिति का प्रभाव पड़ सकता है।

2. सहभागी निरीक्षण विधि (Participant Observation Method)—यह एक ऐसी निरीक्षण विधि है जिसमें निरीक्षणकर्ता उस समूह का एक अंग होता है जिसका कि वह निरीक्षण कर रहा हो। यह समूह में घुलमिल जाता है और समूह के विषयी उसकी उपस्थिति का आभास कर अपने वास्तविक व्यवहार को स्पष्ट प्रदर्शित करते हैं। इस विधि द्वारा समूह का विस्तृत अध्ययन सूक्ष्म से सूक्ष्म अवयवों में करना संभव हो सकता है। प्रत्येक पहलू का निरीक्षण शुद्ध एवं स्वाभाविक स्थिति में किया जाता है, परन्तु यह छोटे आकार के समूहों के अध्ययन में ही सहायक विधि है। बड़े समूहों का अध्ययन करने में निरीक्षणकर्ता तटस्थ रूप से निरीक्षण करता है जो कि असहभागी निरीक्षण विधि कहलाती है। समय एवं शक्ति की बचत की दृष्टि में यह निरीक्षण विधि सहभागी विधि की अपेक्षा उपयुक्त है।

निरीक्षण विधि का महत्त्व

1. इस विधि सहायता से बालकों के पारस्परिक सम्बन्ध, व्यवहार और जन्मजात गुणों के प्रदर्शनों का निरीक्षण किया जा सकता है जो कि शिक्षा मनोविज्ञान की दृष्टि से अधिक उपयुक्त है। अध्ययन के निष्कर्षों के आधार पर उपकल्पनाओं की सार्थकता का परीक्षण किया जाता है। छात्रों के वैयक्तिक गुणों के विकास की संभावनाओं को बढ़ाने में यह विधि अधिक शक्तिशाली है।
2. अन्य पद्धतियों की अपेक्षा यह विधि अधिक सरल है।
3. अध्ययनकर्ता व्यवहार का निरीक्षण अनेक सूक्ष्म यंत्रों, उपकरणों और स्वयं अपनी आँखों से करता है अतः प्राप्त परिणाम अधिक विश्वसनीय कहे जा सकते हैं।
4. यदि अध्यापक एक कुशल एवं बुद्धिमान निरीक्षक है तो वह परम्पराओं, सामाजिक आवश्यकताओं और दशाओं के अनुरूप शैक्षिक कार्यक्रम में यथोचित परिवर्तन कर सकता है। शिक्षण की नीतियों, विधियों, युक्तियों और

पाठ्यक्रम सुधार में अध्यापक अनुकूल परिवर्तन कर छात्रों की उपलब्धियों में विकास करने में सक्षम होगा ।

5. नियंत्रित एवं वैज्ञानिक परीक्षणों के आधार पर यह विधि एक वैज्ञानिक विधि है। वाचनालय, प्रयोगशाला, परीक्षा भवन इत्यादि में छात्रों के व्यवहार का प्रत्यक्ष निरीक्षण किया जाता है। व्यवस्थित एवं सावधानी से संकलित किए गए प्रदत्तों का सांख्यिकीय विधि द्वारा विश्लेषण किया जाता है तथा प्राप्त निष्कर्षों की साम्यता के आधार पर सिद्धान्त या नियमों की खोज की जा सकती है।
6. शोध कार्यों में इसका उपयोग उत्पन्न कठिनाइयों के निराकरण के पश्चात बहुत ही उपयोगी है। शिक्षकों को निरीक्षण वस्तु पर ध्यान केन्द्रित करना, पक्षपातविहीन होना, एवं विभिन्न पक्षों की गतिविधियों का ज्ञान रखना आदि के निर्देश प्रेक्षण से पूर्व ही दिए जाते हैं ताकि अवधि तथा विषय उद्देश्य एक से रहें। इस पद्धति के द्वारा प्राप्त परिणाम निश्चित ही वस्तुनिष्ठ होंगे।

निरीक्षण विधि के दोष

1. यह विधि आत्मनिष्ठा के दोष से वंचित नहीं है।
2. निरीक्षकों पर निरीक्षणकर्ता की मनोवृत्तियों एवं पक्षपातों का प्रभाव पड़ता है। वहिर्दर्शक अपने भावों, विचारों एवं चिन्तन की अनुभूतियों को दूसरों के मस्तिष्क पर थोपना चाहते हैं। हम दूसरों के मस्तिष्क का अध्ययन पूर्ण वस्तुनिष्ठ तरीके से नहीं कर सकते बल्कि अपने पूर्व अनुभवों के आधार पर दूसरों की मानसिक प्रतिक्रियाओं की व्याख्या और परिणाम ज्ञात करते हैं। अत: वहिर्दर्शन में निष्कर्ष अशुद्ध हो सकते हैं।
3. इस विधि में बालक या बालकों के समूह की व्यवहार सम्बन्धी अनेक क्रियाओं का एक साथ निरीक्षण करना पड़ता है। यह भी ध्यान देना पड़ता है कि व्यवहार की विभिन्न दशाओं और प्रभावकारी तत्त्व कौन-कौन से हैं। एक साथ सभी के निरीक्षण पर ध्यान केन्द्रित करने में त्रुटि हो सकती है। परिणामस्वरूप निष्कर्ष भी अप्रमाणिक होंगे।
4. कुछ मनोवैज्ञानिक समस्याओं की प्रकृति अमूर्त है। जिनका इस विधि द्वारा अध्ययन करना सम्भव नहीं, जैसे कल्पना, भाव, प्रतिभा इत्यादि।
5. जब निरीक्षण किसी पूर्व योजना के किया जाता है तो परिणाम अधिक विश्वसनीय और वैध नहीं होते हैं। इसी प्रकार के परिणाम अनियंत्रित निरीक्षण विधि के अध्ययन में भी संभव हैं।

वर्तमान समय में निरीक्षण विधि के सुधार में अनुसंधान कार्य के लिए प्रदत्तों

का संकलन अधिक विश्वसनीय एवं वस्तुनिष्ठ उपकरणों के प्रयोग द्वारा किया जाता है। परन्तु निरीक्षणकर्ता को अध्ययन के समय अधिक निष्पक्ष एवं सम्यक दृष्टिकोण अपनाने का अभ्यास करना चाहिए। उसे अपनी रचनात्मक कल्पना शक्ति को अभ्यास के द्वारा बढ़ाकर मनोवैज्ञानिक विचार एवं अन्तर्दृष्टि से दूसरों का अध्ययन करना चाहिए। केवल मस्तिष्क में ही व्यवहार का निरीक्षण न कर कुछ यांत्रिक यंत्र जैसे चलकैमरा (Movie Camera), टेप रिकार्डर इत्यादि का प्रयोग निरीक्षण की विश्वसनीयता को बढ़ाने में प्रयोग करना चाहिए। जिन व्यावहारिक क्रियाओं का विशेष अध्ययन करना है उनके अध्ययन में व्यापक विश्लेषण क्रिया अपनानी चाहिए। निरीक्षण के लिए विशिष्ट प्रशिक्षण का प्रावधान होना आवश्यक हैं जिससे वह निरीक्षण कार्य सूक्ष्मता कुशलता एवं दक्षता से कर सके।

3. प्रयोगात्मक विधि
(Experimental Method)

वैज्ञानिक अनुसंधान में सबसे अधिक विकसित विधि यदि कोई है तो वह है प्रयोगात्मक विधि, यही कारण है कि सामाजिक विषयों में भी प्रायोगिक अनुसंधान पर अधिक बल दिया जाता है तथा मनोविज्ञान व शिक्षा के क्षेत्रों में भी इसके अधिक प्रयोग की आवश्यकता महसूस हो रही है। जर्मन मनोवैज्ञानिक वुण्ट ने सर्वप्रथम 1879 में मनोवैज्ञानिक प्रयोगशाला की स्थापना पर मनोविज्ञान के क्षेत्र में अभूतपूर्व अन्वेषण किए जिसमें कार्य-कारण (Cause and effcet)सम्बन्ध का अध्ययन वैज्ञानिक ढंग पर किया गया तथा मनोविज्ञान, अन्य पदार्थ विज्ञानों की तरह एक विज्ञान समझा जाने लगा। प्रयोग का अर्थ—जहोदा के शब्दों में, "प्रयोग परिकल्पना के परीक्षण की एक विधि है।" ("Experiment is a method of testing hypothesis.") चैपिन के अनुसार, "नियंत्रित परिस्थितियों में किया गया निरीक्षण ही प्रयोग हैं।" ("An experiment is an observation under controlled conditions.") इस परिभाषा को और अधिक स्पष्ट करते हुए आइजनेक (1972) तथा उनके साथियों के अनुसार, "प्रयोग वह है जिसमें चरों को योजनानुसार घटा-बढ़ा कर प्रेक्षण करते हैं अर्थात प्रयोग में कम-से-कम स्वतंत्र या प्रयोगात्मक चर को पूर्व निश्चित परिस्थितियों के अनुसार परिवर्तित करते हैं।" ("An experiment is a planned manipulation of variables for observation purpose; at least one of the variables; the independent or experimental variable is altered under predetermined conditions during the experiment.")

मेकगुइन के शब्दों में कार्य-कारण के सम्बन्ध को निर्धारित करने के लिए

व्यवहारपरक उपागम के नियंत्रण को केवल उद्देश्यपूर्ण हेर-फेर द्वारा ही स्थापित किया जा सकता है। ("The only behaviour approach to determine cause-effect relationship is to exercise control through purposive manipulation.") कार्य-कारण सम्बन्ध में कार्य आश्रित चर तथा कारण को स्वतंत्र चर कहते हैं। हेरफेर से प्रायोगिक स्थिति में तात्पर्य है कि एक चर को उसकी विभिन्न मात्राओं अथवा मानों में प्रस्तुत करना (डी० मैटो)। किसी कार्य को यदि नियंत्रित परिस्थिति में बार-बार करके परिणामों की जाँच की जाए और हर बार परिणाम एक ही निकलते हैं तो परिणाम से सत्यता की पुष्टि हो जाती है। शिक्षा मनोविज्ञान में शिक्षा प्रक्रिया में नवीन प्रणालियों एवं परिवर्तनों के लिए अनेक प्रयोग लागू किए गए, जिसमें प्रयोग विधि के सामान्य सोपान शैक्षिक प्रयोगों में भी अपनाए गए हैं।

प्रयोग के विभिन्न सोपान

1. समस्या से सम्बन्धित साहित्य की समीक्षा—(Review of Related Literature) समस्या से सम्बन्धित पूर्व अन्वेषणों की समालोचना समस्या के चयन में सहायक होती है। इससे एक वैज्ञानिक परिकल्पना को निर्धारण करने में सुविधा रहती है। पूर्व साहित्य की समीक्षा से प्रस्तुत अध्ययन के औचित्य को तर्क संगत आधार मिल जाता है तथा नवीन परिणामों की संभावनाओं की प्रायिकता (Probability) बढ़ जाती है।

2. समस्या कथन (Statement of the Problem)—समस्यात्मक प्रश्न दो चरों के पारस्परिक सम्बन्धों की जानकारी के अभाव को प्रदर्शित करता है। टाउनसेन्ड के मतानुसार—"समस्या तो समाधान के लिए प्रस्तावित प्रश्न है।" उदाहरणार्थ—पारितोषिक अथवा दण्ड का बालकों के सीखने पर क्या प्रभाव पड़ता है।

3. परिकल्पना का निर्धारण (Formulation of Hypothesis)—साहित्य अध्ययन के आधार पर प्रयोग की समस्या के सम्बन्ध में परिकल्पना का निर्माण किया जाता है। यह परिकल्पना अनुसंधान समस्या में एक प्रस्तावित उत्तर को व्यक्त करती है। अर्थात परिकल्पना दो या अधिक चरों के कार्यक्षम आपसीय सम्बन्धों की अभिव्यक्ति है। अधिकतर प्रयोगात्मक अध्ययन में शून्य परिकल्पना (Null-hypothesis) का प्रयोग करते हैं। उपरोक्त समस्या में एक शून्य परिकल्पना यह हो सकती है कि पारितोषिक अथवा दण्ड का बालकों के सीखने पर कोई प्रभाव नहीं पड़ता है।

4. स्वतंत्र तथा परतंत्र चरों का स्पष्टीकरण—(Clarification of Independept and Dependent Variables) स्वतंत्र एवं आश्रित चरों की संक्रिया-

त्मक (Operational) परिभाषा प्रयोगात्मक विधि को वैज्ञानिक आधार देना है। उक्त समस्या में सीखना एक स्थिर परतंत्र चर है तथा पारितोषिक अथवा दण्ड स्वतंत्र चर है।

5. प्रयोगात्मक अभिकल्प (Experimental Design)—करलिंगर (1964) ने व्यक्त किया है कि स्वतंत्र चर किसी आश्रित चर का अनुमानित कारक है तथा आश्रित चर स्वतंत्र चर का अनुमानित प्रभाव है। प्रयोग में तीसरे प्रकार के चर इन दोनों चरों पर प्रभाव डालकर बाधक होते हैं। प्रयोगकर्ता इन बाधक चरों को नियंत्रित करने के उपाय ढूंढता है और एक निश्चित अभिकल्प अथवा योजना का उपयोग करता है। उपर्युक्त समस्या में बालकों के सीखने पर बुद्धि, आयु, सामाजिक, आर्थिक स्थिति, शैक्षिक योग्यता, रुचि इत्यादि का भी प्रभाव पड़ सकता है। इन प्रभाव डालने वाले चरों को नियंत्रित करने के लिए एक ही कक्षा के छात्रों को दो समूहों में बाँट दिया जाता है। एक समूह प्रयोगात्मक समूह (Experimental Group) तथा दूसरा नियंत्रित समूह (Controlled Group) कहलाएगा। प्रयोगात्मक समूह के बालकों को पारितोषिक या दण्ड विधि को अपनाकर पढ़ाया जाएगा तथा नियंत्रित समूह को सामान्य विधि द्वारा ही पढ़ाया जाएगा।

6. नियंत्रण (Controls)—प्रयोगात्मक विधि में वाह्य चरों का स्वतंत्र चर पर प्रभाव समाप्त करना या उनके प्रभाव को न्यूनतम करना बहुत आवश्यक है। यदि अध्ययन में इन चरों के प्रभाव को नियंत्रित न किया जाए तो प्रयोग उद्देश्य-विहीन होगा। प्रयोज्यों वातावरण, उपकरण, प्रयोगकर्ता, इत्यादि सभी से सम्बन्धित कारकों को नियंत्रित करके ही सही प्रदत्तों का संकलन किया जा सकता है। सीखने में प्रभावित कारकों के नियंत्रण में छात्रों के दो समान समूह आयु, बुद्धि, योग्यता, रुचि इत्यादि का परीक्षण कर और विद्यालय की एक ही कक्षा को विभाजित कर बनाए जाएँ और एक ही अध्यापक दोनों समूहों को पढ़ाए तो वाह्य चरों के प्रभाव को न्यूनतम किया जा सकता है। इस सन्दर्भ में प्रायोगिक अभिकल्प का चयन सर्वाधिक उपयुक्त है। यदि तुलनात्मक समूह उपलब्ध न हों तो एक ही समूह पर दो बार प्रयोग कर सकते हैं। प्रथम बार नियंत्रित समूह मानकर सामान्य विधि से पढ़ाया जाएगा तथा दूसरी बार प्रयोगात्मक समूह मानकर पारितोषिक या दण्ड विधि अपनाकर पढ़ाया जाएगा।

7. प्रदत्तों का विश्लेषण (Analysis of Data)—दोनों प्रकार के समूहों पर प्राप्त परिणामों के आधार पर आँकड़ों का संकलन किया जाता है। यदि प्रयोगात्मक तथा नियंत्रित समूहों के सीखने का मापन उन पर किए गए प्रयोग के आधार पर किया जाए तो परिणामों का विश्लेषण एवं तुलना की जाती है। प्रयोग से प्राप्त प्रदत्तों का सांख्यिकीय विश्लेषण करके प्रयोग सम्बन्धी निष्कर्ष ज्ञात किए

जाते हैं।

8. परिकल्पना की जाँच (Verification of the Hyposthesis)—इस पद में प्राप्त प्रदत्तों के विश्लेषण के आधार पर परिकल्पना की पुष्टि अथवा अस्वीकृति की जाँच होती है। उपरोक्त प्रयोग में यदि दोनों समूहों के सीखने में समानता है तो परिकल्पना सिद्ध हो जाती है। परन्तु यदि प्रयोगात्मक समूह की उपलब्धि नियंत्रित समूह से अपेक्षाकृत बहुत उच्च है तो पारितोषिक या दण्ड क्रिया सीखने में सहायक होती है और परिकल्पना असत्य सिद्ध हो जाएगी।

9. अनुमानों की व्युत्पत्ति (Deriving the Inferences)—इस चरण में परिकल्पना की स्वीकृति एवं अस्वीकृति अथवा प्राप्त साक्ष्यों के अनुसार सैद्धान्तिक अनुमानों की व्युत्पत्ति की जानकारी प्राप्त करनी आवश्यक है।

10. सामान्यीकरण (Generalization)—सामान्यीकरण में यह प्रदर्शित होता है कि प्रतिदर्श पर प्राप्त परिणाम कहाँ तक सामान्य जनसंख्या पर लागू होते हैं। तदुपरान्त प्रयोगकर्ता अध्ययन सम्बन्धी समष्टि के सन्दर्भ में प्राप्त अनुमानों के आधार पर सामान्यीकरण कर सकता है। विभिन्न परिस्थियों में एक ही प्रयोग की विस्तृत न्यादर्श पर पुनरावृत्ति करके परिणामों की सत्यता की जाँच की जाती है। यदि समान निष्कर्ष प्रयोग दोहराने पर प्राप्त होते हैं तो सामान्यीकरण का और अधिक विस्तृत रूप प्राप्त किया जा सकता है।

12. चरों का बदला जाना (Rotating of Variables)—यदि एक प्रयोग में रुचि, बुद्धि आदि स्तरों में समानता ली गई हो, तो दूसरे प्रयोग में समूहों को बदल कर परिकल्पना की पुष्टि हो सकती है। दशाएँ समान लेकर, बालकों का आयु स्तर बदलकर या विद्यालय को बदलकर भी प्रयोग किया जा सकता है और इनके आधार पर प्राप्त निष्कर्षों की तुलना आपस में कर सकते हैं।

प्रयोगात्मक विधि की विशेषाताएं

1. वेलेन्यइन के शब्दों में, "प्रयोगात्मक मनोविज्ञान की सर्वाधिक महत्ता यह है कि यह हमारे मनोवैज्ञानिक तथ्यों एवं नियमों में वृद्धि करता है।" ("The most definite value of experimental psychology is that it increases our knowledge of psychogical facts and laws.") शिक्षा मनोविज्ञान के सिद्धान्तों की पुष्टि सामान्य मनोविज्ञान के सम्यक मानी जाती है, जिनके प्रयोग से शिक्षा में शीघ्र और अधिक उन्नति हुई है।
2. कार्य-कारण सम्बन्धों के अध्ययन से उनकी मात्रा एवं शुद्धता प्रयोगात्मक अध्ययन से ही संभव है क्योंकि चरों पर कठोर नियंत्रण की मात्रा कम-से-कम इसी विधि में उपलब्ध होती है।

3. अपेक्षाकृत अन्य विधियों से यह एक मनोवैज्ञानिक विधि है जिसमें निष्कर्षों की सत्यता प्रमाणित की जाती है।
4. इस विधि में वाह्य चरों को नियंत्रित किया जाता है अतः प्रायोगिक अभिक्रिया के प्रभाव से उत्पन्न सम्बन्धित प्रसरग (Variance) की मात्रा की सम्भाव्यता कम हो जाती।
5. वुडवर्थ के अनुसार, (अ) क्योंकि अध्ययनकर्ता घटना को एक विशेष स्थान और समय पर घटित करवाता है, अतः वह निरीक्षण अधिक कुशलता से करता है। (ब) परिस्थितियाँ अध्ययनकर्ता के नियंत्रण में होती है, आवश्यकतानुसार इन्हें दोहराया जा सकता है। (स) प्रयोग परिणामों की तुलना अधिक शुद्धता से की जा सकती है।
6. प्रयोगात्मक विधि के द्वारा वैयक्तिक भिन्नता का अध्ययन करना सुलभ हो जाता है। मन्द बुद्धि और कुशाग्र बुद्धि बालकों में भेद, समस्यात्मक कुसमायोजित व सुसमायोजित बालकों इत्यादि को पहचानने में यह विधि सहायक है। इन समस्याओं के निराकरण में अध्यापक को प्रयोगात्मक विधि का ही सहारा लेना पड़ता है।
7. इस विधि के अध्ययन से प्राप्त परिणाम विश्वसनीय, वैध, व्यावहारिक व सार्वभौमिक होते हैं। इसी आधार पर मनोविज्ञान अन्य पदार्थ विज्ञानों की श्रेणी में अंकित होता है।

प्रयोगात्मक विधि के दोष

1. प्रयोगात्मक विधि में परिस्थितियों की कृत्रिमता स्वाभाविक है। प्रयोगशाला के परिवेश में व्यक्ति स्वाभाविक रूप से व्यवहार नहीं कर सकता। थार्नडाइक के बिल्लियों पर एवं स्किनर के चूहों पर प्रयोग कृत्रिम पर्यावरण में व्यवहार का अध्ययन प्रदर्शित करते हैं। अतः ऐसे कृत्रिम व्यावहारिक पर आधारित निष्कर्षों में दोष आना तर्कसंगत प्रतीत होता है।
2. प्रयोगशाला में प्रयोज्यों के भावों, विचारों एवं संवेगों जैसे जटिल मानसिक प्रतिक्रियाओं का अध्ययन करना बहुत कठिन है। कुछ वाह्य आक्रोशित व्यावहारिक क्रियाओं का वैषयिक अध्ययन (Objective Study) नहीं किया जा सकता है।
3. क्लेइन ने प्रयोगात्मक विधि की आलोचना करते हुए कहा कि चरों को स्थिर रखकर, जटिल प्रायोगिक विधि के द्वारा सार्थक सम्बन्धों की स्थापना कठिन है। प्रयोगशाला में चरों का जो स्वरूप रचित किया जाता है वह अपेक्षाकृत बहुत ही निर्बल रहता है।
4. मनोवैज्ञानिक इस तथ्य की आलोचना करते हैं कि अधिकतर प्रयोग चूहे,

कबूतर, बिल्ली तथा कुत्तों पर किए गए हैं। जानवरों पर प्रयोग करके सिद्धान्तों का प्रतिपादन किया गया है। लेकिन मानव के लिए कहाँ तक इन नियमों तथा सिद्धान्तों का औचित्य है। इस पर अभी तक पूर्ण सहमति प्रकट नहीं हुई है।

5. क्षेत्र मनोवैज्ञानिकों का मत है कि प्रयोगात्मक विधि एक संख्यात्मक पक्ष का मापन करती है, जिसमें मनोवैज्ञानिक अनपयुक्त और दोषी उपकरणों का प्रयोग करते हैं। सही उपकरणों को बनाना या उनकी संरचना करना संभव नहीं है।
6. प्रयोग में प्रयोज्यों का सहयोग भी प्राप्त करना कठिन है, साथ ही उनका व्यवहार स्वाभाविक नहीं रहता है। फलस्वरूप शुद्ध आँकड़ों का संकलन करना संभव नहीं हो पाता है। परन्तु फिर भी अन्य विधियों से यह विधि कई दृष्टिकोण से उत्तम है। स्किनर के शब्दों में "कुछ अनुसंधानों के लिए प्रयोग विधि को ही बहुधा सर्वोत्तम विधि माना जाता है।" ("The experimental method is often considered to be the method par excellence for us in certain researches.")
7. समाजशास्त्रीय वैज्ञानिक समस्त प्राणियों पर अपने निष्कर्षों का सामान्यीकरण नहीं कर सकते हैं। प्रयोग तो केवल प्राधिकता को प्रदर्शित करता है न कि निश्चितता को। मनोविज्ञान के विभिन्न चरों का प्रहस्तन भी कुछ अवस्थाओं में संभव नहीं हो सकता है।

4. जीवन-इतिहास विधि
(Case-History Method)

जीवन-इतिहास विधि को जीवन-वृत्त विधि भी कहा जाता है। यंग के शब्दों में, "जीवन-वृत्त एक ऐसी विधि है जिसके द्वारा एक सामाजिक इकाई, चाहे वह एक व्यक्ति, एक परिवार, संस्था, संस्कृति, समूह और एक पूर्ण समुदाय ही हो, के जीवन की खोज तथा विश्लेषण किया जाता है।" ("Case-study is a method of exploring and analysing the life of a social unit be that unit a person, a family, institution, culture, group or even an entire community.")

इस विधि द्वारा सम्पूर्ण परिस्थिति प्रक्रिया के वर्णन के सम्बन्ध में व्यावहारिक घटनाओं का अध्ययन किया जाता है। इसमें मानव व्यवहार के समस्त घटकों का वैयक्तिक जीवन के सन्दर्भ में विश्लेषण एवं तुलना की जाती है। वीसेंज तथा वीसेंज के अनुसार, "जीवन-इतिहास विधि एक प्रकार की गुणात्मक व्याख्या है, जिसमें एक व्यक्ति, एक परिस्थिति या एक संस्था का अति सावधानी से पूर्ण

अध्ययन किया जाता है।" ("The case-study is a form of qualitative analysis involving the very careful and complete ovservation of a person, a situation or an institution.") किसी व्यक्ति या सामाजिक इकाई की सम्पूर्ण विकास प्रणाली की गहन व्याख्या का इस विधि द्वारा अध्ययन किया जाता है। इसके अन्तर्गत सम्बन्धित इकाई के प्रत्येत घटक के विकास के प्रक्रम का सूक्ष्म विश्लेषण किया जाता है। इसी कारण इस विधि को सामाजिक सूक्ष्मदर्शी यंत्र (Social Microscope) कहा जाता है। विभिन्न इकाइयों को गहन तथा सूक्ष्म विवेचन प्रस्तुत कर यह विधि उनके अन्तर्गत कार्य-कारण के आन्तरिक अनुक्रिया की क्रमबद्ध खोज करती है। शिक्षा में यह विधि सामान्यत: समस्यात्मक या मानसिक रोग के बालकों के मूलकारण के अध्ययन में प्रयोग होती है। शिक्षा मनोविज्ञान बालक के विकास के विभिन्न चरणों के अन्तर्गत वस्तुपरक प्रमाणों तथा तथ्यों के आधार पर उसका विस्तृत, अतिसूक्ष्मात्मक तथा विश्लेषणात्मक अध्ययन करता है। जिसमें शोधकर्ता की अध्ययन समस्या के प्रति तीक्ष्ण दृष्टि, तीव्र बुद्धि तथा अन्तर्भेदी प्रविधि अत्यधिक व्यवहारपरक होती है।

जीवन-इतिहास विधि की निम्न विशेषताएँ होती हैं :

1. इकाई का गहन अध्ययन—जीवन-इतिहास विधि में एक इकाई का गहन, विस्तृत व सूक्ष्म अध्ययन किया जाता है। ऐसे अध्ययन में उसका स्वरूप स्वत: ही अत्यधिक विषम गम्भीर और लम्बवत हो जाता है।
2. क्रमबद्ध और गुणात्मक अध्ययन—जीवन-इतिहास विधि द्वारा किसी एक इकाई का क्रमबद्ध तथा काल के अनुसार किया जाता है। इस कारण इसका स्वरूप वस्तुपरक एवं प्राय: गुणात्मक होता है।
3. कार्य-करण सम्बन्ध का अध्ययन—किसी भी इकाई के अध्ययन में उसको प्रभावित करने वाले अनेक चरों का समालोचनात्मक विश्लेषण किया जाता है। इसमें व्यावहारिक दृष्टि से कार्य-करण के पारस्परिक सम्बन्धों की महत्त्वपूर्ण क्रमबद्धता का अध्ययन किया जाता है।
4. विभिन्न पक्षों का दीर्घकालीन अध्ययन—इस विधि द्वारा इकाई की वर्तमान स्थिति के विभिन्न कारकों—जैसे सामाजिक, सांस्कृतिक, वातावरण, वैयक्तिक पृष्ठभूमि, पारिवारिक इत्यादि—के सन्दर्भ में विवरणात्मक अध्ययन किया जाता है। विभिन्न परिस्थितियों में इकाई में हुए परिवर्तनों का क्रमिक व विधिवत अध्ययन किया जाता है। इसमें प्रक्रिया विषम तथा गम्भीर होने से दीर्घकालीन अध्ययन का रूप ले लेती है।

जीवन-इतिहास विधि के सोपान

इस विधि की अध्ययन प्रक्रिया की अपनी विशिष्टता होती है। इसमें प्रक्रिया विस्तृत न होकर सूक्ष्म, गहन और गुणात्मक होती है। समूह या संस्कृति के जीवन-वृत्त अध्ययन में मैक्कोबी व सीजर्स, तथा मीड ने सहभागी प्रेक्षण तथा साक्षात्कार विधियों के उपयोग को अधिक मान्यता दी है परन्तु व्यक्तित्व या वैयक्तिक गुणों में जीवन-वृत्त अध्ययन के लिए निम्न सोपानों का उल्लेख किया गया है।

1. **समस्या कथन** (Statement of the Problem)—इस सोपान के अन्तर्गत विशिष्ट उद्देश्यों को निर्धारित कर समस्या के समस्त पहलुओं का स्पष्ट विवेचन किया जाता है। समस्या की विभिन्न इकाइयों के स्रोतों की सूची की संरचना भी स्पष्ट करनी आवश्यक है।

2. **समस्या के अनुरूप इकाइयों का चयन** (Selection of Units Relates to the Problem)—विशेष व्यवहार प्रतिमानों के अन्वेषण में उद्देश्य की प्राप्ति के लिए उससे सम्बन्धित विभिन्न इकाइयों का चयन करना आवश्यक है। अतः इन्हीं प्रभावकारी इकाइयों के स्वरूप का विस्तृत व गहन अध्ययन किया जाता है। समस्या से सम्बन्धित घनिष्ट एवं उपयुक्त इकाइयों के चयन में अधिक सावधानियाँ वरती जानी चाहिए। कम-से-कम इकाइयों का चयन इस विधि में किया जाना चाहिए परन्तु इकाइयों का सीधा सम्बन्ध समस्या से ही हो। किसी विशेष एकल इकाई के लिए अतिरिक्त इकाइयों का चयन निरर्थक है।

3. **प्रदत्तों का संकलन** (Collection of Data)—इकाई के समस्त पक्षों की विस्तृत रूपरेखा तैयार कर आँकड़ों को एकत्रित किया जाता है। इस प्रक्रिया में सौहार्द वातावरण में प्रत्येक इकाई से एक-एक करके सम्पर्क स्थापित किया जाता है। विषयों को अभिप्रेरित कर उसकी सभी शंकाएँ दूर की जाती हैं। सार्थक अवयवों को प्राप्त करने में अध्ययन इकाई को पूर्ण प्रोत्साहित किया जाता है। उद्देश्य के अनुरूप सभी सार्थक प्रभावों, घटनाओं एवं वर्णनों को प्रतिबिम्बित (Reflective) एवं विशिष्ट प्रश्नों द्वारा आकलन किया जाता है। इकाई के मनोभाव या प्रतिक्रियाएँ अध्ययन-परिधि के अन्तर्गत स्वाभाविक एवं स्वतन्त्र अभिव्यक्ति से प्राप्त किए जाते हैं।

4. **प्रदत्तों का विश्लेषण** (Analysis of Data)—इस सोपान में योजनावद्ध तरीके से सभी सूचनाएँ एकत्रित कर ली जाती हैं। इस प्रक्रिया में प्रत्येक इकाई के विभिन्न कारकों को खोजकर उनके वाह्य एवं आन्तरिक सम्बन्धों का घटनाक्रम में अध्ययन किया जाता है। कारकों के अन्तर्सम्बन्धों या प्रभावों का विवेचनात्मक विश्लेषण करके सार्थक निष्कर्ष ज्ञात किए जाते हैं। अध्ययन इकाई से सम्बन्धित सभी प्रभावकारी कारकों के पारस्परिक सम्बन्धों से निर्गत

परिणामी निष्कर्षों का सूक्ष्म एवं विस्तृत विश्लेषण किया जाता है। इस निष्कर्ष का सापेक्ष सम्बन्ध तर्क संगत रूप से प्रस्तुत किया जाता है। कहने का अर्थ यह है कि जिस प्रकार विभिन्न अंगों (Parts) से एक रेडियो की संरचना की जाती है और प्रत्येक अंग की अपनी महत्ता है तथा किसी एक के बिना रेडियो कार्य नहीं कर सकता, ठीक उसी प्रकार जीवन-इतिहास में भी विभिन्न कारकों के पारस्परिक अन्तर्सम्बन्धों से समस्या की इकाई की संरचना का स्वरूप बनता है। इन कारकों का तर्क-संगत आधार तथा प्रक्रिया सावधानी से जानने का प्रयास किया जाता है।

जीवन-इतिहास के गुण

1. **सम्बन्धित इकाइयों का गहन अध्ययन**—इस विधि के द्वारा एक इकाई का सूक्ष्म, गहन और दीर्घकालीन अध्ययन किया जाता है। इन इकाइयों से निर्मित व्यवहार का पूर्ण स्वरूप गहन विश्लेषणात्मक अध्ययन होता है।

2. **विभिन्न विधियों से इकाई का अध्ययन**—किसी एक इकाई के अध्ययन में प्रेक्षण विधि, मनोविश्लेषणात्मक विधि इत्यादि का उपयोग सफल परीक्षण में किया जा सकता है। साक्षात्कार विधि द्वारा इकाई के लम्बरूप का अध्ययन ही सर्वथा उपयोगी नहीं होता बल्कि इकाई के विभिन्न आयामों का सूक्ष्म अध्ययन विभिन्न विधियों द्वारा भी किया जा सकता है।

3. **असामान्य व्यवहार का अध्ययन**—यह विधि किसी व्यक्ति की मानसिक व्याधियों के कारणों का पता लगाने में विशिष्ट सहायक है। बालक के असामान्य व्यवहार का पता लगाकर उसके निराकरण के लिए यह सर्वोत्तम विधि है। अतीत जीवन के परिप्रेक्ष्य में मानसिक रोगियों या अपराधियों का तर्क संगत निष्कर्ष ज्ञात करने से व्यक्ति का विकास संभव हो सकता है।

4. **व्यवहार सुधारक विधि**—व्यवहार के विभिन्न विशिष्ट गुणों के विश्लेषण के आधार पर व्यवहार के स्वरूप की यह विधि सूक्ष्मतम व्याख्या करती है। जिसके आधार पर गुणों का विभाजन कर विशिष्ट प्रेरित गुणों का विकास किया जाता है। इस विकासात्मक स्वरूप के अध्ययन के आधार पर विशिष्ट सूचनाएँ उपलब्ध होती हैं तथा मानव में उपयुक्त अभिवृत्ति का विकास करते हैं।

जीवन-इतिहास के दोष

1. **अनुसंधान अभिकल्प** (Research Design) **तथा न्यादर्श** (Sampling) **का अभाव**—यह विधि किसी निश्चित अनुसंधान अभिकल्प पर निर्भर नहीं रहती और न ही विषयों के चयन का वस्तुपरक आधार है। अतः अध्ययन का स्वरूप बिखरा एवं अपूर्ण होकर दोषपूर्ण प्रदर्शित होता है। केवल कुछ ही चय-

नित इकाइयों पर इस विधि को लागू कर सकते हैं।

2. कार्य-कारण (Cause and Effect) **का दोषपूर्ण विवेचन**—क्योंकि इकाइयों के अध्ययन में प्रमाणात्मक (Quantitative) सामग्री उपलब्ध नहीं होती है अतः वस्तुपरक सामान्यीकरण करने की कठिनाई सदैव विद्यमान रहती है। एक ही घटना या आचरण की विवेचना में कार्य-कारण के अर्थ में भिन्नता पाई जाती है। घोर मानसिक अपराधियों से निर्णायक तथ्यों का पता लगाना संभव नहीं है। अतः अध्ययन में दोष आना स्वाभाविक है।

3. प्रशिक्षित विशेषज्ञों की आवश्यकता––यदि हम बारीकी से चिन्तन करें तो इस विधि का स्वरूप अत्यधिक संवेदनशील एवं सूक्ष्मदर्शी है। अतः अध्ययन-कर्ता का अपूर्व वैज्ञानिक दृष्टिकोण, समालोचक विश्लेषण के लिए आवश्यक है। शोध में विशेषज्ञ के रूप में अपूर्व अनुभव ही निष्कर्षों की सार्थकता का प्रतीक होता है।

4. पुनरावृत्ति का दोष—अध्ययन विधि अति जटिल व दीर्घकालीन होने से इस पद्धति की पुनरावृत्ति में विशेष कठिनाइयों का सामना करना पड़ेगा। अन्यथा विश्वसनीयता स्तर की सार्थकता की जानकारी पुनरावृत्ति के अभाव में कठिनाई उत्पन्न कर सकती है।

अतः उपरोक्त सभी दोषों के निराकरण के लिए अध्ययनकर्ता का प्रशिक्षण उच्च वैज्ञानिक स्तर का होना आवश्यक है। इससे तर्क-संगत, अन्तर्सम्बन्धों का स्पष्टीकरण एवं वैध अन्तर्निहित परिणामों का विश्लेषण सुलभ हो सकता है।

5. निदानात्मक विधि
(Clinical Method)

स्किनर के मतानुसार यह विधि विशिष्ट सीखने की प्रक्रियाओं, व्यक्तित्व या आचरण सम्बन्धी कठिनाइयों को समझने और व्यक्तित्व समायोजन के क्षेत्रों में प्रयुक्त की जाती हैं। व्यक्ति में निहित व्यवहार की असमायोजनता तथा व्याधियों के निदान और उपचार में इस विधि का प्रयोग किया जाता है। शिक्षा मनोविज्ञान में अपराधी या समस्यात्मक बालकों के अध्ययन में यह पद्धति बहुत सुविधाजनक है। बालक की मानसिक आवश्यकताओं का मनोवैज्ञानिक विश्लेषण कर उसकी जटिलताओं के अनुरूप समुचित उपचार का मार्ग इस विधि द्वारा संभव हो सकता है। व्यावहारिक क्रियाओं का निरीक्षण कर असामान्यता के लक्षण के कारण का पता लगाया जाता है, जिसमें आंगिक विकृतियों (Organic Defects) का सूक्ष्म अध्ययन कर शारीरिक कमियों का पता लगाया जाता है। इसके साथ सामाजिक पहलुओं का भी अध्ययन करना आवश्यक हो जाता है।

अन्त में इन दोषों के निराकरण के लिए व्यक्ति के मानसिक विकास के पक्ष से सम्बन्धित कारकों का विश्लेषण कर सफल उपचार क्रिया अपनायी जाती है। इस अध्ययन का उद्देश्य दोषी की विकृति के मूल आधारों का अन्वेषण कर उसके सफल उपचार का मार्ग प्रशस्त किया जाना है।

निदानात्मक विधि द्वारा असमायोजित व्यवहार से सम्बन्धित शारीरिक, मानसिक, मनोदैहिक, संवेगात्मक एवं समाजशास्त्रीय आदि सभी पक्षों का गहन अध्ययन किया जाता है तदुपरान्त उनके पारस्परिक सम्बन्धों के परिणाम से विकृत व्यवहार की व्याख्या की जाती है। अर्थात विभिन्न पक्षों के परिणामी कारकों का पता लगा कर व्याधि के विकास की स्थिति मालूम की जाती है। रोग की मूल स्थिति को शोधकर्ता सुनिश्चित कर उसे सीमांकित करता है। इस पद्धति के अन्तर्गत अध्ययनकर्ता व्यक्ति के अतीत एवं वर्तमान जीवन सम्बन्धी सभी पक्षों की वास्तविक स्थिति की जानकारी हासिल करता है। तत्पश्चात रोगी की शारीरिक स्थिति एवं विशिष्ट लक्षणों की खोज करता है। वह व्यक्ति की शारीरिक, मानसिक, संवेगात्मक इत्यादि सभी लक्षणों को विभिन्न स्रोतों से खोजने का प्रयास करता है। रोग के सम्बन्ध में विस्तृत, स्पष्ट एवं वस्तुपरक सूचनाएँ एकत्रित कर रोगी के सम्बन्ध में तथ्यात्मक जानकारी प्राप्त की जाती है और विकृति से सम्बन्धित कारणों का यथार्थ मानचित्र प्रस्तुत किया जाता है।

निदानात्मक विधि की सीमाएँ

1. नैदानिक इस विधि में व्यक्ति के पूर्व जीवन एवं वर्तमान अनुभवों का विवरणात्मक लेखा संकलित करते हैं। ये सूचनाएँ आत्मनिष्ठ (Subjective) होती हैं क्योंकि विषयी (Subject) कमियों एवं तथ्यों को छुपाने का प्रयास करता है। निरक्षर माता-पिता सही तथ्य प्रस्तुत करने में असमर्थ रहते हैं। इस प्रकार की सूचनाओं से यथार्थ निष्कर्ष निकालने में कठिनाइयाँ उत्पन्न होती हैं।
2. व्यवहार की जटिल समस्याओं का कठोर परिस्थितियों में निरीक्षण किया जाता है। अतः नैदानिक अन्तर्दृष्टि के द्वारा भी यह संभव नहीं हो पाता कि निरीक्षित घटनाएँ सापेक्षित व्यवहार से सम्बन्धित हैं।
3. इस विधि में प्राप्त प्रदत्तों की व्याख्या सैद्धान्तिक पक्ष पर आधारित होती हैं। अतः निष्कर्ष भी शोधार्थी के महत्त्व के पक्ष से सम्बन्धित हो सकते हैं।
4. निदानात्मक विधि में सामान्य त्रुटियों को कम करने के उपाय प्राप्त नहीं हैं।

6. विकासात्मक विधि
(Developmental Method)

व्यवहारपरक विज्ञानों ने जीवन-विज्ञान के आधार पर विकासात्मक विधि का विकास किया। इसे जननिक विधि (Genetic Method) भी कहते हैं। डारविन के विकासवाद के सिद्धान्त (Theory of Evolution) से हरबर्ट स्पेन्सर (1872) ने जीवों व पौधों के विकासक्रम के अनुसार सामाजिक विज्ञानों में भी विकासात्मक प्रक्रिया के स्वरूप की विस्तृत विवेचना की। स्पेन्सर की भाँति फ्रायड (1912), मुरे (1938) तथा रोजर्स (1947) आदि ने विकास के सिद्धान्तों को विभिन्न व्यावहारिक क्रियाओं के विश्लेषण में प्रयुक्त किया। सामाजिक तथा वैयक्तिक समस्याओं के गहन अध्ययन से उन समस्याओं के निराकरण में यह सिद्धान्त विशिष्ट प्रेरक का स्रोत है। इस विधि का विस्तृत क्षेत्र होने के कारण यह विधि जीवन-इतिहास विधि के समरूप है। अन्तर सिर्फ इतना है कि जीवन-इतिहास विधि में मनोवैज्ञानिक विभिन्न स्रोतों से बालक के विकासक्रम के पक्षों को संगठित करता है जबकि विकासात्मक विधि में वह लम्बे समय तक निरीक्षण, प्रयोग तथा परीक्षण द्वारा विकास पद्धति का अध्ययन करता है। विकास पद्धति के दो मुख्य प्रकार हैं—(1) समकालीन अध्ययन प्रणाली (Cross-sectional Method) और (2) लम्बरूप प्रणाली (Longitudinal Method)।

(1) समकालीन अध्ययन विधि (Cross-sectional Method)—प्रतिदर्श चयन की उपयुक्त विधि द्वारा विभिन्न अवस्था के बालकों के समूहों को व्यवहार के विभिन्न पक्षों के विकास के अध्ययन में समकालीन अध्ययन विधि प्रयुक्त होती है। इन विभिन्न स्तर के बालकों का समस्या से सम्बन्धित शारीरिक तथा मानसिक योग्यताओं के विकास क्रमों का मापन किया जाता है। प्रदत्तों के औसत मान ही विकास के क्रम को प्रदर्शित करते हैं। किसी भी योग्यता के विकास को जानने के लिए विभिन्न स्तर के बालकों की तुलना की जाती है तथा किसी भी विशेषता के क्रमिक विकास के साथ-साथ आयु मानक (Norms) की खोज की जाती है। कारमाइकेल के अनुसार, इस विधि द्वारा प्राप्त परिणाम अधिक महत्त्वपूर्ण इस कारण नहीं होते क्योंकि क्रमिक विकास का ज्ञान पूर्ण शुद्ध नहीं हो सकता है। कहने का तात्पर्य यह है कि विभिन्न स्तर के बालकों की समस्याओं का पता लगा कर उनसे सम्बन्धित व्यवहार का ज्ञान इस विधि द्वारा प्राप्त किया जा सकता है। समकालीन विधि के अध्ययन का स्वरूप क्षैतिज (Horizontal) होता है तथा इसका उद्देश्य व्यावहारिक होने की अपेक्षा सैद्धान्तिक अधिक रहता है। अर्थात इससे विकास की प्रकृति तथा विकास के सिद्धान्तों की वैज्ञानिक खोज तुलनात्मक मापदण्ड को स्थापित करने के लिए की जाती है। इस पद्धति का सम्बन्ध अधि-

कांशतः वर्तमान से है। उदाहरणार्थ जब एक अध्ययनकर्ता आठ वर्ष वाले अनेक बालकों की बुद्धि का मापन करके इस इकाई के प्रति मानक की रचना करता है तब ऐसे अध्ययन का उद्देश्य समकालीन विधि से सम्बन्धित है।

समकालीन अध्ययन विधि की उपयोगिता

1. इस विधि द्वारा कम समय और कम खर्च में बालक के सम्पूर्ण जीवन के विकासात्मक परिवर्तनों का अध्ययन कर सकते हैं तथा वर्षों तक प्रतीक्षा नहीं करनी पड़ती है।
2. अलग-अलग आयु स्तरों के बालकों के क्रमिक विकास की तुलना इस विधि द्वारा सरल हो जाता है।
3. बड़े समूहों के अध्ययन से संकलित प्रदत्तों के आधार पर आयु सीमा के लिए मानक तैयार करना संभव हो जाता है।
4. शोधकर्ता को अग्रिम विकास की अवस्था का लम्बे समय तक इन्तजार नहीं करना पड़ता है।

समकालीन अध्ययन विधि के दोष

1. इस विधि द्वारा व्यक्तिगत भिन्नता जैसी विषम समस्याओं का अध्ययन सुलभ नहीं है।
2. इस विधि के अन्तर्गत विकास परिवर्तन का ज्ञान अनुमान पर निर्भर करता है।

(2) **लम्बरूप विधि** (Longitudinal Method)—लम्बरूप अध्ययन विधि एक दीर्घकालीन प्रणाली है, जिसका स्वरूप अति गहन तथा विस्तृत होता है। इसमें एक आयु स्तर के बालकों के समूह को चुनकर आयु वृद्धि के साथ उनकी शारीरिक व मानसिक योग्यताओं के विकास क्रम का मापन किया जाता है। अर्थात् एक विशिष्ट इकाई के जन्म से लेकर अन्त तक के सभी विकास प्रक्रमों तथा विशेषताओं का विस्तृत अध्ययन किया जाता है। उदाहरणार्थ यदि हम बालकों के व्यक्तित्व समायोजन के विकास का अध्ययन करना चाहते हैं तो दस वर्ष की आयु वाले 50 बच्चों का चयन कर प्रत्येक एक वर्ष बाद उनके व्यक्तित्व समायोजन का मापन करते रहेंगे। आयु के विकास के साथ-साथ शोधकर्ता प्रत्येक एक वर्ष पश्चात व्यक्तित्व समायोजन सम्बन्धित क्रमिक विकास का मापन करता रहेगा। शिक्षा के क्षेत्र में विभिन्न आयु तथा अवस्थाओं के सापेक्ष आयु-मानकों की रचना कर तुलनात्मक अध्ययन साध्य रहता है। इस अध्ययन से बालकों के विकास की प्रगति या अवनति का पता लगता रहता है।

लम्बरूप अध्ययन विधि की उपयोगिता

1. इस विधि में एक ही समूह के बालकों के क्रमिक अध्ययन से न्यादर्श त्रुटियों (Sampling Errors) की संभावना नहीं रहती है। प्रतिदर्श की समस्या का भी निदान साथ ही हो जाता है।
2. बालक के व्यक्तिगत अध्ययन के साथ समूह का भी अध्ययन चलता रहता है।
3. लम्बरूप अध्ययन विधि के निष्कर्ष सार्थक एवं वैध प्राप्त होते हैं, जिससे शिक्षा मनोविज्ञान के क्षेत्र में बालकों की विस्तृत जानकारियों में व्यापक वृद्धि हुई है।
4. इस विधि द्वारा बालक के स्वाभाविक विकास का वैज्ञानिक अध्ययन किया जाता है तथा यह किशोरावस्था को समझने में बहुत लाभकारी सिद्ध हुई है।

लम्बरूप अध्ययन विधि के दोष

1. समय तथा धन का व्यय इस अध्ययन विधि में अधिक होता है।
2. शोधकर्ता को किसी विकास अवस्था के अध्ययन के लिए वर्षों तक इन्तजार करना पड़ता है।

विकासात्मक विधि की विकास पद्धति में समकालीन एवं लम्बरूप अध्ययन विधियों में काफी विषमता है। जहाँ लम्बरूप विधि के अन्तर्गत एक इकाई का सूक्ष्म अध्ययन किया जाता है वहीं विभिन्न इकाइयों के आधार पर आयु मानकों की रचना करने से समकालीन अध्ययन विधि हो जाती है। इन दोनों विधियों की तुलना करते हुए कारमाइकेल के शब्दों में, "समकालीन विधि बालक के स्तर को जीवन में एक बिन्दु पर केन्द्रित करती है जबकि लम्बरूप विधि यह जानने का प्रयास करती है कि बालक कहाँ से आया, किस दशा में और किस गति से जा रहा है।" लम्बरूप अध्ययन का मुख्य उद्देश्य निदानात्मक तथा सुधारात्मक रहता है तथा समकालीन अध्ययन का उद्देश्य सैद्धान्तिक अधिक रहता है।

7. परीक्षण विधि
(Test Method)

परीक्षण विधि को मूल्यांकन विधि भी कहते हैं। वैस्ट के शब्दों में, "मनोवैज्ञानिक परीक्षण एक उपकरण है जिसे मानव व्यवहार के किसी पक्ष के मापन गणना के लिए तैयार किया जाता है।" ("A psychological test is an instrument designed to describe and measure a sample of certain aspects of human behaviour.")

मनोविज्ञान में परीक्षण विधि का प्रयोग वैयक्तिक भिन्नता को जानने के लिए प्रयुक्त की जाती है। व्यवहार के विभिन्न गुणों के मापन में विशिष्ट रूप से तैयार किए गए मनोवैज्ञानिक उपकरणों का प्रयोग किया जाता है। इसके लिए अनेक प्रकार के परीक्षणों का निर्माण समय-समय पर हुआ और व्यावहारिक पक्षों का निरीक्षण तथा मापन किया गया। इन परीक्षणों में वे सभी विशेषताएँ होती हैं जो एक अच्छे परीक्षण की होती हैं और इनका आधार वैज्ञानिक होता है। अर्थात ये परीक्षग मानकीकृत (Standardized), वस्तुनिष्ठ (Objective), विश्वसनीय (Reliable), वैध (Valid) तथा विभेदीकृत (Discriminating) होते हैं। इन परीक्षणों से बुद्धि, अभिवृत्ति, रुचि, उपलब्धि, व्यक्तित्व, शारीरिक-क्षमता इत्यादि का मूल्यांकन किया जाता है। मनोवैज्ञानिक परीक्षण में अभिक्षमता परीक्षण (Aptitude Test), उपलब्धि परीक्षण (Achievement Test), नैराश्य मापनी (Frustration Scale), रुचि प्रपत्र (Interest Record) इत्यादि विभिन्न परीक्षणों का उपयोग अधिक होता है। शिक्षा मनोविज्ञान में भी छात्रों की बुद्धि, मानसिक योग्यता, शैक्षिक उपलब्धियों, शिक्षण अभिक्षमता, अधिगम के प्रति रुचि इत्यादि कई परीक्षणों का निर्माण किया गया है। किसी भी समस्या के समाधान में उपयुक्त परीक्षण को छात्रों पर प्रसारित करते हैं। परीक्षणों से प्राप्त प्रदत्तों का विश्लेषण करके निष्कर्ष प्राप्त किए जाते हैं। इन परिणामों के आधार पर बालकों की व्यक्तिगत, सामूहिक और शैक्षिक समस्याओं को दूर करने के लिए उचित निर्देशन दिए जाते हैं। वर्तमान समय में इन परीक्षणों का प्रयोग अधिक किया जाता है। इसी के फलस्वरूप शिक्षा मनोविज्ञान की विषयवस्तु, शिक्षण प्रक्रिया, पाठ्यक्रम संरचना, विद्यालयी वातावरण तथा शैक्षिक ज्ञान में व्यापक परिवर्तन हुए हैं।

परीक्षण विधि की कठिनाइयाँ और दोष

जीवन के प्रत्येक पहलुओं में परीक्षणों का उपयोग है। वैयक्तिक भिन्नता के अध्ययन, तथा समूहों के अध्ययन आदि सभी क्षेत्रों में परीक्षण विधि महत्त्वपूर्ण है। अधिक छात्रों का अध्ययन कम समय में ही शीघ्रता से हो जाता है। परीक्षण विधि से प्राप्त परिणाम विश्वसनीय एवं शुद्ध होते हैं। परन्तु इस विधि से व्यवहार के कुछ पक्षों का अध्ययन करना कठिन है। जिसे गुण का अध्ययन परीक्षण विधि द्वारा किया जाता है। उसका सही मापन नहीं होता है। कभी भाषा तथा आयु कठिनाइयों के कारण बन जाते हैं तो कभी परीक्षणों की मूल्यांकन विधि में अड़चने उत्पन्न हो जाती हैं।

8. साक्षात्कार विधि
(Interview Method)

व्यवहारपरक विज्ञानों में साक्षात्कार का उपयोग अनुसंधान की एक वैज्ञानिक प्रविधि के रूप में किया जाता है। साक्षात्कार का शाब्दिक अर्थ 'आन्तरिक अवलोकन करना' है। आइजनेक के अनुसार साक्षात्कार वह साधन है, जिसके द्वारा मौखिक अथवा लिखित सूचना प्राप्त की जाती है। यंग के मतानुसार, "साक्षात्कार एक ऐसी व्यवस्थित विधि है, जिसके द्वारा एक व्यक्ति काल्पनिक रूप से, कम या अधिक, अपेक्षाकृत अपरिचित व्यक्ति के आन्तरिक जीवन में प्रवेश कर जाता हो।" ("The interview may be regarded as a systematic method by which one person enters more or less imaginatively into the inner life of a comparative stranger.") साक्षात्कार के द्वारा एक व्यक्ति आमने-सामने के मौखिक आदान-प्रदान से दूसरे व्यक्ति से सूचना प्राप्त करने के लिए प्रेरित करने का प्रयास करता है। अर्थात साक्षात्कार विधि एक ऐसी प्रविधि है, जिसके द्वारा हम एक या अनेक व्यक्तियों के विशिष्ट व्यवहार का निरीक्षण, विचार विमर्श इस आशय से करते हैं, जिससे प्राप्त परिणामों के द्वारा समूह की आंतरिक अनुक्रिया का प्रेक्षण किया जा सके। इसमें अनुसंधान समस्या के सम्बन्धित प्रश्नों की रचना कर लक्ष्यों की पूर्ति की जाती है। इसके लिए साक्षात्कारकर्ता की भूमिका अति सक्रिय, विवेकपूर्ण एवं अत्यन्त महत्त्वपूर्ण हो गई है। अन्य विज्ञानों की तरह शिक्षा मनोविज्ञान में इसकी उपयोगिता अधिक है। विद्यार्थियों की विभिन्न विषयों में योग्यता की जाँच, छात्रों को निश्चित कार्यक्रमों में चयनित करना, व्यक्तित्व परक इत्यादि में इस विधि का प्रयोग किया जाता है। साक्षात्कार विधि को दो भागों में विभक्त किया जाता है : (1) प्रामाणिक साक्षात्कार विधि और (2) असंरचित साक्षात्कार विधि।

(1) प्रामाणिक साक्षात्कार विधि (Standardized or Structural Interview Method)—इस प्रकार के साक्षात्कार को नियंत्रित तथा संरचित साक्षात्कार भी कहते हैं। साक्षात्कार की इस विधि को अपनाते समय प्रश्नों की रचना साक्षात्कार आरम्भ होने से पूर्व ही कर लेते हैं। प्रश्न में उपयुक्त शब्दों का चयन तथा प्रश्नों की संख्या तथा उनका निश्चित क्रम पहले से ही सुनिश्चित कर लेते हैं। साक्षात्कारकर्ता को यह स्वतन्त्रता नहीं होती है कि वह प्रश्नों की भाषा, क्रम तथा संख्या को बदल सके। इस परिप्रेक्ष्य में अध्ययनकर्ता को प्रश्नों को यथावत प्रस्तुत करने में कठिनाइयाँ तो अवश्य होती हैं परन्तु अध्ययन को वस्तुपरक, पक्षपातहीन, क्रमबद्ध एवं परिशुद्ध मापन का स्वरूप मिल जाता है। इस विधि से प्राप्त परिणामों की तुलना अन्य वैज्ञानिक विधियों से प्राप्त निष्कर्षों से करने में विशेष साध्यता एवं सरलता रहती है। यह परीक्षण सामाजिक स्थिति के अध्ययन

में सदैव अनुकूल नहीं होता। अतः मर्टन ने अर्द्ध संरचित तथा केन्द्रित साक्षात्कार के उपयोग पर बल दिया।

(2) **असंरचित साक्षात्कार विधि** (Unstructured Interview Method)—इस प्रकार के साक्षात्कार को अमानकीकृत, अनियंत्रित तथा अनिर्देशित (Non-directive) साक्षात्कार भी कहते हैं। इसमें समस्या से सम्बन्धित प्रश्नों को पूर्व निर्धारित नहीं करते हैं। अध्ययनकर्ता स्वतन्त्र रूप से समस्या से सम्बन्धित कितने भी प्रश्न पूछ सकता है। विषयी की मनोभावनाओं अथवा मनोदशा के अनुरूप साक्षात्कार के ढंग को परिवर्तित कर सकता है और इच्छानुसार प्रक्रम को विकसित करता है। प्रयोज्य (Subject) भी स्वतन्त्र रूप से उत्तर देता है। अनेक मनोवैज्ञानिकों ने इस साक्षात्कार की विधि को अत्यधिक समर्थन प्रदान किया है। असंरचित साक्षात्कार का उपयोग सामाजिक व व्यक्तिगत समस्याओं के गहन अध्ययन में प्रयुक्त होती है तथा समस्या के निदान में विशेष उपयोगी है। इस विधि द्वारा कुंठित संवेग तथा अभिवृत्ति तथा मौलिक भावनाओं का सूक्ष्म अध्ययन किया जाता है जिससे उत्तरों का स्वरूप वैध रहता है।

साक्षात्कार विधि के गुण

(1) **अदृश्य तथा अतीत की घटनाओं का अध्ययन** (Study of Intangible and Past Events)—इस विधि द्वारा चिन्तन, मनोभावना, अभिवृत्ति, संवेग इत्यादि अदृश्य कारकों का कुशलता से अध्ययन किया जा सकता है। विषयी की अतीत की घटनाओं के सफल अध्ययन में साक्षात्कार विधि का महत्त्व अधिक प्रभावशाली है। विगत सामाजिक घटनाओं में इस विधि का प्रयोग सर्वाधिक होता है।

(2) **विषम घटनाओं का गहन अध्ययन** (Intensive Study of Complex Phenomena)—विषम घटनाओं से सम्बन्धित अनेक सापेक्षित अंगों (Relative Parts) का इस विधि द्वारा अध्ययन सुगम एवं सरल होता है। किसी व्यक्ति या समाज में निहित अनेक विषमताओं की स्थिति का गहन अध्ययन भी साध्य है।

(3) **वैध अध्ययन की साध्यता** (Feasibility of Valid Study)—साक्षात्कार विधि का स्वरूप अनेक दृष्टि से नम्य (Flexible) रहती है तथा व्यक्तित्व में निहित वास्तविक गुणों का सफल अंकन किया जाता है। शोधकर्ता प्रेरणात्मक प्रक्रिया द्वारा प्रयोज्य का मूल्यांकन करता है। अतः संरचित (Structured) साक्षात्कार द्वारा विशिष्ट रूप से वस्तुपरक आँकड़ों का संकलन करने से वैध तथा विश्वसनीय परिणाम प्राप्त होते हैं।

(4) **सबल अध्ययन** (Powerful Study)—साक्षात्कार विधि समस्या के

विभिन्न पहलुओं का व्यापक अध्ययन का सक्षम उपकरण है। उत्तरदाता के जीवन का सम्पूर्ण एवं बहु-पक्षीय अध्ययन इस विधि से संभव है तथा गहन साक्षात्कार के माध्यम से व्यक्ति के अन्तर्निहित अनुभवों या उससे सम्बन्धित जीवन की विशिष्ट घटनाओं की आवश्यक जानकारी प्राप्त की जा सकती है। यह अध्ययन अपेक्षाकृत अन्य अनुसंधान विधि के उपयोग से संभव नहीं है। अशिक्षित व्यक्तियों के अध्ययन में भी यह विधि अपने में एक अद्वितीय विधि है। अतः यह विधि एक व्यापक व सबल अध्ययन विधि है।

साक्षात्कार विधि की सीमाएँ

(1) **संदिग्ध एवं कृत्रिम सूचनाएँ** (Doubtful and Artificial Informations)—यदि समस्या का सम्बन्ध व्यक्तियों के संवेगात्मक पक्षों पर आधारित हो तो व्यक्ति से प्रायः कृत्रिम और अवैध उत्तरों की प्राप्ति की ही अधिक संभावना रहती है। ऐसी स्थिति में वह सन्देहपूर्ण सूचना भी दे सकता है। अतः उत्तरों की विश्वसनीयता तथा वस्तुपरक पर सन्देह होना स्वाभाविक है और उनका स्वरूप निष्पक्ष न रहकर विकृत हो जाता है।

(2) **पक्षपात का भय** (Fear due to Bias)—अप्रामाणिक साक्षात्कार के द्वारा जो आँकड़ों का स्वरूप प्राप्त होता है वह अधिकांशतः पक्षपातपूर्ण होता है, क्योंकि उस पर शोधकर्ता की इच्छाओं, अभिवृत्तियों, अपेक्षाओं, भावनाओं, संवेगों आदि का प्रभाव पड़ता है। फलस्वरूप अनेक त्रुटियों के उत्पन्न होने से विश्वसनीयता एवं वैधता घट जाती है।

(3) **मैत्रिक-भावना की स्थापना में कठिनाई** (Difficulty in Establishing Rapport)—अध्ययनकर्ता को साक्षात्कार के लिए व्यक्तियों से सम्पर्क करना पड़ता है। इसके लिए उसे अनेक सामाजिक तथा व्यक्तिगत कठिनाइयों का सामना करना पड़ता है। समय के अभाव से भी व्यक्तियों को तैयार करने में भी दिक्कतें हो सकती हैं।

(4) **अभिलेखन में कठिनाई** (Difficulty in Recording)—अभिलेखन स्मृति के सहारे पर करना संकट का कार्य है। केवल उच्च प्रशिक्षित साक्षातकर्ता ही कुशल रूप से यह कार्य कर सकता है। इसके साथ-साथ उच्च यांत्रिक साधनों के उपयोग के बिना भी अभिलेखन की गम्भीर समस्या उत्पन्न हो सकती है। आँकड़ों के अभिलेखन के प्रति अध्ययन के प्रति अधिक सतर्कता अपनानी चाहिए।

9. प्रश्नावली विधि
(Questionnaire Method)

आँकड़ों के संकलन में साक्षात्कार विधि का सुधरा हुआ रूप प्रश्नावली विधि है। शिक्षा मनोविज्ञान के क्षेत्र में जब अध्ययन विषयी की संख्या अधिक होती है तथा प्रायोगिक इकाइयों का विस्तृत क्षेत्र हो तो यह सर्वोत्तम अध्ययन विधि है। यंग के शब्दों में प्रश्नावली को एक ऐसे प्रपत्र की संज्ञा दी जाती है जिसमें उत्तरदाताओं द्वारा अपना स्वयं मूल्यांकन होता है और उन्हें यह प्रपत्र डाक द्वारा प्रेषित किया जाता है। कहने का अभिप्राय यह है कि प्रपत्र में प्रश्नों की रचना इस उद्देश्य से की जाती है कि अध्ययन समस्या के सम्बन्ध में अध्ययन इकाइयों से उत्तर प्राप्त किए जाएँ। गुडे तथा हेट (1952) के अनुसार, "प्रश्नावली शब्द का तात्पर्य एक ऐसे उपकरण से है जिसमें प्रश्नों के उत्तर प्राप्त करने के लिए सूचनादाता उसकी पूर्ति स्वयं करता है।" ("In general the word questionnaire refers to a device for securing answers to the questions by using a form which the respondent fills in himself.")

प्रश्नावली विधि का उपयोग रुचियों, अभिवृत्तियों, मतों तथा व्यक्तियों के परिवार व कार्य विधि आदि के प्रति प्रमुख तथ्यों की महत्त्वपूर्ण जानकारी प्राप्त करने के लिए किया जाता है। अध्ययन के उद्देश्य से परिचित होकर उत्तरदाता स्वयं अपना मूल्यांकन प्रस्तुत करते हैं।

प्रश्नावली विधि के प्रकार

1. **संरचित प्रश्नावली** (Structured Questionnaire)—इस प्रश्नावली में सूचनादाता के प्रत्युत्तर पर प्रतिबन्ध रहता है। इसकी अध्ययन सामग्री व प्रश्नों की प्रकृति विशिष्ट तथा प्रतिबन्धित (Closed-ended) होती है। समस्या के अनुरूप प्रश्नों में वैकल्पिक उत्तरों की व्यवस्था कर उत्तरदाता के स्वयं के विचार आमंत्रित किए जाते हैं। उत्तरदाता की उत्तर देने की प्रविधि को सीमित तथा प्रतिबन्धित किया जाता है। जैसे—आप कौन-से विषयों को पढ़ना पसन्द करते हैं? साहित्यिक/वैज्ञानिक/सामाजिक।

2. **असंरचित प्रश्नावली** (Unstructured Questionnaire)—इस प्रश्नावली में उत्तरदाता पर कोई प्रतिबन्ध नहीं होता है। इसमें प्रश्नों की रचना का स्वरूप खुलकर उत्तर (Open-ended) देने वाला होता है। सूचनादाता स्वतन्त्र होकर प्रश्नों के उत्तर देता है। अर्थात प्राप्त सूचनाओं का स्वरूप विस्तृत, विवेचनात्मक तथा गुणात्मक रहता है। जैसे—शिक्षा में किन परिवर्तनों की मूल आवश्यकता है?

3. **मिश्रित प्रश्नावली** (Mixed Questionnaire)—इस प्रश्नावली में

संरचित एवं असंरचित दोनों प्रकार की प्रश्नावली के गुणों का मिश्रण रहता है। अतः सूचनाओं की प्रकृति विस्तृत तथा प्रतिबन्धित दोनों ही हो सकती हैं।

4. चित्र-प्रश्नावली (Pictorial Questionnaire)—वस्तुनिष्ठ एवं उद्देश्य-पूर्ण सूचनाओं के संकलन में यह प्रश्नावली निश्चित रूप में उपयोगी है। यद्यपि शोधकर्ता की दृष्टि से यह खर्चीला अवश्य है लेकिन उत्तरदाता के लिए मनोरंजक होकर सूचना प्राप्त करने में सरल, रोचक एवं स्पष्ट होती है। चित्र प्रश्नावली में प्रश्न चित्रों के रूप में होते हैं।

प्रश्नावली विधि की उपयोगिता

1. व्यापक अध्ययन की सुविधा—इस विधि द्वारा आँकड़ों का संकलन डाक सेवा द्वारा भी किया जाता है। ऐसे दूरस्थ क्षेत्रों के अध्ययन में भी यह विधि उपयोगी है जो कि भौगोलिक दृष्टि से पहुँच की सुविधा से बाहर हो। काफी बड़े न्यादर्श पर प्रश्नावली का प्रयोग कर प्रयोज्यों से आँकड़े एकत्रित करने में सुगमता होती है। एक साथ विभिन्न स्थानों से आँकड़ों का संकलन हो जाता है।

2. निष्पक्ष उत्तरों की प्राप्ति—अध्ययनकर्ता की अनुपस्थिति से उत्तरों की यथार्थ स्थिति की प्राप्ति की संभावना बढ़ जाती है। उत्तरदाता निष्पक्ष रूप से अपने विचारों को व्यक्त करता है क्योंकि कोई मनोवैज्ञानिक दबाव न रहकर सूचनादाता संवेग रहित उत्तर देने में संकुचित नहीं होता है। कम खर्च एवं कम समय में ही अध्ययन से प्राप्त उत्तरों के परिणाम प्राप्त हो जाते हैं।

3. अनुक्रियाओं की एकरूपता—क्योंकि प्रश्नों की रचना विशिष्ट, वस्तु-परक एवं तर्कसंगत सिद्धान्तों पर की जाती है अतः प्रश्नों के संरचित स्वरूप से प्रयोज्यों की अनुक्रियाओं में एकरूपता की स्थिति प्राप्त होती है। प्रश्नों की विविधता से भी प्राप्त सूचनाओं में विशिष्टता एवं वस्तुपरकता अपेक्षित रहती है।

प्रश्नावली विधि की सीमाएँ

1. अशिक्षित व्यक्तियों के अध्ययन की कठिनाई—प्रश्नावली विधि का उपयोग जनसाधारण के लिए न होकर शिक्षित व्यक्तियों पर ही अध्ययन साध्य है। इसके द्वारा अशिक्षित प्रयोज्यों के मनोभावों, रुचियों, अभिवृत्तियों आदि का अध्ययन करना कठिन एवं संभव नहीं है। अपूर्ण एवं कम प्रश्नावलियों लौटाने की भी संभावना पर्याप्त रहती है।

2. वस्तुपरक प्रश्नों की रचना में कठिनाई—प्रश्नावली के प्रश्नों की रचना में अधिक सतर्कता एवं अन्तर्दृष्टि की आवश्यकता है। विशिष्ट, स्पष्ट एवं वस्तु-परक प्रश्नों की रचना करना अति कठिन है। साथ ही सार्वभौमिक प्रश्नों को

बनाने में भी विभिन्न कठिनाइयाँ उत्पन्न होती हैं।

3. निदानात्मक अध्ययन के लिए अनुपयुक्त—प्रश्नावली विधि द्वारा प्राप्त सूचनाओं का स्वरूप एवं क्षेत्र प्रतिबन्धित होता है। समस्या का गहन एवं व्यापक अध्ययन साध्य नहीं है। बार-बार किसी समस्या के अध्ययन में प्रयोज्य उत्तर देने के लिए कतराते हैं और उत्तरोत्तर उनकी रुचि घटती है। अतः निदानात्मक अध्ययन के लिए यह विधि अनुपयुक्त प्रतीत होती है क्योंकि इस पर उत्तरदाता की उदासीनता एवं विमुखता का प्रत्यक्ष प्रभाव पड़ता है।

10. तुलनात्मक विधि
(Comparative Method)

व्यवहार के विभिन्न पहलुओं को समझने में इस विधि का प्रयोग अनुसंधान के प्रायः सभी क्षेत्रों में किया जाता है। व्यवहार को समझने के लिए एक व्यक्ति, समूह तथा विभिन्न वातावरण के बालकों के व्यवहार की तुलना अन्य व्यक्ति, समूह तथा वातावरण से की जाती है। तुलनात्मक अध्ययन में समानता तथा भेद दोनों का अध्ययन कर एक मापदण्ड सुनिश्चित किया जाता है। इस मापदण्ड के निर्धारण का उद्देश्य यह है कि प्रयोज्य सामान्य व्यवहार की स्थिति से कितना विचलित है। इन तुलनाओं के आधार पर मानव व्यवहार के विशिष्ट तथ्यों की जानकारी की जाती है। प्रत्येक व्यावहारिक गुणों का परीक्षण मानव पर नहीं किए जा सकते। जो प्रयोग मानव या बालक पर नहीं किए जा सकते उन्हें पशुओं पर आसानी से किया जा सकता है। मनुष्य की कुछ मानसिक प्रक्रियाओं को जानने के लिए पशुओं पर प्रयोग किए गए। बालक तथा पशु बहुत नियमों के अन्तर्गत समान हैं। अतः इन प्रयोगों के निष्कर्षों की तुलना बालक की व्यावहारिक क्रियाओं में परिवर्तन से की जाती है। तुलना करते समय यह आवश्यक है कि जहाँ मानव और पशु में अन्तर है, निष्कर्षों को ज्ञात करते समय उनकी परस्पर भिन्नताओं पर विशेष ध्यान देना आवश्यक है। विभिन्न तुलनात्मक अध्ययनों से व्यावहारिक तथ्यों के वास्तविक ज्ञान से मनोविज्ञान के क्षेत्र में काफी विकास हुआ है।

11. मनोविश्लेषण विधि
(Psycho-analytical Method)

इस विधि का प्रतिपादन प्रसिद्ध मनोचिकित्सक फ्रायड (1912) ने किया। फ्रायड के सिद्धान्त के अनुसार अचेतन मन ही मुख्य रूप से मानव व्यवहार को प्रभावित करता है। यह सम्पूर्ण मन का 7/8 भाग होता है। बाकी 1/8 भाग चेतन मन कहलाता है। वास्तव में यह विधि नैदानिक विधि का ही विकसित रूप

है। यहाँ अचेतन मन का स्वरूप अधिक विस्तृत एवं गहन होता है तथा बचपन के विभिन्न संवेगात्मक अनुभवों से व्याप्त है। इसमें व्यक्ति की अतृप्त भावनाएँ, इच्छाएँ, आवेग, काम-भावना आदि छुपी रहती हैं। ऐसे विचार चेतनमन में आने पर अपनी सन्तुष्टि करना चाहते हैं, जिससे उसका सन्तुलन बिगड़ जाता है। मनो-विश्लेषण विधि मस्तिष्क की विभिन्न विस्मृत तथा दमित क्षेत्रों का विस्तृत अध्ययन करती है साथ-ही-साथ अचेतन से सम्बन्धित अज्ञात व विकृत कारकों की खोज करने के लिए अध्ययन सम्बन्धी विचार प्रस्तुत करने का भी प्रयास करती है।

फ्रायड ने अनेक मानसिक रोगों की विवेचना मनोविश्लेषण विधि के अन्तर्गत विस्तृत रूप से प्रस्तुत की। उनका दृढ़ विश्वास था कि यदि चिकित्सक रोग के अचेतन कारकों को इस विधि द्वारा चेतनमन में लाने में सफलता मिल जाती है तो रोग के लक्षण चेतनमन में अपने आप विलीन होने लगते हैं और रोग समाप्त होने की दशा प्राप्त हो जाती है। शब्द साहचर्य (Word-Association), स्वप्न विश्लेषण, स्वतन्त्र साहचर्य, सम्मोहन (Hypnotism) आदि विधियों से मनो-वैज्ञानिक इस अचेतन मन को समझने का प्रयास करता है। इन विधियों से व्यक्ति के मानसिक रोग अथवा अवांछित व्यवहार के कारणों की जानकारी की जाती है तथा व्यक्ति की मानसिक कठिनाइयों का उपचार करके रोगमुक्त किया जाता है। रोगी का व्यवहार सामान्य व्यक्तियों की तरह होने लगता है। निश्चित रूप में यह विधि असामान्य व्यवहार को समझने, निदान एवं उपचार की एक अति महत्त्वपूर्ण पद्धति है। अध्ययनकर्ता को इसके प्रयोग करने में विशिष्ट योग्यता एवं प्रशिक्षण प्राप्त होना आवश्यक है। शिक्षक समस्यात्मक बालकों को समझने एवं उनके निर्देशन के लिए इस विधि का प्रयोग कर सकता है। इस विधि के प्रयोग से व्यक्तिगत अध्ययनों में पर्याप्त सफलता मिली है। यहाँ तक कि अब विभिन्न सामाजिक इकाइयों के वैयक्तिक अध्ययनों में भी मनोविश्लेषण विधि का प्रयोग किया जाने लगा है।

अध्याय 3

अधिगम या सीखना

(LEARNING)

आधुनिक मनोविज्ञान में अधिगम सर्वाधिक महत्त्वपूर्ण विषय है। विभिन्न संस्थाओं की स्थापना सीखने के माध्यम हैं। इन संस्थाओं का मुख्य उद्देश्य अधिगम प्रक्रिया द्वारा बालकों के व्यवहार में कुछ परिवर्तन लाना है। सर्वत्र बालक जन्म से लेकर जीवनपर्यन्त कुछ न कुछ सीखता ही रहता है। सीखने की गति या मात्रा में अवश्य अन्तर रहता है, न इसका कोई निश्चित समय है और न ही कोई निश्चित जगह होती है। प्रत्येक स्थान में व्यक्ति कुछ न कुछ शिक्षा ग्रहण करता है और अपने व्यवहार में निरन्तर सुधार करता रहता है। अतः गेट्स और अन्य ने कहा है, "अधिगम सुधार की एक प्रक्रिया है।" (Learning is a process of development.")

1. सीखने की परिभाषा (Definition of Learning)

अधिगम की प्रकृति को समझने के लिए मनोवैज्ञानिकों का अलग-अलग दृष्टिकोण प्रदर्शित होता है। फलस्वरूप विभिन्न सिद्धान्तों का प्रतिपादन हुआ है। सीखने की प्रक्रिया के सिद्धान्तों के आधार पर अधिगम को परिभाषित किया गया है। परन्तु कुछ प्रमुख परिभाषाएँ जो विभिन्न मनोवैज्ञानिकों द्वारा दी गई हैं और अधिकतर विद्वानों को स्वीकार हैं निम्न प्रस्तुत की गई हैं—

1. क्रोनबेक—"सीखना अनुभव के परिणामस्वरूप व्यवहार में परिवर्तन द्वारा व्यक्त होता है।" ("Learning is shown by a change in behaviour as a result of expereince.")
2. स्किनर—"सीखना, व्यवहार में उत्तरोत्तर सामंजस्य की प्रक्रिया है।" ("Learning is a process of progressive behaviour adaptation.")
3. वुडवर्थ—"नवीन ज्ञान और नवीन प्रतिक्रियाओं को प्राप्त करने की प्रक्रिया ही सीखने की प्रक्रिया है।" ("The process of acquiring

new knowledge and new responses is the process of learning.")

4. क्रो तथा क्रो—"सीखना, आदतों, ज्ञान और अभिवृत्तियों का अर्जन है।" ("Learning is the acquisition of habits, knowledge and attitudes.")
5. गिलफोर्ड—"व्यवहार के कारण व्यवहार में परिवर्तन ही अधिगम है।" ("Learning is any change in behaviour resulting from behaviour.")
6. गेट्स और अन्य—"सीखना, अनुभव और प्रशिक्षण द्वारा व्यवहार में परिवर्तन है।" ("Learning is the modification of behaviour through experience and training.")
7. बिग्गो—"संक्षेप में सीखना एक सापेक्षकीय प्रक्रिया है, जिसमें व्यक्ति नवीन सूझों या ज्ञानात्मक संरचनाओं को विकसित करता है अथवा उन्हें परिवर्तित करता है।" ("Learning briefly defined is a relativistic process within which a person develops new insights or congnative structure or changes old ones..")

अधिगम का तात्पर्य है कि प्राणी के व्यवहार में परिवर्तन लाना। यदि कोई बालक पहली बार बिजली के नंगे स्विच को छूता है और उसे बिजली का धक्का लगता है, तो उसे नया अनुभव प्राप्त होता है। स्विच को पुनः छेड़ने में उसकी प्रतिक्रिया भिन्न हो जाती है। अतः मार्क्स ने सीखने की व्याख्या करते हुए कहा है कि सीखना सापेक्षिक रूप से व्यवहार में निरन्तर परिवर्तन है जो पूर्व व्यवहार की एक क्रिया है। ("Learning is relatively enduring change in behaviour which is a function of prior behaviour.")

पूर्व व्यवहार से उनका तात्पर्य मुख्य रूप से अभ्यास से है। अतः उपर्युक्त सभी परिभाषाओं के आधार पर यह निष्कर्ष ज्ञात होता है कि (1) अधिगम व्यवहार में स्थायी परिवर्तन है, (2) अधिगम का प्रत्यक्ष रूप से निरीक्षण नहीं किया जा सकता बल्कि, व्यक्ति की क्रियाओं से स्पष्ट प्रगट होता है, (3) अधिगम निरन्तर प्रकृति के तनिक परिवर्तन में निहित है, तथा (4) यह अभ्यास एवं अनुभव पर आधारित होता है।

इस प्रक्रिया को एक उदाहरण द्वारा स्पष्ट किया जा सकता है। अलग-अलग परिवार के तीन बालक अपनी माँ को विभिन्न शब्दों से पुकारते हैं, जैसे—एक 'माँ' कहकर, दूसरा 'मम्मी' कहकर, तथा तीसरा 'माता जी' कहकर। इसी प्रकार न जाने एक ही प्रदेश के विभिन्न स्थानों के बालकों के लिए माँ के कितने ही प्रकार के पर्यायवाची शब्द प्रयुक्त होते होंगे। यह बालकों का अपने परिवार में पूर्व

प्रशिक्षण और अनुभव के कारण होता है। यह अनुभव या प्रशिक्षण बालकों के व्यवहार में स्थायी परिवर्तन को स्थापित करता है। इसी परिवर्तन को सीखने की संज्ञा देते हैं।

2. अधिगम और परिपक्वता (Learning and Maturation)

बालक शारीरिक विकास को परिपक्वता कहते हैं। बाल्डविन (1955) के अनुसार, "परिपक्वता, एवं अनुकूलन में वृद्धि है।" ("Maturation is an increase in competency and adaptability.") परिपक्वता का प्रत्यय जीव-विज्ञान से लिया गया है। बोरिंग और उसके अन्य साथियों ने परिपक्वता को एक गौण विकास कहा है जिसका कि निर्धारण सीखे जाने वाली क्रिया या व्यवहार के पूर्व होना चाहिए। शारीरिक विकास में मांसपेशियों एवं नाड़ियों के विकसित होने से ही शारीरिक क्षमता में वृद्धि होती है। इसी को परिपक्वता कहते हैं। शारीरिक एवं मानसिक परिपक्वता के कारण ही व्यवहार में परिवर्तन और योग्यताएँ विकसित होती हैं। जिसके लिए प्रशिक्षण और अभ्यास आवश्यक है। परिपक्वता में अभिवृद्धि एवं विभेदीकरण की जैविक प्रक्रिया निहित होती है। परिपक्वता के किसी निश्चित स्तर को प्राप्त किये बिना प्रशिक्षण का कोई विशेष प्रभाव नहीं पड़ता है। सीखने एवं परिपक्वता में घनिष्ठ सम्बन्ध है। आयु के साथ-साथ व्यावहारिक परिवर्तन भी निश्चित होते हैं।

अधिगम एवं परिपक्वता में अन्तर

1. अधिगम में व्यवहार परिवर्तन व्यक्ति विशेष से सम्बन्धित है जबकि परिपक्वता में व्यवहार परिवर्तन प्रजातीय (Racial) होते हैं।
2. सीखने के लिए अभ्यास आवश्यक है परन्तु परिपक्वता में अभ्यास आवश्यक नहीं है।
3. अनुकूल परिस्थितियों में ही सीखना संभव है जबकि परिपक्वता प्रतिकूल परिस्थितियों में भी निरन्तर चलती रहती है।
4. सीखना विभिन्न व्यावहारिक क्रियाओं में सुधार से सम्बन्धित है परन्तु परिपक्वता के कारण व्यवहार परिवर्तन स्वाभाविक अथवा प्राकृतिक होते हैं।
5. अधिगम बाह्य उत्तेजकों जैसे पृष्ठपोषण (Feedback), पुनर्बलन (Reinforcement), प्रेरणा आदि से प्रभावित होता है परन्तु परिपक्वता इनसे अप्रभावित है।
6. अधिगम प्रक्रिया परिपक्वता पर आधारित है परन्तु परिपक्वता सीखने पर नहीं।

व्यवहार संशोधन के लिए परिपक्वता तथा अधिगम की प्रक्रिया का विशेष महत्त्व है। अर्थात परिपक्त्रता अधिगम का पूरक है जिसके अभाव में अधिगम अर्थ-हीन रह जाता है। इससे बालक में व्यवहार परिवर्तन एवं मानसिक विकास निश्चित क्रम में होते रहते हैं।

3. अधिगम की विशेषताएं (Characteristics of Learning)

सीखने की कुछ प्रमुख विशेषताओं का उल्लेख निम्न पदों में प्रस्तुत किया गया है—

1. अधिगम नये अनुभवों का संगठन है (Learning is new organization of experiences.)—अधिगम प्रक्रिया में व्यक्ति नवीन विधियों एवं कार्य कुशलताओं की प्राप्ति करता है। जीवन में जितने भी व्यक्ति के पूर्व अनुभवों का संग्रह होता है उसके साथ-साथ उन अनुभवों में सुधार या नवीन अनुभवों की प्राप्ति में वह निरन्तर अग्रसर होता है। विभिन्न क्रियाओं के व्यवस्थापन में नवीन अनुभवों का संगठन होता रहता है।

2. अधिगम जीवनपर्यन्त प्रक्रिया है (Learning is life long process.)—सीखना सार्वभौमिक (Universal) तथा जीवनपर्यन्त चलने वाली प्रक्रिया है। इस प्रक्रिया में अधिगम द्वारा ज्ञान का संचय होता है जो विभिन्न वैयक्तिक एवं सामाजिक कारकों के संतुलन को बनाने में निरन्तर प्रयत्नशील रहता है।

3. अधिगम अभिवृद्धि एवं विकास है (Learning is growth and development.)—दार्शनिकों का मत है कि मनुष्य अपने वातावरण के परिप्रेक्ष्य में कार्य करता है। शारीरिक अभिवृत्तियों से कुछ प्रतिक्रियाएँ संलग्न होती हैं। प्रतिदिन की क्रियाओं से व्यक्ति का शारीरिक एवं मानसिक विकास होता है। अतः सीखना अभिवृद्धि एवं विकास भी है।

4. अधिगम सप्रयोजन एवं उद्देश्यपूर्ण है (Learning is goal directed and purposeful.)—सीखना यांत्रिक नहीं बल्कि उद्देश्यपूर्ण होता है। उद्देश्य जितना अधिक महत्त्वपूर्ण एवं शक्तिशाली होगा अधिगम की गति उसी के अनुसार क्रियाशील होती है। बिना उद्देश्य के सीखना संभव नहीं है। बोज (Boaz) के अनुसार, "सीखना एक प्रक्रिया है जिसके द्वारा व्यक्ति विभिन्न आदतों, ज्ञान एवं दृष्टिकोण सामान्य जीवन की माँगों की पूर्ति के लिए अर्जित करता है।"

5. अधिगम परिवर्तन है (Learning is change)—सीखना स्थिर न होकर निरन्तर विचारों, आदर्शों, भावनाओं एवं व्यवहार में परिवर्तन करता है। ऐलेक्जेन्डर के अनुसार, "सीखना संशोधन की अनवरत प्रक्रिया है। इससे प्राणी के व्यवहार, प्रतिमानों एवं मानसिक विकास में परिवर्तन होते रहते हैं।" परिवर्तन के साथ ही नवीन मानसिक संगठन हो जाते हैं।

6. सीखना वातावरण एवं प्रतिक्रिया की उपज है (Learning is product of environment and activity.)—वातावरण के अनुरूप ही व्यवहार के गुणों का सामंजस्य स्थापित होता है। विद्यालय का वातावरण यदि उच्च शैक्षिक वातावरण है तो बालकों के सीखने की प्रतिक्रिया भी उच्च होगी। उदय पारीक के शब्दों नें, "सीखना वह प्रक्रिया है, जिसके द्वारा प्राणी किसी विशिष्ट वातावरण में प्रतिक्रिया के कारण नए व्यवहार को प्राप्त करता है जो किसी सीमा तक प्राणी के सामान्य व्यवहार को किसी मान्यता तक प्रभावित करता है।" सामाजिक वातावरण के अनुरूप ही व्यक्ति सीखता है।

7. अधिगम प्रबुद्धता एवं बुद्धिमता है (Learning is efficiency and intelligency.)—यदि कोई व्यक्ति किसी कार्य को करने में कोई गलती करता है और पुनः त्रुटि के अभाव में अपने विवेक का कुशल प्रयोग करता है तो गलती का निराकरण सरल हो जाएगा। इस प्रकार सीखने में असफलताओं के कारण में विवेकपूर्ण या बुद्धिमता का सार्थक प्रयोग ही सफलता की प्राप्ति है। अतः सीखना सरल और शीघ्र हो जाता है।

8. अधिगम खोज है (Learning is discovery.)—हरवार्ट का कथन है कि "अधिगम आत्मबोध समूह का विकास करता है।" पुराने एवं नवीन विचारों में सम्बन्ध स्थापित करना ही सीखना है। बालक अपने योग्यता, क्षमता, इच्छा, आवश्यकता आदि के आधार पर नई-नई बातें सीखता है। वातावरण में विभिन्न प्रतिक्रियाओं के आधार पर बालक स्वयं एक निश्चित निष्कर्ष ढूढ़ता है। सीखने से उसके व्यवहार में नई विधि प्राप्त होती है। पारीक के कथनानुसार, "सीखना ज्ञानात्मक, गामक (motor) या व्यवहारात्मक निवेशों (inputs) का आवश्यकतानुसार उसके प्रभावी एवं विभिन्न प्रयोग हेतु अर्जित, आत्मसात और अन्तरण करने तथा स्वसंचालित अधिगम की अधिक क्षमता की ओर ले जाने वाली प्रक्रिया है।" व्यक्ति जिस बात को स्वयं जानना चाहता है सीखना उस दिशा में खोज का कार्य है।

9. अधिगम सार्वभौमिक है (Learning is universal.) – वस्तुतः संसार के सभी प्राणी सीखते रहते हैं। यह सत्य है कि किसी में सीखने की मात्रा कम तथा किसी में अधिक है। प्रत्येक सीखने की प्रक्रिया में भार्ग लेते हैं। मनुष्य सबसे बुद्धिमान प्राणी है अतः उसने अनेक प्रगतिशील एवं उन्नत सीखने की विधियों की खोज कर सीखने की प्रक्रिया को और अधिक सुलभ बनाया है।

4. सीखना : प्रभावक तत्त्व (Learning : Iufluencing Factors)

विद्यालय सीखने का एक सबल माध्यम है। परन्तु बालक हर परिस्थिति में कुछ न कुछ अवश्य सीखता रहता है। जिन तरीके का शैक्षिक वातावरण होगा

उसी के अनुरूप सीखने की क्रिया भी सम्बन्धित होती है। मुख्य रूप से हम वैयक्तिक एवं परिस्थितियों के प्रभावक कारकों के आधार पर सीखने की क्रिया को निम्न तीन दिशाओं में विभक्त कर सकते हैं—

(अ) बालक से सम्बन्धित कारक

(ब) अध्यापक से सम्बन्धित कारक

(स) वातावरण के प्रतिकारक

उपरोक्त तीन तत्त्वों का वर्गीकरण कर सीखने को प्रभावित करने वाले कारकों की अलग-अलग व्याख्या क्रमश: निम्न रूप से की गई है।

(अ) बालक से सम्बन्धित कारक

1. सीखने की इच्छा (Will to learn)—बिना आत्मप्रेरणा के सीखना निरर्थक है। बिना इच्छाशक्ति के सब क्रिया अधूरी ही रह जाती है। यदि कदाचित पूर्ण भी हो जाएँ तो उसमें अनेक त्रुटियाँ रह जाती हैं। अध्ययन-अध्यापन में प्रेरणा तथा इच्छा का सीखने से घनिष्ठ सम्बन्ध है। बिना इच्छा के सीखा हुआ ज्ञान अपूर्ण रह जाता है। आकांक्षा स्तर के समरूप ही सीखने की श्रेणी का आकलन किया जा सकता है। अध्यापक को इस इच्छाशक्ति को बढ़ाने के लिए छात्रों को समुचित प्रेरित करना चाहिए, जिससे उनमें सीखने की स्वयं रुचि उत्पन्न हो सके।

2. परिपक्वता (Maturation)—शारीरिक एवं मानसिक परिपक्वता का सीखने से सीधा सम्बन्ध है। सीखने में परिपक्वता विकास है। बालक की आन्तरिक संरचना एवं कार्यों में अतिरिक्त संशोधन का प्रतीक है। इसी कारण परिपक्वता के द्वारा बालक मानसिक रूप से सीखने के लिए तैयार होता है। यदि शारीरिक एवं मानसिक रूप से बालक परिपक्व न हो तो अधिगम की कुशलता अपूर्ण हो जाती है।

3. शारीरिक कारक (Physiological Factors)—सीखने वाले प्रयोज्य की शारीरिक स्थिति पर अधिगम की मात्रा निर्भर करती है। यदि बालक शारीरिक एवं मानसिक रूप से रोगी है तो वह सीखने में अधिक दक्ष नहीं हो सकता है। यदि मानसिक योग्यता, बुद्धि, आकांक्षा स्तर आदि बालक में अधिक है तो अधिगम की मात्रा और इसके गुणों में वृद्धि होगी। सीखने वाले की ज्ञानेन्द्रियाँ यदि कमजोर अथवा दोषपूर्ण हों तो निश्चय ही अधिगम कम होगा। मानसिक स्वास्थ्य की अधिगम की प्रगति में पहली आवश्यकता है।

4. अभ्यास (Practice)—सीखने की स्थिरता के लिए अभ्यास आवश्यक है। किसी कार्य में कुशलता या पूर्णता प्राप्त करने के लिए अभ्यास की क्रिया महत्त्वपूर्ण है। थार्नडाइक के अनेक प्रयोगों से प्रतीत होता है कि अभ्यास से अनुबन्ध

दृढ़ होते हैं। यदि समस्या से सम्बन्धित अनुक्रिया बार-बार दुहराई जाती है तो उसकी अनुक्रिया पुष्ट हो जाती है। अतः बालक का सीखना उसकी शक्ति के अनुसार अभ्यास क्रिया पर निर्भर करता है। शक्ति से अधिक अभ्यास से थकान हो जाती है तथा अधिगम अपेक्षाकृत कम और लाभदायक नहीं होता है।

5. अधिगम विधि (Learnig Method)—छात्र अपनी एक विशिष्ट शैली से विषय वस्तु सीखने का प्रयास करता है। मनोवैज्ञानिक विधियों से विषय-वस्तु का अध्ययन, सीखने को अधिक सरल बनाता है। खेल विधि, करके सीखना (Learning by doing), योजना पद्धति से सीखना आदि अनेक प्रभावकारी विधियाँ हैं जिससे अधिगम क्रिया अधिक रुचिकर और उपयुक्त हो जाती है।

(ब) अध्यापक से सम्बन्धित कारक

1. अध्यापक की विशेषताएँ (Teacher's characteristics)—कुछ अध्यापकों द्वारा पढ़ाया गया पाठ छात्रों को अधिक रुचिकर लगकर तुरन्त याद हो जाता है। अध्यापक के वैयक्तिक गुणों का प्रभाव भी छात्रों के सीखने की क्रिया पर पड़ता है। उसकी बुद्धिमता, अध्यापन शैली, योग्यता, अनुभव छात्रों की अधिगम प्रणाली में सहायता पहुँचाते हैं। प्रेरणा के सभी स्रोतों का समुचित उपयोग अधिगम की मात्रा तथा गुण को बढ़ाता है। पुरस्कार, दण्ड, परिणामों का ज्ञान सभी का यदि अध्यापक उपयोग करता है तो बालकों को सीखने में अधिक प्रेरणा मिलेगी। यह इस बात पर निर्भर करता है कि अध्यापक कहाँ तक विशिष्ट प्रभावकता गुणों से सम्पन्न है। अध्यापक के कार्य, व्यवहार, व्यक्तित्व, ज्ञान सभी का बालकों के सीखने पर प्रत्यक्ष प्रभाव पड़ता है।

2. अधिगम सामग्री का स्वरूप (Nature of learning material)—विषयवस्तु का निर्धारण अध्यापक द्वारा किया जाता है। सरल, सार्थक एवं रोचक सामग्री से अधिगम की गति अधिक तीव्र एवं सुगम होती है। नोबुल के प्रयोग के आधार पर सिद्ध किया गया है कि अधिगम सामग्री की परिचितता और अर्थ सीखने को प्रभावित करता है। शिक्षण सूत्रों के सिद्धान्त पर संगठित सामग्री सीखने के क्रम एवं क्रिया को सरलता प्रदान करती है। इसमें पदों की आकृति आकार एवं अन्य विशेषताओं के आधार पर अधिगम सामग्री में सम्बद्धता हो तो भी सीखने की प्रक्रिया शीघ्र सम्पादित हो सकती है।

3. अध्यापन विधियां (Methods of teaching)—शिक्षण एक कला है। इस कलात्मक विधि से छात्रों की सीखने की प्रक्रिया प्रभावित होती है। अध्यापक विभिन्न नीतियों, युक्तियों एवं प्रविधियों का प्रयोग कर छात्रों को सीखने के लिए उत्तेजित करता है। अध्यापन की विधि जितनी वैज्ञानिक और प्रभावक होगी उतनी ही सीखने की गति शीघ्र एवं सुलभ होगी। अतः अध्यापक किसी पाठ्य-

वस्तु की पूर्व योजना तैयार कर उपयुक्त शिक्षण विधियों का प्रयोग करे तो अधिगम रोचक एवं बोधगम्य हो जाता है।

(स) वातावरण के प्रतिकारक

1. समुचित अधिगम वातावरण (Suitable learning environment) —शान्त एवं शैक्षिक वातावरण अधिगम की प्रायिकता (Probability) को बढ़ाता है। वातावरण के अनेक घटक सीखने पर प्रभाव डालते हैं। शोरगुल, प्रदूषण, तापक्रम, प्रकाश, भौतिक संसाधन इत्यादि सभी महत्त्वपूर्ण ढंग से अधिगम के प्रत्यक्ष प्रभावशाली कारक हैं। मनोवैज्ञानिक वातावरण भी सीखने का अप्रत्यक्ष महत्त्वपूर्ण कारक है। छात्रों का पारस्परिक सहयोग, सहानुभूति, मनोबल एवं प्रतिस्पर्धा की भावना सीखने की मात्रा के परिचायक हैं।

2. अधिगम का परिस्थितियाँ (Situations of learning)—परिवार, विद्यालय एवं समाज की विभिन्न परिस्थितियों पर सीखना निर्भर करता है। इन परिस्थितियों का बालक की मनोदशा एवं जीवन की क्रियाओं पर प्रत्यक्ष प्रभाव पड़ता है। विद्यालय की कार्य प्रणाली, अनुशासन, प्रशासन, व्यवस्था, मान्यता सभी अधिगम से सम्बन्धित तत्त्व हैं। सीखने का वृहत अंश सामाजिक परिस्थितियों में सन्निहित है। छात्रों का ज्ञानार्जन एवं सीखने की प्रवृत्ति, अधिगम परिस्थितियों के अनुरूप परिवर्तित होती हैं। यदि परिस्थितियां प्रेरित वातावरण के द्योतक हैं तो निश्चित ही सीखने की प्रक्रिया प्रगतिशील होगी। पुस्तकालय, समाचार पत्र, पत्रिकाएँ, अन्य शैक्षिक संसाधन एवं सामूहिक कार्यक्रम भी सीखने के क्षेत्र में अद्वितीय प्रगतिशील कारक हैं। उपयुक्त शैक्षिक वातावरण का जितना अधिक संयोग होगा उतना ही अधिक स्थायी एवं सफल अधिगम होगा।

5. सीखने के प्रकार (Kinds of Learning)

सीखने के प्रकारों का विभाजन अनेक दृष्टिकोण से किया जा सकता है। कुछ मनोवैज्ञानिकों ने सीखने के आधारभूत नियमों एवं सिद्धान्तों, विधियों और प्रविधियों के आधार पर सीखने के प्रकार को विभक्त किया है। इन प्रकारों में कुछ गामक कौशलों का समावेश है तो कुछ में शाब्दिक स्पष्टीकरण। गेने ने अधिगम को आठ प्रकार से वर्गीकृत किया जिसे उन्होंने व्यवहार को श्रेणियों के अधीन बढ़ते क्रम में निम्न रूप से प्रस्तुत किया —

1. संकेत अधिगम (Signal learning)—संकेत अधिगम को रूढ़िगत अनुकूलन (Classical conditioning) भी कहते हैं। बहुत सी प्रतिक्रियाएँ अनुकूलन द्वारा संभावित होती हैं। इसका विस्तार से विश्लेषण अगले अध्याय में किया गया है जिसमें रूढ़िगत अनुकूलन (Classical conditioning) की व्याख्या की गई है।

2. उद्दीपन-अनुक्रिया अधिगम (Stimulus-response learning)—थार्नडाइक के बिल्ली पर किए गए प्रयोग से सीखी गई प्रतिक्रियाएँ इस वर्गीकरण में आते हैं जिसमें अनुक्रिया शक्ति उलझन पेटी में लगी चटकनी के प्रतिहस्तरण (Manipulation) पर निर्भर करती है। स्किनर के यांत्रिक अनुकूलन (Instrumental conditioning) में प्रयोगकर्ता प्रयोज्य की अनुक्रिया के लिए इंतजार करता है और नजदीकी सम्बन्ध की स्थापना होने पर उसे पुनर्बलित करता है।

3. शृंखला अधिगम (Chain learning)—शृंखला का तात्पर्य एक वैयक्तिक उद्दीपन अनुक्रिया के वर्ग के सम्बन्ध के अनुक्रम (Sequence) से है। ये अनुक्रम गामक और शाब्दिक अनुक्रियाओं से बन सकते हैं।

4. शाब्दिक साहचर्य अधिगम (Verbal association learning)—इसमें शाब्दिक शृंखला पर अधिगम निर्भर करता है। सबसे सरलतम शाब्दिक शृंखला किसी वस्तु के नाम बताने की क्रिया है। यदि किसी बच्चे को पुस्तक दिखाई जाती है और कुछ समय पश्चात यदि वही वस्तु पुनः प्रस्तुत की जाती है तो बालक पुनः पुस्तक को पहचानकर उसका नाम "पुस्तक" कहने में सफल हो जाता है।

5. बहुविभेदीकरण अधिगम (Multi-discrimination learning)—बालक को माता और पिता में भेद का ज्ञान आरम्भ में ही हो जाता है। वह दोनों में पुरुप एवं महिला में अन्तर समझना शुरू करता है। वातावरण में स्थित विभिन्न वस्तुओं में भेद अन्तर व भेद करने में योग्यता हो जाती है। विभेदीकरण अन्य उच्च व्यावहारिक क्रियाओं में भी निहित है। विभिन्न प्रतिक्रियाओं की पहचान इस क्रिया के द्वारा सम्पन्न होती है।

6. प्रत्यय अधिगम (Concept learning)—जिन प्रयोज्यों में समान विशिष्टताएँ हों उन्हें एक श्रेणी में अंकित किया जाता है। जैसे मानव चाहे काले, गोरे, छोटे, बड़े, किसी भी जाति, धर्म, समुदाय आदि के हों एक वर्ग में रखकर उन्हें अन्य वर्ग जानवर, पेड़ इत्यादि से भिन्न मानते हैं। जिन प्रयोज्यों में समान गुण होते हैं उनसे प्रत्यय निर्मित होता है। मानव जाति में बच्चे, जवान, बूढ़े, स्त्री, पुरुष इत्यादि का भेद मानव वर्ग के अन्तर्गत समझकर इस वर्ग का सामान्यीकरण करते हैं। उसी प्रकार जानवर प्रत्यक्ष के अन्तर्गत गाय, बैल, बकरी, भालू, चीता इत्यादि का भेद कर प्रत्यय का सामान्यीकरण करते हैं। अतः इस विभेदीकरण से समान गुणों से सम्पन्न वर्ग की एक प्रतिक्रिया को प्रत्यय अधिगम कहते हैं।

7. सिद्धान्तों का अधिगम (Learning of principles)—जब दो या दो से अधिक प्रत्ययों के मध्य सामीप्य सम्बन्ध स्थापित किया जाता है तो उसे सिद्धान्त का अधिगम कहते हैं। गणित, भौतिक विज्ञान आदि विषयों में सिद्धान्तों को अधिक दक्षता से सीख सकते हैं। समस्या समाधान सीखने का जटिल रूप है।

8. समस्या समाधान अधिगम (Problem solving learning)—

समस्या का समाधान अधिक चिन्तन एवं ध्यान केन्द्रित करने से सम्बन्धित है। अधिगम प्रक्रिया में सबसे अधिक महत्त्व इसी क्षेत्र का है, नियमों का ज्ञान इसी अधिगम के अन्तर्गत आता है। गेटे के उपर्युक्त वर्गीकरण के अतिरिक्त अनेक मनोवैज्ञानिकों ने कुछ अन्य अधिगम के प्रकारों का वर्णन किया है। जिनमें मुख्य निम्नलिखित हैं।

(i) **संवेदनात्मक अधिगम** (Sensory Motor Learning)—शारीरिक कौशल या कुशलतापूर्ण विधि से जिन कार्यों को सीखा जाता है उसे संवेदनात्मक अधिगम कहते हैं। जैसे—गाड़ी चलना, चित्रकला, स्केटिंग, हस्तशिल्प इत्यादि कार्यों में यांत्रिक बुद्धि द्वारा प्रशिक्षण होता है।

(ii) **अनुकरणात्मक अधिगम** (Imitative Learning)—भाषा ज्ञान एवं बोलने की कला इसी विधि से होती है। शिशु जिस प्रकार के हावभाव माता-पिता करते हैं उन्हीं को दोहराता है। उन्हीं के शब्दों की पुनरावृत्ति अच्छे ढंग से करता है। इसी प्रकार विभिन्न क्रियाएँ अनुकरण से सीखी जाती हैं।

(iii) **सामजिक अधिगम** (Social Learning)—समाज की परिस्थितियों में दूसरों के स्वभाव, शिष्टाचार, व्यवहार, आचरण, विचार आदि का सीखना सामाजिक अधिगम कहा जाता है। वैयक्तिक गुणों के विकास में सामाजिक अधिगम का बहुत अधिक महत्त्व है।

1. सीखने के सिद्धान्त
(Principles of Learning)

सीखना 'क्यों' और 'किस प्रकार' होता है। अधिगम की समस्याओं को स्पष्ट करने के लिए अनेक मनोवैज्ञानिकों ने विभिन्न सिद्धान्तों का प्रतिपादन अपने दृष्टिकोण से किया। इस क्रिया में अनेक प्रयोगों और परीक्षणों द्वारा सीखने के सिद्धान्तों एवं नियमों को जानने का प्रयास किया गया। सिद्धान्त की व्याख्या करते हुए मार्क्स ने लिखा है कि ज्ञान के क्षेत्र में क्रमबद्ध सिद्धता सिद्धान्त कहलाता है, जिसके अन्तर्गत तीन प्रमुख कार्य होते हैं: (1) स्वतंत्र एवं परतंत्र चरों में निरीक्षित सम्बन्ध, (2) इन सम्बन्धों के अन्तर्गत कल्पित संरचना और (3) किसी संरचना में अनुमानित सम्बन्धों की गणना। अधिगम के सिद्धान्त सीखने की प्रक्रिया में व्यवहार की संरचना का वर्णन करते हैं।

मनोवैज्ञानिकों ने सीखने की प्रक्रिया में विभिन्न सिद्धान्तों की व्याख्या की है, जिनका वर्णन निम्न दो प्रमुख वर्गों में किया गया है :

(अ) उद्दीपन-अनुक्रिया सिद्धान्त (S-R Theory)

(ब) ज्ञानात्मक क्षेत्र सिद्धान्त (Cognative Field Theory)

(अ) जिन सिद्धान्तों की व्याख्या उपर्युक्त दो उपागमों के अन्तर्गत की गई है

उनमें निम्न प्रमुख हैं—

1. पेवलोव का सम्बन्ध प्रत्यावर्तन का सिद्धान्त (Pavlov's Conditioned Reflex Theory)
2. गुथरी का सामीप्य अनुकूलन सिद्धान्त (Gutheries Coutiguity Theory)
3. थार्नडाइक का सिद्धान्त (Thorndike's Theory)
4. हल का सिद्धान्त (Hull's Theory)
5. स्किनर का सिद्धान्त (Skinner's Theory)

(ब) 1. अधिगम का गेस्टाल्ट सिद्धान्त (Gestalt Theory of Learning)
2. लेविन का क्षेत्र सिद्धान्त (Field Theory of Lewin)
3. टोलमैन का चिन्ह अधिगम सिद्धान्त (Tolman's Sign Learning Theory)

1. इवान पी० पेवलोव (Ivan P. Pavlov)—रूढ़िगत अनुकूलन प्रसिद्ध रूसी मनोवैज्ञानिक पेवलोव ने सन् 1904 में रूढ़िगत अनुकूलन (Classical conditioning) सिद्धान्त का प्रतिपादन किया। उन्हें पाचन ग्रन्थियों की प्रक्रिया सम्बन्धित शोधकार्य पर नोबल पुरस्कार मिला। उन्हें अनुकूलन का पिता भी कहा जाता है। पेवलोव ने अकस्मात कुत्ते की प्रतिक्रिया को चौकीदार की घंटी बजाने की क्रिया तथा उसके पांव की आहट खाना लाने के समय देखी तो कुत्ते में लार पैदा होने की स्थिति भोजन प्राप्त होने से पहले ही शुरू हो गयी थी। यह लार टपकने की स्थिति मनोवैज्ञानिक थी। अत: उन्होंने मनोप्रतिवर्ती क्रिया (Psychic reflexes) या स्वाभाविक प्रतिवर्ती क्रिया (Conditioned reflexes) के प्रत्यय को प्रस्तुत किया, जो कि केवल एक मुख्य अनुभव का कारण उत्पन्न होती है। यदि काफी भूख लगी हो और खाने की सुगन्ध कहीं से आ जाए तो मुँह में लार आने लगता है। इस प्रकार के अनुभव हमारे दैनिक जीवन में कई बार प्राप्त होते हैं।

रूढ़िगत अनुकूलन—इस प्रक्रिया में यह आवश्यक है कि वास्तव में अनुकूलन (Conditioning) किसे कहते हैं। जैम्स डेवर (1968) के अनुसार, "अनुकूलन वह प्रतिक्रिया है जिसमें एक उत्तेजना, वस्तु अथवा परिस्थिति के द्वारा एक अनुक्रिया प्रकट होती है; इसके अतिरिक्त यह अनुक्रिया एक प्राकृतिक अथवा सामान्य अनुक्रिया है।" ("Conditioning is a process by which a response comes to be elicited by a stimulus, object or situation other than that to which it is the natural or normal response.")

इसका तात्पर्य यह है कि अनुकूलन अनुक्रिया अस्वाभाविक उत्तेजना के प्रति स्वाभाविक क्रिया है। बर्नार्ड ने इसकी व्याख्या करते हुए कहा है कि "अनुकूलित

अनुक्रिया उत्तेजना की पुनरावृत्ति द्वारा व्यवहार का स्वाभावीकरण है जिसमें उत्तेजना पूर्व में किसी अनुक्रिया से सम्बन्धित होती है परन्तु अन्त में वह स्वयं उत्तेजना बन जाता है।" ("Conditioning is the automatization of behaviour by repetition of stimuli which accompany in given response and which ultimately become causes for the behaviour which formerly they merely accompanied."

पेवलोव ने अपने प्रयोगों के अध्ययन में कुत्ते की लार टपकने के प्रक्रिया को समझने का प्रयास किया। उन्होंने ध्वनि नियंत्रित कक्ष में कुत्ते को भूखा रखा। कुत्ते को जुवा (Harness) में बांधकर शान्त खड़े होने का प्रशिक्षण दिया गया। प्रारम्भ में आपरेशन करके कुत्ते की पैरोटिड ग्रन्थि से टपकने वाले लार को एकत्र करने के लिए उसके जबड़े में कांच की नली को इस प्रकार लगाया कि लार नली से होकर बाहर आ जाए। लार के एक बूंद का मापन उसके दसवें भाग तक किया जा सकता था। इस प्रक्रिया में उसके आपरेशन द्वारा लगाई गई नली का सम्बन्ध लार मापक यंत्र के साथ कर दिया गया। जब ध्वनि यंत्र द्वारा ध्वनि उत्पन्न की जाती है तो 8 सेकेण्ड बाद भोजन (मीट पाउडर) उपस्थित किया गया। दो प्रयास करने के बाद तीसरे प्रयास में 30 सेकेण्ड तक ध्वनि उत्पन्न की गयी परन्तु भोजन प्रस्तुत नहीं किया गया। प्रत्येक दिन तीन प्रयास होने से यह ज्ञात हुआ कि पहले घन्टी के बजने पर लार उत्पन्न ही हुआ परन्तु भोजन करने में पर्याप्त लार की मात्रा उत्पन्न होती थी। चार दिन बाद घण्टी बजने के 18 सेकेण्ड बाद कुत्ते के मुँह से 60 बूंद लार टपकी। इसे अस्वाभाविक लार स्राव कहा गया। अधिक प्रयासों के बाद अस्वाभाविक उत्तेजना (C.S.) तथा अस्वाभाविक अनुक्रिया (C.R.) के मध्य का समय कम होता गया। कुत्ते की लार टपकने की अनुक्रिया स्वाभाविक और प्रतिवर्ती क्रिया है। भोजन (उत्तेजना) के प्रति मुँह में लार आना एक अनुक्रिया है। अतः भोजन 'स्वाभाविक उत्तेजना' (U.C.S.) और लार आना 'स्वाभाविक अनुक्रिया'(U.C.R.) है। अपने प्रयोग में पेवलोव ने घण्टी की आवाज को बीच में एक उदासीन उत्तेजना (Neutral stimulus) के रूप में प्रस्तुत किया। यह उत्तेजना अस्वाभाविक उत्तेजना (C.S.) कहलाती है। यदि केवल घण्टी की आवाज से कुत्ते में लार टपकने की प्रतिक्रिया उत्पन्न हो जाती है तो इसे अस्वाभाविक अनुक्रिया (C.R.) कहते हैं। अनुकूलित अनुक्रिया की प्रक्रिया निम्न आधार पर विकसित होती है।

1. **UCS** → **UCR**
   (भोजन) **(लार)**
   स्वाभाविक उत्तेजना **स्वाभाविक प्रतिक्रिया**

2 CS → UCR
(घण्टी की आवाज) (लार) स्वाभाविक प्रतिक्रिया
अस्वाभाविक उत्तेजना
+UCS
(भोजन)

3. CS → CR
(घण्टी की आवाज) (लार) अस्वाभाविक प्रतिक्रिया

अनुकूलन द्वारा स्वाभाविक प्रतिक्रिया को कृत्रिम उत्तेजना से जोड़ दिया जाता है । लेण्डेल के अनुसार, "अनुकूलित अनुक्रिया में क्रिया के प्रति स्वाभाविक उत्तेजक के बजाय एक उदासीन उत्तेजक होता है जो स्वाभाविक उत्तेजक सम्बन्ध किए जाने पर प्रभावपूर्ण हो जाता है ।' ("In a conditioned reflex the natural stimulus to action has been replaced by an otherwise ineffective stimulus which has become effective through association.")

अत: पेवलोव के कथनानुसार, अधिगम अस्वाभाविक उत्तेजना और अस्वाभाविक प्रतिक्रिया में सम्बन्ध है । इस प्रक्रिया में उदासीन उत्तेजना में स्वाभाविक उत्तेजना की सभी विशेषताएँ मौजूद होती हैं। उपर्युक्त उदाहरण में घण्टी की आवाज एक उदासीन उत्तेजना है जो कई प्रयासों के बाद भोजन के साथ सम्बन्ध स्थापित करने में प्रतिक्रिया उत्पन्न करता है और इसमें भी स्वाभाविक उत्तेजना (भोजन) की ही समस्त विशेषताएँ होती हैं । कुछ मनोवैज्ञानिकों ने अस्वाभाविक उत्तेजना (CS) को एक संकेत माना है जिसमें कि स्वाभाविक उत्तेजना (UCS) के प्रस्तुतीकरण का आभास होता है । निम्न उदाहरण में अनुकूलित अनुक्रिया को उच्च श्रेणी अनुकूलन से भी व्यक्त किया गया है जिसे प्रानुकूलित अनुक्रिया (Deconditioning) भी कहते हैं । इसमें अस्वाभाविक उत्तेजना की संख्या बढ़ा दी जाती है ।

1. UCS → UCR
(भोजन) (लार)

2. CS+UCS → CR
(घण्टी+भोजन)

3. $CS_1 + CS_2$ CR
(घण्टी+रोशनी)

4. CS_2 → CR
(रोशनी) (लार)

पेवलोव ने अपने सभी प्रयोग ध्वनि नियंत्रण कक्ष में सभी नियंत्रित परिस्थि-

तियों में किए हैं। इस क्रिया से स्पष्ट है कि अस्वाभाविक उत्तेजनाओं की संख्या बढ़ाने से उसका प्रभाव भी बढ़ता जाता है। अतः अधिगम एक यांत्रिक उपागम का द्योतक है। इस सिद्धान्त के द्वारा जो प्रतिक्रिया स्वाभाविक उत्तेजना से उत्पन्न होती है वह अस्वाभाविक उत्तेजना से सम्बन्धित हो जाती है और (CS—CR) सम्बद्ध से अधिगम होता है।

अनुकूलित अनुक्रिया का विस्तार (Extension of Conditioned Response)

पेवलोव और उसके साथियों ने अनुकूलित अनुक्रियाओं को विभिन्न परिस्थितियों में परिवर्तन करके अनेक प्रयोग किए। इन प्रयोगों के विभिन्न निष्कर्ष निम्नलिखित हैं—

1. कालिक सम्बन्ध (Temporal Relationship)—मनोविज्ञान प्रयोगशाला में किए गए प्रयोगों में अस्वाभाविक उत्तेजना (CS) तथा स्वाभाविक उत्तेजना (UCS) के बीच समय अन्तराल का क्रमबद्धता से प्रतिहस्तरण किया गया। यह परिणाम ज्ञात हुआ कि यदि CS और UCS के मध्य आधा सेकेण्ड का अन्तर हो तो अनुकूलन सर्वाधिक होता है और यदि यह समय आधा सेकेण्ड से कम हो तो अनुकूलन में पर्याप्त असफलता मिली। मनोवैज्ञानिकों द्वारा कालिक सम्बन्ध को निम्न चार भागों में विभाजित किया गया है।

(i) **समकालीन अनुकूलन** (Simultaneous Conditioning)—इस अनुकूलित अनुक्रिया में यदि स्वाभाविक उत्तेजना (UCS) तथा अस्वाभाविक उत्तेजना (CS) (भोजन और घण्टी की आवाज) साथ-साथ उपस्थित कर अनुकूलन स्थापित किया जाता है तो ऐसे अनुकूलन को समकालीन अनुकूलन कहते हैं—

——|CS|——→

——|UCS|——→

(ii) **विलम्बित अनुकूलन** (Delayed Conditioning)—यदि अस्वाभाविक उत्तेजना (घण्टी) का प्रारम्भ स्वाभाविक उत्तेजना (भोजन) से कुछ सेकेण्ड पूर्व होता है तो विलम्बित अनुकूलन कहलाता है, यह अनुबन्ध स्थापित करने के लिए अत्यन्त प्रभावशाली सिद्ध हुआ है। ऐसे अनुकूलन में CS की समाप्ति UCS के बीच में होती है या आरम्भ होते ही होती है अथवा उसकी समाप्ति पर समाप्त होती है। यह विलम्बित इसलिए कहा जाता है क्योंकि UCS के एक वर्ग को CS के एक वर्ग से विलम्ब में किया जाता है—

——|CS|——→

——/UCS|——→

(iii) **चिन्ह अनुकूलन** (Trace Coditioning)—इस अनुकूलित प्रतिक्रिया में अस्वाभाविक उत्तेजन (घण्टी) का आरम्भ और अन्त स्वाभाविक उत्तेजना (भोजन) की उपस्थिति से कुछ समय पहले समाप्त हो जाता है। यह विलम्बित अनुकूलन की तरह अधिक प्रभावशाली नहीं है। चिन्ह अनुकूलन इस कारण से कहा जाता है क्योंकि CS और UCS के अन्तराल में किसी उत्तेजना की उपस्थिति न होने पर CS के चिह्नों के आधार पर अनुकूलन होता है—

——| CS |—→

——|UCS|—→

(iv) **पृष्ठमुखी अनुकूलन** (Backward Conditioning)—इस अनुकूलन में भोजन (UCS) को पहले दिया जाता है तथा उसके बाद घण्टी (CS) बजाई जाती है। पेवलोव ने ऐसे अनुबन्ध को अधिकतर असफल बताया है। परन्तु कुछ मनोवैज्ञानिकों ने ऐसे अनुकूलित अनुक्रियाएँ स्थापित की हैं।

——| CS |—→

——|UCS|—→

2. विलोपन (Extinction)—यदि घण्टी की आवाज (CS) के पश्चात भोजन (UCS) प्रस्तुत नहीं किया जाता है तो पुनर्बलन नहीं होता है। एक समय ऐसा आता है कि कुत्ता लार टपकाना बन्द कर देता है। इस प्रक्रिया को विलोपन कहते हैं। पेवलोव के अनुसार यदि परीक्षण में प्रयासों के अन्तर को बढ़ा दिया जाय तो अनुक्रिया शीघ्रता से लुप्त हो जाती है।

CS (घण्टी) →UCS (भोजन) नहीं →विलोपन

3. गुप्तरूपता (Latency)—पेवलोव ने अपने प्रयोगों में कुत्ते में उदर सम्बन्धी स्राव (gastric secretion) पर अध्ययन किए। वास्तव में उदर स्राव भोजन के सापेक्ष होता है। उत्तेजक की क्षमता और अनुक्रिया की मात्रा में धनात्मक सहसम्बन्ध होता है। परन्तु उत्तेजक की क्षमता तथा अनुक्रिया की गुप्तरूपता में ऋणात्मक सम्बन्ध स्थापित पाया गया। अस्वाभाविक उत्तेजना (घण्टी) जितनी अधिक तीव्र हो उतनी ही शीघ्रता से अनुकूलित अनुक्रिया स्थापित होगी और अस्वाभाविक प्रतिक्रिया दृढ़ होगी। यदि अस्वाभाविक उत्तेजना बहुत कमजोर है तो अनुकूलन नहीं होगा।

CS+CR →निम्न गुप्तरूपता

उच्च
क्षमता   उच्च महत्त्व
CS + CR →उच्च गुप्तरूपता
निम्न   निम्न महत्त्व
क्षमता

4. ऐच्छिक प्राप्ति (Spontaneous Recovery)—यदि स्वाभाविक उत्तेजना (UCS) और अस्वाभाविक उत्तेजना (CS) को पुनः काल सामिप्य में उपस्थित किया जाय तो फिर से अनुकूलन स्थापित हो जाता है। जैसे यदि कुत्ते को प्रायोगिक परिस्थिति से कुछ समय के लिए हटा दिया जाय और कुछ समय बाद पुनः उसे वैसी ही स्थिति में रखा जाय तो कुत्ता उदर स्राव द्वारा अस्वाभाविक उत्तेजना (CS) से वही अनुक्रिया करता है। इस क्रिया से सिद्ध होता है कि विलोपन से प्रारम्भिक अनुकूलन समाप्त नहीं होता है।

5. अवरोध (Inhibition)—यह एक ऐसी प्रक्रिया है जिसमें अनुक्रिया उत्पन्न होते समय कोई उत्तेजना अवरोधक का कार्य करे। पेवलोव ने निम्न प्रकार के अवरोध का वर्णन किया है।

(i) **आन्तरिक अवरोध** (Internal Inhibition)—यदि अस्वाभाविक प्रतिक्रिया (CR) का खाना न देने मे पूर्ण विलोपन प्राप्त हो जाय और कुत्ते का फिर से कुछ अवधि के बाद परीक्षण किया जाय तो विलोपन अस्वाभाविक प्रतिक्रिया को स्थायी रूप से कमजोर नहीं करता है। ऐसी प्रतिक्रिया का सम्बन्ध उत्तेजना से बना रहता है तथा आन्तरिक अवरोध प्रक्रिया के कारण रुक जाता है।

(ii) **वाह्य अवरोध** (External Inhibition)—यदि कोई अस्वाभाविक अनुक्रिया (CR) वातावरण के किसी वाह्य कारक के कारण अवरुद्ध हो जाय तो उसे वाह्य अवरोध कहते हैं। उदाहरण के लिए छात्रों के सांस्कृतिक कार्यक्रम में गाने का कार्यक्रम चल रहा हो। किन्तु उनके अध्यापक के उपस्थित होने से यह प्रतिक्रिया रुक जाती है अथवा धीमी हो जाती है।

6. उत्तेजना सामान्यीकरण (Stimulus Generalization)—यह एक ऐसी प्रक्रिया है जिसमें अनुकूलित प्रतिक्रिया को किसी अन्य उत्तेजक से भी प्राप्त हो जाय जो अनुकूलित उत्तेजक के समरूप हो। यदि कोई व्यक्ति साँप से डरने वाली अँधेरे में पड़ी किसी रस्सी से वैसा ही डरे तो रस्सी भी साँप के समरूप प्रतिक्रिया उत्पन्न करती है। वाटसन का एल्वर्ट पर किया गया प्रयोग सामान्यीकरण का उदाहरण है। खरगोश से डरने वाले एल्वर्ट की प्रतिक्रिया उसके समक्ष रुई के गुल्ले या समूर के कोट को उपस्थित करने में भी समान थी। अर्थात विभिन्न उत्तेजनाओं के प्रति यदि प्रतिक्रियाएँ समान होती हैं तो उसे सामान्यीकरण कहेंगे।

बच्चा
(उत्तेजना) खरगोश → भय
Child

बच्चा
(समरूप उत्तेजना) गुल्ले या समूर का कोट → भय (सामान्यीकरण)
Child

पेवलोव का सिद्धान्त : निहितार्थ

पेवलोव के सिद्धान्त की उपयोगिता समझकर अनेक मनोवैज्ञानिकों ने इस सिद्धान्त की सत्यता की जाँच विभिन्न प्रयोगों द्वारा की। इसके आधार पर पशुओं की अनुक्रिया को नियंत्रण करने की प्रणाली का सम्बन्ध वातावरण के कारकों द्वारा संभव हुआ है। पेवलोव ने अनुकूलित अनुक्रिया और सामीप्य अनुकूलन सिद्धान्त (Law of Contiguity) द्वारा वस्तुनिष्ठ अध्ययन के माध्यम से शारीरिक परिवर्तन को अधिगम द्वारा स्पष्ट किया। अधिगम की भाषा एवं अनुकूलन में यह सिद्धान्त अत्यन्त महत्त्वपूर्ण है। इसका प्रयोग निम्न क्षेत्रों में कर सकते हैं।

(1) **आदत निर्माण** (Habit Formation)—अच्छी आदतों के निर्माण में रूढ़िगत अनुकूलन के सिद्धान्तों का प्रयोग हो सकता है। बालकों में आदर व सम्मान की भावना, सच बोलना, सदाचार, दया, स्वच्छता, बुराई न करना इत्यादि आदतों का विकास किया जा सकता है। क्रो व क्रो के अनुसार, "यह सिद्धान्त बालकों में उत्तम व्यवहार तथा अनुशासन की भावना जाग्रत करता है।"

(2) **मनोचिकित्सा में उपयोग** (Use in Psychotherapy)—रूढ़िगत अनुकूलन के द्वारा बालकों के असामान्य व्यवहार में सुधार किया जा सकता है। मानसिक रोगियों के संवेगात्मक डर के उपचार में आजकल मनोचिकित्सक इस सिद्धान्त को अपनाते हैं।

(3) **अभिवृत्ति का विकास** (Developing Attitude)—इस सिद्धान्त का उपयोग अध्यापक अधिगम एवं अन्य कारकों के प्रति पक्ष या विपक्ष में अभिवृत्ति के विकास में किया जा सकता है। अनुकूलित अनुक्रिया द्वारा अभिवृत्ति के परिवर्तन से अनेक समस्याओं का समाधान सुलभ हो सकता है।

(4) **संवेगात्मक विकास** (Emotional Development)—अनुकूलन सिद्धान्त का प्रयोग बालकों में संवेगात्मक विकास हेतु किया जा सकता है। चिन्ता, भय, क्रोध आदि को प्रानुकूलित अनुक्रिया (Deconditioning) करने के लिए रूढ़िगत अनुकूलन का प्रयोग हो सकता है। छात्रों में विपरीत संवेगों के निराकरण में इस सिद्धान्त का अधिक महत्त्व है।

(5) **जानवरों का प्रशिक्षण** (Training of Animals)—रूढ़िगत अनुकूलन सिद्धान्त का उपयोग काफी समय पूर्व से जानवरों के प्रशिक्षक करते आ रहे हैं। सर्कस इत्यादि में इस सिद्धान्त की अनविज्ञता होने पर भी जानवर अनेक करतब दिखाते हैं, जो इसी सिद्धान्त पर आधारित हैं।

(6) **उपयुक्त वातावरण का विकास** (Devloping Approriate Environment)—यदि अध्यापक प्रेम, सहानुभूति एवं उदार व्यवहार को अपनाकर शिक्षण करता है तो छात्रों में भी अध्यापक के प्रति वही भाव उत्पन्न होने लगते

हैं। अतः यदि वातावरण इच्छित प्रतिक्रिया के अनुकूल हो तो पर्यावरण उत्तेजक के समरूप कार्य करेगा। ऐसी दशा में अनुकूलन के लिए उपयुक्त कारक सरलता से मिल जाते हैं। इस प्रक्रिया में वातावरण से सामंजस्य स्थापित करने में सामाजिक भावना व्यावहारिक गुणों का विकास एवं स्वअनुशासन क्रिया आसानी से ग्रहण हो जाती है।

2. गुथरी का सामीप्य अनुकूलन सिद्धान्त (Gutherie's Contiguity Theory)

सामीप्य अनुकूलन सिद्धान्त के प्रतिपादक ई० आर० गुथरी (1886-1959) हैं। यह सिद्धान्त प्रतिस्थापन का सिद्धान्त (Theory of Substitution) भी कहलाता है। उन्होंने सामीप्य सिद्धान्त को स्पष्ट करते हुए कहा है कि, "उत्तेजनाओं का संयोग जब गतिशील अनुसरण करेगा तो गति के अनुसार ही प्रत्यावर्तन होगा।" ("A combination of stimuli which has accompanied a movement will act on its recurrence, tend to be followed by that movement.") गुथरी ने अन्य व्यवहारवादी मनोवैज्ञानिकों की तरह अपने उत्तेजना-प्रतिक्रिया सिद्धान्त के अन्तर्गत अनुकूलन को महत्त्व दिया है। उनका मत है कि अनुक्रिया क्रम में जो प्रतिक्रिया अन्तिम रूप से उत्तेजना से सम्बन्धित हो जाती है वही महत्त्वपूर्ण है। गुथरी के शब्दों में, "सीखना तभी होता है जबकि एक उत्तेजना एवं एक प्रतिक्रिया समकालिक हों।" ("Learnig occurs when a stimulus and a responce happen simultaneously.") उन्होंने उलझन पेटी में बिल्ली पर कई प्रयोग किए और यह व्यक्त किया कि उत्तेजना-अनुक्रिया सम्बन्ध के लिए एक ही प्रयास पर्याप्त है।

गुथरी का अधिगम सिद्धान्त (Gutherie's Theory of Learning)

इसके मुख्य बिन्दु निम्न हैं—

1. गुथरी का अधिगम सिद्धान्त यह प्रदर्शित करता है कि प्राणी की कुछ विशिष्ट प्रतिक्रियाएँ गति कहलाती हैं। मांसपेशियों की सिकुड़न तथा ग्रन्थियों के स्राव के कारण ही वह उत्तेजनाओं के प्रति अनुक्रियाएँ करता रहता है। इस गति क्रम में जो उत्तेजना प्रतिक्रिया के सामीप्य है वही सबल साहचर्य (association) है। किसी खेल में मांसपेशियों तथा ज्ञानेन्द्रियों की कई गतियाँ होती हैं। इन्हीं गतियों की उत्तेजना से साहचर्य सम्बन्ध उत्पन्न होते हैं जो कि अनुक्रिया की प्रायिकता (probability) को बढ़ाते हैं।
2. गुथरी के अनुसार सीखना वातावरण में उत्पन्न उत्तेजना और उसे प्रस्तुत

प्रतिक्रिया में सम्बन्ध है। यह साहचर्य सम्बन्ध अनुकूलन के कारण उत्पन्न होता है, जैसे किसी बालक की "पढ़ने की इच्छा" पर कई बातें निर्भर करती हैं। घर का वातावरण, बालक की अभिवृत्ति, प्रेरक तत्त्व (माता, पिता, अध्यापक आदि), पाठ्यवस्तु, प्रतिस्पर्धा की भावना, इत्यादि। इन सभी कारकों का पढ़ने की इच्छा से अनुकूलन है।

3. गुथरी का विश्वास है कि वही प्रतिक्रिया उत्तेजना से अनुकूलित होती है जो उत्तेजना के लिए सबसे निकट हो। कहने का अर्थ यह है कि जो प्रतिक्रिया उत्तेजना के अधिक सामीप्य है उसी से अनुकूलन होता है। यदि प्रतिस्पर्धा, "पढ़ने की इच्छा" के लिए अन्य की अपेक्षा अधिक सामीप्य है तो प्रतिक्रिया बालक की उत्तेजना से अनुकूलित हो जाएगी।
4. उत्तेजना और प्रतिक्रिया का सम्बन्ध एक ही प्रयास में हो जाता है। प्रत्येक स्थिति में उत्तेजना का स्वरूप भिन्न या परिवर्द्धित हो सकता है। जैसे यदि प्रतिस्पर्धा एक समय "पढ़ने की इच्छा" से अनुकूलित है तो दूसरे समय शैक्षिक वातावरण कारक प्रमुख अनुकूलित कारण हो सकता है।

गुथरी का प्रयोग—सर्वप्रथम गुथरी ने सन् 1946 में हारटन (Horton) के साथ एक उलझन पेटी में बिल्ली पर प्रयोग करने में सफलता पाई। इस प्रयोग द्वारा उन्होंने यह सिद्ध किया कि अधिगम साहचर्य की एक प्रक्रिया है। अपने प्रयोग में गुथरी ने एक विशेष प्रकार की उलझन पेटी (Puzzle Box) तैयार किया जिसके सामने के भाग में शीशा लगा था। इस पेटी के अन्दर बिल्ली रखी गई जिसकी प्रतिक्रियाएँ आसानी से देखी जा सकती थीं। पेटी में एक खम्भा इस प्रकार लटका हुआ था कि बिल्ली के किसी भी अंग के स्पर्श हो जाने से दरवाजा खुल जाता था। खम्भे के स्पर्श से ही उसके साथ सम्बद्ध कैमरा बिल्ली की विभिन्न क्रियाओं का चित्र ले लेता था। जब बिल्ली अन्दर प्रविष्ट हो जाती तो पेटी के बाहर एक मछली रख दी गई। बाहर निकलने के लिए बिल्ली ने अनेक गतिविधियाँ कीं परन्तु अचानक खम्भे को किसी अंग के छू जाने से दरवाजा कुछ आवाज के साथ खुल जाता है। बाद में परिस्थिति दोहराने से बिल्ली ने कोई भी भूल बाहर आने की क्रिया में नहीं की। इससे यह प्रतीत होता है कि उत्तेजना (बन्द दरवाजा) और प्रतिक्रिया (खम्भा छूना) का सम्बन्ध एक ही प्रयास में अनुकूलन द्वारा सीखना हो जाता है। यही प्रतिक्रिया उत्तेजना से सामीप्य सम्बद्ध थी। सीखने की क्रिया में गुथरी के मौलिक सिद्धान्त निम्न हैं—

1. **अधिगम** (Learning)—एक ही प्रयास में सीखना पूर्ण होता है (Learning is complete in one trial.) विभिन्न उत्तेजनाओं से प्रतिक्रिया सम्बन्धित होती है। किसी स्थिति में एक विशेष उत्तेजना के उपस्थित होने से

क्रिया की पुनरावृत्ति होती है। गुथरी का मत है कि "साहचर्य एक ही प्रयास में पूर्ण दृढ़ हो जाता है। पुनरावृत्ति का प्रभाव साहचर्य की दृढ़ता को नहीं बनाता है।" ("The strength of association will not gain through repetetion, for it attains full strength on the first occurrence."

2. **अनुकूलन** (Conditioning)—गुथरी ने समस्त सिद्धान्तों को अनुकूलन सिद्धान्त में सामहित किया। अधिगम में अवरोध अनुकूलन उस समय होता है जबकि मूल उत्तेजना-अनुक्रिया के मध्य कोई अन्य अनुक्रिया उपस्थित हो जाय और अनुक्रिया अवरोध बन जाती है। गुथरी के अनुसार बिलम्ब अनुकूलन कोई भी अनुकूलन नहीं है। सीखने की क्रिया विधि में सुधार प्रयास का फल है। इसमें प्रयास उत्तेजनाओं को अनुकूलन के रूप में वृद्धि से सम्बन्धित है। प्रत्येक नवीन प्रयास में पूर्व प्रयास की त्रुटियों का निराकरण कर नए उपयुक्त सम्बन्ध स्थापित करना है।

3. **सामीप्य से साहचर्य** (Association by Contiguity)—जिसका भी बालक प्रत्यक्षीकरण करता है किसी भी प्रतिक्रिया के लिए उत्तेजना बनकर तत्काल उत्पन्न हो जाता है। पुनः उस उत्तेजना के प्रकट होने से बालक वही क्रिया दुहराता है जो उसने पूर्व की थी। उत्तेजना-प्रतिक्रिया के सम्बन्ध से मानव के दैनिक जीवन में उत्पन्न संवेगात्मक अनुक्रियाओं का विश्लेषण सामीप्य साहचर्य सिद्धान्त के द्वारा अधिक उपयोगी है। क्योंकि इसमें साहचर्य पहले ही प्रयास में मजबूत हो जाते हैं। यदि बालक में उत्साह की भावना उत्पन्न है तो वह विद्यालय की सभी क्रियाओं को उत्साह से करेगा। बालक की उत्साह की प्रतिक्रिया का सभी कार्यों में सामान्यीकरण हो जाता है। यहाँ तक कि पढ़ाई-लिखाई, सहगामी क्रियाएँ आदि सभी उत्साह से सामीप्य अनुकूलन सिद्धान्त पर निर्धारित हो जाती हैं।

4. **सीखने में प्रेरणा** (Motivation in Learning)—गुथरी ने प्रेरणा का कोई प्रत्यय अलग से नहीं विकसित किया। उनके कथनानुसार प्रेरणा का कार्य सामान्यतया व्यवहार को संचालित करना ही है। सीखने में इसका कोई योग नहीं रहता है। आन्तरिक या वाह्य प्रेरक सीखने वाले को विभिन्न तरीकों से प्रतिक्रिया करने के लिए प्रोत्साहित करता है तथा पूर्व सीखी हुई बातों के विलोपन को रोकते हैं। गुथरी थार्नडाइक के प्रभाव के नियम तथा हल के पुनर्वलन, के नियम को सीखने के लिए आवश्यक नहीं समझते हैं।

5. **भूलना** (Forgetting)—सामीप्य अनुकूलन के अनुसार भूलना किसी अन्य क्रिया को करना है। ये क्रियाएँ पहले की क्रियाओं को समाप्त कर देती हैं। इनका प्रभाव किसी उत्तेजना-अनुक्रिया के सम्बन्ध को विस्थापित करने में अधिक हो जाता है। गुथरी को अनुपयोग का सिद्धान्त मान्य नहीं है। उनके विचार में हम अनुपयोग के कारण नहीं बल्कि अन्य अधिगम के कारण

भूलते हैं।

6. **अधिगम में स्थानान्तरण** (Transfer in Learning)—ज्ञान के स्थानान्तरण के बारे में गुथरी का पूर्ण विश्वास था। उनके विचार थार्नडाइक के तत्त्व सिद्धान्त के समरूप हैं। दूसरी परिस्थितियों में ज्ञान के विशिष्ट क्षेत्र का अभ्यास देने से स्थानान्तरण की संभावना बढ़ जाती है। यदि उत्तेजना प्रतिक्रिया सम्बन्ध विभिन्न परिस्थितियों में भी स्थापित हो जाए तो स्थानान्तरण होता है।

शैक्षिक निहितार्थ

1. **प्रथम प्रयास पर बल** (Emphasis on First Trial)---प्रस्तुत सिद्धान्त इस तथ्य पर विशेष बल देता है कि प्रथम प्रयास में बालकों के व्यवहार में अपेक्षित परिवर्तन संभव है। अत: शिक्षक को बालकों की उन क्रियाओं की ओर अधिक ध्यान देना है जिसे वे भविष्य के कार्यों में अधिक उचित या महत्त्वपूर्ण समझते हैं। छात्रों में विभिन्न सामाजिक, एवं व्यावहारिक क्रियाओं के विकास में प्रथम ज्ञान ही दृढ़ हो जाता है। नवीन आदतों के निर्माण में सीखने के इस सिद्धान्त का उपयोग सफलता का प्रतीक बन सकता है।

2. **उत्तेजना प्रतिक्रिया का सम्बन्ध** (Stimulus-Response Connection)—गुथरी ने वाह्य उत्तेजना और वाह्य अनुक्रिया के महत्त्व पर अधिक बल दिया है। इस उत्तेजना-प्रतिक्रिया सम्बन्ध में पुनर्बलन का कोई स्थान अधिगम में नहीं है। गुथरी द्वारा अपने सिद्धान्त में प्रस्तुत प्रतिमान पर अनुसंधान कार्य भी अधिक नहीं किया गया। अत: ऐसे उत्तेजनाओं की अधिक सार्थकता है जो प्रतिक्रिया से काल सामीप्य के अनुसार सर्वाधिक निकट हो।

3. **व्यवहार सुधार** (Improving Behaviour)—शैक्षिक प्रक्रिया में गुथरी के सिद्धान्त में वर्णित विलोपन, आदतों का निर्माण आदि महत्त्वपूर्ण तथ्यों का विश्लेषण उपयोगी है। व्यवहार चिकित्सक गुथरी द्वारा प्रस्तुत प्रतिमान का प्रयोग बुरी आदतों को समाप्त करने में करते हैं। उनका सैद्धान्तिक प्रतिमान अनुसंधानकर्ताओं के लिए प्रेरणा के स्रोत हैं। इनका सिद्धान्त व्यावहारिक क्रियाओं में वाटसन तथा पेवलोव के समरूप है। गुथरी ने व्यवहार को उत्तेजना-अनुक्रिया सम्बन्ध द्वारा स्पष्ट करने का प्रयास किया जिसमें पुनर्बलन का प्रत्यय पूर्णतया लुप्त है।

थार्नडाइक का सिद्धान्त ((Theory of Thorndike)

ई० एल० थार्नडाइक उत्तेजना-अनुक्रिया सिद्धान्त के प्रथम अमेरिकी मनोवैज्ञानिक थे, जिन्होंने जानवरों पर अधिगम के कई प्रयोग किए। इनके सिद्धान्त

को विभिन्न नामों से जाना जाता है जैसे—थार्नडाइक का सम्बन्धवाद (Thorndike's Connectionism), उत्तेजना-प्रतिक्रिया सिद्धान्त (Stimulus-Response Theory), सीखने का सम्बन्ध सिद्धान्त (Bond Theory of Learning), प्रयास और भूल सिद्धान्त (Trial and Error Theory)। थार्नडाइक ने 1913 में अपने सिद्धान्त को अन्तिम रूप से प्रकाशित किया। जिसमें उन्होंने पुरस्कार के प्रत्यय को सर्वप्रथम प्रयोग किया, जब किसी प्राणी के समक्ष एक विशेष परिस्थिति या उत्तेजना होती है तो वह एक विशेष प्रतिक्रिया करता है। अनेक प्रयासों के उपरान्त उस विशिष्ट स्थिति का उत्तेजना का निश्चित प्रतिक्रिया के साथ सम्बन्ध स्थापित हो जाता है। इस सम्बन्ध को उत्तेजना प्रतिक्रिया सम्बन्ध कहते हैं। यदि उत्तेजना की किसी अन्य परिस्थिति में पुनरावृत्ति होती है तो प्राणी की प्रतिक्रिया भी पूर्व स्थिति जैसी ही होती है। ये प्रतिक्रियाएँ यदि सन्तोषप्रद या आनन्ददायक हैं और उन्हें पुनर्बलित किया जाए तो भविष्य में उत्तेजना-प्रतिक्रिया का सम्बन्ध स्थायी बन जाता है। थार्नडाइक के शब्दों में, "सीखना सम्बन्ध स्थापित करना है। मनुष्य का मस्तिष्क सम्बन्ध स्थापित करने में कार्य करता है।" (Learning is connecting. The mind is man's conncetion system.) सीखने में सम्बन्ध संवेगात्मक, विचारात्मक, शारीरिक अथवा ज्ञानात्मक हो सकते हैं। उत्तेजना-प्रतिक्रिया में सम्बन्ध स्थापित होना ही सीखना कहलाता है। सम्बन्धों के संगठित एवं दृढ़ होने से ही सीखने की तीव्रता का आकलन होता है। ये सम्बन्ध विशिष्ट उत्तेजनाओं और प्रतिक्रियाओं के फलस्वरूप स्नायुमण्डल में स्थापित होते हैं।

थार्नडाइक का प्रयोग (Thorndike's Experiment)—थार्नडाइक द्वारा किया गया प्रयोग बहुत सरल एवं मनोविज्ञान में अधिक प्रचलित है। उन्होंने एक भूखी बिल्ली को एक पिंजड़े के अन्दर बन्द किया जिसके बाहर एक मछली इस प्रकार लटकी थी कि बिल्ली उसे आसानी से देख सके। बिल्ली को बाहर निकलने के लिए पिंजड़े के अन्दर लगे लीवर को दबाना था। बिल्ली ने बाहर आने के लिए पिंजड़े के अन्दर उछल-कूद, खरोचना आदि अनेक प्रतिक्रियाएं कीं। अन्त में बिल्ली से अचानक लीवर दब जाने से दरवाजा खुल जाता है और बिल्ली बाहर रखे हुए खाने को खा लेती है। थार्नडाइक ने बिल्ली को पुनः दूसरे प्रयास के लिए पिंजड़े में बन्द किया। बिल्ली ने फिर से अनेक व्यावहारिक गतिविधियाँ कीं परन्तु जल्दी ही लीवर दबाने में सफल रही। इस तरह प्रयास के बढ़ते क्रम के अनुसार बिल्ली उत्तरोत्तर अधिक प्रवीण होती गई और पिंजड़े से बाहर निकलने में सफल हो गई। प्रयास क्रम में बिल्ली कम गलतियाँ करने लगी। इस प्रकार बिल्ली की क्रियागति में शिथिल, धीरे एवं लगातार सुधार प्रयास की संख्या के अनुसार होते रहे। भूलों की संख्या एवं प्रतिक्रियाओं की विफलता कम होती गई। अंत में बिल्ली

ने बिना किसी त्रुटि के सही प्रतिक्रिया देना सीख लिया। इस प्रयोग के आधार पर थार्नडाइक ने यह निष्कर्ष निकाले कि—

1. पिंजड़े के अन्दर बिल्ली का सीखना उत्तेजना एवं प्रतिक्रिया के बीच प्रत्यक्ष सम्बन्ध स्थापित होने से स्पष्ट होता है।
2. सही प्रतिक्रिया अनेक प्रयत्न एवं भूलों द्वारा सीखी गई है।
3. बिल्ली को अधिगम के लिए कुछ प्रेरणा (खाना) मिलनी चाहिए।
4. खाना बिल्ली की सन्तुष्टि के लिए आवश्यक है।
5. बिल्ली का यह सीखना यांत्रिक व्यवहार से सम्बन्धित है।

बिल्ली की व्यावहारिक क्रियाओं का सूक्ष्म निरीक्षण कर थार्नडाइक ने सीखने से सम्बन्धित निम्न तीन प्रमुख नियम तथा कुछ गौण नियमों की व्याख्या विस्तृत रूप से की।

3. अधिगम के मूल नियम
(Basic Laws of Learning)

1. तत्परता का नियम (Law of Readiness)—किसी भी कार्य को करने के लिए व्यक्ति को शारीरिक एवं मानसिक रूप से तैयार होना आवश्यक है। तत्पर होने से व्यक्ति कार्य को अधिक सरल एवं कुशल रूप से कर सकता है। कार्य करने की तत्परता से ही सन्तोष मिलता है। परन्तु यदि व्यक्ति कार्य करने के लिए तत्पर नहीं है तो कार्य खिझाने वाला होता है। थार्नडाइक के अनुसार, "जब सीखने की क्रिया को सम्पादित करने के लिए कोई प्राणी प्रस्तुत होता है तो क्रिया के सम्पादन में संतोष मिलता है। जब प्राणी कार्य करने के लिए तत्पर नहीं है तो कार्य से असंतोष मिलता है ("When any conduction unit is ready to conduct, for it to do so stisfying. When any conduction unit is not in readiness to conduct, for its conduct its annoying.")

तत्परता से तात्पर्य क्रिया की तैयारी से है। यह सीखने वाले की परिपक्वता एवं अनुभव पर आधारित होती है। उदाहरण के लिए यदि बालक खेलने के लिए तत्पर है और उसे रोका जाए तो वह असंन्तुष्ट होकर उसमें खीझ उत्पन्न होगी। परन्तु यदि उसके साथ खेल में साथ दिया जाए तो उसे अधिक आनन्द और संतुष्टि मिलेगी।

कक्षागत निहितार्थ (Classroom Implications)—अध्यापक तत्परता के नियम का उपयोग कक्षागत वातावरण में निम्न रूप से कर सकता है—

(i) जब तक बालक मानसिक रूप से पढ़ने के लिए तैयार नहीं है, अध्यापन कार्य निरर्थक है। अतः अध्यापक का यह आवश्यक दायित्व है कि वह

बालकों में नवीन ज्ञान ग्रहण करने की रुचि और जिज्ञासा की वृद्धि में अपने अनुभवों का पूर्ण सदुपयोग करें।

(ii) बालक में पाठ्यवस्तु के प्रति सीखने की अभिवृत्ति एवं सीखने में आनन्द की अनुभूति उत्पन्न करने के लिए यह भी आवश्यक है कि उनमें स्वयं सीखने की इच्छा, लगन और रुचि हो। शैक्षिक परिस्थितियों को इस प्रकार विकसित करना चाहिए कि बालक सीखने के लिए सदैव उद्यत रहे।

(iii) सीखने की प्रक्रिया में बालकों की तत्परता का मूल्यांकन कर अध्यापक वैयक्तिक भिन्नता के आधार पर कुशल शिक्षण कर सकता है और छात्र अधिक से अधिक लाभ उठाने में सक्षम होंगे।

2. **अभ्यास का नियम** (Law of Exercise or Frequency)—अभ्यास से संयोग दृढ़ होते हैं और इसके अभाव में संयोग में शिथिलता या निर्बलता होती है। इस नियम को दो वर्गों में विभाजित किया गया है।

(क) उपयोग का नियम (Law of use)

(ख) अनुपयोग का नियम (Law of disuse)

अभ्यास के नियम की व्याख्या थार्नडाइक ने उपरोक्त दो उपनियमों के रूप में अलग-अलग की है। उपयोग के नियम को स्पष्ट करते हुए उन्होंने कहा है कि, "जब किसी स्थिति एवं प्रतिक्रिया में कोई परिवर्तनशील संयोग बनता है और अन्य सब बातें समान होने पर इस संयोग की शक्ति बढ़ जाती है।" ("When a modifiable connection is made between a situation and response that connection's strength other things being equal is increased.")

अनुपयोग के नियम की व्याख्या थार्नडाइक ने इस प्रकार की है, "जब किसी लम्बी अवधि तक कोई परिवर्तनीय संयोग स्थिति और अनुक्रिया के मध्य नहीं बनता है तो संयोग की शक्ति कमजोर हो जाती है।" ("When a modifiable connection is not made between a situation and a response over a length of time, that connection's strength is weakened.")

संक्षेप में उक्त दो नियमों के अनुसार हम उपयोग से सीखते हैं और अधिगम धारणा करते हैं जबकि अनुपयोग से भूलते हैं। यदि अन्य बातें समान रहती हैं तो अभ्यास से स्थिति एवं प्रतिक्रिया में सम्बन्ध दृढ़ हो जाते हैं। इसके विपरीत अभ्यास की कमी से यह संयोग निर्बल हो जाता है। अमूर्त तथ्यों में अभ्यास के अभाव से संयोग तीव्रता से कमजोर हो जाते हैं और उन्हें शीघ्र भूल जाते हैं। यदि गणित या भौतिक विज्ञान की विषयवस्तु एक-दो वर्ष के लिए न दोहराई जाए तो बिना अभ्यास के उसकी पुनरावृत्ति करना कठिन कार्य हो सकता है। परन्तु अभ्यास के

साथ यदि रुचि प्रयोजन और बुद्धि सम्बन्धित हो तो यह अधिक प्रभावशाली बन जाता है। दोहराने के साथ उत्तेजक रुचि, प्रेरणा और लगन होनी चाहिए जिससे तत्त्वों तथा विचारों की ग्राह्यता को विकसित किया जा सके।

कक्षागत निहितार्थ (Classroom Implications) —

(i) संयोग की स्थिति को दीर्घकालीन बनाने के लिए सीखी गई वस्तु को दोहराना आवश्यक है। अतः अध्यापक को मौखिक या लिखित रूप से सीखी गई विषयवस्तु का अभ्यास करवाना चाहिए।

(ii) बालकों को ऐसे अनेक अवसर प्रदान करने चाहिए जिससे वे कक्षा में सीखे गए ज्ञान को दोहरा सकें। इसके लिए उन्हें वाद-विवाद, सामूहिक वार्तालाप, निबन्ध प्रतियोगिता आदि क्रियाओं का आयोजन करना आवश्यक है।

(iii) छोटी कक्षाओं की अधिगम प्रणाली में अध्यापक को पुर्ननिरीक्षण और अनुकरण अभ्यास द्वारा अध्यापन क्रिया अधिक उपयोगी सिद्ध हो सकती है। क्योंकि अनुकरण अभ्यास उत्तेजना-प्रतिक्रिया सम्बद्ध की शक्ति को बढ़ाता है।

3. प्रभाव का नियम (Law of Effect)—इस नियम को थार्नडाइक ने अन्य नियमों की अपेक्षा सबसे महत्त्वपूर्ण माना है। इस नियम की व्याख्या करते हुए उन्होंने कहा है कि, "जब एक परिवर्तनीय संयोग किसी एक स्थिति और प्रतिक्रिया में बनता है और उसके साथ ही या उसके फलस्वरूप संतोषप्रद अवस्था उत्पन्न होती है तो उस संयोग की शक्ति बढ़ जाती है। जब इस संयोग के साथ या इसके पश्चात खिझाने वाली अवस्था पैदा होती है तो उसकी शक्ति दुर्बल हो जाती है।" ("When a modifiable connection between stimulus-response has been made, it was strengthened if it resulted in satisfaction and was weakened if it led to annoyance.")

परन्तु 1932 में उन्होंने इस नियम में सुधार किया। उन्होंने व्यक्त किया कि सदैव असंतोष से संयोग शिथिल नहीं होते। वाटसन प्रभाव की अपेक्षा अभ्यास और नवीनता (Recency) के नियम को अधिक महत्त्व प्रदान करते हैं। मैक्डूगल ने प्रभाव के नियम की पुष्टि अपने प्रयोग द्वारा की। चूहों पर किए गए प्रयोग में चूहों ने अन्धकारमय रास्ते को अपनाया क्योंकि प्रकाशमय रास्ते का परिणाम बिजली के धक्के के कारण असंतोषप्रद था और अन्धकारमय रास्ते से उन्हें संतोषप्रद लगा। इससे प्रदर्शित होता है कि यदि एक परिस्थिति में एक कार्य संतोष प्रदान करता है तो वह कार्य उस परिस्थिति से सम्बन्धित हो जाता है और यदि असंतोष प्रदान करता है तो वह कार्य उस परिस्थिति से विघटित हो जाता है। उदाहरण के लिए यदि बालक गणित के प्रश्न हल करता है और सही हल प्राप्त होते रहते हैं

तो उसे प्रसन्नता होती है और स्थिति एवं प्रतिक्रिया में सम्बन्ध शक्तिवर्द्धित हो जाते हैं। यदि हल त्रुटिपूर्ण निकलते हैं तो प्रतिक्रिया शिथिल या कमजोर हो जाती है। अर्थात असंतोष उत्पन्न होने से ही प्रतिक्रिया नष्ट होने लगती है।

कक्षागत उपयोगिता (Classroom Application)— अध्यापक अध्ययन-अध्यापन परिस्थितियों में इस नियम का उपयोग निम्न रूप से कर सकता है—

(i) छात्रों में संतोष एवं प्रसन्नता का निर्धारण उनकी अधिगम की भावना को और अधिक दृढ़ बनाएगी। अध्यापक को यदि पढ़ाई गई पाठ्यवस्तु से आत्मसंतोष होता है तो उसे भी प्रसन्नता होती है और छात्र उसका समुचित लाभ उठाएँगे।

(ii) छात्रों में दण्ड, अपमान, निन्दा आदि से असंतोष उत्पन्न होता है और मान, प्रशंसा, पुरस्कार, सुख आदि से संतोष एवं प्रसन्नता होती है। निश्चित स्थिति में इनका उपयोग कर सीखने की क्रिया को विकसित करना चाहिए। अत: अध्यापक को प्रेरणा, प्रोत्साहन एवं निर्देशन द्वारा छात्रों के अधिगम को स्थायी बनाने का प्रयास करना चाहिए।

(iii) विद्यालयी क्रियाएँ इस तरह से संगठित एवं संचालित होनी चाहिए कि जिससे कि छात्रों में आत्मविश्वास एवं सफलता का अनुभव हो। समस्त क्रियाओं का प्रबन्ध छात्रों के वैयक्तिक जीवन के परिप्रेक्ष्य में उद्देश्यपूर्ण एवं बोधगम्य होना चाहिए। उन्हें इन सभी सीखने की क्रियाओं में संतोष का अनुभव करना चाहिए।

अधिगम के गौण सिद्धान्त
(Supplimentary Principles of Learning)

थार्नडाइक ने उपरोक्त तीन प्रमुख नियमों के साथ पाँच अन्य अधिगम के सिद्धान्तों की व्याख्या की। ये नियम निम्न हैं—

1. बहुप्रतिक्रिया का सिद्धान्त (Principle of Multiple-response)— मनोवैज्ञानिकों का विचार है कि सभी अनुभव, यहाँ तक कि त्रुटि करना भी शिक्षाप्रद है। यह सिद्धान्त इस बात को स्पष्ट करता है कि जब हम किसी नवीन कार्य को करते हैं तो प्रयत्न एवं भूल (Trial and error) की प्रक्रिया में सही निष्कर्ष पर पहुँचने के लिए अनेक प्रतिक्रियाएँ करते हैं। इन विविध प्रकार की प्रतिक्रियाओं का प्रयोग कर हम कार्य को पूर्ण करने का प्रयत्न करते हैं। अनेक प्रयत्नों के पश्चात हम कार्य को पूर्ण करने की सही क्रिया मालूम करते हैं। इस प्रक्रिया में सीखने वाला पर्याप्त अनुभव प्राप्त करता है और स्वयं को भी समझता है कि कितनी त्रुटियों के पश्चात वह सीख पाया है। इस अवधि में प्रेरणा, विषमता, अवरोध, उद्देश्यविहीन प्रयास आदि अनेक कारक कार्य कर सकते हैं। इन

सभी कारकों के साथ सफल कारक से ही कार्य को पूर्ण करने में सीखना निहित है।

2. मानसिक स्थिति का सिद्धान्त (Principle of Mental Set)—मानसिक स्थिति से यह तात्पर्य है कि सीखने वाले की अधिगम क्रिया में पूर्व मनोवृत्ति को समझना। यह किसी कार्य को करने में हमारी अभिवृत्ति, रुचि, विचार का अस्थायी परिस्थिति का परिचायक है। यदि बालक किसी कार्य को करने के लिए मानसिक रूप से तत्पर नहीं है तो उसे कार्य करने में असफलता प्राप्त होगी। अधिगम के लिए छात्रों की अधिगम मनोवृत्ति को प्रोत्साहन या प्रेरणा द्वारा विकसित करना चाहिए। कक्षा का वातावरण संवेगात्मक दृष्टि से उपयुक्त होना चाहिए। छात्रों को भी यह आभास होना अनिवार्य है कि अध्यापक उनके प्रति सही अभिवृत्ति रखते हैं, और उनकी हर कठिनाइयों में उनकी सहायता करने के लिए प्रयत्नशील रहते हैं।

3. आंशिक क्रिया का सिद्धान्त (Principle of Partial Activity)—यह नियम "अंश से पूर्ण की ओर" शिक्षण सूत्र पर आधारित है। थार्नडाइक के अनुसार, पूर्ण विषय के किसी भाग या अंश पर व्यक्त प्रतिक्रिया आंशिक क्रिया का सिद्धान्त कहलाता है। विषयवस्तु को छोटे-छोटे अंशों में विभाजित कर अधिगम प्रतिक्रिया सरल, सुगम एवं शीघ्र हो जाती है। सम्पूर्ण विषय सामग्री की एक ही प्रतिक्रिया छात्रों में कठिनाई उत्पन्न करती है। अतः अध्यापक को पाठ्यवस्तु छोटे-छोटे भागों में छात्रों के समक्ष प्रस्तुत करनी चाहिए।

4. आत्मीकरण का सिद्धान्त (Principle of Assimilation or Analogy)—आत्मीकरण का सिद्धान्त यह स्पष्ट करता है कि जब कोई व्यक्ति नवीन परिस्थितियों को सीखने का प्रयास करता है तो उसकी प्रतिक्रिया पूर्व सीखी गई प्रतिक्रिया के सादृश्य होती है। नवीन ज्ञान में पूर्व ज्ञान का अंश होता है। अतः अध्यापक को नवीन ज्ञान देते समय उसका सम्बन्ध छात्रों के दैनिक जीवन की क्रियाओं से स्थापित करना चाहिए। इससे बालक पूर्व ज्ञान या अनुभव को आधार मानकर शीघ्र नवीन ज्ञान का आत्मसात कर लेता है। अतः ज्ञात से अज्ञात की क्रिया में अध्यापक को नई एवं पुरानी स्थिति की समरूपता का ज्ञान प्रस्तुत करना चाहिए।

5. साहचर्य परिवर्तन का सिद्धान्त (Principle of Associative Shifting)—यदि कोई क्रिया पूर्व किसी परिस्थिति में की गई है और दूसरी परिस्थिति में क्रिया का स्वरूप समान रहता है तो यह प्रक्रिया साहचर्य परिवर्तन के अधीन कार्य करती है। यदि विद्यार्थी जीवन में कोई स्मरणीय बातें हुई हों तो व्यक्ति को इसके कई वर्ष बाद विद्यालय को देखकर पुनः वही बातें याद आने लगती हैं तथा उनका प्रत्यास्मरण करने लगता है। कहीं पर दो मित्रों की घनिष्ठ बातें

सुनकर व्यक्ति अपनी मित्रता की भी यादें करता है जो कि उसने अपने मित्र के साथ की थीं।

अध्यापक को छात्रों में इस प्रकार की आदतें, अभिवृत्ति, चरित्र एवं स्वभाव का विकास करना चाहिए जिससे वे भविष्य तक स्थायी बना सकें। विद्यालय के वातावरण में शैक्षिक प्रक्रिया को उन्नत बनाकर छात्रों में नैतिकता, सहानुभूति एवं प्रभावशाली अध्ययन आदतों का निर्माण करना चाहिए।

थार्नडाइक के सिद्धान्त का मूल्यांकन
(Evaluation of Thorndike's Theory)

गुण

1. थार्नडाइक ने स्नायुमण्डल की संरचना को व्यवहार से कुछ अलग समझा है तथा उत्तेजना प्रतिक्रिया के सम्बन्ध को व्यवहार का आधार माना है। उन्होंने सीखने के नियमों के द्वारा सीखने की क्रिया को अधिक युक्तिपूर्ण रूप में प्रस्तुत किया।
2. यह सिद्धान्त अभ्यास के द्वारा सीखने पर बल देता है तथा प्रेरणा एवं संतोष के द्वारा सीखने की शक्ति बढ़ जाती है। इस सिद्धान्त में प्रेरणा एवं पुनर्वलन का विशेष महत्त्व है।
3. उत्तेजना एवं प्रतिक्रिया के सम्बन्धों की दशाओं की ओर संकेत करके सीखने की प्रक्रिया को आसान बनाने में यह सिद्धान्त उपयोगी है।
4. व्यक्ति जितनी शीघ्रता से उत्तेजना-प्रतिक्रिया में सम्बन्ध स्थापित करेगा उतनी ही जल्दी वह अधिगम क्रिया में सक्षम होता है।

दोष

1. यह सिद्धान्त केवल उत्तेजना-प्रतिक्रिया का यांत्रिक सम्बन्ध स्थापित करता है परन्तु अधिगम का कारण स्पष्ट करने में संतोषजनक उत्तर नहीं प्राप्त होता। अनेक मानसिक गुणों को स्पष्ट करने में यह सिद्धान्त परिपूर्ण नहीं है।
2. यह सिद्धान्त व्यर्थ के प्रयत्नों पर अधिक बल देता है। अभ्यास से ही सीखने में अधिक लाभ प्रतीत नहीं होता है। इससे रटने की क्रिया सम्बन्धित है।
3. सीखने के वक्र में इस सिद्धान्त द्वारा आकस्मिक उतार-चढ़ाव की व्याख्या नहीं की जा सकती है।
4. अवयवीवादी को उत्तेजना-प्रतिक्रिया से कोई सम्बन्ध नहीं है बल्कि

अनुभव में स्वयं सम्बन्ध निहित रहते हैं जिन्हें हम पूर्ण रूप में देखते हैं।

थार्नडाइक का "प्रयास एवं त्रुटि" का सिद्धान्त
(Trial and Error Theory of Thorndike)

इस सिद्धान्त के जन्मदाता थार्नडाइक हैं। प्रयास एवं त्रुटि के सिद्धान्त का आधार सम्बद्धता या अनुकूलन है। वुडवर्थ ने इस सिद्धान्त के अर्थ की व्याख्या करते हुए कहा है कि "प्रयास एवं त्रुटि के अन्तर्गत किसी नवीन कार्य के अधिगम के लिए अनेक प्रयत्न करने पड़ते हैं जिनमें से अधिकांश गलत होते हैं।" अनेक मनोवैज्ञानिक इंस सिद्धान्त से सीखने की विधि को सफल प्रतिक्रियाओं के चुनाव द्वारा सीखना भी कहते हैं। इसमें उत्तेजना एवं प्रतिक्रिया का सम्बन्ध अत्यन्त प्रच्छन्न होता है।

प्रयोग—थार्नडाइक ने एक भूखी बिल्ली को पिंजड़े में बन्द किया। जिसके अन्दर एक लीवर लगा होता है। बिल्ली बाहर रखे हुए भोजन को प्राप्त करने के लिए पिंजड़े के अन्दर विभिन्न क्रियाएँ करती है। अनेक प्रयासों के पश्चात वह लीवर दबाने में सफल हो जाती है जिससे दरवाजा खुल जाता है और बिल्ली बाहर निकलकर भोजन प्राप्त करती है। बाद के प्रयासों में बिल्ली कम त्रुटियाँ करती है। अनेक बार त्रुटि कर बिल्ली दरवाजा खोलना सीख जाती है। मानव प्रयास एवं त्रुटि के सिद्धान्त के अन्तर्गत अनेक क्रियाएँ सीखता है। शिशु का खड़ा होना, चलना, बटन लगाना आदि कार्य कई प्रयास एवं त्रुटियों के उपरान्त ही सीखता है। व्यक्ति भी जैसे कार चलाना, मशीन ठीक करना, तैरना इत्यादि गलतियों को धीरे-धीरे दूर कर सीखता है। इस विधि में कुछ मुख्य कारक सीखने से सम्बन्धित होते हैं : (1) उत्तेजना, (2) प्रतिक्रिया, (3) प्रेरणा, (4) पुनर्बलन। किसी कार्य में सीखने को सबल बनाने के लिए अनेक त्रुटिपूर्ण प्रतिक्रियाएँ करनी पड़ती हैं। इस दृष्टि से प्रयास एवं त्रुटि द्वारा सीखना उद्देश्यपूर्ण एवं स्थिर हो जाता है। प्रतिक्रियाओं के इस संगठित स्वरूप को हम सही प्रतिक्रियाओं के चुनाव द्वारा सीखने का स्थायीकरण भी कह सकते हैं। यदि कोई प्रतिक्रिया असफलता या कष्ट पहुँचाती है तो सीखना असंतोषप्रद होता है परन्तु यदि यह सफलता या त्रुटिनिवारक है तो सीखना संतोषप्रद होता है। इस विधि से संबंधित परिणामों की व्याख्या निम्न रूप से की गई है—

1. प्रयासों की पुनरावृत्ति समस्या के हल के प्रयोजन से की जाती है। प्रयासों की सफलता एवं असफलता पर उनकी आवृत्ति की दशा में परिवर्तन होता रहता है। असफल के प्रयासों को छोड़कर सफल की पुनरावृत्ति कर समस्या हल करने का प्रयत्न किया जाता है।
2. यदि अनायास कोई प्रतिक्रिया सीखी जाती है तो इससे प्रेरणा मिलती है

और प्रतिक्रिया को पुनः दोहराया जाता है।

3. असंतोष प्रतिक्रिया को त्यागकर संतोष प्रतिक्रिया की प्राप्ति से सीखना संबंधित है। यदि बिजली के स्विच को छूने से धक्का (असंतोष) लगता है तो इसको न छूने की प्रतिक्रिया (संतोष) से सीखना सरल हो जाता है।
4. यदि कोई समस्या सामान्य रूप से हल नहीं होती है तो इसके एक ही प्रकार से हल करने की विधि पर आश्रित न रहकर अनेक प्रतिक्रियाओं को प्रेरित करना चाहिए। इससे कई नई प्रतिक्रियाएँ सीखी जाती हैं।
5. सरल से कठिन की ओर सीखना शीघ्र होता है। इससे अनेक प्रतिक्रियाएँ स्वयं उत्तेजना का रूप लेकर पुनर्बलन का कार्य करती हैं।

सिद्धान्त की उपयोगिता

1. गैरिसन और अन्य के अनुसार, "इस सिद्धान्त का सीखने की प्रक्रिया में विशेष महत्त्व है। पिंजड़े में भूखी बिल्ली जिस प्रकार प्रयास एवं भूल की प्रतिक्रिया से उत्तेजना (भोजन) संबंधित हो जाती है उसी प्रकार बालक भी इस सिद्धान्त द्वारा समस्या का समाधान कर सकते हैं।
2. यह सिद्धान्त अमूर्त चिन्तन वाले विषय जैसे—गणित, विज्ञान, कला, संगीत आदि के लिए बहुत उपयोगी है।
3. मानसिक रूप से पिछड़े बालकों के लिए यह विशेष महत्त्व रखता है तथा उनके सीखे हुए ज्ञान को स्थायी रूप प्रदान करता है।
4. प्रयास एवं त्रुटि का सिद्धान्त लगन, धैर्य एवं परिश्रम जैसे गुणों को प्रोत्साहन प्रदान करता है।
5. असफलता के बाद अभ्यास एवं त्रुटि से सफलता प्राप्त होने पर छात्रों में आत्मसंतुष्टि एवं आत्मविश्वास का विकास होता है। छात्रों में आशावादी भावनाएँ जाग्रत होती हैं।
6. यह छात्रों के शैक्षिक विकास की पद्धति में महत्त्वपूर्ण भूमिका निभाता है। इस विधि से प्राप्त ज्ञान दीर्घकाल तक स्थिर बना रहता है जो कि विभिन्न परिस्थितियों में समस्या समाधान के लिए आवश्यक है।

हल का सिद्धान्त या पुनर्बलन सिद्धान्त
(Hull's Theory or Reinforcement Theory)

अमेरिका के येल विश्वविद्यालय के प्रोफेसर क्लार्क एल० हल (1884-1952) अधिगम के सिद्धान्त की खोज में कई वर्षों तक कार्य करते रहे। उन्होंने वुडवर्थ, थार्नडाइक एवं पेवलोव द्वारा वर्णित अधिगम के प्रत्ययों का विस्तार से आलोचनात्मक अध्ययन किया। हल ने सीखने की नई पद्धति को पूर्व सिद्धान्तों की

कमियों को मद्देनजर रखते हुए विकसित किया। हल का सिद्धान्त उत्तेजना-प्रतिक्रिया सिद्धान्त के अन्तर्गत व्यवहार की प्रक्रियाओं का वर्णन करता है। उन्होंने थार्नडाइक के प्रभाव के नियम एवं पेवलोव के अनुकूलन-प्रतिक्रिया सिद्धान्त के प्रत्ययों को आधार मानकर सीखने की प्रक्रिया में आवश्यकताओं एवं प्रेरणाओं का समन्वय स्थापित किया। हल ने केवल उत्तेजना-प्रतिक्रिया के सम्बन्ध को ही अधिगम प्रक्रिया में महत्त्व नहीं दिया बल्कि अधिगमकर्ता की मनोदशा, आवश्यकता, पुनर्बलन एवं लक्ष्य का भी उत्तेजना-प्रतिक्रिया सम्बन्ध से बुद्धिमत्तापूर्ण अन्तर्सम्बन्ध स्थापित किया। अनेक मनोवैज्ञानिकों ने इनके सिद्धान्त का प्रायोगिक रूप से परीक्षण कर सत्य सिद्ध माना। इस सिद्धान्त में सीखने का आधार आवश्यकता की पूर्ति की प्रक्रिया है। हल ने 'आवश्यकता की पूर्ति' के स्थान पर 'आवश्यकता की कमी' का प्रयोग किया। अतः इस सिद्धान्त को आवश्यकता-न्यूनता सिद्धान्त (Need-Reduction Theory) भी कहा जाता है। स्किनर ने इसे चालक-न्यूनता सिद्धान्त (Drive-Reduction Theory) कहा है। हल ने जिन मुख्य प्रत्ययों का अपने सिद्धान्त में उल्लेख किया है उन्हें निम्नलिखित परिभाषित किया गया है—

1. आवश्यकता (Need)—यह प्राणी की एक ऐसी स्थिति है जिसमें जीवित रहने हेतु अधिकतम जैविक अवस्थाओं से जीव का विचलन होता है। यदि कोई आवश्यकता उत्पन्न होती है तो प्राणी आवश्यकता की कमी दूर करने में क्रियाशील हो जाता है। यदि एक भूखा पशु पिंजड़े के अन्दर बन्द है और भोजन बाहर रखा हुआ है। पिंजड़े के अन्दर से पशु बाहर निकलने के लिए अनेक क्रियाएँ करता है जिससे कि उसकी आवश्यकता की पूर्ति हो सके। अन्त में वह पिंजड़े को खोलने की कला सीख जाता है। अतः बाहर रखा हुआ भोजन ही (आवश्यकता) पशु की विभिन्न क्रियाओं को प्रबल बनाता है। हल का कथन है कि सीखने का कार्य आवश्यकता की पूर्ति की प्रक्रिया है।

2. चालक (Drive)—शारीरिक अथवा मनोवैज्ञानिक कमियों से उत्पन्न प्राणी की सामान्य अवस्थाओं को चालक कहते हैं। जैसे भूख, प्यास, हवा, यौन इत्यादि प्राथमिक आवश्यकताओं से सम्बन्धित चालक हैं। भोजन की आवश्यकता के फलस्वरूप 'भूख' चालक उत्पन्न होता है। भोजन करने की प्रतिक्रिया भूख समाप्त कर आवश्यकता को शांत करती है।

3. पुनर्बलन (Reinforcement)—हल के अनुसार, "पुनर्बलन वह प्रक्रिया है जिससे चालक उत्तेजना की संतुष्टि होती है। भूख के कारण मुँह का सूखना, होंठों का सूखना, उत्तेजनाओं की संतुष्टि होती है।" विग्गी के अनुसार, "पुनर्बलन अनुकूलन का एक विशिष्ट भाग है जिसके अन्तर्गत एक उत्तेजक द्वारा उत्तरकालीन अवसरों में प्रतिक्रिया की किसी आवश्यकता अथवा चालक उत्तेजना को कम करके

उत्पन्न करने की प्रवृत्ति बढ़ती है।" ("Reinforcement is a special aspect of conditioning within which the tendency for a stimulus to evoke a response on subsequent occasions is increased by reduction of a need or of a drive stimulus.")

भोजन करने की प्रतिक्रिया पुनर्बलन कर रही है क्योंकि यह चालक उत्तेजना में कमी कर आवश्यकता में न्यूनता लाती है।

अधिगम सिद्धान्त (Theory of Learning)—हल व्यवहारवादी सैद्धान्तिकों के अन्तर्गत माना जाता है। उनकी पुस्तक 'प्रिन्सिपल्स ऑफ विहैवियर' (Principles of Behaviour) सन् 1943 में प्रकाशित हुई जिसमें उन्होंने पूर्व-स्थापित अधिगम सिद्धान्तों का अपने अधिगम सिद्धान्त में अधिक परिष्कृत ढंग से प्रस्तुत किया है। हल का सिद्धान्त गणितीय (Mathematical) और उच्च परीक्षित (Highly Testable) है। यह प्रेरणा सम्बन्धी अध्ययनों को मात्रात्मक (Quantitative) रूप प्रदान करता है।

प्रयोग—पशुओं के व्यवहार का सूक्ष्म निरीक्षण करने से प्रतीत होता है कि अधिकतर जानवर जैविक समस्याओं को सुलझाने में व्यस्त रहते हैं। भूख मिटाने के लिए जानवर अनेक प्रतिक्रियाएँ करते हैं और भोजन की प्राप्ति से उनकी शारीरिक आवश्यकता की पूर्ति होती है। आवश्यकता ही व्यवहार की क्रियाओं को उत्पन्न करती है तथा एक विशिष्ट व्यवहार से आवश्यकता की सन्तुष्टि से अधिगम होता है।

हल ने चूहों पर प्रयोग किए। एक पिंजरे में दो कमरों के बीच की दीवार के ऊपर एक छेद बना हुआ था। जिस कमरे में चूहा रखा गया उसमें विद्युतधारा प्रवाहित की गई। चूहे ने अनेक प्रतिक्रियाएँ—जैसे उछल-कूद, काटना, खुरचना आदि—इस उत्तेजना के प्रति की। अन्त में चूहा दूसरे कक्ष में छेद द्वारा कूदने में सफल हो जाता है। दूसरे कक्ष में पहुँचने पर वहाँ भी विद्युतधारा प्रवाहित की गई। चूहा पुनः कूद कर पहले वाले कक्ष में पहुँच जाता है। जिस कमरे में ही विद्युतधारा प्रवाहित की जाती है चूहा दूसरे कक्ष में पहुँच जाता है। इससे यह प्रतीत होता है कि उत्तेजना (विद्युतधारा) के प्रति प्रतिक्रिया (छेद द्वारा कूदना) इस कारण सीखी गई कि प्रतिक्रिया से कष्ट दूर करने की आवश्यकता एवं इससे सम्बन्धित चालक और चालक उत्तेजना की सन्तुष्टि होती थी। हल का अधिगम सिद्धान्त उत्तेजना-प्रतिक्रिया सिद्धान्त के साहचर्य पर आधारित है। यह जीवन के अतिजीवन प्रतिमान (Survival Model) तथा शारीरिक आवश्यकताएँ व उनकी सन्तुष्टि पर निर्भर करता है। उन्होंने उत्तेजना, प्रतिक्रिया एवं अध्ययन-विहीन आदि व्यवहार का सूक्ष्म से विश्लेषण किया जो निम्नलिखित हैं।

१. उत्तेजना (Stimulus)—हल के मतानुसार प्रतिक्रियाएँ, आन्तरिक

नाड़ी क्रियाओं से सम्बन्धित होती हैं और उत्तेजनाओं से प्रत्यक्ष सम्बन्धित न होकर इससे पूर्व प्राथमिक नाड़ी क्रियाओं के उत्तेजकों से सम्बद्ध होती हैं। अधिगम प्रक्रिया में प्रभावशाली उत्तेजनाएँ वातावरण की वस्तुओं के कारण नाड़ी तन्त्र के उत्तेजना पदचिह्न (Stimulus Traces) हैं। उत्तेजना प्राणी में उत्तेजना पदचिह्नों (Stimulus Traces) की उत्पत्ति करते हैं। अधिगम पदचिह्न से न होकर उत्तेजना से होता है।

2. प्रतिक्रिया (Response)—किसी प्रतिक्रिया में व्यक्ति की प्रतिक्रिया के प्रति एक आन्तरिक प्रवृत्ति कार्य करती है जो कि व्यक्ति की नाड़ी क्रियाओं (Neural Activities) से सम्बन्धित होती हैं। इस पूर्व स्थापित नाड़ी क्रिया से जो प्रतिक्रिया उत्पन्न होती है उसे प्रतिक्रिया प्रवृत्ति (Response Tendency) कहते हैं। ये आन्तरिक प्रवृत्तियाँ देखी नहीं जा सकती हैं बल्कि व्यवहार से जानी जा सकती हैं। आदत (SHR), उत्तेजना (S) एवं प्रतिक्रिया (R) के साहचर्य से अवगत होता है।

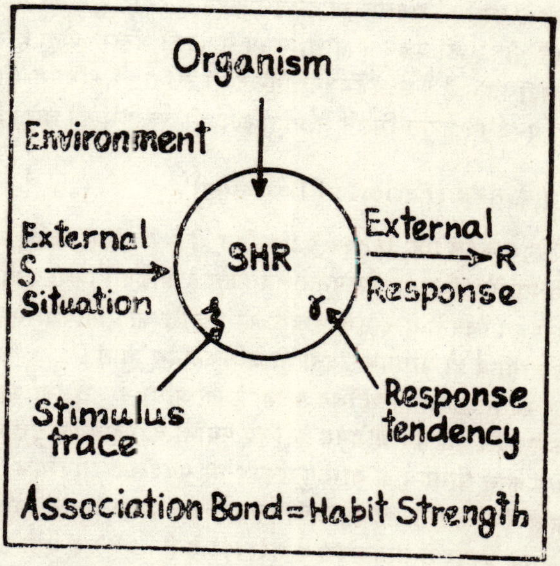

3. भिन्नीय उद्देश्य प्रतिक्रिया (Fractional Goal Response)—इस प्रत्यय को निम्न प्रतिमान से स्पष्ट किया जा सकता है।

भिन्नीय प्रतिक्रिया → उद्देश्य उत्तेजना (भोजन) → उद्देश्य प्रतिक्रिया (चबाना, निगलना आदि)

भिन्नीय प्रतिक्रिया ↕ प्रत्याशित प्रतिक्रियाएँ (भोजन के अभाव में चबाने की क्रिया)

उद्देश्य उत्तेजना (भोजन) ↓ सांकेतिक प्रतिनिधित्व

प्रत्याशित प्रतिक्रियाएँ ← सांकेतिक प्रतिनिधित्व

इस प्रक्रिया में उद्देश्य उत्तेजना (भोजन), वास्तविक उद्देश्य है। इस उद्देश्य में बाह्य प्रतिक्रिया, उद्देश्य प्रतिक्रिया (भोजन का चबाना, निगलना आदि) है। परन्तु उद्देश्य उत्तेजना(Goal Stimulus) से पूर्व बहुत-सी प्रत्याशित प्रतिक्रियाएँ (Anticipatory Responses) होती हैं। इन्हें भिन्नीय उद्देश्य प्रतिक्रिया कहते हैं। भोजन के अभाव में चबाने की प्रतिक्रियाएँ भिन्नीय प्रतिक्रिया (Fractional Response) कहलाएँगी। ये भोजन प्राप्त करने के लिए बाधक नहीं होती हैं और इनकी प्रतिक्रियाओं जैसी विशेषताएँ होती हैं। ये भिन्नीय प्रतिक्रियाएँ उद्देश्य वस्तु (भोजन) का सांकेतिक प्रतिनिधित्व (Symbolic Representation) प्रदान करती हैं। ऐसे उत्तेजक भिन्नीय उद्देश्य उत्तेजक कहलाते हैं। इस प्रक्रिया से अनेक मनोवैज्ञानिक सहमत हैं।

4. पुनर्बलन का ढालांश (Gradient of Reinforcement)—प्रायोगिक रूप से सिद्ध किया गया है कि सम्बद्ध उत्तेजना के समयान्तर में वृद्धि से प्रतिक्रिया की आवृत्तियाँ घट जाती हैं। उत्तेजना की आवृत्ति में न्यूनता या सम्बन्धीकरण की दृढ़ता में कमी को प्रबलन का ढालांश कहते हैं। यदि कुत्ते को भोजन उपस्थित किए जाने और घण्टी बजने के बीच, समय में काफी अन्तर होता है तो लार की उत्पत्ति नहीं होती है। लक्ष्य जितना निकट हो उतना ही अधिगम शीघ्र हो जाता है। अतः पुनर्बलन तुरन्त मिलने से प्रतिक्रिया भी जल्दी सीखी जाती है।

अधिगम के तत्त्व (Factors of Learning)

अधिगम केवल एक ही तत्त्व से प्रभावित होता है। किसी प्रतिक्रिया के उत्पन्न होने का सामीप्य जितनी बार पुनर्बलित होता है अधिगम क्रिया उसी प्रकार प्रभावित होती है। जितनी बार कुत्ते में लार की उत्पत्ति की प्रतिक्रिया भोजन के प्रस्तुत करने के सामीप्य हो अधिगम उतना ही अधिक प्रबल होगा।

हल का सिद्धान्त यह प्रदर्शित करता है कि अधिगम उत्तेजना और प्रतिक्रिया में अनुकूलन है। साहचर्य अधिगम के लिए पर्याप्त नहीं है बल्कि उत्तेजना प्रतिक्रिया सम्बन्ध में काल सामीप्य के साथ पुरस्कार या पुनर्बलन आवश्यक है। हल का विश्वास है कि समस्त व्यवहार का आधार शारीरिक आवश्यकताएँ हैं। हल का पुनर्बलन एक प्रकार से थार्नडाइक के पुरस्कार से है। यह एक ऐसी उत्तेजना है जो किसी उत्तेजना से सम्बन्धित प्रतिक्रियाओं की प्रायिकता (Probability) को परिवर्तित करने की क्षमता रखता हो। पुनर्बलन दो प्रकार का होता है। प्राथमिक (Primary) और द्वितीयक (Secondary)। प्राथमिक पुनर्बलन वह प्रक्रिया है जिसमें उत्तेजना प्रत्यक्ष रूप से चालक उत्तेजना को शान्त करती है। द्वितीयक पुनर्बलन का अर्थ उस प्रक्रिया से है जो अप्रत्यक्ष रूप से चालक उत्तेजना को शान्त करती है। जैसे भोजन प्रत्यक्ष रूप से भूख को शान्त करता है। अतः प्राथमिक

पुनर्बलन है। लेकिन पैसा अप्रत्यक्ष रूप से भोजन प्राप्त करने में सहायक है। अतः द्वितीयक पुनर्बलन है। हल ने अपने सिद्धान्त में सत्रह अभिधारणाएँ (Postulates) या सामान्य नियमों का वर्णन किया। जिनमें निम्नलिखित अधिगम प्रक्रिया में बहुत महत्त्वपूर्ण हैं—

(1) **आदत निर्माण** (Habit Formation)—सीखने की क्रिया में आदत निर्माण की अभिधारणा का बहुत महत्त्व है। आदत निर्माण की प्रक्रिया में हल अधिक रुचि रखते थे। उनके अनुसार, वह प्रतिक्रिया जो पुनर्बलन करती है आदत में परिवर्तित हो जाती है हल ने आदत निर्माण को निम्न सूत्र द्वारा व्यक्त किया है।

$$\text{आदत निर्माण } (SHR) = 1 - 10^{-\cdot 0305N}$$

जब कोई व्यक्ति किसी उत्तेजना से क्रिया करता है तो स्वाभाविक है कि कोई प्रतिक्रिया करेगा। यह प्रतिक्रिया व्यक्ति के चालक (Drive) में न्यूनता लाएगा। यह आदत की शक्ति की ओर संकेत करता है।

$$SHR = 1 - 10^{-\alpha N}$$

इस सूत्र में SHR = आदत शक्ति (Habit Strength), N = आदत निर्माण में पुनर्बलनों की संख्या तथा $\alpha = \cdot 0305$ एक अनुभवमूलक स्थिर राशि (Empirical Constant) है। आदत शक्ति पुनर्बलन का एक फलक है जो तीन मुख्य कारकों पर निर्भर होती है—(1) आवश्यकता में न्यूनता, (2) पुनर्बलन एवं प्रतिक्रिया के बीच समयान्तर, एवं (3) उत्तेजना प्रतिक्रिया के मध्य समयान्तर। आदत निर्माण में प्रमुख बाधक तत्त्व पुनर्बलन का ढालांश है। हल ने कई ऐसे कारकों का वर्णन किया है जो आदत निर्माण में अवरोधक का कार्य करते हैं।

(2) **प्रतिक्रिया शक्ति** (Reaction Potential)—हल ने प्रतिक्रिया करने की शक्ति को निम्न समीकरण द्वारा व्यक्त किया—

$$SER = SHR \times D$$

जबकि SER = प्रतिक्रिया शक्ति

SHR = आदत शक्ति

D = चालक

इस समीकरण का तात्पर्य है कि आदत शक्ति एवं चालक के गुणनफल के बराबर प्रतिक्रिया शक्ति होती है। यदि आदत शक्ति या चालक शून्य हो तो प्राणी की प्रतिक्रिया शक्ति विलुप्त हो जाती है। अर्थात सीखना संभव नहीं है। यदि भूख नहीं है तो भोजन की आवश्यकता न होने से चालक शून्य हो जाएगा। पुनः यदि व्यक्ति ने कभी प्रत्युत्तर की प्रतिक्रिया नहीं की तो आदत शक्ति भी शून्य होगी। इससे यह परिणाम निकलता है कि प्रतिक्रिया करने की शक्ति भी शून्य होगी। यदि चालक और आदत शक्ति की कुछ मात्रा व्यक्ति में है तो वह सीखेगा। हल ने इस

समीकरण का संशोधित रूप निम्न समीकरण द्वारा अपनी आठवीं अभिधारणा के अन्तर्गत प्रस्तुत किया—

$$SER = D \times V \times K \times SHR$$

जहाँ K प्रलोभन शक्ति (Incentive Power) चालक को प्रभावित करने वाला कारक है। V उत्तेजना की तीव्रता को प्रदर्शित करता है और प्राणी में प्रत्युत्तर को जाग्रत करती है। अन्य मनोवैज्ञानिकों की भाँति हल उत्तेजना-प्रतिक्रिया के मध्य साहचर्य की स्थापना को स्वीकारते हैं। बिना प्रेरणा के कोई व्यक्ति कार्य नहीं करता है। सही प्रतिक्रिया के लिए पुनर्बलन या प्रेरणा दी जाती है तब व्यक्ति सही प्रतिक्रिया की पुनरावृत्ति करता है। इसके अभाव में प्रतिक्रिया की शक्ति घट जाती है अर्थात उत्तेजना तथा प्रतिक्रिया के बीच में पुनर्बलन से घनिष्ठ सम्बन्ध स्थापित होते हैं।

इस आठवीं अभिधारणा को हल ने कई उपसिद्धान्तों में विभक्त किया। प्रतिक्रिया शक्ति कभी भी स्थिर नहीं होती है। विभिन्न व्यक्तियों में इसकी शक्ति अलग-अलग होती है और विभिन्न समयों में एक ही व्यक्ति में प्रतिक्रिया शक्ति भी अलग-अलग हो जाती है। यदि उत्तेजना एवं प्रतिक्रिया के बीच पुनर्बलन में विलम्ब हो जाता है तो प्रतिक्रिया उत्पन्न होने की परिस्थिति स्थिर होने पर भी इस सम्बन्ध में सीखी जाने वाली प्रतिक्रिया की शक्ति उत्तेजना पदचिह्नों की उपस्थिति में भी कमजोर हो जाती है।

(3) **उत्तेजना सामान्यीकरण** (Stimulus Generalization)—यदि दो या दो से अधिक समान उत्तेजक ठीक एक ही प्रतिक्रिया उत्पन्न करते हैं जो कि मूल उत्तेजना से उत्पन्न होती है तो उसे उत्तेजना सामान्यीकरण कहते हैं। यदि गर्म दूध से मुँह जला हो तो व्यक्ति सभी गर्म पदार्थों का उपयोग बहुत सचेत होकर करेगा। S_1 और S_2 गणविषयक उत्तेजनाओं (Qualitative Stimuli) के लिए प्रभावित आदत शक्ति उत्तेजना सामान्यीकरण ढालांश की उत्पत्ति करता है, जो कि प्रतिक्रिया से सरल सीखे हुए सम्बन्ध की संरचना है।

$$S_2\bar{H}R = S_1HR \times 10^{-.0135d}$$

जहाँ $d = S_1 \sim S_2$

और $S_2\underline{E}R = D \times V_2 \times K \times S_2\bar{H}R$

जहाँ $D \times K \times V_2$ एक स्थिर राशि है।

एक उत्तेजना तीव्रता (Stimulus Intensity) किसी दूसरी उत्तेजना तीव्रता (S_2) को निम्न समीकरण द्वारा सामान्यीकरण करती है—

$$S_2\bar{H}R = S_1HR \times 10^{-bd} \times V_1$$

जहाँ $d = S_1$ और S_2 का लौग इकाई (Log Units) में अन्तर

और $S_2\underline{E}R = D \times K \times V_2 \times S_2\overline{H}R$

जहाँ $(D \times K)$ एक स्थिर राशि है।

और V_2 का S_2 पर उत्तेजना तीव्रता गतिशीलता (Stimulus Intensity Dynamism) है।

यदि किसी आदत का चालक तीव्रता (S_1) के साथ साहचर्य किया जाता है और इसकी शक्ति को विभिन्न चालक तीव्रता से परीक्षण किया जाता है तो SHR और SER में गिरता हुआ ढालांश प्राप्त होता है।

(4) **प्राथमिक प्रेरणा या चालक** (Primary Motivation or Drive)—हल के अनुसार प्रेरणा आवश्यकता की न्यूनता है। प्राथमिक प्रेरणा भोजन, हवा, पानी, यौन आदि के वंचन (Privation) या कमी के कारण होती है जिसमें दो गुणात्मक आवश्यक अंश होते हैं, (1) मुख्य चालक (D') जो h का एक वृद्धि-कारक फलक है, भोजन वंचन की अवधि का समय, और (2) ऋणात्मक अंश (Σ) जो कि h का 1.0 से शून्य तक घटने का धनात्मक त्वरित समरूप फलक है। अर्थात

$$D = D' \times \Sigma$$

जहाँ $$D' = 37{\cdot}824 \times 10^{-27.496}\ \frac{1}{h} + 4{\cdot}001$$

और $$\Sigma = 1 - {\cdot}00001045\ h^{2.486}$$

एक चालक अवस्था (भोजन वंचन) के लिए चालक (D) का क्रिया सम्बन्ध h = 0 से लगभग h = 3 तक के समय में होता है और चालक परम्परागत विधि (Linear Manner) से तब तक बढ़ता है जब तक कि क्रिया शीघ्र क्षितिज के नजदीक तक परिवर्तित नहीं हो जाती।

(5) **अध्ययन विहीन उत्तेजना-प्रतिक्रिया सम्बन्ध** (Unlearned Stimulus-Response Connections)—प्राणी में जन्म के समय प्राप्तक-प्रभावक (Receptor-Effector) सम्बन्ध (SUR) होते हैं। ये सम्बन्ध उत्तेजक तथा चालक के साथ प्रतिक्रिया प्रबलता के क्रम को उत्पन्न करने की शक्ति रखते हैं और वैयक्तिक या सामूहिक रूप से आवश्यकता में कमी करते हैं। हल के अनुसार, उत्तेजना प्रतिक्रिया सम्बन्ध में ही अधिगम निहित है। उन्होंने सहज प्रतिक्रिया प्रारूप की प्रकृति को साहचर्य सिद्धान्त के आधार पर व्यवस्थित किया। चालक और उत्तेजना के सम्बन्धों से असंगत प्रतिक्रियाएँ आवश्यकता की कमी में सार्थक नहीं होती हैं।

(6) **उत्तेजना-तीव्रता की गतिशीलता** (Stimulus-Intensity Dynamism)—यदि अन्य बातें स्थिर हों तो प्रतिक्रिया शक्ति का उत्तेजना तीव्रता अंश (V) की परिमाप S का एक समरूप विकसित लौग फलक है अर्थात—

$$V = 1 - 10^{-.44 \log S}$$

(7) **प्रलोभन प्रेरणा** (Incentive Motivation)—प्रतिक्रिया शक्ति (SER) का प्रलोभन अंश (K), भार(W) का एक विपरीत त्वरित(Accelerated) विकसित समरूप फलक है। यहाँ पर भोजन या अन्य प्रलोभनों के गुणों से सम्बन्धित है जिसे पुनर्बलन के रूप में प्रयोग किया जाता है अर्थात—

$$K = 1 - 10^{-\alpha \sqrt{w}}$$

(8) **व्यवहार दोलन** (Behavioural Oscillation)—एक प्रतिक्रिया शक्ति एक क्षण से दूसरे क्षण दोलन करती है। व्यवहार दोलन (SOR) को निम्न समीकरण द्वारा प्रस्तुत किया गया है—

$$Y = Y_0 \frac{1}{\left(1 + \frac{X^2}{\alpha^2}\right)^m}$$

प्रतिक्रिया शक्ति का दोलन SHR के परम शून्य (Absolute Zero or Z) पर लगभग शून्य के विस्तार से प्रारम्भ होता है।

(9) **प्रतिक्रिया शक्ति का परम शून्य** (Z) **और प्रतिक्रिया प्रवेशद्वार** (**SLR**) (Absolute Zero of Reaction Potential and the Reaction Thresold)—SLR किसी प्रतिक्रिया शक्ति के परम शून्य से ऊपर एक अनुकूल दूरी (**B**) पर स्थित होती है अर्थात

$$SLB = Z + B$$

अब तक क्षणिक प्रतिक्रिया शक्ति, प्रतिक्रिया प्रवेश स्थिति से आगे नहीं बढ़ती है तो प्रतिक्रिया की उत्पत्ति संभाव्य नहीं होती है अर्थात जब तक

$$SER > SLR.$$

(10) **वैयक्तिक भिन्नता** (Individual Difference)—प्राथमिक व्यवहार नियमों को व्यक्त करने वाले समीकरणों की स्थिर राशि के संख्यात्मक मूल्यों से प्रतीत होता है कि ये एक प्राणी से दूसरे प्राणी में भिन्न होते हैं। विभिन्न समय में एक ही व्यक्ति में इनकी कुछ शारीरिक अवस्थाओं में भी भिन्नता होती है जो कि व्यवहार दोलन के कारक से वस्तुत: अलग हैं।

कक्षागत उपयोगिता (Classroom Application)

1. हल ने अधिगम को आवश्यकता से सम्बन्धित किया है। आवश्यकता की सन्तुष्टि के लिए बालक को प्रेरित किया जाता है। यह प्रेरणा पुरस्कार या दण्ड के रूप में यदि बालक को दी जाय तो प्रतिक्रिया प्राप्त की जा सकती है। अत: अध्यापक को पुनर्बलन सिद्धान्त पर शिक्षण करना

चाहिए।

2. विद्यालय में सीखने की क्रिया को उन्नत बनाने के लिए समुचित पुनर्बलन की व्यवस्था करनी आवश्यक है। हल ने अनेक पुरस्कार या पुनर्बलन कारकों का वर्णन किया जो कि वास्तव में चालक की न्यूनता में नहीं बल्कि दूसरे प्रकार के पुरस्कार से सम्बन्धित है। ये प्रतिकारक अप्रत्यक्ष रूप से पुनर्बलन का कार्य करते हैं।
3. हल ने अधिगम को मात्रात्मक रूप में ज्ञात करने का प्रयास किया जिसमें उन्होंने गणित का अत्यधिक उपयोग किया। अधिगम के क्षेत्र में अनुसंधान के लिए हल ने बहुत से प्रेरक तत्त्वों की संरचना प्रस्तुत की है।
4. हल के अपने सिद्धान्त की अपेक्षा उनकी मनोवैज्ञानिक सिद्धान्तों में देन अधिक महत्त्वपूर्ण है। हल की जो भी उपलब्धियाँ हैं मनोविज्ञान में उनकी प्रशंसा एवं इज्जत की भावना सदैव निहित है।
5. हल का विश्वास है कि 178 में से 121 सैद्धान्तिक वक्तव्यों को जो उन्होंने अपनी पुस्तक 'बिहैवियर सिस्टम' में प्रस्तुत किए हैं प्रायोगिक रूप से उनका परीक्षण किया गया है और उनकी ठोस वैधता है।

आलोचना

1. कोच (Koch) का कथन है कि हल की मात्रात्मक अभिधारणाएँ स्वेच्छाचारी (Arbitrary) परिणाभों के संगठन पर आधारित दूरवर्ती अनुमान है।
2. हल के निष्कर्ष शारीरिक तत्त्वों का अधिक प्रयोग नहीं करते हैं। इसके सम्बद्ध सिद्धान्त के लिए उन्होंने कोई तर्क नहीं दिया।
3. हल की स्थिति को प्रस्तावित कहा जा सकता है लेकिन वे अत्यधिक प्रायोगिक न्यूनतमी नहीं हैं।

स्किनर का सिद्धान्त (Skinner's Theory)

स्किनर का सिद्धान्त साधन अनुकूलन (Operant Conditioning) या यन्त्रीय अनुकूलन (Instrumental Conditioning) सिद्धान्त कहलाता है। उन्होंने अधिगम को व्यवहार परिवर्तन की प्रक्रिया माना है तथा उनका सिद्धान्त वर्णनात्मक (Descriptive) व्यवहारवादी सिद्धान्त पूर्णतया प्रतिक्रिया के अध्ययन पर आधारित है। स्किनर का मत है कि व्यवहार का मूल उपादेय (Datum) उत्तेजना-प्रतिक्रिया सम्बन्ध के बीच निरीक्षित सहसम्बन्ध है। उन्होंने प्राणी के व्यवहार का विश्लेषण करने में प्रतिवर्ती (Reflex) को मूल इकाई के रूप में प्रयुक्त किया। स्किनर एक व्यावहारिक मनोवैज्ञानिक था जिसने अनेक जानवरों की प्रति-

वर्ती क्रियाओं पर कई प्रयोग किए। व्यावहारिक क्रियाओं के क्रम को समझाने में उन्होंने सरल एवं स्पष्ट उदाहरण प्रयोगों द्वारा प्रस्तुत किए तथा अन्त में भोजन की क्रिया को अपने प्रयोग में पुनर्बलन के रूप में अपनाया।

साधन अनुकूलन (Operant Conditioning)—पेवलोव के अनुकूलन सिद्धान्त में पुनर्बलित उत्तेजनों को एक ऐसे उदासीन उत्तेजक से सम्बन्धित किया गया था जिसकी विशेषता वास्तविक उत्तेजना के समान थी। स्किनर द्वारा इस प्रक्रिया को 'S' प्रकार का अनुकूलन या प्रतिक्रियात्मक अनुकूलन (Respondant Conditioning) कहा। उन्होंने अपनी प्रक्रिया को 'R' प्रकार का अनुकूलन या साधन अनुकूलन (Operant Conditioning) कहा जिसमें प्रतिक्रिया किसी उत्तेजना की अनुपस्थिति में ऐच्छिक रूप से (Spontaneously) उत्पन्न हो जाती है। यह प्रतिक्रिया विशिष्ट रूप से उत्तेजना से सम्बन्धित हो सकती है। ऐसी प्रतिक्रियाएँ साधन (Operants) कहलाती हैं। आपरेन्ट इस तथ्य पर बल देता है कि व्यवहार स्वेच्छापूर्वक परिणामों के उत्पन्न होने से वातावरण से क्रिया करता है। साधन प्रतिवर्ती (Operant Reflex) व्यवहार का एक क्रियात्मक पक्ष है जो कि वातावरण से उत्पन्न नहीं होता। साधन अनुकूलन प्रक्रिया एक ऐसा अधिगम है जो कि प्रतिक्रिया प्रासांगिक (Contingent) पुनर्बलन पर आधारित होता है और किसी वैकल्पिक चुनावों को सम्मिलित नहीं करता।

आपरेन्ट यह प्रतिक्रिया है जो कि बिना किसी विशिष्ट बलपूर्ण उत्तेजना के 'S' द्वारा उत्सर्जित (Emitted) होती है। जबकि पेवलोव के अनुकूलन में यह प्रतिक्रिया पुनर्बलित उत्तेजना (भोजन) द्वारा उत्पन्न (Elicited) होती है। साधन व्यवहार उत्तेजना के प्रत्यक्ष नियन्त्रण में न होकर व्यक्ति की स्वेच्छा पर निहित होता है। जैसे किसी व्यक्ति से कहीं का रास्ता यदि पूछा जाय तो वह उसकी स्वेच्छा पर निर्भर करता है। रास्ता पूछने पर रास्ता बताने से व्यवहार आपरेन्ट व्यवहार है। यह व्यवहार बाह्य एवं देखा जा सकता है, जबकि प्रतिक्रियात्मक व्यवहार आन्तरिक व वैयक्तिक होता है। स्किनर का विचार था कि कई बार प्राणी के द्वारा प्रतिक्रिया का उत्तेजना के साथ सम्बन्ध जान लेना दुर्लभ है। उदाहरणार्थ—यदि बालक किसी समय अपने पिता को बुला रहा हो तो बुलाने के पीछे कई कारण हो सकते हैं। जैसे—खिलौना देना, कोई चीज देना, पेट में दर्द होना, कोई अन्य बात करना, पूछना आदि। अर्थात उत्तेजना का सही पता नहीं है। परन्तु प्रतिक्रिया हो रही है। अतः साधन अनुकूलन की प्रक्रिया है। जिसमें पहले प्रतिक्रिया होती है और तदुपरान्त यह पुनर्बलित होती है।

स्किनर का प्रयोग—स्किनर व्यवहार के विज्ञान को विकसित करने में क्रियाशील था। सन् 1953 में उसने अपनी पुस्तक 'साइन्स और ह्यूमन बिहैवियर' में प्रयोगशाला के परिणामों से प्राप्त सिद्धान्तों को संकलित किया। स्किनर ने

साधन अनुकूलन के लिए अपना उपकरण तैयार किया, जिसे सामान्यत: स्किनर बाक्स कहते हैं। इसमें चूहा एक मार्ग से प्रविष्ट होता है। उसके अन्दर एक उत्तोलक (Lever) लगा था जिसका सम्बन्ध एक ऐसी प्लेट से था कि उत्तोलक के दबने पर आवाज के साथ ही साथ प्लेट में भोजन का टुकड़ा पड़ जाता था। प्रारम्भ में चूहा कई यादृच्छिक क्रियाएँ (Random Activities) करता है। चूहा जब कदाचित उत्तोलक को दबा जाता है तो उसे आवाज के साथ भोजन का टुकड़ा प्लेट में मिल जाता। भोजन चूहे के लिए पुनर्बलन का कार्य करता है अर्थात प्रतिक्रिया (उत्तोलक को दबाना) को बल प्रदान करता है। बाक्स में किसी भी प्रकार का अन्य व्यवधान नहीं होता है। चूहे की व्यावहारिक क्रियाओं को देखने से प्रतीत होता है कि—

1. चूहा उत्तोलक के पास अधिक समय व्यतीत करता है।
2. कुछ प्रयासों के बाद चूहा प्लेट में भोजन गिराना सीख जाता है।
3. एक निश्चित समय में चूहा कई बार उत्तोलक को दबाकर भोजन के टुकड़े प्लेट में गिराता है अर्थात प्रयास के साथ उत्तोलक दबाने की आवृत्ति बढ़ जाती है।
4. यह प्रतिक्रिया जानवरों के दृष्टिकोण से सरल थी।
5. यह चूहे के किसी अन्य व्यवहार से सम्बन्धित नहीं है। उसके व्यवहार को अलग परखा एवं मूल्यांकित किया जा सकना है।

अधिगम क्रिया (Learning Process)

स्किनर के इस प्रयोग से स्पष्ट है कि चूहे की क्रियाओं को पुरस्कार (भोजन) अथवा पुनर्बलन द्वारा प्रेरणा मिलती है। स्किनर ने कहा है कि सीखने के सिद्धान्त में अधिगम एक क्रमिक प्रक्रिया है। यदि किसी क्रिया के बाद ही कोई बल प्रदान करने वाली उत्तेजना (पुनर्बलन) प्राप्त हो जाती है तो प्रयासों के साथ उसकी शक्ति में वृद्धि हो जाती है। प्रयोग में चूहे को खाने का टुकड़ा एक बार मिलने पर भी वह कई बार उत्तोलक को दबाता है। कम पुनर्बलन में भी साधन-अनुकूलन में अनुकूलित व्यवहार समाप्त नहीं होता है। इसमें पुनर्बलन के बार-बार आने की प्रायिकता (Probability) है। चूहे द्वारा उत्तोलक को दबाना एक नई प्रतिक्रिया या नया व्यवहार है। अत: साधन-अनुकूलन में प्रतिक्रियाओं को सीखने की विधि की प्रक्रिया ज्ञात होती है।

स्किनर का यह सिद्धान्त थार्नडाइक के प्रभाव के नियम के अधिक समरूप है। परन्तु पुनर्बलन की धारणा में अन्तर रखता है। स्किनर एक वर्णनात्मक है तो थार्नडाइक एवं हल विश्लेपणात्मक कहे जाते हैं। स्किनर के अनुसार चालक ऐसी क्रियाओं का समूह है जो व्यवहार को प्रभावित करता है। वह इसे उत्तेजना या

मनोवैज्ञानिक दशा नहीं मानता। प्राणी के भूखे रहने की अवधि से उसकी दशा चालक स्पष्ट करता है। इससे अनुकूलन क्रिया की गति बढ़ जाती है। मानव व्यवहार में साधन अनुकूलन के सिद्धान्त के आधार पर अनेक क्रियाएँ सन्निहित हैं। स्लोट मशीन में व्यक्ति पैमे डालता है और उसका हैण्डिल खींचता है। इसे खींचने मे मशीन के अन्दर से पैसे बाहर निकलते हैं। इसी आकांक्षा में व्यक्ति पैसे डालता रहता है और अनेक बार हैण्डिल खींचता है। यही पुनर्बलन का कार्य करता है। पलक मारना, बच्चों द्वारा कविता याद करना आदि साधन-अनुकूलन के उदाहरण हैं। जिसमें उत्तेजना की निश्चित प्रतिक्रिया से सम्बन्ध ज्ञात करना कठिन है। बच्चे बिना कविता के अर्थ को समझे याद कर लेते हैं।

साधन-अनुकूलन में क्रियाविधि (Operations in Operant Conditioning)—साधन-अनुकूलन में अनेक कार्यविधियाँ सम्मिलित होती हैं जिनमें से कुछ प्रमुख निम्न स्पष्ट की गई हैं—

1. व्यवस्थापन (Shaping)
2. विलोपन (Extinction)
3. ऐच्छिक प्राप्ति (Spontaneous Recovery)
4. अवरोध (Inhibition)
5. सामान्यीकरण (Generalization)
6. विभेदन (Discrimination)
7. पुनर्बलन (Reinforcement)

1. व्यवस्थापन (Shaping) —साधन अनुकूलन में व्यवस्थापन की संरचना अत्यधिक महत्त्वपूर्ण है। स्किनर और उसके सहयोगियों ने अपने प्रयोगों में उत्तरोत्तर उपगमनों (Successive Approximations) को पुनर्बलित करके वांछित व्यवहार परिवर्तन करने में सफलता प्राप्त की। उत्तरोत्तर उपगमन ऐसी प्रतिक्रियाएँ हैं जिनसे अन्तिम व्यवहार परिवर्तन के उद्देश्य की प्राप्ति होती है। जिस प्रकार एक कुम्हार मिट्टी को बर्तन के एक निश्चित आकार में ढाल देता है उसी प्रकार प्रयोगकर्ता प्राणी के व्यवहार को भी व्यवस्थित स्वरूप प्रदान कर लेता है। स्किनर ने जटिल से जटिल वांछित व्यवहार उत्तरोत्तर उपगमनों को क्रमिक रूप से पुनर्बलित कर व्यवस्थित करने की विधि का विकास किया। जिसमें 'कबूतरों का पिंग पौंग डांस' प्रसिद्ध है। उदाहरण के लिए यदि किसी अप्रशिक्षित बालक को अक्षर लिखना सिखाना है तो इस व्यवहार के व्यवस्थापन में सर्वप्रथम उसे पेन्सिल पकड़ना सीखना है। जैसे ही वह पेन्सिल पकड़ता है उसे चाकलेट (पुनर्बलन) दिया जाता है। कागज पर रेखा खींचता है तो पुनः उसे पुनर्बलन मिलता है। इस प्रकार क्रमिक रूप से व्यवहार की क्रियाओं को पुनर्बलित किया जाता है। इस प्रशिक्षण से अक्षर लिखवाना व्यवस्थित किया जा सकता है। परन्तु बाद में

पुनर्बलन की क्रिया को सफलतापूर्वक हटाया भी जा सकता है। स्किनर ने कबूतर के निकटवर्ती क्रिया को पुनर्बलित कर डिस्क पर चोंच मारने की क्रिया के व्यवस्थापन में सफलता प्राप्त की। डिस्क के नजदीक मुड़ता चोंच इसके पास लाना आदि क्रमिक रूप से पुनर्बलित कर अन्त में डिस्क पर चोंच मारने की क्रिया आसानी से प्राप्त की गई।

व्यवस्थापना और सिद्धान्त (Shaping and Principles)—व्यवहार के सफलतापूर्वक व्यवस्थापन में निम्न तीन सिद्धान्त प्रमुख हैं—

(i) **प्रतिक्रिया सामान्यीकरण** (Response Generalization)—इस सिद्धान्त के अन्तर्गत जब कोई प्रतिक्रियाएँ पुनः स्थापित की जाती हैं तो सामान्यतः एक ही क्षेत्र की क्रियाओं से परिवर्तित रहती हैं। प्रतिक्रिया सामान्यीकरण से ही व्यवस्थापन संभव हो सकता है। प्रतिक्रिया उद्देश्य के नजदीक आने वाली प्रतिक्रिया इस सिद्धान्त के कारण हो सकती है। इसी निकटवर्ती प्रतिक्रिया को पुनर्बलित करने से व्यवस्थापन किया जाता है।

(ii) **आदत स्पर्धा** (Habit Competition)—सही आदत के निर्माण में यह सिद्धान्त महत्त्वपूर्ण है। प्रतिक्रिया की प्रत्येक श्रेणी में स्पर्धा आदत पर सही आदत का अंकुश होना आवश्यक है। इस शृंखला में सही आदत को सदैव पुनर्बलित किया जाता है।

(iii) **श्रेणीबद्धता** (Chaining)—अशिक्षित प्रतिक्रिया और अन्तिम उद्देश्य प्रतिक्रिया के मध्य अनेक विभाग (Segment) होते हैं। इन विभागों के उत्तरोत्तर क्रम में श्रेणीबद्धता आवश्यक है। एक प्रतिक्रिया के संकेत को दूसरी प्रतिक्रिया से जोड़ा जाता है। स्किनर ने कबूतरों को एक चक्कर काटने की आदत सिखाई। इस प्रशिक्षण में यदि कबूतर तनिक भी घूम जाता तो उसे पुनर्बलन दिया जाता था। इस आदत के पश्चात पुनः सही दिशा में घूमने की शृंखला में प्रत्येक प्रतिक्रिया को उत्तरोत्तर पुनर्बलित किया जाता है। एक चक्कर घूमने की प्रतिक्रिया प्राप्त होने पर कबूतर को बार-बार कई आवृत्तियों में चक्कर लगाने का प्रशिक्षण दिया गया।

2. विलोपन (Extinction)—यदि उपयुक्त प्रतिक्रिया उत्पन्न होने पर पुनर्बलन को हटा दिया जाय तो विलोपन होता है। इसका तात्पर्य है कि पूर्व स्थापित सम्बन्ध से पुनर्बलन को हटा देना। स्किनर ने अपने प्रयोग में अनुकूलन स्थापित हो जाने के बाद कुछ प्रयासों में चूहे के उत्तोलक दबाने के कई प्रयासों के बाद भोजन (पुनर्बलन) नहीं दिया। भोजन प्राप्त न होने से चूहे की उत्तोलक दबाने की प्रतिक्रिया कम हो जाती है। यदि काफी समय तक यह प्रक्रिया अपनाई गई तो अनुकूलन पूर्णतया विलुप्त हो जाता है। मानव व्यवहार में भी इसी प्रकार से विलोपन होता है। मनोवैज्ञानिकों द्वारा किए गए विलोपन के प्रयोगों

से यह परिणाम प्राप्त होते हैं कि—

1. अनुकूलन जितनी कठिनाई से स्थापित किए जाते हैं अनुकूलन प्रतिक्रिया का विलोप उतनी ही तीव्र गति से होता है।
2. अनुकूलन स्थापित होने के पश्चात यदि विलोपन प्रयास किए जाते हैं तो प्रारम्भ के प्रयासों में यह सम्बन्ध तीव्र गति से विलोपित होते हैं परन्तु बाद के प्रयासों में विलोपन की गति धीमी हो जाती है।
3. विलोपन का समय अनिश्चित होता है। एक बार अनुकूलन स्थापित होने पर कई विलोपन प्रयास करने पड़ते हैं। स्किनर के प्रयोग में चोंच मारने की अनुकूलन प्रतिक्रिया चार वर्ष बाद भी मौजूद थी।
4. यदि अनुकूलन स्थापित करते समय कुछ प्रयासों में पुनर्बलन दिया जाय और कुछ में नहीं, ऐसे अनुकूलन का विलोपन अत्यधिक कठिनाई से ही संभव हो सकेगा। इस विशेषता को हम्फ्री प्रभाव कहते हैं।

3. **ऐच्छिक प्राप्ति** (Spontaneous Recovery)—ऐच्छिक प्राप्ति इस तथ्य को प्रस्तुत करती है कि यदि कोई प्रयोज्य (Subject) विलोपन के उपरान्त किसी परिस्थिति से कुछ समय तक के लिए हटाया जाय और पुनः उपस्थित होता है तो उत्तेजना के फिर प्रस्तुत करने से उसका निष्पादन (Performance) पूर्व परिस्थिति की अपेक्षा बेहतर होगा। पेवलोव के प्रयोग में सात प्रयासों के बाद अनुकूलन प्रतिक्रिया का विलोपन हुआ और प्रथम से सातवें प्रयास में लार की बूँदों में 10 और तीन का अनुपात रह गया। 23 मिनट बाद अनुकूलन प्रतिक्रिया की ऐच्छिक प्राप्ति प्रारम्भ हो गई। साधन-अनुकूलन में अनुकूलित प्रतिक्रिया के सभी चर (Variables) कार्यरत रहते हैं। ग्राम तथा गेने के अध्ययन से ज्ञात होता है कि एक साधन आदत की ऐच्छिक प्राप्ति की मात्रा विलोपन की समाप्ति की अवधि के सापेक्ष होती है।

4. **अवरोध** (Inhibition)—अवरोध का अध्ययन कई मनोवैज्ञानिकों ने साधन-अनुकूलन के अन्तर्गत किया। इस प्रक्रिया में अलग-अलग प्रकार के अवरोधों का विवेचन किया गया जो निम्नांकित हैं—

(i) **बाह्य अवरोध** (External Inhibition)—किसी अनुकूलन प्रतिक्रिया सम्बन्ध के स्थापित होते समय यदि कोई नई उत्तेजना की जाती है तो वह सम्बन्ध में अवरोध उत्पन्न करती है। जैसे यदि बालक पढ़ रहा हो और जोर की आवाज उत्पन्न की जाती है तो उसके सीखने में इससे अवरोध उत्पन्न होगा।

(ii) **अनुकूलित अवरोध** (Conditioned Inhibition)—यदि अनुकूलन प्रक्रिया से सम्बन्धित कोई तत्त्व प्रतिक्रिया के अनुकूलन को अवरोधित करता हो तो अनुकूलित अवरोध कहलाता है। यदि पेवलोव के प्रयोग में एक निश्चित ध्वनि की अपेक्षा अन्य कई ध्वनियाँ अनुकूलन को प्रभावित करें तो ये ध्वनियाँ अनु-

कूलित अवरोधक का कार्य करती हैं।

(iii) **विलम्बित अवरोध** (Delayed Inhibition)—अनुकूलन प्रतिक्रिया में यदि स्वाभाविक उत्तेजना को देर से प्रस्तुत किया जाता है तो विलम्ब अवरोध कहलाता है। यदि चूहे को भोजन का टुकड़ा उत्तोलक दबाने के प्रयासों के काफी समय पश्चात दिया जाय तो अनुकूलन प्रतिक्रिया में अवरोध उत्पन्न होता है।

(iv)**अनावरोध**(Disinhibition)—यह अवरोध का अवरोध कहलाता है। साधन-अनुकूलन में यदि सम्बन्ध में अवरोध उत्पन्न होता है तो अनुकूलित प्रतिक्रिया की मात्रा कम हो जाती है। परन्तु यदि अवरोध का अवरोध प्रस्तुत किया जाता है तो अनुकूलित प्रतिक्रिया की मात्रा में वृद्धि होती है। अर्थात विलोपन का अनावरोध उत्पन्न हो जाता है।

5. सामान्यीकरण (Generalization)—इसका तात्पर्य यह है कि यदि कोई समान उत्तेजनाएँ किसी प्रतिक्रिया को उसी प्रकार उत्पन्न करती हैं जो कोई पूर्व उत्तेजना उत्पन्न करती थी तो सामान्यीकरण कहलाता है। अर्थात सामान्यीकरण उत्तेजना समानता का फलक है। दो या दो से अधिक उत्तेजनाओं में समानता जितनी अधिक होगी, अनुकूलित प्रतिक्रिया के साथ दूसरी समान उत्तेजनाओं का सामान्यीकरण उतना ही अधिक होगा। इसके विपरीत कम समानता वाले उत्तेजनाओं के साथ प्रारम्भिक उत्तेजना का सामान्यीकरण उतना ही कम होगा। एक प्रयोग में कबूतर को पुनर्बलन (भोजन) द्वारा तथा अनुकूलित प्रतिक्रिया (दीवार पर बने चक्र पर चोंच मारना) करनी थी। चक्र अर्द्ध-पारदर्शी (Partially Transparent) था। अनुकूलन प्रक्रिया में प्रकाश तरंगें अनुकूलन उत्तेजना (CS) थी। 5500 ऐंग्स्टाग इकाई की प्रकाश तरंग से प्रकाशित किया। पुनर्बलन की सहायता से कबूतरों को चक्र पर चोंच मारना उत्तरोत्तर उपगमनों द्वारा सिखाया गया। प्रयोग से यह निष्कर्षित हुआ कि यदि प्रकाश तरंगों की लम्बाई धनात्मक दिशा में बढ़ाने या ऋणात्मक दिशा में घटाने पर कबूतरों की चक्र पर चोंच मारने की क्रिया में न्यूनता आयी। साधन-अनुकूलन में प्रकाश तरंगों की लम्बाई एवं चोंच मारने की क्रिया का प्रतिशत ग्राफ पर खींचने से त्रिभुजाकार प्राप्त हुआ। अर्थात साधन-अनुकूलन में सामान्यीकरण होता है।

6. विभेदन (Discrimination)—प्रयोज्य में सामान्यीकरण के साथ विभेदन क्षमता भी होती है। अनुकूलन में विभेदन अधिगम पर निर्भर करता है। प्राणी अनुकूलित उत्तेजनाओं में भिन्नता के कारण विभेदन करता है। यदि उदासीन उत्तेजना और स्वाभाविक उत्तेजना के मध्य अन्तर अधिक हो जाता है तो प्राणी इन दोनों में अन्तर करना या विभेदन करना सीख जाता है। यह अन्तर प्राणी के अनुकूलित प्रतिक्रिया प्रशिक्षण पर आधारित होता है। विभेदन की प्रक्रिया

में न्यूनता का क्रम उत्तेजना-प्रतिक्रिया पुनर्बलन का क्रम है। यह अनुकूलन और विलोपन से सम्बन्धित रहता है।

7. **पुनर्बलन** (Reinforcement)—स्किनर के साधन-अनुकूलन में पुनर्बलन एक केन्द्र कारक है। यह प्रत्यक्ष अधिगम प्रक्रिया का मुख्य अंश है। इस सिद्धान्त में उत्तेजक या पुनर्बलित उत्तेजना एक ऐसा घटक है जो जब व्यवहार का समयानुसार अनुकरण करता है तो उसे उत्तरकालीन (Subsequent) व्यवहार में परिवर्तन कर देता है। पुनर्बलन करने वाले उत्तेजक को पुनर्बलक या प्रेरक (Reinforcer) कहते हैं। पुनर्बलक एक उत्तेजना घटना है जो काल सामीप्य से प्रतिक्रिया के लिए उत्पन्न होता है, जो कि प्रतिक्रिया या उत्तेजना-प्रतिक्रिया सम्बन्ध की शक्ति को बढ़ाता है। पुनर्बलक प्रतिक्रिया की गति को बढ़ाने के घटक हैं। पुनर्बलक निम्न तीन प्रकार के होते हैं—

1. धनात्मक पुनर्बलक (Positive Reinforcer)
2. ऋणात्मक पुनर्बलक (Negative Reinforcer)
3. दण्ड प्रेरक (Punisher)

1. धनात्मक पुनर्बलक—ये ऐसे उत्तेजक हैं जिनकी उपस्थिति प्रतिक्रिया शक्ति बढ़ाते हैं, जैसे—भोजन, पैसा आदि। भूखे व्यक्ति के लिए खाना धनात्मक प्रेरक या पुनर्बलक है। मानव के लिए भोजन, पानी, हवा, प्रशंसा, धन, प्रतिष्ठा सभी पुनर्बलक हैं। इन प्रेरकों में कुछ जीवित रहने के लिए आवश्यक प्रेरक हैं तो कई समाज द्वारा प्रतिस्थापित प्रेरक जैसे—प्रशंसा, प्रतिष्ठा, इज्जत, धन इत्यादि हैं और ये धनात्मक द्वितीयक प्रेरक कहलाते हैं। परन्तु प्राथमिक प्रेरकों से साहचर्य होने से पुनर्बलित उत्तेजनाएँ बन जाती हैं।

2. ऋणात्मक पुनर्बलक—ये ऐसे दुखद उत्तेजक हैं जिनकी अनुपस्थिति प्रतिक्रिया शक्ति बढ़ाती है। ऐसे उत्तेजकों का प्रयोज्य उपेक्षित करने के लिए कार्य करता है। अथवा इस उत्तेजना से बचने के लिए कार्यरत रहता है। साधन-अनुकूलन का वर्गीकरण पुनर्बलन की ऋणात्मकता पर आधारित होने के साथ-साथ पृष्ठगमनता (Backward Movement) या अग्रगमनता (Forward Movement) पर भी आधारित होता है। जब ऋणात्मक प्रेरक का प्रयोग होता है तो सीखी जाने वाली प्रतिक्रिया हानिकारक अनुकूलन को समाप्त करने में सहायक होता है। उदाहरण के लिए यदि माँ-बाप की अप्रसन्नता की समाप्ति के कारण घर में नियत समय पर पढ़ाई द्वारा दूर किया जाता है तो बालक कुछ समय पश्चात माँ-बाप की इच्छानुसार अन्य वांछित कार्यों में संलग्न होना सीख जाता है। अतः ऋणात्मक पुनर्बलक अपेक्षित व्यवहार की उत्पत्ति अथवा परिहार प्रतिक्रिया (Avoidance Response) की शक्ति को बढ़ाता है।

3. दण्ड प्रेरक—यह एक हानिकारक उत्तेजक है जो प्रतिक्रिया को बहुधा

दबाने का कार्य करता है। ऋणात्मक पुनर्बलक एवं दण्ड प्रेरक को साथ मिलाने से हानिकारक उत्तेजनाएँ तैयार होती हैं। दण्ड, प्रतिक्रिया की गति को प्रभावित करता है। परन्तु क्रिया की शक्ति में कमी नहीं करता। उदाहरण के लिए दण्ड (पीटना) इसलिए दिया जाता है कि किसी की गाली देने की प्रतिक्रिया कमजोर हो। दण्ड एवं ऋणात्मक पुनर्बलक को कभी-कभी समान समझा जाता है। परन्तु दोनों में निम्न अन्तर है—

1. दण्ड प्रतिक्रिया को कमजोर बनाते हैं जबकि ऋणात्मक प्रेरक प्रतिक्रिया को बलवती बनाते हैं। जैसे पढ़ते समय यदि कोई व्यवधान हो तो व्यवधान (ऋणात्मक प्रेरक) हटा लेने से पढ़ने की प्रतिक्रिया दृढ़ हो जाती है। झूठ बोलने में दण्ड इसलिए दिया जाता है कि झूठ बोलने की प्रतिक्रिया कमजोर पड़ जाय।
2. दण्ड में उत्तेजक को प्रतिक्रिया के बाद प्रस्तुत किया जाता है जबकि ऋणात्मक पुनर्बलन में उत्तेजक की उपस्थिति प्रतिक्रिया से पूर्व होती है।

दण्ड चाहे शारीरिक हो या मनोवैज्ञानिक, प्रतिक्रिया को विलुप्त या कमजोर करना साधन-अनुकूलन का ही उदाहरण है।

पुनर्बलक के परिणाम (Results of Reinforcers)

1. यह व्यवहार को शक्तिशाली एवं दृढ़ बनाता है।
2. व्यवहार में परिवर्तनीय सुधार समयानुसार श्रेणीबद्ध रूप से पुनर्बलन द्वारा व्यवस्थापित किया जाता है।
3. व्यवहार के किसी पक्ष को पुनर्बलन सबल बनाता है।

स्किनर ने पुनर्बलन के कार्य के स्वरूप की विवेचना विभिन्न प्रयोगों के आधार पर अनुसूचित तैयार कर प्रस्तुत किया है। यदि प्रत्येक प्रतिक्रिया के पश्चात पुनर्बलन दिया जाता है तो हम इसे नियमित या निरन्तर पुनर्बलन की अनुसूची कहते हैं। पुनर्बलन की अनुसूचियों का वर्णन निम्नलिखित किया गया है—

पुनर्बलन की अनुसूचियाँ (Schedules of Reinforcement)—अनुकूलन से पुनर्बलन की प्रक्रिया सम्बन्धित होती है। यह पुनर्बलन नियमित या सविराम योजना द्वारा प्रस्तुत किया जा सकता है। व्यक्ति की दिन-प्रतिदिन की क्रियाओं से पुनर्बलन की प्रक्रिया सम्बन्धित होती है। यदि इन पुनर्बलनों का बड़ी कुशलता से उपयोग किया जाय तो व्यवहार में वांछित परिवर्तन लाना कोई कठिन कार्य नहीं है। ये व्यवहार को अधिक लचीला बना देते हैं। मनोवैज्ञानिकों ने पुनर्बलन की अनुसूचियों के आधार पर अनेक प्रयोग करके यह सिद्ध कर दिया कि जटिल

से जटिल व्यवहार का व्यवस्थापन संभव है। यदि आप सर्कस में जानवरों के करतब देखते हैं तो उनका प्रशिक्षण पुनर्बलन के सिद्धान्त पर आधारित है। व्यवहार में परिवर्तन या सीखना किसी भी दशा में पुनर्बलन का उपयोग है। कुछ प्रमुख पुनर्बलन की अनुसूचियों का वर्णन निम्न पदों में किया गया है जो कि व्यवहार व्यवस्थापन के विकास में कार्य करते हैं—

1. निरन्तर अनुसूची (Continuous Schedule)—यदि प्रत्येक प्रतिक्रिया को पुनर्बलित किया जाय तो इस पद्धति को निरन्तर अनुसूची व्यवस्था कहते हैं। अभिक्रमित अधिगम (Programmed Learning) में सरल रेखीय प्रतिमान (Linear Model) में निरन्तर अनुसूची का प्रयोग होता है।

2. पाक्षिक या सविराम अनुसूची (Partial or Intermittent Schedule)—इसे विरल (Discontinuous) अनुसूची भी कहते हैं। इस प्रक्रिया में कभी तो पुनर्बलन प्रस्तुत किया जाता है और कभी इन्हें रोक दिया जाता है। इस प्रकार की अनुसूची का पुनः निम्न प्रकार वर्गीकरण किया गया है—

(अ) समयान्तर अनुसूची (Interval Schedule)—यदि किसी निश्चित समय के बाद पुनर्बलन प्रदान करने की व्यवस्था हो तो वह समयान्तर अनुसूची पद्धति कहलाती है। जैसे—हर एक महीने के बाद वेतन मिलना, एक सत्र के अन्त में परीक्षा देना आदि।

(ब) अनुपात अनुसूची (Ratio Schedule)—इस अनुसूची के अन्तर्गत अधिगमी (Learner) का निष्पादन (Performance) आवश्यक है। यदि अधिगमी तीन प्रतिक्रियाएँ सही करता है तो पुनर्बलन प्राप्त करता है। उदाहरणार्थ—यदि बालक किसी पाठ के दो प्रश्नों को याद करके सुनाता है तो उसे चाकलेट दे देते हैं। हर दो प्रश्नों के याद करने पर उसे पुनर्बलन मिलता है।

(स) निश्चित समयान्तर अनुसूची (Fixed Interval Schedule)—इस अनुसूची में एक निश्चित समय के पश्चात पुनर्बलन दिया जाता है जैसे प्रत्येक दिन एक घण्टा पढ़ने पर पुनर्बलित करना, प्रत्येक महीने की पहली तिथि को वेतन मिलना आदि। इस अनुसूची की प्रक्रिया के अधीन अनेक मनोवैज्ञानिकों ने पर्याप्त प्रयोग किए तथा कई सिद्धान्तों का प्रतिपादन किया। एक अध्ययन से यह परिणाम ज्ञात हुआ कि प्राणी समय विभेदन का विकास करता है। इससे प्रतिक्रिया को पुनर्बलित करने पर उसकी शक्ति कम हो जाती है।

मानव व्यवहार की क्रियाओं में निश्चित समयान्तर अनुसूची का प्रयोग अधिकतर देखा जाता है। जैसे निश्चित समय पर कार्य पर जाना। भोजन करना, पहली तिथि को वेतन का आहरण, प्रत्येक शनिवार को सांस्कृतिक कार्यक्रम करना, 2 अक्टूबर को गांधी जयन्ती का पर्व मनाना आदि।

(द) भिन्न समयान्तर अनुसूची (Variable Interval Schedule)—इस

क्रिया में निश्चित समय अवधि का समयान्तर बिना संभावना के भिन्न हो जाता है। जैसे प्रत्येक पुनर्बलन दिए जाने का औसत समय 10 मिनट का रखा जाय तो इस व्यवस्था के अन्तर्गत कार्य करेगा। विभिन्न प्रयोगों के प्राप्त परिणामों से ज्ञात होता है कि यह व्यवस्था प्रतिक्रिया की गति को स्थायी बनाने में सार्थक है। परन्तु इसके लिए गहन प्रशिक्षण की आवश्यकता है। गति की स्थिरता इस अनुसूची की विशेष विशेषता है। अधिगमी पुनर्बलन की प्रत्याशा किसी भी समय कर सकता है।

(य) निश्चित अनुपात अनुसूची (Fixed Ratio Schedule)—यदि प्रतिक्रिया और पुनर्बलन में निश्चित अनुपात हो तो इसे निश्चित अनुपात अनुसूची की योजना कहा जाता है। जैसे यदि बालक पाँच शब्दों के अर्थ याद करता है, उसे एक पुनर्बलन मिलता है। अर्थात प्रत्येक समय पाँच शब्दों के अर्थ (प्रतिक्रिया) के बाद एक पुनर्बलन (चाकलेट) दिया जाय तो इनका अनुपात 5 : 1 होगा।

सिद्धान्त (Principles)

1. किसी निश्चित उद्देश्य की प्राप्ति के लिए यदि प्रतिक्रिया एवं पुनर्बलन का अनुपात प्रारम्भ में कम रखा जाय और धीरे-धीरे अनुपात को बढ़ाया जाय तो प्रतिक्रिया की उत्सर्जन संख्या या आवृत्ति काफी अधिक बढ़ाई जा सकती है।
2. किसी प्रतिक्रिया की रुकावट का समय अनुपात के आकार के समानुपाती होता है। जब प्रतिक्रिया प्रारम्भ होने के बाद उसे रोक दिया जाय तो पुनर्बलन प्रस्तुत होने तक इसकी गति तीव्र हो जाती है।
3. यह नियमित एवं निश्चित समयान्तर पुनर्बलन से अधिक महत्त्वपूर्ण है क्योंकि इस अनुसूची में प्रतिक्रिया की दर अपेक्षाकृत उच्च होती है।
4. पुनर्बलन की प्रत्याशा में प्राणी की प्रतिक्रिया की शक्ति तीव्रता से बढ़ती है।

उपयोगिता (Application)

1. व्यक्ति पुनर्बलन को तुरन्त प्राप्त करने के लिए प्रतिक्रिया की गति बढ़ाता है। जैसे व्यक्ति निश्चित कार्य को पूर्ण करके धन को तुरन्त प्राप्त करने की इच्छा रखता है।
2. व्यक्ति सामग्री की अधिक से अधिक बिक्री कर अधिक कमीशन कमाना चाहता है।
3. बालक पुरस्कार की प्रत्याशा में अधिक विषयवस्तु को बढ़ाता है।

(र) भिन्न अनुपात अनुसूची (Variable Ratio Schedule)—इस अनु-

कूलन में किसी पुनर्बलन के लिए वांछित प्रतिक्रियाओं की संख्या किसी औसत अनुपात के आसपास भिन्न होती है। इस व्यवस्था में निम्न विशेषताएँ परिलक्षित होती हैं—

1. यदि प्रारम्भिक अनुपात कम हो तो अत्यधिक उच्च प्रतिक्रिया दर को शीघ्र प्राप्त किया जा सकता है।
2. नियमित अनुसूची की तरह जिसमें विभेदन की सूचना का आधार नहीं है इस योजना में प्रतिक्रिया की दर बिना रुकावट के स्थिर होती है।

यदि हम भिन्न समयान्तर या भिन्न अनुपात के अनुकूलन का तुलनात्मक अध्ययन करें तो भिन्न अनुपात योजना अधिक श्रेष्ठ है, क्योंकि अनुपात अनुसूची से व्यवहार की प्रतिक्रियाओं की दर अधिक प्राप्त होती है। इसका मुख्य कारण यह है कि यदि समयान्तर अनुसूची में प्रतिक्रिया के बाद रुकावट में पुनर्बलन की प्रायिकता अधिक बढ़ जाती है, जबकि अनुपात अनुसूची में प्रायिकता कम हो जाती है। अनुपात अनुसूची यदि अनुपात ठीक हो तो बहुत प्रभावशाली माना गया है। इसमें यदि पुनर्बलन शक्तिशाली एवं कार्य की मात्रा कम हो तो अधिगम अधिक स्थायी तथा दृढ़ होता है। पुनर्बलन की अनुसूची व्यावहारिक क्रियाओं की स्थापना में अधिक सहायक एवं महत्त्वपूर्ण है। जेन्किन्स एवं स्टेनले के अनुसार, "पाक्षिक अनुसूची के अन्तर्गत अनुकूलन में पुनर्बलित उत्तेजना को प्रसारित करें तो प्राथमिक पुरस्कार की बाह्य सहायता की अनुपस्थिति में व्यवहार काफी लम्बे समय तक व्यवस्थित रहेगा। किसी भी क्रिया में जहाँ पुनर्बलन के लिए किसी दर (Rate) की आवश्यकता है पुनर्बलन भिन्न हो जाता है और इस प्रकार की अनुसूची कार्य करती है।

साधन-अनुकूलन का उपयोग

1. स्किनर ने विभिन्न नियंत्रित परिस्थितियों में मानव एवं जानवरों के व्यवहार का सूक्ष्म विश्लेषण किया। प्रयोग से निर्गत अनेक निष्कर्षों का आधार पर उन्होंने व्यवहार के कुछ नियमों को प्रतिपादित किया। विद्यालय अधिगम में साधन-अनुकूलन सिद्धान्तों के निरूपण में स्किनर का अपना काल अधिक शक्तिशाली एवं प्रचलित रहा। अनेक मनोवैज्ञानिकों ने प्रायोगिक निष्कर्षों के आधार पर इस बात पर अधिक बल दिया कि शैक्षिक व्यवस्था की प्रक्रिया में व्यवहार सुधार सिद्धान्तों का प्रयोग कर प्रगतिशील उद्देश्यों की प्राप्ति की जा सकती है। ये सिद्धान्त स्किनर के अधिगम सिद्धान्तों की ओर इंगित करते हैं।
2. स्किनर का पुनर्बलन का प्रत्यय बहुत महत्त्व रखता है। यह बालक के

समायोजन, सामाजिक अधिगम एवं विकास में सहायक हो सकता है। इसके लिए स्किनर द्वारा प्रस्तुत उत्तेजना विभेदीकरण और प्रतिक्रिया भिन्नीकरण के विश्लेषण की विचारधारा अपनाने से व्यवहार में अपेक्षित परिवर्तन लाया जा सकता है।

3. मनोवैज्ञानिकों के कई प्रयोग असामान्य व्यवहार के सुधार में स्किनर के सिद्धान्तों को अपनाकर सफल सिद्ध हुए हैं। पुनर्बलन द्वारा असामान्य व्यवहार की क्रियाओं को दूर कर बालकों में अधिगम का समुचित विकास किया जा सकता है।
4. स्किनर द्वारा प्रतिपादित अभिक्रमित अधिगम (Programmed Learning) सम्पूर्ण विश्व में अध्ययन-अध्यापन प्रक्रिया में अधिक प्रभावित हुआ। इस विधि को प्रोग्राम द्वारा सीखना, सिखाने की मशीन या स्व-अधिगम भी कहते हैं। स्किनर के अनुसार, "अभिक्रमित अधिगम विद्यार्थी एवं अभिक्रमित सामग्री के मध्य अन्तःक्रिया है।" ("Programmed learning is interaction between the programmed material and the students.") इसमें अधिगम सामग्री को छोटे-छोटे पदों में 'सरल से कठिन' क्रम में बाँट दिया जाता है। प्रत्येक पद का उत्तर दूसरे अग्रिम पद के लिए पुनर्बलन का कार्य करता है। और छात्र बिना किसी कठिनाई के सम्पूर्ण विषयवस्तु को समझने में सक्षम हो जाता है।
5. हानिकारक प्रेरकों से व्यवहार प्रभावित होता है। अतः विद्यालय साधन अनुकूलन के सिद्धान्त के अनुरूप धनात्मक प्रेरकों का प्रयोग कर व्यवहार में अपेक्षित सुधार ला सकता है। यह आदत उत्तेजना को तुरन्त पुनर्बलित कर प्राप्त कर सकते हैं। जिससे भविष्य में वांछित व्यवहार का स्थायित्व बना रहे। अध्ययन-अध्यापन की प्रक्रिया को उत्तरोत्तर उपगमनों की विधि द्वारा व्यवस्थित करने से अन्तिम व्यवहार की अपेक्षा की जा सकती है।
6. अध्यापक कक्षागत वातावरण में शिक्षण को प्रभावशाली बनाने में साधन-अनुकूलन के अधिगम सिद्धान्तों का पूर्ण सदुपयोग कर सकता है। परन्तु उसे विद्यालयी वातावरण में स्थापित पुनर्बलनों का सम्पूर्ण पूर्व ज्ञान होना आवश्यक है। छात्रों को अधिगम क्रिया में निरन्तर सक्रिय रहने के लिए अध्यापक को पुनर्बलन की प्रासंगिकी की योजना तैयार करनी चाहिए।

साधन-अनुकूलन का मूल्यांकन (Evaluation of Operant Conditioning)—अधिगम प्रक्रिया में इस सिद्धान्त का सफलतापूर्वक प्रयोग किया गया है। अनुकूलन पर आधारित कई शोधकार्यों के द्वारा नई तकनीकियों का विकास अधिगम अध्यापन कार्य में हुआ। अधिगम की क्रिया को क्रियात्मक एवं व्यावहारिक

स्वरूप प्रदान किया गया। व्यवहार चिकित्सा, अभिक्रमित अधिगम आदि नई पद्धतियों के विकास से मानव व्यवहार में अपेक्षित परिवर्तन लाने का सफलतम प्रयास किया गया। समाजशास्त्रियों का मत है कि साधन-अनुकूलन कक्षागत वातावरण की अध्ययन प्रणाली में एक व्यावहारिक विधि है परन्तु कुछ मनोवैज्ञानिकों ने इसके मूल तत्त्वों की आलोचना की है। कुछ प्रमुख कमियों का वर्णन निम्न प्रकार प्रस्तुत किया गया है।

1. यह अधिकतर गामक व्यवहार के सुधार में प्रयोग किया जाता है। सब प्रकार के सीखने की यह विस्तृत व्याख्या नहीं देता। पूर्व अनुभवों के प्रभाव का वातावरण के प्रति प्रतिक्रिया में यह सिद्धान्त सन्तोषजनक उत्तर नहीं देता है।
2. गुप्त व्यवहार (Covert Behaviour) के तत्त्वों को पुनर्बलित करना जटिल कार्य है। स्किनर कभी-कभी स्वपुनर्बलन (Self-reinforcement) चिन्तन, तर्क आदि को स्पष्ट करने में पूर्ण सफलता प्राप्त नहीं करते हैं।
3. स्किनर ने वंशानुक्रम और संरचना जैसे कारकों की पूर्ण रूप से अवहेलना की। भाषा विकास से सम्बन्धित ज्ञात तत्त्वों की विवेचना भी इनके सिद्धान्त में नहीं की गई है।
4. साधन-अनुकूलन के सिद्धान्तों को जानवरों पर प्रयोग करके विकसित किए गए और सामाजिक परिस्थितियों में इनका प्रतिहस्तरण (Manipulation) किया जाता है। नियन्त्रित प्रयोगशाला कक्ष में किए गए प्रयोगों के निष्कर्षों का हस्तान्तरण अधिगम की वास्तविक परिस्थितियों में करना औचित्यपूर्ण नहीं है।
5. स्किनर का सिद्धान्त जानवरों एवं बच्चों की अधिगम प्रक्रिया को अधिक स्पष्ट करता है।

रूढ़िगत एवं साधन-अनुकूलन में अन्तर
(Difference between Classical and Operant Conditioning)

रूढ़िगत अनुकूलन (Classical Conditioning)	साधन-अनुकूलन (Operant Conditioning)
(1)	(2)
1. रूढ़िगत अनुकूलन प्रतिक्रियात्मक अनुकूलन कहलाता है तथा इसे 'S' प्रकार का अनुकूलन अधिगम भी कहते हैं। यह	यह प्रक्रिया साधन अनुकूलन या 'R' प्रकार का अनुकूलन अधिगम कहलाती है। इसका प्रतिपादन स्किनर ने किया।

(1)	(2)
पेवलोव द्वारा प्रतिपादित किया गया।	
2. इस अनुकूलन में उत्तेजना-प्रतिक्रिया में साहचर्य सामीप्य के नियम के आधार पर होता है।	इस अनुकूलन में उत्तेजना प्रतिक्रिया साहचर्य प्रभाव के नियम पर आधारित होता है।
3. इसमें सामीप्य का तात्पर्य CS और UCS के बीच सामीप्य से है।	इसमें सामीप्य का तात्पर्य प्रतिक्रिया और उसके बाद आने वाली उत्तेजना के सामीप्य से है।
4. रूढ़िगत अनुकूलन में अनुकूलन उत्तेजना और प्रतिक्रिया के बीच स्थापित होता है।	यांत्रिक अनुकूलन में अनुकूलन प्रतिक्रिया और पुनर्बलन करने वाले उत्तेजक के बीच होता है।
5. इस अनुकूलन में CR की उत्पत्ति UCS द्वारा प्रतिवर्तित रूप से अनैच्छिक होता है।	स्किनर द्वारा अनुकूलन में प्रतिक्रिया अधिक ऐच्छिक होती है।
6. रूढ़िगत अनुकूलन स्वायत्त स्नायुमण्डल (Automatic nervous system) द्वारा सम्बन्धित एवं नियंत्रित होता है।	स्किनर का अनुकूलन दैहिक स्नायुमण्डल (Somatic nervous system) द्वारा नियंत्रित होता है।
7. इसमें अनुकूलन प्रतिवर्ती तथा संवेगात्मक प्रतिक्रियाओं का होता है।	इसमें अनुकूलन अप्रतिवर्ती (Unreflexed) एवं सामंजस्य सम्बन्धी प्रतिक्रियाओं का होता है।
8. इसमें प्रतिक्रिया उत्पन्न (Elicited) की जाती है।	इसमें प्रतिक्रिया उत्सर्जित (Emitted) होती है।
9. रूढ़िगत अनुकूलन में पुनर्बलन UCS द्वारा होता है तथा अनुकूलन में CS पुनर्बलित होता है।	यांत्रिक अनुकूलन में पुनर्बलन उस उत्तेजना द्वारा होता है जो प्रतिक्रिया के तुरन्त बाद उपस्थित होता है तथा प्रतिक्रिया पुनर्बलित होती है।
10. इसमें अधिगम का सार उत्तेजना स्थापना है।	इसमें अधिगम का सार (Essence) प्रतिक्रिया सुधार है।
11. इसमें समय नियंत्रण पर अधिक बल दिया जाता है।	इसमें प्रेरणा एवं पुरस्कार की क्रिया पर अधिक बल दिया जाता है।
12. प्रतिक्रियात्मक व्यवहार आन्तरिक होता है और इस संदर्भ में गुप्त, वैयक्तिक गुण रखता है।	साधन बाह्य व्यवहार है। इसी व्यवहार के फलस्वरूप प्राणी वातावरण से क्रियाएँ करता है।

(1)	(2)
13. रूढ़िगत अनुकूलन अधिगम व्यवहार का वह स्वरूप प्रस्तुत करता है जिसमें स्वेच्छाचारी उत्तेजक अत्यधिक विशिष्ट प्रतिक्रिया उत्पत्ति कारकों के साथ सम्बन्धित होते हैं।	साधन-अनुकूलन परिस्थिति व्यक्ति के व्यवहार में से विभिन्नीय एवं विभेदीकृत प्रतिक्रियाओं को स्पष्ट करती है, ये प्रतिक्रियाएँ जटिल उत्तेजना क्षेत्र से उत्सर्जित प्रतिक्रियाएँ होती हैं।
14. इसमें अनुकूलित प्रतिवर्तियों की शक्ति प्रारम्भ में शून्य हो सकती है।	साधन की शक्ति कभी भी शून्य नहीं होती है क्योंकि इसे पुनर्बलन से पूर्व एक बार अवश्य उत्पन्न होना है।

ज्ञानात्मक क्षेत्र सिद्धान्त
(Cognative Fieid Theories)

अधिगम की प्रक्रिया को समझाने के लिए क्षेत्र सिद्धान्त के मनोवैज्ञानिकों का दूसरा मुख्य सम्प्रदाय है जो कि ज्ञान (प्रत्यक्षीकरण) को अधिगम में अधिक महत्त्व देते हैं। कुछ प्रमुख ज्ञानात्मक क्षेत्र सिद्धान्तों का हम यहां पर वर्णन करेंगे। इन मनोवैज्ञानिकों के अनुसार अधिगम बोध का संगठन एवं अधिगमी का उद्देश्य है। इसमें क्षेत्र का अभिप्राय इस परिवेश से है जिसमें सभी घटनाएँ घटित होती हैं। तीन जर्मन मनोवैज्ञानिकों ने व्यवहार का एक नवीन स्पष्टीकरण दिया। जिसे पूर्णाकार मनोविज्ञान (Gestalt Psychology) कहा जाता है। इस सिद्धान्त के प्रतिपादक गेस्टाल्ट सम्प्रदाय के मनोवैज्ञानिक वर्दीमर, कोफका और कोहलर हैं। ये पूर्णाकारवादी व्यक्ति की आन्तरिक प्रक्रिया को व्यवहार की नई प्रक्रिया मानते हैं। इस सम्प्रदाय के मनोवैज्ञानिकों का मत है कि व्यक्ति उत्तेजना का प्रत्यक्षीकरण उत्तेजना के छोटे-छोटे खण्डों के रूप न करके पूर्ण (Whole) के रूप में सोचता है। वे पुनः कल्पना करते हैं कि हमारा संसार का प्रत्यक्षीकरण अर्थयुक्त पूर्ण से है जोकि विचार, कल्पना, संवेदना, स्मृति आदि से अलग और अधिक संचय का कार्य है। व्यवहारवादियों द्वारा विकसित उत्तेजना प्रतिक्रिया के मध्य संगठन का प्रत्यय जोड़ते हैं। वेरटीमर का मत है कि "किसी सम्पूर्ण के कुछ अंग से सम्पूर्ण बड़ा है।" ("The whole is greater than the sum of its parts.") पूर्णाकार ('Gestalt')का अर्थ है—रूप ('Form'), आकार ('Shape') या सम्बन्धित स्थिति ('Configuration')। "पूर्णाकार, उत्तेजना परिस्थिति को समझने के स्वरूप की प्रतिमान सम्बन्धित स्थिति है।" ("A Gestalt is the pattern configuration on form of apprehending a stimulus situation.")

हम नवीन पूर्णाकार का सृजन कर सीखते हैं। प्रत्यक्षीकरण का संगठन कुछ विशिष्ट तत्त्वों पर आधारित होता है और उन्हीं विशिष्ट तत्त्वों से विशिष्ट प्रकार

के प्रत्यक्षीकरण होते हैं। यदि हम किसी समस्या के समाधान में जुटे रहते हैं तो अचानक हम उसका हल निकालने में सफल हो सकते हैं। हमारे प्रत्यक्षीकरण में यह शीघ्र परिवर्तन सूझ (Insight) कहलाता है। गुड के अनुसार, "सूझ, वास्तविक स्थिति का आकस्मिक, निश्चित और तात्कालिक ज्ञान है।"

इस सम्प्रदाय के मनोवैज्ञानिक तत्त्वीय (Molecular) तथा यांत्रिक व्यवहार की प्रक्रिया को स्वीकार नहीं करते हैं। वे इस विचार से भी सहमत नहीं हैं कि व्यवहार का मात्रात्मक एवं सांख्यिकीय विश्लेषण से मापन किया जा सकता है। यह क्षेत्र सिद्धान्त ज्ञानात्मक रूप में उन सभी प्रक्रियाओं की ओर संकेत करता है जिनके द्वारा रूपान्तरित, आन्तरिक संवेदना, विस्तृत, लघुकृत, एकत्रित, प्राप्तक एवं प्रयोग किए जाते हैं।

गेस्टाल्ट के नियम (Laws of Gestalt)—पूर्णाकार का आधारभूत कारक सूझ या अन्तर्दृष्टि (Insight) है। सूझ के कारण ही समस्या का पूर्ण समाधान किया जाता है। प्रत्यक्षीकरण के क्षेत्र में मनोवैज्ञानिकों द्वारा अनेक प्रयोग किए गए। इन प्रयोगों से मिले परिणामों के आधार पर इस सम्प्रदाय के मनोवैज्ञानिकों ने प्रत्यक्षीकरण को संगठित करने वाले तत्त्वों से कुछ नियमों का विकास किया जिनमें से कुछ मूल नियम निम्न प्रकार स्पष्ट किए गए हैं—

(1) **आकृति एवं पृष्ठभूमि** (Figure and Background)—आकृति एवं पृष्ठभूमि केवल दृष्टि के क्षेत्र में नहीं पाई जाती, बल्कि ये स्पर्श एवं श्रवण के क्षेत्र में भी होती है। दृष्टि प्रत्यक्षीकरण में अधिक महत्त्वपूर्ण है। हम आकृतियों का प्रत्यक्षीकरण किसी शून्य में न करके किसी पृष्ठिभूमि में करते हैं। आकृति एवं पृष्ठिभूमि में घनिष्ठ सम्बन्ध होता है। उदाहरणार्थ संगीत की धुन की पृष्ठभूमि में किसी गीत का सुनना श्रवण प्रत्यक्षीकरण के क्षेत्र में होता है। प्रत्यक्षीकरण की क्रिया में वस्तु एवं परिवेश के सम्बन्ध को पृथक नहीं किया जा सकता है। आकृति अधिक संरचित, संजीव और प्रभावक होता है। इसकी तुलना में पृष्ठभूमि कम संगठित, संजीव और प्रभावक होती है। आकृति पृष्ठभूमि से उभरी प्रतीत होती है तथा पृष्ठभूमि आकृति के पीछे फैली हुई रहती है।

(2) **समग्रता का नियम** (Law of Whole)—प्राणी उत्तेजक या प्रत्यक्षीकरण समग्र रूप में करता है। उत्तेजक से सम्बन्धित सभी संवेदनाएँ अलग न होकर पूर्ण रूप में होती हैं। उदाहरण के लिए जैसे ही हम कोई पुस्तक देखते हैं तो उसका प्रत्यक्षीकरण पुस्तक के ही रूप में करते हैं। उनका रंग, रूप, आकार, आदि सबका अलग-अलग प्रत्यक्षीकरण नहीं करते बल्कि इन सबका एक साथ संगठन पुस्तक के प्रत्यक्षीकरण में पूर्ण स्वरूप प्रदान करता है।

(3) **समीपता का नियम** (Law of Proximity)—जो उत्तेजक समय एवं स्थान में निकट होते हैं, पूर्णाकार बना लेते हैं। इसमें वस्तु के अवयव समीप

होते हैं जिसके कारण ये अवयव उपसमूहों में संगठित हो जाते हैं, जिसका प्रत्यक्षीकरण संगठित रूप में होता है।

(4) समानता का नियम (Law of Similarity)—असमान उत्तेजनाओं की अपेक्षा समानता रखने वाली उत्तेजनाओं का एकीकरण आसानी से ले जाता है। समान शब्द संख्याएँ और आकार में संगठित होकर उनका आसानी से प्रत्यक्षीकरण हो जाता है।

(5) आच्छादन का नियम (Law of Closer)—यदि उत्तेजक अवयव आपस में एक दूसरे से आच्छादित या घिरे हुए होते हैं तो इनका प्रत्यक्षीकरण एक आकृति विशेष में पूर्ण संगठित स्वरूप प्रस्तुत करता है। यदि किसी वृत्त की परिधि कहीं पर अपूर्ण हो तो आकृति का प्रत्यक्षीकरण पूर्ण रूप में वृत्त ही होता है। इन रिक्त भागों को मस्तिष्क स्वयं पूरा करता है। यह आच्छादन अंग के प्रभाव के कारण होता है।

(6) निरन्तरता (Continuation)—उत्तेजनाओं के जिन अवयवों में निरन्तरता होती है वे अवयव समूहबद्ध हो जाते हैं और इकाई के रूप में प्रत्यक्षीकरण प्रदान करते हैं। इस प्रकार का संश्लेषण मनोवृत्ति पर आधारित होता है।

(7) प्रेग्नां का सिद्धान्त (Principle of Pragnanz)—गेस्टाल्ट मनोवैज्ञानिकों के अनुसार उत्तेजकों के प्रत्यक्षीकरण संगठित रूप में होते हैं। इनके अवयवों के रूप का पृथकता से प्रत्यक्षीकरण नहीं होता है। प्रात्यक्षिक संगठन की यह प्रवृत्ति प्रेग्नां कहलाती है। यह सिद्धान्त प्रदर्शित करता है कि प्रत्यक्षीकरण सदैव सरल, नियमित और बिना किसी अपूर्णता के होता है। रिक्त स्थानों की पूर्ति व्यक्ति द्वारा की जाती है। जैसे यदि किसी शब्द (Be—u—ifu—) में कोई अक्षर (a, t और e) नहीं है तो शब्द की संरचना का प्रत्यक्षीकरण एक संगठित रूप में ही समझकर पूर्ण किया जाता है। प्रेग्नां को निर्धारित करने में समीपता, समानता, आच्छादन, समावेशन (Inclusion) आदि नियम हैं जिनके आधार पर प्रत्यक्षीकरण होता है।

अन्तर्दृष्टि : गेस्टाल्ट सिद्धान्त (Insight : Gestalt Theory)

गेस्टाल्ट मनोवैज्ञानिकों का कथन है कि सीखना सूझ के द्वारा होता है। सूझ का सिद्धान्त अधिगम का एक नवीन सिद्धान्त है जिसके मुख्य प्रवर्तक कोहलर माने जाते हैं। सूझ या अन्तर्दृष्टि की व्याख्या इस प्रकार की गई है। सूझ सम्बन्धों का एक मूलभूत बोध या अनुभव है। यह किसी वस्तु का अनुभवात्मक बोध है। कोहलर द्वारा सन् 1917 में किए गए प्रयोग दृष्टि विभेदीकरण पर आधारित थे। उन्होंने अपने प्रयोग वनमानुष (Chimpanzees) एवं मुर्गियों पर किए। सूझ की आवश्यकता उस समय अधिक होती है जब समस्या के पूर्ण स्वरूप को

समझने में बाधाएँ आती हैं। प्रयास एवं त्रुटि (Trail and Error) में यदि सूझ नहीं है तो बाधाओं को इस विधि द्वारा दूर करना कठिन है और व्यक्ति कुछ भी सीख नहीं पाएगा। कोहलर द्वारा किए गए प्रयोग जो सीखने में सूझ से सम्बन्धित हैं, उनमें से कुछ का संक्षेप में वर्णन किया गया है।

प्रयोग 1.—एक प्रयोग में कोहलर ने सुल्तान नामक वनमानुष को पिंजड़े में बन्द किया। पिंजड़े के बाहर कुछ दूरी पर केले रखे हुए थे और कमरे में एक हड्डी थी। हाथ से सुल्तान केले नहीं खींच सकता था। जब वनमानुष की नजर केले पर पड़ती है तो वह उन्हें हाथ से खींचने की बहुत कोशिशें करता है परन्तु अन्त में हतोत्साहित हो जाता है। अचानक उसकी दृष्टि कमरे में रखी हुई छड़ी पर पड़ जाती है। सूझ उत्पन्न होने से वनमानुष केले एवं छड़ी में सम्बन्ध स्थापित करने में सफल हो जाता है। वह छड़ी की सहायता से केले अन्दर खींचता है और खा लेता है।

प्रयोग 2.—इस दूसरे प्रयोग में दो छड़ियाँ कमरे में रखी जाती हैं जो किसी तकनीकि से एक दूसरे से जोड़ी जा सकती हैं। केले इतनी दूर बाहर रखे जाते हैं कि दोनों छड़ियां को जोड़ने के उपरान्त ही उन तक पहुँचा जा सकता था। वह जब कई बार एक ही छड़ी से केला खींचने का प्रयास करता है तो असफल हो जाता है। अचानक वह दोनों छड़ियों को जोड़ने में सफल हो गया और जुड़ी हुई लम्बी छड़ी से केला पिंजड़े की ओर खींचकर खा लेता है। पुनः परिस्थिति को दोहराने से वनमानुष को छड़ियाँ जोड़ने में अपेक्षाकृत कम समय लगता है।

प्रयोग 3.—इस प्रयोग में कोहलर ने छड़ियों के स्थान पर हल्के बक्सों का उपयोग किया। भूखे सुल्तान को कमरे में बन्द किया गया। कमरे की छत से केले इस प्रकार लटका दिए गए कि वनमानुष कूदकर भी केले प्राप्त नहीं कर सकता था। कमरे के कोने में रखे हुए बक्से पर अचानक उसकी दृष्टि पड़ जाती है। वह बक्से को छत से लटके हुए केले के नीचे रखता है और उसके ऊपर चढ़कर केला निकालकर खा लेता है।

प्रयोग 4.—एक अन्य प्रयोग में एक बक्से के बजाय दो बक्सों का प्रयोग किया जाता है। वनमानुष अन्तर्दृष्टि का प्रयोग कर एकाएक एक बक्से को दूसरे के ऊपर रखने में सफल हो जाता है, तभी वह केले तक पहुँच सकता था और केला खा लेता है।

कोहलर के प्रयोगों द्वारा प्राप्त परिणामों से यह निष्कर्ष ज्ञात होते हैं कि समस्याओं का अचानक समाधान केवल सूझ को ही प्रदर्शित नहीं करता वरन समस्याओं के प्रति प्रतिक्रिया में पूर्ण एवं संगठन का नियम भी कार्य करता है। प्रयोगों से यह भी निष्कर्ष निकाला जाता है कि प्राणी समस्याओं के समाधान में वातावरण के उत्तेजकों एवं परिस्थितियों का प्रत्यक्षीकरण संगठित रूप में करता

है। जानवरों के पक्ष में सूझ प्रयास एवं त्रुटि के साथ प्रयुक्त होती है। सूझ का स्थानान्तर विभिन्न परिस्थितियों में समान समस्याओं के समाधान में अधिक होता है। गेस्टाल्ट मनोवैज्ञानिकों ने सूझ की उत्पत्ति के पाँच मुख्य सम्प्रत्ययों की विवेचना की है —(1) तनाव, (2) बाधा, (3) संगठन, (4) पुनः संगठन (Reorganization) और(5)लक्ष्य। कोहलर के प्रयोग में यदि वनमानुष अधिक भूखा है तो निश्चित ही केले (लक्ष्य) की आवश्यकता अधिक होगी। उसमें तनाव का अनुभव अधिक होगा। जिसके कारण उसमें समस्या एवं स्थिति का प्रत्यक्षपरक (Perceptual) संगठन एवं पुनः संगठन होता है। इसके फलस्वरूप सूझ अधिक उत्पन्न होगी। विर्च ने कोहलर के छड़ियों वाले प्रयोग को वनमानुषों पर दोहराया। उसने इस प्रयोग से सिद्ध किया कि पूर्व अनुभव का सूझ एवं समस्या समाधान से है। सूझ मे सम्बन्धित समस्याओं के अध्ययन बाद में समस्या समाधान अध्ययनों में परिवर्तित हो गए। परन्तु समस्यात्मक स्थिति का प्रत्यक्षीकरण व्यक्ति जितने अधिक पक्षों या दिशाओं से करता है, अन्तर्दृष्टि उतनी ही अधिक उत्पन्न होती है। गेस्टाल्ट मनोविज्ञान के अनुसार, "क्षेत्र का प्रत्यक्षीकरण और इसकी क्रमशः पुनः संरचना सूझ कहलाता है।"

अन्तर्दृष्टि की विशेषताएं—सूझ की निम्नलिखित विशेषताएँ होती हैं—

1. सूझ पर आयु एवं अनुभवों का प्रभाव पड़ता है। इसके बढ़ने से सूझ में भी विकास होता है।
2. सूझ एकाएक उत्पन्न होती है जिससे प्रतिक्रियाओं की त्रुटिया में कमी होने लगती है।
3. सूझ के प्रत्यक्षीकरण में परिवर्तन होने से समस्या का समाधान सरल हो जाता है।
4. प्रयत्न एवं भूल की क्रियाविधि के पश्चात सूझ उत्पन्न हो सकती है।
5. सूझ का नवीन परिस्थितियों में उत्पन्न होने से समस्या में एक प्रतिमान (Pattern) या संगठन परिलक्षित होता है। यह समस्या समाधान के लिए महत्त्वपूर्ण है।
6. मनुष्य में सूझ अपेक्षाकृत अन्य जानवरों से अधिक होती है। जिसमें बौद्धिक स्तर, स्मृति, बोध आदि का अधिक महत्त्व है।
7. चेतना में विचारों को लाने पर संगठित प्रतिमान के लिए अन्तर्दृष्टि अनिवार्य है।
8. सूझ का आधार कल्पना है। कल्पनाशक्ति जितनी अधिक होगी सूझ भी उतनी ही अधिक होगी।

शिक्षा में महत्त्व—इस सिद्धान्त का शिक्षा में अधिक महत्त्वपूर्ण स्थान है जिसको निम्नलिखित रूप से व्यक्त किया गया है—

1. विभिन्न प्रयोगों के आधार पर देखा गया है कि छोटे बच्चे स्थूल वस्तुओं में सही सम्बन्ध ढूंढ़ने में अधिकतर सफल रहते हैं। सूझ द्वारा सीखने में बालक की मानसिक क्षमताओं का विकास होता है। इसके साथ उनकी कल्पना शक्ति तर्क शक्ति एवं तुलनात्मक शक्ति का विकास किया जा सकता है।
2. उच्च मानसिक स्तर पर अमूर्त चिन्तन द्वारा समस्या का समाधान किया जाता है। यह सिद्धान्त गणित एवं विज्ञान जैसे कठिन विषयों के शिक्षण में अधिक उपयोगी है।
3. अधिगम इस बात पर अधिक निर्भर करता है कि विषयवस्तु का संगठन एवं क्रम कैसा है। यह सिद्धान्त समस्याओं के हल करने में रचनात्मक एवं क्रियात्मक पक्षों का सीखने में विकास करता है।
4. स्किनर के अनुसार, यह सिद्धान्त आदत और सीखने के यांत्रिक स्वरूपों के महत्त्व को कम करता है।
5. इस सिद्धान्त के अनुसार बालक स्वतः ही नवीन खोज के लिए तत्पर किए जा सकते हैं। अध्यापक को छात्रों में सूझ विकसित करने के लिए वस्तुओं की स्वयं खोज के लिए प्रोत्साहित करना चाहिए।
6. डैवर के कथनानुसार यह सिद्धान्त बालक की किसी लक्ष्य को प्राप्त करने के लिए उचित व्यवहार की चेतना प्रदान करता है।
7. इस सिद्धान्त के द्वारा सीखने की विधि का ज्ञान होता है तथा व्यावहारिक शिक्षण में भी इसका प्रयोग किया जाता है।
8. विषय ज्ञान के लिए सूझ आवश्यक है। अतः क्रो एवं क्रो ने यह सिद्धान्त साहित्य, कला तथा संगीत की शिक्षा में अधिक उपयोगी समझा है।
9. इस सिद्धान्त द्वारा छात्रों के चिन्तन एवं कार्यों की शैली से उपयुक्त निर्देशन स्थापित कर उनका विकास अधिक तीव्र गति से किया जा सकता है।
10. छात्रों को अधिक से अधिक समस्याओं के समाधान के लिए प्रेरित करना चाहिए।

सूझ के सिद्धान्त का मूल्यांकन

1. निम्न बुद्धि वाले प्राणियों पर सूझ से सिद्धान्त के समस्या समाधान में उपयोगिता स्पष्ट नहीं होती है।
2. समस्या का समाधान संयोग के आधार पर भी संभव हो सकता है।
3. मानव अधिकतर समस्याओं के समाधान में अपनी अन्तर्दृष्टि का प्रयोग करता है। मुख्य रूप से कठिन समस्याओं के समाधान में यह सिद्धान्त अधिक महत्त्वपूर्ण है।
4. जानवर भी अन्तर्दृष्टि के आधार पर सीखते हैं और इसी कारण समस्या के हल ढूंढने में भी सक्षम होते हैं।

कुर्ट लेविन का क्षेत्र सिद्धान्त
(Kurt Lewin's Field Theory)

इस सिद्धान्त के प्रवर्तक प्रसिद्ध मनोवैज्ञानिक कुर्ट लेविन हैं। लेविन के अनुसार, "अधिगम प्रत्यक्षपरक (Perceptual) संगठन या पुनः संगठन की एक प्रक्रिया है।" उनके सिद्धान्त का मुख्य आधार गेस्टाल्ट विचारधारा है। अधिगम प्रक्रिया में उन्होंने अन्तर्दृष्टि तथा प्रत्यक्षीकरण जैसे प्रत्ययों को सम्मिलित किया है। अधिगम एक व्यवहार है। यह एक गति (Locomotion) है, जो जीवन-विस्तार के एक मण्डल से दूसरे मण्डल तक होती है। इस गति में जीवन-विस्तार (Life-space) की संरचना परिवर्तन से सूझ का विकास सापेक्षीय (Relativistic) रूप से होता है लेकिन व्यवहार का कारण 'क्षेत्र' मानते हैं। अपने सिद्धान्त के विकास में उन्होंने भौतिक एवं गणितीय प्रत्ययों को अधिक महत्त्व दिया। अधिगम के सिद्धान्त को समझने से पूर्व हमें लेविन द्वारा प्रस्तुत कुछ आधारभूत प्रत्ययों को समझना अति आवश्यक है।

(1) **तलरूप** (Topology)—लेविन ने यह प्रत्यय अपने सिद्धान्त के विकास में ज्यामिती (Geometry) से लिया है। लेविन के अनुसार एक प्रकार का विस्तार (Space) मनोविज्ञान के लिए उचित बैठता है। यह स्थान अंशपूर्ण (Part-whole) या काल-वातावरण (Point-environment) सम्बन्ध को प्रदर्शित कर तलरूप विस्तार (Topological Space) कहलाता है। लेविन का मत है कि व्यक्ति-वातावरण सम्बन्ध के तलरूप विस्तार में मनोवैज्ञानिक सिद्धान्त भली भाँति समझा जा सकता है। तलरूप ज्यामिति का वह अंश है जो उन आकृतियों के गुणों की व्याख्या करता है जो निरन्तर परिवर्तन के अन्तर्गत अपरिवर्तनीय रहती है। तलरूप ज्यामिति में आकार, आकृति, परिमाण का कोई महत्त्व नहीं है। लचीले रबर (Elastic Rubber) की तरह इनके सम्बन्ध को समझा जा सकता है। जैसे किसी रबर के टुकड़े को विभिन्न दिशाओं में खींच सकते हैं परन्तु

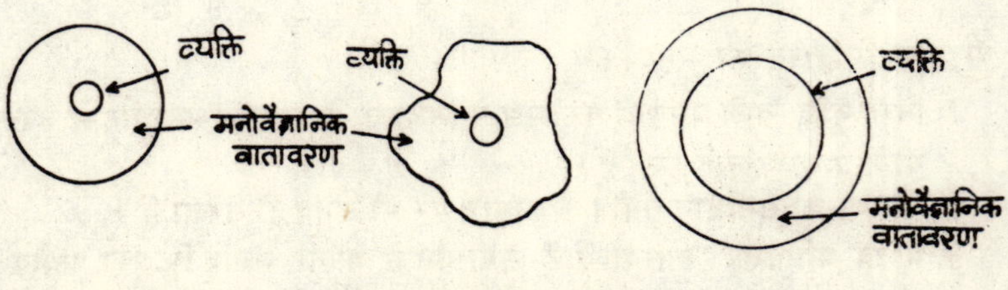

तलरूप की दृष्टि से बिन्दुओं की यथार्थ स्थिति एवं सम्बन्ध अपरिवर्तनीय रहते हैं। तलरूप में आन्तरिक, बाह्य एवं सीमा जैसे प्रत्यय निहित होते हैं। परन्तु लम्बाई, चौड़ाई और मोटाई से कोई तात्पर्य नहीं है। तलरूप के आधार पर वृत्त,

आयत, त्रिभुज, बहुभुज इत्यादि में कोई अन्तर नहीं है। पानी की एक बूंद तथा पृथ्वी तलरूप में पूर्णतया बराबर एवं समान है। तलरूप विज्ञान के द्वारा उपरोक्त आकृतियों में कोई भिन्नता नहीं होती है।

इसका विस्तार दो मुख्य प्रत्यय—'सम्बद्धता' एवं 'अंशपूर्ण सम्बन्धों' को प्रदर्शित करता है।

ये प्रत्यय जीवन विस्तार की संरचना को प्रत्यक्षीकरण एवं क्रियाओं की संभावनाओं की सीमा द्वारा स्पष्ट करने में प्रयोग किए जाते हैं। लेविन ने निम्न तलरूप चिह्नों का प्रयोग किया है।

+"तलरूप योग" $A+B=C$ का अर्थ है कि C मण्डल A और B मण्डलों का योग है।

C 'समाहित' KCL का अर्थ है कि K, L में समाहित (Included) है। A तथा B के योग का अर्थ है कि सभी अंश A तथा B के भाग हैं। यदि A, B का भाग है तो $A+B=B$ अर्थात हम इसे $A \subset B$ चिह्न से प्रदर्शित करेंगे।

2. जीवन-विस्तार (Life-Space)—क्षेत्र जीवन-विस्तार है। मनोवैज्ञानिक चिन्तन के लिए जीवन-विस्तार एक प्रतिमान (Model or Paradigm) है। "यह वह मनोवैज्ञानिक क्षेत्र है जिसमें एक निश्चित समय में व्यवहार को ज्ञात करने में सम्पूर्ण तथ्यों का समावेश रहता है।"("The life-space is a psychological field which includes the totality of facts determining behaviour.") लेविन के अनुसार, व्यक्तित्व एवं वातावरण के आंतरिक सम्बन्धों को जीवन-विस्तार कहते हैं। इसकी रचना व्यक्ति एवं उसके मनोवैज्ञानिक वातावरण द्वारा होती है। जीवन-विस्तार के गुणों की उत्पत्ति आंशिक रूप से व्यक्ति की स्थिति का जीवन-विस्तार की निरन्तरता के परिणाम पर और आंशिक रूप से व्यक्ति की भौतिक व सामाजिक वातावरण की अन्तःक्रिया पर निर्भर होती है।

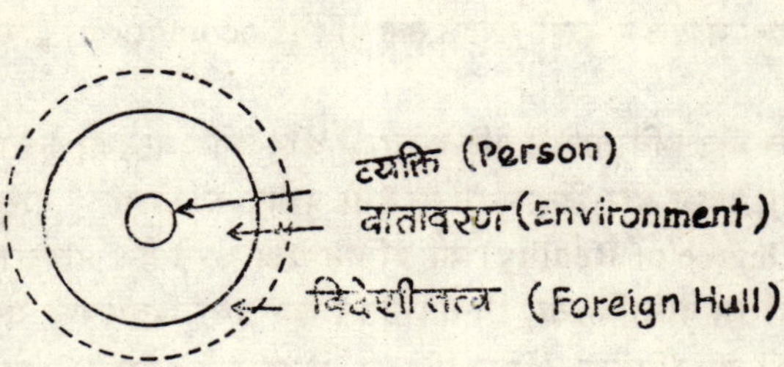

जीवन-विस्तार (Life-space)

लेविन का मुख्य सूत्र $B=f(P.E)$ है। जिसमें 'B' व्यवहार, मनोवैज्ञानिक व्यक्ति ('P') तथा मनोवैज्ञानिक वातावरण ('E') का एक फलक या सम्बन्ध

('f') है अर्थात व्यवहार जीवन-विस्तार का एक फलक है B=f (Life-space)। जीवन-विस्तार या मनोवैज्ञानिक क्षेत्र एक ऐसे प्रकार का गतिशीलपूर्ण (Dynamic Whole) है जिसमें एक भाग में परिवर्तन दूसरे भाग को प्रभावित करता है और प्रत्येक परिवर्तन पूर्ण पर निर्भर होता है अर्थात यह सहस्थितीय या साथ-साथ (Coexisting) घटकों की पूर्णता है। जीवन-विस्तार विदेशी तत्त्वों (Foreign-hull) से घिरा हुआ होता है। विदेशी तत्त्व का तात्पर्य भौतिक और सामाजिक वातावरण के उस पक्ष से है जो व्यक्ति को उस क्षण मनोवैज्ञानिक नहीं है। जीवन-विस्तार अनेक मण्डलों (Regions) से निर्मित होता है। इन मण्डलों की रचना उन विभिन्न परिस्थितियों, स्थानों, वस्तुओं एवं क्रियाकलापों द्वारा होती है, जो कि मनोवैज्ञानिक रूप से सार्थक है।

3. जीवन-विस्तार के मण्डल (Regions of Life-Space)—मण्डल दो प्रकार से प्रयुक्त हो सकता है—(1) प्रत्येक चीज जो जीवन-विस्तार में स्थान रखता है—जैसे व्यक्ति जीवन-विस्तार में गति करता है और जिसके द्वारा वह गति कर रहा है। (2) हर चीज का एक ही समय में जिसमें व्यक्ति अनेक स्थितियों के अन्तर को समझ सकता है। उदाहरण के लिए यदि व्यक्ति मनोविज्ञान पढ़ने के बारे में सोचता है तो वह जीवन-विस्तार में गति करता है। मनोविज्ञान में कौन-सा पाठ पढ़े, किस पुस्तक में यह अच्छा लिखा है, क्या-क्या पढ़ना है, इत्यादि अनेक स्थितियों के बारे में सोचकर निर्णय लेता रहता है। प्रत्येक मण्डल जिसके बारे में पुनः हमारी ज्ञानात्मक संरचना का विभिन्नीकरण या विभाजन नहीं हो सकता है, कोष्ठ (Cell) कहलाता है।

यदि क्रिया एक मण्डल है तो किसी वस्तु के विरोध के लिए यह साधन भी है। हवा, उड़ने वाले के लिए साधन है। यह साधन एक मण्डल है जिसमें या जिसके द्वारा गति को सम्पन्न किया जा सकता है। एक मनोवैज्ञानिक उद्देश्य जिसमें व्यक्ति प्रवेश करना चाहता है। एक मण्डल है। व्यक्ति की स्थिति में परिवर्तन एक मण्डल से दूसरे मण्डल तक गति (Locomotion) द्वारा प्रतिपादित होता है।

व्यक्ति जीवन-विस्तार में गति करता है और अनेक वस्तुओं के बारे में सोचता है। कल्पना, इच्छा और दिवास्वप्न या इसी प्रकार के विचार 'वास्तविकता की उपाधि' (Degree of Reality) का प्रतिनिधित्व करते हैं। प्रत्यक्षीकरण अधिकांशतः सर्वोत्तम वास्तविकता, चिन्तन उससे कम तथा दिवास्वप्न उससे भी और कम स्तर की वास्तविकता, जीवन-विस्तार में रखते हैं। निम्न चित्र में विस्तार और मण्डल दिखाया गया है।

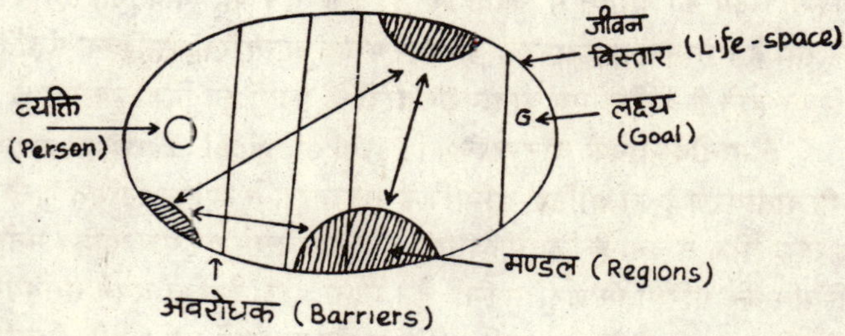

जीवन-विस्तार में व्यक्ति एवं वातावरण नें कालसामीप्य आपसीय अन्तः-क्रिया होती रहती है और एक दूसरे में स्वतन्त्र होते हैं। ये कार्य तथा प्रकृति में एक दूसरे पर निर्भर होते हैं।

4. व्यक्ति (Person)—एक व्यक्ति सचेतन व्यवहारपरक अहं है (A person is a consciously behaving self) । यह योग्ताओं और आवश्यक-ताओं का केन्द्र है। यह 'मैं' या 'मुझे' का द्योतक है । व्यक्ति अपने अहं (Self) का प्रत्यक्षीकरण तभी करता है जब वह इसे अपने वातावरण एवं इसके विभिन्न पक्षों को एक दूसरे से अलग पहचानता है, अहं जैसे किसी नई सूझ का विकास करता है या पुराने को बदलता है और नई आदतों का निर्माण करता है तो लगातार नई प्रक्रिया होती रहती है। मनोवैज्ञानिक दृष्टि से एक व्यक्ति (1) गामक प्रत्यक्षपरक स्तर (मण्डल) तथा (2) आन्तरिक-वैयक्तिक स्तर (Stratum) से बना है। गामक प्रत्यक्षपरक (Motor Perceptual) पद्धति ज्ञान एवं व्यक्ति की प्रतिहस्तरण योग्यता (Manipulative Abilities) को व्यक्त करती है तथा आन्तरिक वैयक्तिक पद्धति का उपकरण है। यह वातावरण की अपेक्षा व्यक्ति से अधिक सम्बन्धित रहती है।

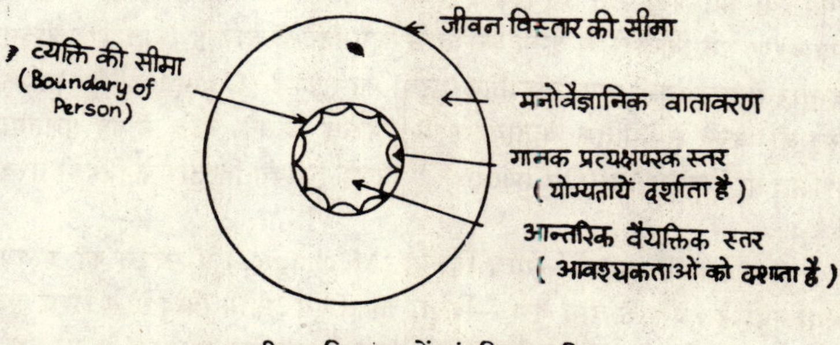

जीवन-विस्तार में संरचित व्यक्ति

गामक प्रत्यक्षपरक पद्धति में योग्यताएँ एवं आंतरिक-वैयक्तिक पद्धति में आवश्यकताएँ केन्द्रित होती हैं। आवश्यकता व्यक्ति की एक ऐसी स्थिति है जो

किसी लक्ष्य की प्राप्ति में व्यवहार का अंश है। यह व्यक्तिगत तनाव को व्यक्त करता है। गामक प्रत्यक्षपरक वातावरण एवं आन्तरिक वैयक्तिक पद्धति के मध्य स्थित होने से व्यक्ति एवं वातावरण दोनों के कार्यों का निर्वाह करता है।

5. मनोवैज्ञानिक वातावरण (Psychological Environment)—यह वह वातावरण है जो भौतिक-सामाजिक वातावरण से व्यक्ति निर्मित करता है। यह प्रत्येक चीज से बना है जिसमें जिसकी ओर या जिससे दूर एक व्यक्ति मनोवैज्ञानिक स्थिति को परिवर्तित कर सकता है। माना कोई व्यक्ति अपने साथियों के साथ पिकनिक पर गया है और सभी एक साथ बैठकर बातें कर रहे हैं। पिकनिक स्थल या सभी का एक साथ बैठकर बातें करना व विचार-विमर्श करना भौतिक-सामाजिक वातावरण है। परन्तु एक व्यक्ति उनमें से यदि उस समय अपने घर में बीमार के बारे में सोच रहा है और अपने मित्रों की बातों पर विचार नहीं करता तो वह मनोवैज्ञानिक वातावरण में विचरण करता है। निम्न चित्र में अ, ब, स, 'क' के मित्र हैं।

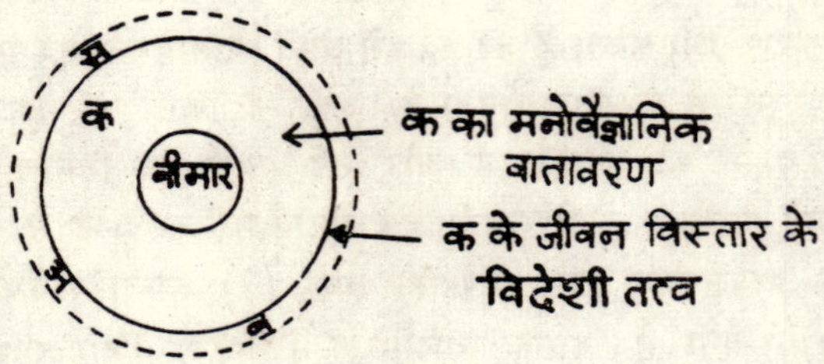

6. विदेशा तत्त्व (Foreign-Hull)—यदि व्यक्ति का किसी स्थिति जैसे कक्षागत वातावरण में विश्लेषण करें और यह पता करें कि वह अध्यापक के पढ़ाते समय क्या-क्या अन्य बातें उस स्थिति के अतिरिक्त सोच रहा है तो वह कक्षागत वातावरण उन विचारों के समय व्यक्ति के लिए विदेशी तत्त्व है। अतः यह जीवन विस्तार से बाह्य सभी अमनोवैज्ञानिक तत्त्वों का संकीर्ण (Complex) है। प्रत्येक वस्तु जो बच्चे के भौतिक वातावरण में है परन्तु जिसके बारे में वह पूर्णतया उपेक्षित या विस्मरणीय (Oblivious) है उसके जीवन-विस्तार के विदेशी तत्त्व में है।

7. सदिश (Vector)—यन्त्र विज्ञान (Mechanics) से सदिश का प्रत्यय लिया गया है। बल के तीन गुण—दिशा, शक्ति एवं प्रयोग बिन्दु में से दिशा एवं शक्ति ही मनोवैज्ञानिक बल को प्रदर्शित करते हैं। सदिश वह बल है जो लक्ष्य की ओर या उससे दूर प्रभावक गति करता है। विग्गी के अनुसार, "सदिश मनोवैज्ञानिक बल के स्पष्टीकरण का समान प्रत्यय है।" यदि विभिन्न सदिश किसी

क्रिया में संलग्न है तो गति बलों के परिणामी दिशा में होगी। यह क्या हो रहा है और क्या होने वाला है जैसे प्रश्नों से स्थिति की गतिशीलता का विवेचन करता है। जीवन-विस्तार में व्यक्ति को लक्ष्य की ओर ले जाने वाली शक्ति की प्रवृत्ति को आकर्षक बल (Attractive Forces) तथा इसके विपरीत बल की प्रवृत्ति को प्रतिकर्षण बल (Restraining Force) कहते हैं। आकर्षण बल गति की प्रवृत्ति तथा प्रतिकर्षण बल अवरोधक या मनोवैज्ञानिक गत की बाधा है। ये बल व्यक्ति की योग्यताओं और आवश्यकताओं से उत्पन्न होते हैं।

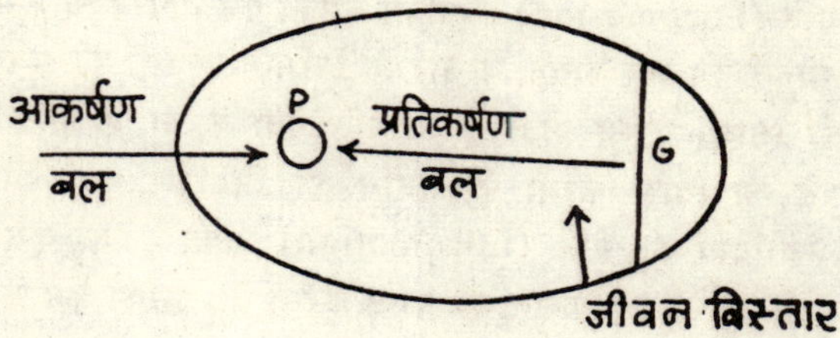

8. कर्षण शक्ति (Valence)—यदि व्यक्ति के समक्ष कोई उद्देश्य है तो वह उसे प्राप्त करना चाहता है। जीवन-विस्तार में अनेक ऐसे कारक होंगे जो व्यक्ति को लक्ष्य की दिशा की ओर ले जाने में सहायक होंगे। इन्हें धनात्मक कर्षण शक्ति (Positive Valence) या आकर्षण बल कहते हैं। परन्तु कई ऐसे तत्त्व जो लक्ष्य तक पहुँचने में व्यक्ति के मार्ग में अवरोध उत्पन्न करते हैं, आसानी से लक्ष्य प्राप्त नहीं होता है। ऐसे कारक (मण्डल) अवरोधक का कार्य करते हैं और व्यक्ति को लक्ष्य की दिशा के विपरीत ढकेलते हैं। इन्हें ऋणात्मक कर्षण शक्ति (Negative Valence) या प्रतिकर्षण बल कहते हैं। यह शक्ति जीवन-विस्तार के मण्डलों के गुणों को प्रदर्शित करती है। उदाहरणार्थ यदि छात्र उच्च अंक प्राप्त करना चाहता है तो उसकी बुद्धि पढ़ने की अभिवृत्ति, अध्यापक का सहयोग योग्यताएँ, प्रेरणा आदि उसे लक्ष्य प्राप्त करने में सहायता करेंगे अर्थात आकर्षण बल है। परन्तु उसकी पारिवारिक समस्याएँ कमजोर आर्थिक स्थिति, अरुचि, अनुपयुक्त शैक्षिक वातावरण, पुस्तकों का अभाव आदि अनेक कारक लक्ष्य प्राप्ति के विपरीत दिशा में कार्य करेंगे। अतः प्रतिकर्षण बल कहलाएँगे। यदि किसी क्रिया में धनात्मक एवं ऋणात्मक कर्षण शक्तियाँ निहित होती हैं तो द्वन्द्व (Conflict) उत्पन्न हो जाता है और यदि कोई अवरोधक सदिश के मार्ग में आ जाता है तो भग्नाशा (Frustration) होती है। यदि वातावरण की स्थिति विपरीत बल या आन्तरिक मनोवैज्ञानिक परिवर्तन से प्रेरित या बाह्य उत्तेजकों के कारण पैदा होती है तो तनाव (Tension) होता है। लेविन ने कर्षण शक्ति को व्यक्ति पर बलों की क्रिया के परिप्रेक्ष्य में स्पष्ट किया। एक मण्डल 'G' जिसको कर्षण

शक्ति Va (G) है, को व्यक्ति P के जीवन-विस्तार के अन्तर्गत व्यक्ति को आर्कषित या प्रतिकर्षित करता है। यदि Va (G) > O तो [f (P, G)] > O, Va कर्षण शक्ति, G लक्ष्य और f (P, G) व्यक्ति से लक्ष्य तक बल है। कर्षण शक्ति बल से सम्बन्धित होती है परन्तु इसके समरूप नहीं है।

9. लक्ष्य (Goal)—यह कर्षण शक्ति का मण्डल है। जिस दिशा में जीवन-विस्तार के अन्तर्गत व्यक्ति मनोवैज्ञानिक रूप से आर्कषित होते हैं या बल के निर्दिष्ट करने के सामूहिक मण्डल होते हैं, लक्ष्य कहलाता है।

10. गति (Locomotion)—लेविन व्यक्ति एवं वातावरण के मध्य संतुलन की स्थिति मानते हैं। जब जीवन-विस्तार के विभिन्न मण्डलों का सन्तुलन बिगड़ जाता है तो तनाव उत्पन्न होता है जो गति पैदा करता है और संतुलन को स्थापित करने का प्रयास करता है। तनाव का निवारण करने की क्रिया एवं सन्तुलन के स्थायित्व को गति (Locomotion) कहते हैं। यह एक ऐसी निर्देशित प्रक्रिया है जिसका उद्देश्य सन्तुलन प्राप्त करना है। इसका क्रम निम्नलिखित है—

तनाव → गति → सन्तुलन = आवश्यकता → क्रिया → आराम

भग्नाशा या असफलता से और अधिक तनाव उत्पन्न होता है। चालक या प्रेरक की संन्तुष्टि तनाव को दूर करने की पद्धति कहलाती है। लेविन के अनुसार मनोवैज्ञानिक व्यवहार एवं गति दोनों समान प्रत्यय हैं जो एक निश्चित दिशा

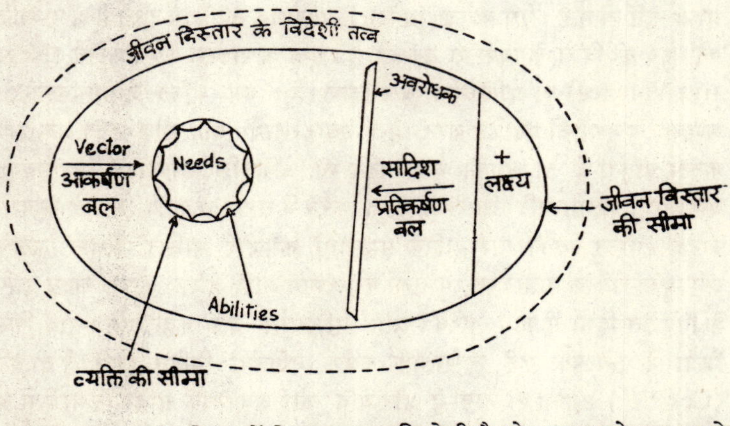

में होते हैं। बल की क्रियाओं के कारण गति लेती है जो तनाव को कम करके आराम देती है। तलरूप की दृष्टि से गति किसी स्थान में एक मण्डल से दूसरे मण्डल तक की क्रिया है। यह उद्देश्य-निर्देशित व्यवहार है। क्षेत्र के सहायक प्रत्ययों को उपरोक्त चित्र में प्रदर्शित किया गया है।

ब्राउन के विचार में "मनोवैज्ञानिक क्रियाएँ गतियों के लिए आदेशात्मक हो सकती हैं।" एक दृष्टि से व्यक्ति किसी एक वस्तु के गुण रखता है और वह स्थान जहाँ से गति होती है उसमें माध्यम के गुण होते हैं। इस माध्यम के संयोजकता, तरलता, व्याप्तता और अन्य समान गतिशील गुण होते हैं। बलों (Forces) की क्रियाओं के कारण गति उत्पन्न होती है जो प्रतिकर्षण बल तथा तनाव को कम कर सकते हैं अर्थात यह उद्देश्य निर्देशित व्यवहार है।

लेविन का सिद्धान्त एवं अधिगम (Lewin's Theory and Learning)

(1) **अधिगम में परिवर्तन** (Change in Learning)—लेविन के कथनानुसार अधिगम में चार प्रकार के परिवर्तन होते हैं—(1) ज्ञानात्मक संरचना में परिवर्तन, (2) प्रेरणा में परिवर्तन, (3) समूह सम्बद्धता या आदर्श में परिवर्तन और (4) ऐच्छिक नियंत्रण में प्राणी और स्नायुमण्डल में दक्षता। ज्ञानात्मक संरचना में परिवर्तन का तात्पर्य प्रत्यक्षपरक ज्ञान का विकास है। यह परिस्थिति की तलरूप संरचना के भाग में केन्द्रित रहती है। प्रेरणा में परिवर्तन का अर्थ जीवन-विस्तार के किसी अंश या भाग में पसन्द या नापसन्द अधिगम से है। समूह सम्बद्धता और आदर्श में परिवर्तन किसी की सभ्यता का विकास भी वातावरण और उसके प्रारम्भिक प्रत्यक्षीकरण को प्रदर्शित करता है। इससे भी ज्ञानात्मक संरचना में परिवर्तन होता है। लेविन के अनुसार—"A change in action ideology, a real acceptance of a changed set of facts and values, a change in the perceived social world—all three are but different expressions of the same process".) इन चार परिवर्तनों से प्रतीत होता है कि अधिगम प्रत्यक्षपरक संगठन और पुनर्संगठन है।

(2) **प्रत्यक्षपरक विभिन्नीकरण** (Preceptual Differentiation)—लेविन के अनुसार, "अन्तर्दृष्टि का विकास जीवन-विस्तार में परिवर्तन से होता है। विभिन्नीकरण जीवन-विस्तार के पूर्व अस्पष्ट एवं असंरचित क्षेत्र ज्ञानात्मक रूप से संरचित एवं विशिष्ट बन जाते हैं। बच्चे के वर्तमान जीवन-विस्तार में पूर्व की घटनाओं या भविष्य की प्रत्याशा की स्मृतियाँ या चिन्ह होते हैं। जो धीरे-धीरे परिवर्तन से विकसित होते हैं। विभिन्नीकरण वह प्रक्रिया है जिसमें मण्डल, उपमण्डलों में विभक्त होते हैं। जीवन-विस्तार में व्यक्ति विभिन्न वस्तुओं को उनकी विशेषताओं के आधार पर पृथकीकरण करता है अर्थात प्रत्येक विशिष्ट वस्तु के लिए पृथक मण्डल का निर्माण करता है जो एक दूसरे से भिन्न होते हैं।

(3) **सामान्यीकरण** (Generalization)—सामान्यीकरण वह प्रक्रिया है जिसमें व्यक्ति विशिष्ट वस्तुओं या क्रियाओं को एक समूह के अन्तर्गत संगठित करता है। सामान्यीकरण उपमण्डलों को किसी एक के जीवन-विस्तार में एक-

रूपता मण्डल (Unified region) में वर्गीकरण के द्वारा होता है। जब व्यक्ति यह सीखता है कि उसका स्वभाव, चरित्र, आकांक्षाएँ, विश्वास आदि सभी उसके भविष्य के जीवन-विस्तार के उपमण्डल हैं तो वह सामान्यीकरण कर रहा है। समानता के आधार पर सभी तत्त्वों को एक समूह में संकलित करके विभिन्नीकरण करना, सामान्यीकरण कहलाता है।

(4) **पुनः संरचनीकरण** (Restructurization)—व्यक्ति के विभिन्नीकरण एवं सामान्यीकरण के उपरान्त जीवन-विस्तार का नए मण्डलों के साथ-साथ पुनः संरचनीकरण होता है। जीवन-विस्तार में दिशा का प्रत्यक्षीकरण विभिन्न उपमण्डलों के पारस्परिक सम्बन्धों की सार्थकता को स्थापित किया जा सकता है। इससे विभिन्न उपखण्डों की संरचना बदलती रहती है। कुछ मण्डल एक समूह से बिखर जाते हैं तो कई मण्डल समूह से जुड़ भी सकते हैं। उदाहरण के लिए यदि व्यक्ति एक बार स्वभाव, चरित्र एवं बुद्धि से उत्तम है तो कुछ समय पश्चात वह चरित्र का और दृढ़ परन्तु स्वभाव एवं बुद्धि में पहले की अपेक्षा कमजोर हो जाता है। उसके मण्डल में परिवर्तन हो जाता है। अतः पुनः संरचनीकरण विभिन्न मण्डलों की संरचना में परिवर्तन के फलस्वरूप नवीन संरचनाओं का निर्माण है। यदि देखा जाय तो नवीन ज्ञानात्मक संरचनाओं का निर्माण विभिन्नीकरण एवं सामान्यीकरण में स्थापित हो रहा है। इससे पुरानी संरचनाओं में परिवर्तन से पुनः संरचनीकरण होता है।

(5) **प्रत्यक्षीकरण** (Perception)—गेस्टाल्ट सिद्धान्त के समान लेविन के सिद्धान्त में प्रत्यक्षीकरण एवं अधिगम का घनिष्ठ अन्तःसम्बन्ध है। प्रत्यक्षीकरण न ही शक्ति का स्रोत है और न ही यह व्यवहार का चालक बल है। बल्कि यह व्यवहार को प्रभावित करता है। किसी नई वस्तु के प्रत्यक्षीकरण से प्राणी में तनाव उत्पन्न होता है। यह कर्षण शक्ति से व्यक्ति को वस्तु के प्रति आकर्षित या प्रतिकर्षित कर सकता है। अतः व्यक्ति प्रत्यक्षपरक वस्तु की ओर या इससे दूर गति करता है। इससे व्यवहार की दिशा निर्देशित या सम्बन्धित होती है। जिस मण्डल में तनाव होता है वहीं गति उत्पन्न होती है और मण्डल के संतुलन के लिए प्रक्रिया उत्पन्न हो जाती है। सन्तुलन की स्थापना से गति समाप्त हो जाती है और व्यक्ति सीख जाता है।

(6) **अधिगम में पुनरावृत्ति** (Repetition in Learning)—लेविन अधिगम में पुनरावृत्ति के प्रयोग के विपरीत हैं। कार्लस्टन के प्रयोग से सिद्ध होता है कि अधिक पुनरावृत्ति अतृप्तता (Satiation) को उत्पन्न करता है जो कि क्षेत्र के विभिन्नीकरण में परिवर्तित कर सीखना समाप्त करता है। ज्ञानात्मक संरचना में सभी परिवर्तन बलों से उत्पन्न होते हैं। ये बल आवश्यकता, मूल्य, इच्छा आदि के कारण या वातावरण की क्रियाओं के कारण उत्पन्न हो सकते हैं। सभी

मानसिक क्रियाएँ व्यक्ति के उद्देश्य से प्रभावित होती हैं। अतः बिना उद्देश्य से पुनरावृत्ति अधिगम विहीन (Unlearning) हो जाती हैं। कर्षण शक्ति तथा अभिवृत्ति में परिवर्तन भी अधिगम है। क्योंकि ये सभी मनोवैज्ञानिक क्षेत्र की ज्ञानात्मक संरचना से सम्बन्धित होते हैं। आवश्यकताओं के परिवर्तन से प्रेरणा में भी परिवर्तन होता है और सन्तोष का कारण बन जाते हैं।

(7) **आकांक्षास्तर** (Level of Aspiration)—लेविन का मत है कि अधिगम में आकांक्षास्तर का बहुत महत्त्व है। यह व्यक्ति की शक्तियों एवं उसके समूह के प्रभाव दोनों पर निर्भर करता है। अत्यधिक उच्च या निम्न आकांक्षास्तर अधिगम को प्रोत्साहित नहीं करते हैं परन्तु व्यक्ति अपने इस स्तर को समुचित रूप से व्यवस्थित करना सीख सकता है।

(8) **पुरस्कार एवं दण्ड** (Reward and Punishment)—लेविन "बल द्वारा सीखना" तथा प्रजातांत्रिक अधिगम (Learning Democracy) के मध्य अन्तर को भी स्पष्ट करता है। यदि किसी व्यक्ति को जबरन किसी स्थिति में समायोजन करना पड़ता है तो यह स्थिति दण्ड द्वारा सीखना कहलाएगी तथा स्वतन्त्र गति के विस्तार को कम करेगी। पुरस्कार में दण्ड की अपेक्षा अधिक स्वतन्त्रता मिलती है। परन्तु पुरस्कार के सभी मार्ग बन्द करने से अनैच्छिक और आग्रह जैसी क्रियाओं को बचाता है।

तलरूप सिद्धान्त : शैक्षिक उपयोगिता—तलरूप सिद्धान्त का मुख्य आधार क्षेत्र है इसकी शैक्षिक उपयोगिता। इसके सिद्धान्त संक्षेप में निम्न हैं—

1. इस सिद्धान्त में शिक्षण उद्देश्य की स्पष्टता अनिवार्य है। उद्देश्यविहीन शिक्षा अधिगम प्रक्रिया को समाप्त कर देती है।
2. व्यक्ति, प्रेरणा एवं वातावरण का क्षेत्र में अधिक महत्त्व है। इससे जीवन विस्तार में प्रत्यक्षपरक संगठन एवं पुनर्संगठन होता है।
3. पाठ्यक्रम की संरचना ऐसी होनी चाहिए कि विभिन्न अवस्थाओं में आवश्यकताओं का सम्बन्ध विषयवस्तु से हो।
4. वातावरण में उपस्थित अनेक बाधाओं को दूर कर छात्रों को उद्देश्य तक पहुँचाने में विभिन्न आकर्षण शक्तियों का प्रयोग करना चाहिए। अध्यापक इस क्षेत्र में छात्रों का समुचित मार्गदर्शन कर सकता है।
5. लेविन के सिद्धान्त के अनुसार, विभिन्नीकरण, सामान्यीकरण एवं पुनः संरचनीकरण के आधार पर नए मण्डलों का संगठन जीवन-विस्तार में करना चाहिए।
6. विभिन्न प्रायोगिक समस्याओं का स्पष्ट ज्ञान छात्रों को प्रदान कर उनमें अन्तर्दृष्टि विकास के विभिन्न उपायों को प्रस्तुत करना चाहिए। जटिल समस्याओं को सुलझाने में आकर्षित बलों का प्रयोग करना लाभ-

प्रद होता है।

7. बालकों में कार्य करने की प्रेरणा उत्पन्न कर अधिगम प्रक्रिया को सफल बनाना चाहिए। इसके लिए उनके मानसिक तनाव दूर करने आवश्यक हैं।
8. वातावरण के विभिन्न शैक्षिक तत्वों या संगठनों में सन्तुलन बनाने से अधिगम में गति उत्पन्न करने का प्रयास करना चाहिए।

आलोचना

1. तलरूप सिद्धान्त से अधिगम प्रक्रिया अधिक प्रभावित न होकर अधिगम सिद्धान्त की व्याख्या अपूर्ण रह जाती है।
2. अधिगम को मात्रात्मक रूप से मूल्यांकन करना संभव नहीं है। लेविन ने गणित एवं यंत्र विज्ञान के प्रत्ययों का अधिक प्रयोग सीखने की प्रक्रिया में किया है। यह समस्या की व्याख्या न करके समस्या के वास्तविक प्रत्यय का प्रतिनिधित्व करता है।
3. लेविन स्मृति की समस्या में अपने विचारों को विस्तृत रूप से व्याख्या करने में असमर्थ रहे, जिससे क्षेत्र सैद्धान्तिकों के लिए सामान्य कठिनाइयाँ उत्पन्न करता है।
4. यह सिद्धान्त अधिगम में पूर्व अनुभवों के प्रभाव को महत्त्व नहीं देता तथा इसका प्रभाव समाज विज्ञान से अधिक सम्बन्धित है।

टोलमैन का अधिगम सिद्धान्त (Tolman's Learning Theory)

इस सिद्धान्त के प्रवर्तक ई० सी० टोलमैन (1886-1959) हैं जो उत्तेजन-प्रतिक्रिया तथा ज्ञानात्मक क्षेत्र सिद्धान्तों को संयोजित कर अधिगम सिद्धान्त की व्याख्या करने में सफल हुए। इनके सिद्धान्त को चिह्न पूर्णाकार (Sign Gestalt) या चिह्न सार्थक प्रत्याशा (Sign Significate Expectancy) सिद्धान्त भी कहते हैं। अपने सिद्धान्त के विकास में टोलमैन—फ्रायड एवं मैक्डूगल के प्रत्ययों से भी अधिक प्रभावित थे। मूलरूप में वह व्यवहारवादी माने जाते हैं और उत्तेजना-प्रतिक्रिया सिद्धान्त की आलोचना करते हुए इन्हें यान्त्रिक मानते हैं। उनके विचार में इन सिद्धान्तों की जीवन प्रक्रिया (Life Process) तथा उद्देश्य से कोई प्रयोजन नहीं है। टोलमैन ने अपने अध्ययनों को "पारस्परिक बिहैवियर इन एनिमल्स एण्ड मैन", "ड्राइब्स टुवर्डस वार" जैसे लेखों में 1932 में प्रकाशित किया। टोलमैन की पद्धति को सप्रयोजन व्यवहारवाद (Purposive Behaviourism) माना जाता है। समस्त क्रियाएँ उद्देश्यपूर्ण होती हैं। इनके सिद्धान्त के मुख्य कथन निम्न हैं —

1. मानव व्यवहार की अध्ययन विधि में टोलमैन आत्मनिरीक्षण को स्वीकार नहीं करते तथा संचेतन के मनोविज्ञान के प्रतिकूल हैं।
2. व्यवहार उद्देश्यपूर्ण होता है। उत्तेजना के प्रति प्रतिक्रिया नहीं होती है बल्कि विश्वास के प्रति क्रिया, अभिवृत्ति को प्रदर्शित करना एवं उद्देश्य की ओर परिश्रम करना व्यावहारिक प्रतिक्रियाएँ हैं।
3. टोलमैन व्यवहार की तत्त्वीय पद्धति से सहमत नहीं होते हैं। बल्कि उन्होंने ग्रामीण विलियन (Molar) पद्धति को व्यवहार का आधार माना। व्यवहार की क्रियाएँ स्नायुमण्डल, मांसपेशियाँ तथा ग्रन्थियों की प्रक्रियाओं से स्पष्ट किया जा सकता है।
4. उद्देश्य से सम्बन्धित चिह्नों के अर्थ को समझ लेना अधिगम है। उन्हीं चिन्हों (Signs) का ज्ञान संभव है जो प्रत्याशा की सम्पुष्टि करते हों।

टोलमैन ने तीन चरों (Variables) के प्रत्ययों को अपने सिद्धान्त के विकास में प्रयुक्त किया, जो निम्न प्रकार स्पष्ट किए गए हैं—

1. स्वतन्त्र चर (Independent Vairables)—व्यवहार के आरम्भिक कारणों का निरीक्षण करने से अन्तिम परिणामी व्यवहार के कारणों का पता ज्ञात किया जा सकता है। व्यवहार के इन आरम्भिक (Initiating) कारणों में पाँच स्वतन्त्र चरों की व्याख्या टोलमैन द्वारा की गई। (1) वातावरणीय उत्तेजक 'S', (2) शारीरिक चालक 'P', (3) वंशानुक्रम 'H', (4) पूर्व प्रशिक्षण 'T' और (5) परिपक्वता या आयु 'A', व्यवहार इन सभी चरों की क्रिया या फलक हैं।

$$B = f(S, P, H, T, A)$$

क्रिया (f) को मानसिक क्रियाओं में समुदाय में विभक्त किया जा सकता है। ये सभी स्वतन्त्र चर आपस में अन्तःक्रिया करते हैं। S तथा P निर्मुक्त चर (Releasing Variables) कहलाते हैं और व्यवहार को गति प्रदान करते हैं। H, T, और A मार्ग प्रदर्शक चर हैं तथा S और P द्वारा आरम्भिक व्यवहार के अन्तिम गुणों को मालूम करते हैं। इसमें हम S तथा P का निरीक्षण एवं मापन कर सकते हैं। स्वतन्त्र चरों को 1937 में टोलमैन ने संशोधित किया और दो वर्गों में विभाजित किया। (1) प्रथम समूह में वैयक्तिक भिन्नता वाले चर H, A, तथा T और कुछ इन्द्रिय कारक E सम्मिलित किए गए। द्वितीय समूह प्रायोगिक स्वतन्त्र चर में अग्रगामी अवसरों का योग (Sum of Preceding Occasions) (ΣOBO) सम्मिलित थे। अन्य स्वतन्त्र चर प्रतिपादित अनुसूचित (Maintenance Schedule) (M), उद्देश्य वस्तु (G), उत्तेजक (S) इत्यादि हैं।

2. परतन्त्र चर (Dependent Variables)—इसमें प्राणी के निरीक्षित

व्यवहार निहित होते हैं। टोलमैन ने अपने प्रयोग में व्यवहार अनुपात को मापक परतन्त्र पर व्यक्त किया। चूहों पर भूलभुलैया (Maze) अधिगम प्रयोगों द्वारा टोलमैन ने कई निष्कर्ष निकाले।

$$\text{व्यवहार अनुपात} = \frac{\text{चूहे की सही गली में घुमाव की आवृत्ति}}{\text{सही व गलत घुमाव की सम्पूर्ण आवृत्ति}}$$

प्राणी के व्यवहार पर विभिन्न प्रयोगों द्वारा प्राप्त परिणामों के आधार पर निम्न निर्णय निकाले गए—

1. व्यवहार सक्रिय और चयनित है।
2. व्यवहार उद्देश्यपूर्ण एवं उद्देश्य निर्देशित है।
3. यद्यपि व्यवहार उत्तेजना-प्रतिक्रिया मामला है परन्तु यह यांत्रिक नहीं है।
4. व्यवहार शिक्षण योग्य या सहज-अधिगमी (Docile) तथा ग्राम-अणुक (Molar) है। यह सम्पूर्ण प्राणी की क्रिया है। किसी कार्य में व्यक्ति की क्रिया उद्देश्य निर्देशित होती है न कि उत्तेजना प्रतिक्रिया सम्बन्ध के यांत्रिक स्वरूप।

सहज अधिगमी व्यवहार उद्देश्यपूर्ण तथा ज्ञानात्मक होता है और वरीयता-क्रम में आवश्यक समस्याएँ, चिह्न-पूर्णाकार, तत्परता एवं प्रत्याशा प्रस्तुत करता है। ग्राम-अणुक होने से यह स्वाभाविक प्रतिवर्तियों (Reflexes) में विभाजित नहीं होता है तथा अर्थयुक्त होता है। यह चिह्न पूर्णाकार प्रत्याशाएँ, प्रत्यक्षीकरण एवं प्रेरणा के संयोग को दर्शाता है। प्रत्याशा के तीन रूप प्रत्यक्षीकरण स्मरण एवं निर्णय होते हैं। इस तथ्य से सम्बन्धित मुख्य भाव यह है कि व्यवहार कारणों और प्रभावों का क्रम नहीं बल्कि उद्देश्य तथा क्रियाओं की ऐसी श्रेणी है जो उद्देश्य वस्तु की ओर ले जाती है। प्राणी उत्तेजक चिह्न के प्रत्यक्षीकरण द्वारा सीखता है जो प्राणी उद्देश्यपूर्ण क्रिया को उत्पन्न करता है। अतः प्रेरित तथा प्रत्यक्षीकृत तत्त्वों के संयोग से निर्मित चिह्न-पूर्णाकार प्रत्याशा ही टोलमैन के अधिगम सिद्धान्त का मुख्य प्रत्यय है।

3. **मध्यागत चर** (Intervening Variables)—टोलमैन एक ऐसे अनुमानित वर्ग और अनिरीक्षित (Non-observed) कारकों को स्वतन्त्र एवं परतन्त्र चरों के बीच की अभिधारणा (Postulates) रखता है जो कि व्यवहार को दर्शाते हैं। इन मध्यागत चरों को तीन वर्गों में विभाजित किया गया है: (1) उद्देश्य-पूर्ण एवं ज्ञानात्मक निर्धारक, (2) क्षमताएँ और (3) व्यवहार समायोजन। इन्हें प्रत्यक्ष रूप से निरीक्षत नहीं किया जा सकता है परन्तु व्यवहार से निर्धारित कर सकते हैं। टोलमैन के शब्दों में—"Intervening variables are to behaviour as electrons, curves, or whatever it may be, are to the

happenings in inorganic maters."

सन् 1952 में टोलमैन ने इन मध्यागत चरों को संशोधित करके तीन मुख्य चरों का वर्णन किया।

1. **आवश्यकता-पद्धति** (Need-System)—यह किसी क्षण शारीरिक कमियों या चालक स्थिति पर निर्भर करती है।

2. **विश्वास-मूल्य** (Belief-Value)—प्रेरक जो किसी उद्देश्य वस्तु के प्रति प्रणता की दशा (Degree of Preference) और आवश्यकताओं या कमियों की सन्तुष्टि में उनकी सापेक्ष शक्ति के मूल्य को दर्शाते हैं, विश्वास मूल्य कहलाते हैं।

3. **व्यवहार स्थान** (Behaviour-Spaces)—व्यवहार टोलमैन के अनुसार व्यवहार स्थान में होता है। क्रियाशील व्यक्ति इस स्थान में विचरण करता है। कुछ वस्तु धनात्मक तथा कुछ ऋणात्मक कर्षण शक्ति (Valence) रखते हैं। टोलमैन ने कर्षण शक्ति को प्रत्यक्षीकरण की दृष्टि से प्रयोग किया।

अधिगम के सिद्धान्त (Theory of Learning)—टोलमैन का विश्वास है कि व्यवहार सहज-अधिगमी (Docile) है। मानव व्यवहार को कुछ साधारण प्रतिवर्तियों के अतिरिक्त सभी प्रतिमानों में अनुभवों के द्वारा सुधारा जा सकता है। उन्होंने अधिगम के सिद्धान्त को 'प्रयास एवं भूल', 'अनुकूलन' और 'पूर्णाकार' में विभाजित किया तथा अपने सिद्धान्त को पूर्णाकार की उपकिस्म (Sub-variety) माना।

टोलमैन के अनुसार, "अधिगम, चिन्ह-पूर्णाकार निर्माण, शुद्धता, चयन एवं खोज की एक घटना है।" सर्वप्रथम मस्तिष्क मे उद्देश्य घटित होता है। उसी उद्देश्य की प्राप्ति के लिए प्राणी प्रतिक्रियाएँ करता है। उत्तेजना का प्रत्यक्षीकरण होने से उत्तेजना की प्रतिक्रिया देनी सीखी जाती है जो उद्देश्य प्राप्ति में सहायक हो। यह टोलमैन का क्रिया सिद्धान्त कहलाता है। टोलमैन ने अधिगम के नियमों को क्षमता नियमों एवं उत्तेजना नियमों में विभाजित किया। उत्तेजना नियम या तो अधिगम की सामग्री या प्रस्तुतीकरण के लक्षण से सम्बन्धित हो सकते हैं।

अधिगम सिद्धान्त : प्रयोग (Learning Theory : Experiments)—व्यवहार के सैद्धान्तिक पक्ष की विस्तृत जानकारी के लिए टोलमैन, उसके सहयोगी एवं विद्यार्थियों ने अनेक प्रयोग किए। एक साधारण भूल-भुलैया (Maze) प्रयोग में चूहों को तैर कर उद्देश्य वस्तु तक पहुँचने का प्रशिक्षण दिया गया। यह प्रयोग इस उद्देश्य से किया गया कि क्या चूहे भूल-भुलैया के बारे में ज्ञान रखकर सीखते हैं या उत्तेजना प्रतिक्रिया सम्बन्ध से। भोजन तक पहुँचने में चूहे किस प्रतिक्रिया द्वारा पहुँच पाते हैं। जब पानी को खाली किया जाता है और पुनः चूहे पर भूल-भुलैया में प्रयोग किया जाता है तो चूहे बिना गलतियों को दुहराते हुए बिना

तैरते हुए पहुँच जाते हैं। अर्थात चूहे इस उपकरण की संरचना का ज्ञान रखते हैं। उन्होंने एक ज्ञानात्मक मानचित्र मस्तिष्क में बना लिया है। उद्देश्य से सम्बन्धित प्रतिक्रिया प्राणी चिन्हों एवं उनके अर्थों के ज्ञान से सीखता है। वह चिन्ह एवं उद्देश्य के मध्यागत सूझ का निर्माण करता है, इन्हीं चिन्हों को समझकर ज्ञानात्मक संरचनाओं का निर्माण होता है। प्राणी पृथक क्रियाएँ न कर चिन्हों के द्वारा सम्पूर्ण परिस्थिति का प्रत्यक्ष ज्ञान प्राप्त करता है।

1. स्थान अधिगम (Place-Learning)—टोलमैन ने चूहों पर भूल-भुलैया में सीखने से सम्बन्धित प्रयोग किए। इस प्रयोग में भोजन तक पहुँचने के तीन मार्ग थे। मार्गों की पृथक लम्बाइयाँ थीं। चूहों की क्रियाओं का निरीक्षण करने के लिए प्रारम्भिक प्रशिक्षण में चूहों को इस विशिष्ट भूल-भुलैया में प्रविष्ट करवाया गया। उन्होंने सबसे छोटे मार्ग से भोजन तक पहुँचने के लिए सुलभ समझा। इन प्रथम दो मार्गों में एक सामान्य विभाग (Segment) था। जब भोजन तक पहुँचने वाले भाग के इस विभाग को बन्द किया गया तो चूहों ने सबसे लम्बे मार्ग का चयन किया। प्रारम्भिक प्रशिक्षण में चूहों ने इसे भोजन तक पहुँचने में बहुत कम उपयोग किया। चूहों का व्यवहार ऐसा प्रतीत होता था कि जैसे उनके मस्तिष्क में इस उपकरण का ज्ञानात्मक मानचित्र पूर्व निश्चित हो। टोलमैन का विचार है कि अधिगम अपने में प्रत्यक्षात्मक अनुभवों का संगठन एवं सामूहिककरण है। यह स्थान अधिगम ज्ञानात्मक प्रक्रियाओं के महत्त्व का द्योतक है।

2. गुप्त अधिगम (Latent-Learning)—इस प्रयोग में चूहों को बिना भोजन के गति करने के लिए छोड़ा गया। यह प्रयोग होंजिक तथा टोलमैन (1930) ने चूहों के एक समूह पर किया। बाद में जब भोजन पुरस्कार के रूप में प्रस्तुत किया गया, वे चूहे जिन्हें भूल-भुलैया को अन्वेषण करने (Explore) का मौका मिला था उन्होंने अपेक्षाकृत उन चूहों के बहुत अधिक तीव्र सीखा जिन्हें यह अवसर नहीं मिला था। टोलमैन ने इसकी व्याख्या करते हुए कहा है कि गुप्त प्रशिक्षण बिना भोजन पुरस्कार के अन्वेषण करने के कारण हुआ था।

3. पुरस्कार-प्रत्याशा (Reward-Expectancy) – पुरस्कार प्रत्याशा अधिगम पर टिकल पौ (Tikle Paugh) ने किया। एक बन्दर के समक्ष एक बर्तन में केला तथा दूसरे को खाली दिखाया गया। उसके बाद दोनों बर्तनों को ढक दिया गया। बन्दर को प्रायोगिक परिस्थिति में लाने पर उसने केले वाले बर्तन को ही खोला। जब केले के स्थान पर चुकन्दर के पत्ते रखे गए तो बन्दर ने बर्तन नहीं खोला। दृढ़ता सिद्धान्त (Strengthening Principle) के अनुसार चिन्ह वही सीखे जाते हैं जो प्रत्याशा की सम्पुष्टि करते हैं। मस्तिष्क में जब ये चिन्ह कमजोर पड़ जाते हैं तो प्रत्याशा को असम्पुष्ट करते हैं। इससे यह ज्ञात होता है कि अधि-

गम तभी अधिक होगा जब चिन्ह सार्थक प्रत्याशा शक्तिशाली हो। अन्यथा व्यवहार विदीर्ण होने वाला (Disruptive) होगा। पूर्व अनुभवों के आधार पर प्राणी ज्ञानात्मक संरचनाओं का विकास करता है। ये ज्ञानात्मक संरचनाएँ परिकल्पनाओं की एक ऐसी पद्धति है जिसमें अन्त की ओर पहुँचना अत्यन्त सरल हो जाता है। किसी प्रतिक्रिया को सीखना पुरस्कार एवं प्रत्याशा पर निर्भर करता है।

प्रेरणा (Motivation)—टोलमैन ने प्रेरणा को अधिगम प्रक्रिया में महत्त्वपूर्ण स्थान दिया तथा प्रेरणा की समस्या को क्रमिक रूप प्रदान किया। जब कोई व्यक्ति किसी विशिष्ट उद्देश्य की माँग करता है तो वह कार्य को करने के लिए उत्तेजित होता है। व्यवहार दो प्रकार की माँगों से प्रभावित होता है: (1) शारीरिक व्यवधान—इनसे बचने की कोशिश की जाती है। (2) शारीरिक निश्चलता (Quiescences)—जिन्हें प्राणी द्वारा ढूँढा जाता है। टोलमैन के अनुसार हानि का अन्तिम लक्ष्य उस शारीरिक स्थिति की प्राप्ति है जब व्यवधान उत्तेजक प्राणी पर क्रिया बन्द कर देता है। भूख (Appetite) का अन्तिम लक्ष्य खर्चीली वस्तु से वाणिज्य द्वारा शारीरिक निश्चलता की प्राप्ति है।

हानि एवं भूख के तीन पक्ष हैं—(1) शारीरिक अवस्था, (2) क्रिया की माँग तथा (3) चिन्ह-पूर्णाकार तत्परता। लक्ष्य वस्तु द्वारा प्रस्तुत प्रलोभन मूल्य तथा कमी या चालक से व्यवहार प्रेरित होता है। भूख एवं हानि, जिन्हें प्रथम क्रम चालक कहते हैं, सहज अधिगमी है। मानव द्वितीय क्रम चालक से भी प्रेरित होते हैं। जैसे—जिज्ञासा संघचारिता (Gregariousness), आत्मगौरव, अनुकरणात्मक, आदि ये चालक प्रथम क्रम चालकों के अधीन एवं अपेक्षाकृत कमजोर होते हैं। दोनों के संयोग से व्यक्तित्व यांत्रिकी उत्पन्न होती है।

अधिगम के प्रकार (Types of Learning)—टोलमैन ने सन् 1949 में अपने अधिगम सिद्धान्तों का संशोधन किया और छः प्रकार के अधिगम की व्याख्या की—

1. केथेक्सिस (Cathexis)—इस प्रकार का अधिगम मूल चालकों के लिए धनात्मक या ऋणात्मक वस्तुओं के अन्तिम प्रकार को स्पष्ट करता है। यह भोजन के स्तर एवं भूख चालक के मध्य एक सम्बन्ध है।

2. समानता विश्वास (Equivalence Belief)—यह धनात्मक व्यवधान वस्तुओं एवं उपव्यवधान वस्तुओं के बीच एक सम्बन्ध है।

3. क्षेत्र प्रत्याशा (Field Expectancy)—यदि कोई वातावरण की स्थिति बार-बार व्यक्ति को प्रस्तुत की जाती है तो क्षेत्र प्रत्याशा कहलाती है।

4. क्षेत्र ज्ञानात्मक प्रकार (Field Cognation Modes)—वातावरण की वस्तुओं को याद करना और प्रत्यक्षीकरण करने के नवीन तरीकों को क्षेत्र ज्ञानात्मक प्रकार कहते हैं।

5. चालक विभिन्नीकरण (Drive Discrimination)—प्रतिक्रिया के प्रकार एवं चालक के प्रकार के मध्य निश्चित सम्बन्ध होता है।

6. गामक प्रतिमान (Motor Patterns)—गामक प्रतिमान टोलमैन के कथनानुसार अनुकूलित होते हैं।

अधिगम के नियम (Laws of Learning)—टोलमैन ने अपने जीवन काल में अधिगम की स्थिति के अनुरूप कई नियमों का प्रतिपादन किया। इन नियमों में अनुकूलन प्रतिवर्ती अधिगम, प्रयास एवं त्रुटि और अन्वेषित अधिगम के नियम हैं। अधिगम के लिए तीन प्रकार के नियमों की आवश्यकता पर बल दिया गया।

1. क्षमता नियम (Capacity Laws)—अधिगमी के कुछ आधारभूत गुणों, दक्षताओं, कार्यकुशलताओं, जिनके निर्धारण से व्यक्ति को सीखने में सहायता मिलती है, क्षमता के नियमों से सम्बन्धित हैं।

2. उत्तेजना नियम (Stimulus Laws)—यह किसी द्रव्य में स्थित विशेषताओं को प्रदर्शित करते हैं। जैसे अवयवों के पारस्परिक सम्बन्ध और संगठन से किस प्रकार सूझ का प्रयोग कर समस्या सुलझाई जा सकती है।

3 प्रस्तुतीकरण के ढंग से सम्बन्धित नियम (Laws Relative to the Manner)—जिसमें पदार्थ को प्रस्तुत किया जाता है। जैसे—प्रस्तुतीकरण की आवृत्ति, विभाजन या अभ्यास और पुरस्कार का उपयोग।

टोलमैन का अंशदान (Tolman's Contribution) – टोलमैन एक समाहरक (Electic) मनोवैज्ञानिक कहा जा सकता है। इन्होंने वाटसन का व्यवहारवाद और पेवलोव के अनुकूलन के साथ मैक्डूगल का प्रयोजनवाद और थार्नडाइक का प्रभाव के नियम तथा प्रत्यक्षीकरण और क्षेत्र सिद्धान्त को संयोजित किया है। व्यवहार के निरीक्षण की दृष्टि से ये व्यवहारवादी हैं और अधिगम सिद्धान्त में गेस्टाल्ट कहे जा सकते हैं। सामान्य विचार से प्रयोजनवादी हैं। फिर भी टोलमैन एवं उसके सहयोगियों ने अधिगम के क्षेत्र में महत्त्वपूर्ण कार्य किए हैं। उनके मुख्य अंशदान निम्न हैं—

1. व्यवहार उद्देश्यपूर्ण एवं सहज अधिगमी है।
2. जो कुछ भी सीखा जाता है उत्तेजना प्रतिक्रिया सम्बन्ध की अपेक्षा चिन्ह की एक प्रत्याशा या मूल्य है।
3. अधिगम की व्याख्या के लिए उन्होंने ज्ञानात्मक खाका प्रस्तुत किया।
4. व्यवहारवाद के समर्थकों को टोलमैन के सिद्धान्त ने सर्वाधिक प्रभावित किया।
5. टोलमैन ने व्यवहारवादी एवं ज्ञानात्मक क्षेत्र सैद्धान्तिकों को एक सूत्र में बाँधकर अभूतपूर्व सफलता प्राप्त की।
6. टोलमैन के विचारों से निर्णय सिद्धान्त और ज्ञानात्मक मनोविज्ञान प्रभावित

हुआ है।

7. अधिगम में प्रत्यक्षीकरण एवं प्रेरणा पर टोलमैन ने जो जोर दिया है वह महत्त्वपूर्ण है।

टोलमैन के सभी अध्ययन मुख्य रूप से चिन्ह पूर्णाकार अधिगम पर आधारित थे। अलग-अलग जानवरों को भिन्न रूप में अनुकूलित किया जा सकता है। यहाँ तक कि एक ही जानवर विभिन्न तरीके से सीख सकता है। इस प्रश्न का टोलमैन ने कोई हल प्रस्तुत नहीं किया।

उत्तेजना-प्रतिक्रिया और क्षेत्र सिद्धान्त में मुख्य अन्तर
(Main Difference between S-R and Field Theory)

उत्तेजना-प्रतिक्रिया सिद्धान्त	क्षेत्र सिद्धान्त
(1)	(2)
1. पूर्ण, विभिन्न अंशों से बना है जिसमें अंश मूल आधार है।	पूर्णता से अंश उत्पन्न होते हैं। अतः पूर्ण मुख्य है।
2. मूल रूप में मानव एक यंत्र है।	व्यवहार प्राणी एवं वातावरण के गतिशील अन्तःक्रिया से निहित है।
3. अधिगम सरल से जटिल की ओर बढ़ता है।	पूर्णता के प्रत्यक्षीकरण के उपरान्त विशिष्ट भागों को विकसित रूप में विभिन्नीकरण किया जाता है।
4. अधिगम उत्तेजना एवं प्रतिक्रिया के मध्य साहचर्य या संबद्ध है।	अधिगम ज्ञानात्मक संरचना में अनुभव का संगठन है।
5. साहचर्य की दृढ़ता एवं निर्माण से सीखना स्थित होता है।	सम्बन्धों की पहचान कर ज्ञानात्मक क्षेत्र में पुनः संरचना निहित है।
6. सीखने में पुनर्बलन मुख्य प्रत्यक्ष है। अधिगमी पुनर्बलन के अधीन कार्य करता है।	प्रत्यक्षीकरण मुख्य प्रत्यय होकर पूर्ण एवं अंश के मध्य सम्बन्ध मुख्य धारणा है। जिसमें अधिगमी क्षेत्र के अन्तर्गत उद्देश्यपूर्ण और अन्तःक्रियाशील है।
7. स्थानान्तर समान तत्त्वों के प्रत्यय के द्वारा होता है।	ज्ञानात्मक संरचना स्थानान्तरण के लिए उत्पादक है। एक परिस्थिति में गत्यात्मक सम्बन्धों का ज्ञान दूसरी परि-

(1)	(2)
	स्थिति के सीखने में अत्यधिक उपयोगी होता है ।
8. भूत (Past) पर अधिक बल दिया जाता है ।	वर्तमान जो निहित है उस पर अधिक ध्यान दिया जाता है ।
9. विश्लेषण पर जोर देकर उसे स्वाभाविक और आणविक प्रकृति का बहुधा समझा जाता है ।	पूर्ण के अर्थयुक्त अंशों के विभाजन को नकारा जाता है। यह ग्राम-अणुक विलयन (Molar) पद्धति है ।
10. वातावरण दोनों भौतिक और मनोवैज्ञानिक होते हैं जो वास्तविक हैं । वस्तुओं को यथास्थिति में देखा जाता है ।	वातावरण सापेक्षित होता है । वस्तुओं को मनोवैज्ञानिक सार्थकता के अनुरूप देखा जाता है । वस्तुएँ स्वतंत्र न होकर अन्य वस्तुओं से सम्बन्धित आकृति-पृष्ठभूमि में रहती हैं ।
11. अधिगमी के व्यवहार के असंगत व्यवस्थापन के संयोजन में निन्दित है ।	सभी व्यवहार उद्देश्यपूर्ण एवं ज्ञानात्मक हैं । उद्देश्य जिसकी प्राप्ति करनी है उसी के परिप्रेक्ष्य में व्यवहार की व्याख्या की जाती है ।
12. प्रयास एवं त्रुटि, पुनर्बलन व्यक्त व्यवहार आदि पर अधिक बल दिया जाता है ।	मनोवैज्ञानिक व्यवहार में उद्देश्य, सूझ निहित होते हैं, न कि शारीरिक गतियाँ, इसमें सूझ पर अधिक बल दिया जाता है ।

अध्याय 4

अधिगम या प्रशिक्षण का स्थानान्तरण
(TRANSFER OF LEARNING OR TRAINING)

किसी नवीन कार्य के निष्पादन में पूर्व अनुभवों का होना अति आवश्यक है। जीवन में समस्याओं का समाधान इन्हीं अनुभवों पर आधारित होता है। सीखे हुए ज्ञान से ही समस्याओं का समाधान समुचित रूप से किया जा सकता है। कोई बालक बिना संख्याओं के ज्ञान के तथा तालिका, जोड़, घटाने को सीखे बिना सीधे गुणनफल को नहीं कर सकता है अर्थात सीखे हुए ज्ञान का प्रयोग ही जीवन की विभिन्न समस्याओं को सुलझाने में सहायक होता है। इसी उद्देश्य से विभिन्न विषयों की ज्ञान की प्राप्ति उनसे सम्बन्धित दैनिक जीवन की परिस्थितियों में प्रयुक्त होती है। वस्तुओं को खरीदने एवं पैसों के आदान-प्रदान में गणित का सीखा हुआ ज्ञान ही सहायक होगा। पाठ्यक्रम के निर्माण में विषय के व्यावहारिक प्रयोग का अधिक महत्त्व है जिससे छात्रों के जीवन में वांछित कुशलताओं का विकास किया जा सके। सामाजिक प्रक्रिया में समायोजन के उद्देश्य विस्तृत रूप से व्यवस्थित किए गए हों। इसका अर्थ यह है कि सीखी गई क्रिया का अन्य समान परिस्थितियों में उपयोग किए जाने से स्थानान्तरण की क्रिया का बोध होता है। यही प्रक्रिया अधिगम-स्थानान्तरण कहलाती है जैसे—गणित की शिक्षा का ज्ञान सांख्यिकी, विज्ञान आदि विषयों की समस्याओं के समाधान में प्रयुक्त होता है। रसायनशास्त्र का ज्ञान रासायनिक खाद, दवाइयाँ, कपड़ा उद्योग इत्यादि क्षेत्रों में किया जाता है। इस प्रकार स्थानान्तरण का मनोविज्ञान के क्षेत्र में भी व्यापक महत्त्व एवं आवश्यकता है।

अधिगम-स्थानान्तरण की परिभाषा
(Meaning of Transfer of Learning)

अनेक मनोवैज्ञानिकों ने अधिगम अन्तरण पर प्रयोग किए एवं इस तथ्य को

अपने ढंग से परिभाषित किया है। जिनमें कुछ प्रमुख परिभाषा निम्न रूप में प्रस्तुत हैं—

1. **क्रो और क्रो**—"यदि अधिगम के एक क्षेत्र में प्राप्त विचारों की आदत, अनुभव या ज्ञान की क्रिया या कौशल का प्रयोग दूसरे अधिगम क्षेत्र में किया जाता है तो अधिगम स्थानान्तरण कहलाता है।"

("To carry over of habits of thinking, feeling or working of knowledge or skills from one learning area to another is usually reffered to as the transfer of learning.")

2. **अण्डरवुड**—"अधिगम स्थानान्तरण का अर्थ वर्तमान क्रिया पर पूर्व अनुभवों का प्रभाव होता है।"

("The influence of previous experience on current performance defines transfer of training.")

3. **सोरेन्सन**—"एक व्यक्ति स्थानान्तरण में उस स्थिति तक सीखता है जिस तक एक परिस्थिति में प्राप्त योग्यताएँ दूसरी परिस्थिति में सहायक होती हैं।"

("A person learns through transfer of the extent that the abilities acquired in one situation help in another.")

4. **कोलेस्निक**—"किसी प्रारम्भिक परिस्थिति में अर्जित ज्ञान, कौशल, आदत, अभिवृत्ति या अन्य प्रतिक्रियाओं को दूसरी परिस्थिति में प्रयोग की सफलता ही अन्तरण है।"

("Transfer is the application or carry over of knowledge, skills, attitudes or other responses from the situation in which they initially acquired to some other situation.")

5. **यलोन एवं वोनस्टीन**—"सीखने के स्थानान्तरण का तात्पर्य है कि एक कार्य का निष्पादन दूसरे कार्य के निष्पादन से प्रभावित होता है।"

("Transfer of learning means that performance of one task is affected by performance on another task.")

स्थानान्तरण के विभिन्न प्रकार (Various Forms of Transfer)

किसी एक परिस्थिति में प्राप्त ज्ञान दूसरी परिस्थिति की समस्याओं को सुलझाने में सहायक होता है। परन्तु यह तथ्य सदैव सिद्ध नहीं होता है। कभी-कभी दूसरी परिस्थिति में इससे कार्य कठिन भी हो सकता है। अतः स्थानान्तरण की क्रिया का प्रभाव दो निम्न परिप्रेक्ष्य में वर्गीकृत किया जा सकता है।

(1) सकारात्मक स्थानान्तरण (Positive Transfer)

(2) नकारात्मक स्थानान्तरण (Negative Transfer)

सकारात्मक स्थानान्तरण—यदि किसी एक परिस्थिति में सीखी गई प्रक्रिया दूसरी परिस्थिति को सीखने की क्रिया में सहायता करती है तो सकारात्मक स्थानान्तरण कहलाता है। अर्थात दूसरी परिस्थिति के कार्य निष्पादन में पूर्व प्राप्त ज्ञान सहायक होता है। उदाहरणार्थ—गणित का ज्ञान भौतिक विज्ञान सीखने में सहायक होता है। शैक्षिक पारिवारिक वातावरण में विभिन्न क्रियाओं का ज्ञान सामाजिक वातावरण में व्यावहारिक क्रियाओं को प्रभावित करता है। मोर्गन एवं किंग के अनुसार—"यदि पूर्व सीखी गई कुछ चीज एक नई परिस्थिति के निष्पादन या अधिगम को लाभान्वित करती है तो सकारात्मक स्थानान्तरण होता है।"

नकारात्मक स्थानान्तरण—यदि एक परिस्थिति में सीखा हुआ ज्ञान दूसरी परिस्थिति में सीखे जाने वाले ज्ञान से व्यवधान उत्पन्न करता है तो नकारात्मक स्थानान्तरण कहलाता है। अर्थात दूसरी परिस्थिति के कार्य निष्पादन में पूर्वार्जित ज्ञान का स्थानान्तरण क्रिया में विपरीत प्रभाव पड़ता है। उदाहरणार्थ पारिवारिक वातावरण में यदि अंग्रेजी बोलचाल की भाषा है और विषयों को भी अंग्रज़ी में पढ़ा जाता है तो इसके बाद संस्कृत भाषा सीखने में काफी कठिनाई उत्पन्न होती है। अतः नकारात्मक स्थानान्तरण में पूर्वार्जित ज्ञान एवं अनुभव नवीन ज्ञान की प्राप्ति में कठिनाइयाँ उपस्थित करता है। कुछ मनोवैज्ञानिकों ने इसे निम्न रूप में परिभाषित किया—

बोरिंग एवं अन्य—"यदि कोई एक सीखा गया कार्य दूसरे कार्य के अधिगम को और अधिक कठिन बना दे तो नकारात्मक स्थानान्तरण कहलाता है।"

("When learning of one task makes learning a second task harder we speak of negative transfer.")

मोर्गन एवं किंग—"नकारात्मक स्थानान्तरण तब स्थापित होता है जब पूर्व सीखी गई कोई चीज एक नई परिस्थिति के निष्पादन या सीखने को बाधा पहुँचाती है।"

("Negative transfer occurs when something previously learned harder performance or learning in a new situation.")

सकारात्मक एवं नकारात्मक स्थानान्तरण की रचना कार्य एवं स्वरूप के अन्य कई सामान्यीकृत रूप स्थानान्तरण प्रक्रिया में विद्यमान हैं। इन्हें निम्न रूप से वर्णित किया गया है। परन्तु मुख्यतया स्थानान्तरण उपरोक्त दो ही प्रकार के होते हैं—

(क) क्षैतिज स्थानान्तरण (Horizontal Transfer)—एक-एक परिस्थिति में सीखा गया भिन्न ज्ञान या अनुभव किसी अन्य सीखे गए ज्ञान या

अनुभव से प्रभावित होता है तो क्षैतिज स्थानान्तरण कहलाता है। जैसे कि किसी विषय में प्राप्त ज्ञान दूसरे विषय का ज्ञान प्राप्त करने में सहायक हो सकता है। परन्तु यदि बाधक हो तो नकारात्मक क्षैतिक स्थानान्तरण कहलाएगा। उदाहरणार्थ---गणित का ज्ञान, भौतिक विज्ञान में जहाँ गणित का उपयोग होता है उसे सीखने में सहायक होता है। परन्तु जहाँ भौतिक विज्ञान में परिणामों की व्याख्या सैद्धान्तिक आधार पर करनी पड़ती है। उसमें गणित का ज्ञान सहायक नहीं होगा। यलोन एवं वीनस्टीन के अनुसार—"क्षैतिज या पक्षीय स्थानान्तरण वह हो सकता है जिसे हम सामान्यतः जैसे स्थानान्तरण सोचते हैं—किसी छात्र की एक परिस्थिति में सीखे हुए कौशल की दूसरी परिस्थिति में प्रयोग करने की योग्यता।"

("Horizontal or lateral transfer may be what we more usually think of as transfer : The students ability to apply a skill learned in one situation to another situation.")

(ख) अनुलम्ब स्थानान्तरण (Vertical Transfer)—यह स्थानान्तरण सकारात्मक एवं नकारात्मक दोनों दिशाओं में हो सकता है। यदि किसी पूर्व सीखे गए ज्ञान का प्रभाव आगे की परिस्थितियों को सीखने पर पड़ता है तो अनुलम्ब स्थानान्तरण कहलाता है। इसमें समय की गति के अनुरूप ज्ञान का विस्तार उत्तरोत्तर अग्रिम परिस्थिति को सीखने को प्रभावित करता है। जैसे बचपन में सीखी गई तालिका, संख्याओं का जोड़, घटाना, गुणा, भाग आदि उत्तरोत्तर बढ़ती हुई कक्षाओं के गणित विषय को समझने में प्रयोग में काम आता है। अर्थात—जोड़, घटाना, गुणा, भाग→भिन्न→भिन्नों का गुणा, भाग→आदि। इसमें जोड़-घटाना इत्यादि तथ्यों का ज्ञान इनसे सम्बन्धित-प्रश्नों के हल को निकालने में प्रयुक्त होते हैं, जिससे अधिगम उच्च व्यावहारिक स्तर पर सहज हो जाता है। गेने के अनुसार—" 'अनुलम्ब स्थानान्तरण' तब प्रतीत होता है जब सीखी जाने वाली वह योग्यता शीघ्रता से ग्रहण की जाती है और पिछली अधस्थ योग्यताओं के अधिगम पर आधारित है।"

"Vertical transfer is observed when a capability learned is acquired more rapidly and it has been preceeded by previous learning of subordinate capabilities."

(ग) द्विपक्षीय स्थानान्तरण (Bilateral Transfer)—शारीरिक प्रशिक्षण से सम्बन्धित क्रियाओं में यह स्थानान्तरण व्यक्त किया जाता है। शरीर के किसी अंग द्वारा प्राप्त कौशल यदि किसी दूसरे अंग में भी कौशल को प्रभावित करता है तो द्विपक्षीय स्थानान्तरण कहलाता है। मनोविज्ञान में दर्पण चित्र (Mirror Drawing) परीक्षण में एक हाथ से दूसरे हाथ में अधिगम के प्रशिक्षण का

उदाहरण है। यदि दाहिने हाथ से प्राप्त प्रशिक्षण स्वाभाविक रूप से बाएँ हाथ में स्थानान्तरण हो जाए तो द्विपक्षीय स्थानान्तरण कहलाता है।

(घ) **एकपक्षीय स्थानान्तरण** (Unilateral Transfer)—यदि शरीर के एक अंग द्वारा प्राप्त कौशल उसी अंग द्वारा सीखे जाने वाले अन्य कौशलों का भी सामान्यीकृत अधिगम करता है तो एकपक्षीय स्थानान्तरण कहलाता है। जैसे अंगुलियों से हारमोनियम बजाने का कौशल; यदि उन्हीं से पियानो, वाइलिन, सितार आदि को बजाने में भी आवश्यकता पड़ती है तो वह अधिक सुविधा से यह कार्य कर सकेगा।

बूनर ने अधिगम के स्थानान्तरण को दो भागों में विभाजित किया है—(1) विशिष्ट, (2) विशिष्टविहीन। विशिष्ट स्थानान्तरण का तात्पर्य किसी नवीन परिस्थिति में निष्पादन के पूर्व अधिगम को कार्यों में विशिष्ट प्रयोग करना है अर्थात पूर्व सीखी गई क्रिया की भविष्य की क्रियाओं में विशिष्ट प्रयोग की विधि विशिष्ट स्थानान्तरण कहलाता है। विशिष्टविहीन स्थानान्तरण का अर्थ है पूर्व सीखे गए ज्ञान का सामान्यीकृत रूप प्रयोग करना। जिसे हम सिद्धान्तों और अभिवृत्तियों का स्थानान्तरण भी कह सकते हैं।

स्थानान्तरण के सिद्धान्त
(Theories of Transfer)

1. **मानसिक अनुशासन का सिद्धान्त** (Theory of Mental Discipline)—मानसिक अनुशासन के अनुसार प्रत्येक व्यक्ति में जन्म से विभिन्न शक्तियों के जीवाणु (Germs) होते हैं। अधिगम इन जैविक शक्तियों के विकास एवं अविकसित शक्तियों को योग्यताओं में विकसित करने की प्रक्रिया है। मन (Mind) की तीव्रता एवं स्मृति की पहचान मानसिक अनुशासन के परिप्रेक्ष्य में सोचा जाता है। प्रत्येक शक्ति का विकास प्रशिक्षण या अभ्यास द्वारा किया जा सकता है। यह विश्वास किया जाता है कि तर्क में प्रशिक्षण, ज्यामिति के अध्ययन के पश्चात व्यक्ति दर्शनशास्त्र, गणित, सामाजिक प्रक्रिया आदि क्षेत्रों में तर्कशक्ति को प्रभावित रूप से व्यक्त कर सकता है। इस सिद्धान्त में विभिन्न शक्तियों का अभ्यास द्वारा विकास होने से स्थानान्तरण स्वाभाविक रूप से हो जाता है। उदाहरण के लिए यदि विषयवस्तु को प्रतिदिन कठोर परिश्रम के बाद याद करके स्मृति शक्ति का विकास किया जाता है तो स्मृति का उपयोग हम अन्य विषय-वस्तुओं को याद करने में भी कर सकते हैं। विषय की उपयोगिता इतनी महत्त्व-पूर्ण नहीं होती है, जितनी कि मानसिक शक्तियों का अभ्यास। इसे मानसिक प्रक्रिया से मस्तिष्क की विभिन्न शक्तियों को दृढ़ बनाया जाता है, जिसमें कठिन विषय मन को अभ्यास कराने में अति आवश्यक है। बालकों की मानसिक शक्तियों

को प्रशिक्षित करने के लिए संस्कृत, गणित, लैटिन आदि विषय अधिक उत्तम माने जाते हैं। किसी शक्ति का प्रशिक्षण द्वारा विकास करने से यह कल्पना की जाती है कि उस शक्ति का स्वाभाविक रूप से सामान्यीकरण हो जाता है। जेम्स (1890) ने सर्वप्रथम मानसिक अनुशासन की सिद्धान्त को चुनौती दी। उन्होंने अपने प्रयोग द्वारा इसे असिद्ध किया। जेम्स ने स्मृति के अभ्यास से स्मरण शक्ति की योग्यता का मूल्यांकन किया। उन्होंने विक्टर ह्यूगो की सैटायर रचना की 158 पंक्तियाँ याद कीं। ये पंक्तियाँ 8 दिन में 132 मिनट में याद की गईं। तत्पश्चात् 38 दिन 20 मिनट प्रतिदिन के हिसाब से मिल्टन के 'पैराडाइज लॉस्ट' की प्रथम पुस्तक को याद करने का अभ्यास किया। पुनः सैटायर की आगे की 158 पंक्तियाँ याद की गईं तो 152 सेकेण्ड का समय लगा। इससे यह निष्कर्ष निकालता है कि स्मृति के प्रशिक्षण से स्मरण शक्ति की योग्यता पर कोई प्रभाव नहीं पड़ा अर्थात स्मृति का स्थानान्तरण नहीं होता है। जेम्स के इस प्रयोग की आलोचना की गई क्योंकि यह प्रयोग लम्बी अवधि का था तथा अधिगम क्रिया को प्रभावित करने वाले कारकों को नियन्त्रित नहीं किया गया। इस परिप्रेक्ष्य में थार्नडाइक के प्रयोग अधिक सार्थक सिद्ध हुए हैं। इनके वैज्ञानिक परीक्षणों में सकारात्मक स्थानान्तरण का अभाव परिलक्षित होता है। थार्नडाइक ने अपने प्रयोगों द्वारा यह निर्णय निकाला कि अधिगम के स्थानान्तरण में विषयों का अध्ययन अधिक महत्त्वपूर्ण नहीं है। वेसमैन ने भी सिद्ध किया कि स्थानान्तरण के मापन में किसी भी विषय की स्पष्ट श्रेष्ठता नहीं होती है।

2. **समरूप तत्त्वों का सिद्धान्त** (Theory of Identicial Elements)—स्थानान्तरण के प्रसंग को समझाने के लिए थार्नडाइक ने समरूप तत्त्वों के सिद्धान्त को प्रतिपादित किया। समरूप तत्त्वों का तात्पर्य उन मानसिक प्रक्रियाओं से है जिनसे मस्तिष्क में एक सी कोष्ठ क्रिया (Cell action) होती है जैसे कि उनके शारीरिक अनुबन्धकों (Correlates) में होती है। इस सिद्धान्त के अनुसार स्थानान्तरण तब हो सकता है जब दो अधिगम परिस्थितियों में तत्त्वों की समानता हो। दोनों परिस्थितियों में तत्त्वों या आवश्यक अंगों की समानता के अनुरूप ही स्थानान्तरण में वृद्धि या कमी होती है। उदाहरणार्थ—घड़ीसाज किसी भी कम्पनी की घड़ी को सुधार सकता है। घड़ियों के कुछ पेचपुर्जों या बनावट में भिन्नता होने पर भी कार्यों की समानता समझ लेता है। घड़ी के तंत्र में बहुत सी समानता होने पर ही स्थानान्तरण क्रिया आसानी से हो जाती है। थार्नडाइक के अनुसार किसी कार्य से सम्बन्धित तन्त्रिका सम्बद्ध (Neural bonds) अन्य कार्यों में समान दृष्टि से प्रयोग में आते हैं। जिसमें प्रतिक्रिया की उत्पत्ति एवं स्नायु कोष्ठों में परिवर्तन होने से स्थिर स्मृति स्थानान्तरित हो जाती है।

थार्नडाइक के अनुसार—"एक क्रिया, दूसरी क्रिया को उस सीमा तक

परिर्वतित करती है जहाँ तक कि दोनों क्रियाओं में समरूप तत्त्वों जैसे कारक हों।" स्थानान्तरण में पदार्थ एवं विधि का महत्त्वपूर्ण स्थान है। पियानों को बजाने से टाइप करने में स्थानान्तरण उस स्थिति तक संभव हो सकता है जिसमें कि दोनों क्रियाओं में आँख-अँगुलियों जैसे कौशल का पारस्परिक सम्बन्ध समरूप हो। यह समरूपता विषयवस्तु या क्रिया दोनों में हो सकती है। समरूप तत्त्वों के सिद्धान्त से यह प्रतीत होता है कि—

1. स्थानान्तरण स्वमेव ('Automatic) होता है।
2. उत्तेजना एवं प्रतिक्रिया सामान्यीकरण स्थानान्तरण की मूल प्रक्रिया है।
3. स्थानान्तरण उस सीमा तक होता है जहाँ तक कि पूर्व परिस्थितियों में उत्तेजना प्रतिक्रिया में अनुकूलन शक्तिशाली था।
4. स्नायु सम्बद्ध स्थानान्तरण का मनोवैज्ञानिक आधार है। अभ्यास के कारण मस्तिष्क की शक्तियों को दृढ़ बनाने में इनका श्रेष्ठ योगदान रहता है।
5. किन्हीं दो परिस्थितियों में जितने तत्त्वों की समानता होगी स्थानान्तरण की मात्रा भी उसी अनुपात में होगी।
6. छात्रों को जितनी अधिक स्पष्टता से किसी एक परिस्थिति में तत्त्वों या तथ्यों या सिद्धान्तों का ज्ञान होता है उसी तीव्रता से दूसरी परिस्थितियों में भी ये सभी गुण प्रदर्शित होते हैं।
7. थार्नडाइक तथा उसके सहयोगियों ने यद्यपि उत्तेजना एवं प्रतिक्रिया सामान्यीकरण को स्थानान्तरण का मूल आधार माना परन्तु उन्होंने सामान्यीकरण को परिसीमित किया है। उन्होंने यह देखा कि यदि एक जानवर किसी उत्तेजना के प्रति प्रतिक्रिया करना सीख जाता है तो वह उस उत्तेजना से सम्बन्धित उत्तेजकों ने उसी प्रकार की प्रतिक्रिया करेगा।

सिद्धान्त की आलोचना

1. यह सिद्धान्त मानता है कि जीवन की समस्याएँ स्थिर होती हैं और उनका हल पूर्व निश्चित होता है। वर्तमान परिवर्तनशील वातावरण में यह धारणा सही प्रतीत नहीं होती है।
2. जीवन की समस्त क्रियाओं को शिक्षा से जोड़ना संभव नहीं है। अनेक विशिष्ट उद्देश्यों को पाठ्यक्रम में सम्मिलित करने से इनमें से पर्याप्त एक दूसरे से संघर्ष स्थापित कर सकते हैं। अतः समस्त अधिगम क्रियाओं को व्यावहारिक और सामाजिक उपयोगिता मूल्यों के द्वारा स्पष्ट करना कठिन है।

3 ओरेटा के अनुसार, "तत्त्वों का साधारण अनुक्रम स्थानान्तरित नहीं होता है बल्कि प्रतिक्रिया की एक अभिवृत्ति या विभिन्न समस्याओं के लिए समान प्रकार का हल देखने का तरीका स्थानान्तरित होता है। अर्थयुक्त अधिगम स्थानान्तरित होता है परन्तु अर्थशून्य नहीं। स्थानान्तरण के लिए अधिगम की प्रक्रिया में अनुभव का संगठन और पुनर्गठन हो जाता है।

4. ऑलपोई इस मत पर विश्वास करते हैं कि तत्त्वों को वस्तुनिष्ठ वास्तविकता में पहचानना संभव है। परन्तु मानव व्यक्तित्व जैसे कि यह वास्तविकता से अनुक्रिया और अन्तःक्रिया करता है किसी साधारण विधि से अनुक्रिया नहीं होती है। उनके मतानुसार किन्हीं दो परिस्थितियों में किसी अनुभव के तत्त्व को समरूप पाना असंभव है।

5. यह सिद्धान्त स्थानान्तरण कैसे होता है इसको व्यापक रूप से स्पष्ट नहीं करता। बेल्स के अनुसार, "वास्तव में इस प्रकार के सिद्धान्त संकाय सिद्धान्त (Faculty theory) के समान हैं क्योंकि संकाय को अनेक छोटी इकाइयों में विभक्त करने से ही समरूप तत्त्वों की प्राप्ति होती है।

3. सामान्यीकरण का सिद्धान्त (Theory of Generalisation)—स्थानान्तरण के सिद्धान्त को समझाने के लिए जुड ने 1908 में सामान्यीकरण के सिद्धान्त का प्रतिपादन किया। उनके अनुसार छात्रों को विशिष्ट समाधान समझाने की अपेक्षा सामान्य सिद्धान्तों के द्वारा शिक्षण करने से अधिगम क्रिया अधिक सफल बनाई जा सकती है। सामान्यीकरण का अर्थ सिद्धान्त, नियम या विधि से है जिनसे सम्बन्धों की जानकारी होती है। एक स्थिति में सीखी गई क्रिया का विभिन्न परिस्थितियों में विचार एवं क्रिया का श्रेष्ठ होना, अनुभव का सामान्यीकरण है। जुड ने सीखने पर पानी के अन्दर लक्ष्य पर निशान दागने के लिए एक प्रयोग किया। उसने छात्रों के एक समूह को वर्तन (Refraction) के नियम का प्रशिक्षण दिया तथा दूसरे समूह को कोई प्रशिक्षण नहीं दिया गया। इसके बाद प्रारम्भ में इन दोनों समूहों को पानी के अन्दर लक्ष्य जो कि 12" की दूरी पर था, निशान लगाने के लिए कहा, प्रशिक्षण वाले समूह को यह ज्ञान दिया गया था कि जब कोई वस्तु सरल माध्यम (हवा) से विरल माध्यम (पानी) की ओर जाती है तो वह अपना मार्ग बदल देती है। बाद में लक्ष्य की दूरी बदल दी जाती है। जिस समूह को बर्तन के नियम का ज्ञान दिया गया था उन्हें दूसरे समूह की अपेक्षा निशान लगाने में अधिक सफलता मिली। यह सफलता एक परिस्थिति में सीखे गए सिद्धान्त के प्रयोग करने से भिन्न परिस्थिति के कार्य निष्पादन में स्थानान्तरित होने के कारण प्राप्त हुई। एक परिस्थिति से दूसरी परिस्थिति में सिद्धान्तों के ज्ञान का प्रयोग करने या समझने में मानव बुद्धि की समुचित उप-

योगिता पर जुड ने बल दिया। ग्रे, हेन्ड्रिकसन और क्रोथेडर ने जुड के सिद्धान्त की पुष्टि अपने प्रयोगों द्वारा की। कामेना (1940) ने भी प्रायोगिक समूह को सिद्धान्त के सूत्रीकरण का प्रशिक्षण दिया जबकि नियंत्रित समूह को कोई प्रशिक्षण नहीं दिया गया। उन्होंने इससे यह निष्कर्ष निकाला कि जिस समूह ने सूत्रीकरण किया है वे एक परिस्थिति से दूसरी परिस्थिति में उच्च ज्ञान स्थानान्तरित करने में सफल होते हैं। क्रेग ने भी अपने प्रयोग द्वारा सिद्ध किया कि स्थानान्तरण में निर्देशन का अधिक प्रभाव होता है। उस परिस्थिति में अधिक से अधिक स्थानान्तरण होता है जिनमें विषयवस्तु को समान सिद्धान्तों के आधार पर संग्रहीत किया जाता है। जुड के शब्दों में, "जिस अध्यापक का दृष्टिकोण ज्ञान के क्षेत्र में विशाल है वह सूचना के द्वारा किसी एक सत्य को नहीं दर्शाता अपितु उन सभी संकेतों का मिश्रित स्वरूप प्रस्तुत करता है जो शेष विश्व का केन्द्रीभूत सत्य है।" सेन्डीफोर्ड के मतानुसार जुड एवं थार्नडाइक के सिद्धान्त तत्वों की समानता एव बुद्धि दोनों को स्थानान्तरण के कारक मानते हैं। अतः दोनों समान रूप से स्थानान्तरण के सिद्धान्त की विवेचना करते हैं। परन्तु जुड जहाँ अनुभवों को सामान्यीकृत करने की विचारधारा प्रस्तुत करते हैं तो थार्नडाइक उत्तेजनाओं के तत्त्वों की समानता पर बल देते हैं। अतः दोनों में भिन्नता नजर आती है।

4. **आत्मबोधकों का सिद्धान्त** (Apperceptionists Theory) इस सिद्धान्त के मुख्य प्रवर्तक हरबार्ट माने जाते हैं। यह सिद्धान्त पूर्व मानसिकता साहचर्यवाद के अन्तर्गत मस्तिष्क विचारों के साहचर्य पर आधारित है। आत्मबोध वह प्रक्रिया है जिसमें पूर्व संरचित विचारों में नए विचार या मानसिक स्थिति को सम्मिलित किया जाता है। उपचेतन (Subconscious) में संकलित स्मृति को चेतना में लाने से किसी क्षण के अनुभव की व्याख्या करने में व्यक्ति को सहायता मिलती है। उदाहरणार्थ — यदि बालक किसी विषय पर वादविवाद में भाषण देता है तो उसके द्वारा याद किए गए विचार चेतन अवस्था में आकर वादविवाद के समय उसकी सहायता करते हैं। इस प्रकार मस्तिष्क में संयोजित पुराने विचारों से नवीन विचारों का सम्बन्ध स्थापन एक आत्मबोधात्मक राशि (Apperceptive mass) कहलाती है। आवश्यकता पड़ने पर विचार स्वतः ही आत्मबोधात्मक राशि से उभर कर चेतना अवस्था में आ जाते हैं और नवीन परिस्थितियों की समस्याओं से सामंजस्य स्थाप्ति करने के लिए क्रियाशील रहते हैं। इस सिद्धान्त के अनुसार, किसी बालक का उपचेतन मन में गत्यात्मक प्रत्यक्षीकरण प्रतिबिम्बों एवं विचारों की मात्राएँ होती हैं जो वह अपने अनुभवों के द्वारा संकलित करता है। इनमें से कोई भी विचार किसी भी क्षण आत्मबोधात्मक राशि से उभर कर चेतना अवस्था में आने के लिए तत्पर रहते हैं। यह विचार उन मानसिक तत्त्वों से मिलने के लिए तैयार रहता है जो कि उसके सादृश्य हों।

स्थानान्तरण में आत्मबोधक छात्रों में समुचित आत्मबोधात्मक राशियों का निर्माण करते हैं। हरवार्ट के साहचर्य एवं बारम्बारता के सिद्धान्त आत्मबोध के केन्द्र हैं, जब विभिन्न विचार एक राशि का निर्माण करते हैं तो इन विचारों की सामूहिक शक्ति नए विचारों को जन्म देते हैं और चेतना अवस्था में पहुँच जाते हैं। इन विचारों के चेतना अवस्था में आने से स्थानान्तरण सरल हो जाता है। तथ्यों का सिद्धान्तों या विचारों के बोध से किसी भी क्षण इनका उपयोग अधिगम परिस्थितियों में किया जा सकता है।

स्थानान्तरण की अधिकता के लिए आत्मबोधात्मक शिक्षण में हरवार्ट के पाँच सोपान प्रत्यक्ष रूप से सम्बन्धित हैं जिसमें पाठयोजना को निश्चित रूप से निर्मित किया जाता है। आत्मबोध में स्थानान्तरण निष्क्रिय मन में विचारों के यांत्रिकी संकलन का विषय है, मानसिक अनुशासन सिद्धान्त को स्थानान्तरण में यह सिद्धान्त पूर्णरूप से अस्वीकार करता है।

स्थानान्तरण क्रिया में आत्मबोधकों के सिद्धान्त की आलोचना निम्न रूप से व्यक्त की गई है—

(i) इस सिद्धान्त के आधार पर छात्र अध्यापक के नेतृत्व पर आधारित रहते हैं अतः आलोचनात्मक चिन्तन हतोत्साहित किया जाता है और छात्र सहज-अधिगमी हो जाते हैं, जिससे स्थानान्तरण मूल्य कमजोर पड़ जाता है।

(ii) समस्या केन्द्रित शिक्षण अधिकतर आमान्य सिद्ध होता है।

(iii) स्थानान्तरण केवल पुराने एवं नवीन विचारों के सम्बन्ध स्थापन द्वारा ही परिपूर्ण नहीं होता है।

(iv) स्थानान्तरण स्वतः सचालित होने वाली प्रक्रिया नहीं है।

5. **स्थानान्तरण का पूर्णाकार सिद्धान्त** (Gestalt Theory of Transfer)—इस सिद्धान्त को स्थान विनिमय (Transposition) सिद्धान्त भी कहते हैं। गेस्टाल्ट मनोवैज्ञानिकों का मत है कि अधिगम का स्थानान्तरण दो परिस्थितियों की प्रत्यक्षात्मक समानताओं के आधार पर होता है। यह सामान्यीकरण प्रत्ययों या अन्तर्दृष्टियों के रूप में होता है, जिनसे एक अधिगम परिस्थिति से दूसरी परिस्थिति में उपयोग से स्थान विनिमय विकसित होता है।

गेस्टाल्ट सिद्धान्त को अनुभव का प्रतिमान कहा गया है। गेस्टाल्ट मनोवैज्ञानिकों के अनुसार अधिगम सूझ या ज्ञानात्मक संरचना का परिवर्तन या पुनर्संगठन है। सीखने में हमारी प्रवृत्ति अपने सूझ को सामान्यीकृत करना है और इसका प्रयोग अन्य समान अवस्थाओं में करना है। स्थानान्तरण के लिए अधिगामी को केवल सामान्यीकृत ही नहीं करना है बल्कि उसे यह भी समझना है कि सामान्यीकरण का उपयोग कैसे हो सकता है और उसमें इसके प्रयोग की इच्छा-

शक्ति होनी चाहिए। बैल्स के अनुसार, "प्रशिक्षण प्राप्त के किसी पद का स्थानान्तरण तभी हो सकता है जब (1) अवसर प्रदान हो, (2) एक प्रशिक्षित व्यक्ति इसे अक्सर देखता या अनुभव करता हो और (3) वह अवसर के लाभ का इच्छुक हो।" पूर्णाकार प्रतिमान में अनेक मानसिक क्रियाएँ सम्मिलित होती हैं। बर्दीभर के अनुसार—(1) आन्तरिक संरचना, (2) संगत चिन्तन, (3) आकृति एवं रूप का आन्तरिक संबंध की प्रक्रिया और (4) पदार्थ का संगठन, पुनर्संगठन एवं संरचनीकरण जैसी मानसिक प्रक्रियाएँ पूर्णाकार प्रतिमान से सम्बन्धित होती हैं। इस सिद्धान्त के निम्नलिखित कारक स्थानान्तरण क्रिया में कार्य करते हैं—

(1) अन्तर्दृष्टि का स्थानान्तरण होता है।
(2) एक परिस्थिति से दूसरी परिस्थिति में विचारों का स्थानान्तरण होता है।
(3) पूर्णता की आन्तरिक संबद्धता से इसके समान तत्त्वों पर बल दिया जाता है।
(4) अनुभवों के प्रतिमान सामान्यीकरण में सम्मिलित होकर स्थान विनिमय पर जोर देते हैं।
(5) स्थानान्तरण की प्रकृति पूर्णाकार होती है।
(6) प्रशिक्षण के स्थानान्तरण में वर्तमान अनुभवों को महत्त्वपूर्ण समझा जाता है।
(7) समस्यान्तर्गत अधिगम की मात्रा आन्तरिक समस्या के लिए प्रयासों की संख्या द्वारा स्थिर नहीं होती है।
(8) स्थानान्तरण स्वत: न होकर उद्देश्यपूर्ण होता है।
(9) विषयवस्तु की सामान्यीकरण की कठिनाइयों एवं व्यक्ति की मानसिक योग्यता के अनुसार स्थानान्तरण परिवर्तित होता है।

गेस्टाल्ट क्षेत्र मनोवैज्ञानिकों के अनुसार किसी व्यक्ति के पूर्ण अनुभवों द्वारा अर्जित सूझ के परिप्रेक्ष्य में नवीन समस्याओं के समाधान की इच्छा एवं कोशिश करनी चाहिए। स्थानान्तरण में विभिन्न परिस्थितियों में समान तत्त्वों का प्रत्यक्षीकरण कर अनुभवी साम्यता के द्वारा सुविधा प्राप्त करने की इच्छा होनी चाहिए। स्थानान्तरण उस परिस्थिति में और भी अधिक हो सकता है जहाँ अधिगमी अपने लिए सम्बन्धों की खोज करता है और विभिन्न कार्यों में सीखने के अवसरों का प्रयोग करता है।

6. स्किनर का सिद्धान्त (Skinner's Theory) स्थानान्तरण की प्रकृति को स्किनर ने अधिगम सिद्धान्त द्वारा व्यक्त करने का प्रयास किया। उनकी स्थानान्तरण सिद्धान्त को हम उत्तेजना-प्रतिक्रिया साहचर्यवाद में सम्मिलित कर सकते हैं। उनके अनुसार अधिगम किसी प्रतिक्रिया की संभावना में परिवर्तन

करना है और स्थानान्तरण किसी प्रतिक्रिया की भविष्य में बढ़ी हुई प्रायिकता (Probability) है। साधन अनुकूलन वह अधिगम प्रक्रिया है, जिसके अन्तर्गत प्रतिक्रिया या साधन (Operant) उत्पन्न होने से प्राणी के वातावरण में परिवर्तन द्वारा पुनर्बलन से यह अधिक संभावित हो जाती है। इसमें पुनर्बलन साधारण रूप से प्रतिक्रिया या प्रतिक्रिया के वर्ग की प्रायिकता को बढ़ाता है। एक पुनर्बलित उत्तेजक विभेदीकृत होता है और यह सम्बन्ध स्थापित करवाने वाला नहीं होता है। स्किनर के अनुसार, "व्यक्तिगत कृतज्ञता एक शक्तिशाली सामान्यीकृत पुनर्बलक है। मूल्यों की सूची वास्तव में पुनर्बलकों की सूची है।"

जैसे कि अधिगम साधन अनुकूलन में सीखना प्रतिक्रिया की प्रायिकता में परिवर्तन है। उसी दृष्टि में स्थानान्तर भविष्य में प्रतिक्रिया के किसी वर्ग के उत्पन्न होने वाली बढ़ी हुई प्रायिकता है। साधन पुनर्बलन स्थानान्तरण के लिए दृढ़ सैद्धान्तिक आधार बनाता है। स्थानान्तरण के लिए निम्न बातें प्रमुख हैं—

(1) किसी व्यक्ति के सम्बद्ध साधन का संकलन उसके अधिगम में स्थानान्तरण का आधार होता है।

(2) स्थानान्तरण के लिए वास्तविक परिस्थिति में प्रयोग आवश्यक है, मौखिक ज्ञान से यह संभव नहीं होता है।

(3) किसी एक प्रतिक्रिया का पुनर्बलन सभी प्रतिक्रियाएँ जिनमें वही तत्त्व होते हैं उनकी उत्पन्न होने की प्रायिकता बढ़ाता है; जैसे पैसा एक पुनर्बलन का कार्य करता है जिससे कई पुनर्बलन उत्पन्न हो सकते हैं और पैसे पर ही उनकी सम्भाव्यता निर्भर करती है।

(4) शिक्षा व्यवहार को स्थापित करता है जो व्यक्ति के लिए भविष्य में महत्त्वपूर्ण है। अतः व्यवहार निर्माण में अध्यापक पृष्ठपोषण (Feedback) या पुनर्बलन का काम करता है। अतः स्थानान्तरण क्रिया में विषयवस्तु का स्पष्ट ज्ञान, अनुभवों का सामान्यीकरण, विभिन्न विषयों के प्रति समान धारणाएँ, आन्तरिक अनुशासन पद्धति इत्यादि क्रियाएँ सहायक होती हैं।

(5) व्यवहार को मजबूती प्रदान करने में पुनः पुनर्बलन का अधिक महत्त्व है, जिससे कि स्थानान्तरण अधिक से अधिक हो सके। स्किनर के अनुसार, पुनर्बलन की विभिन्न अनुसूचियाँ इस क्रिया में विशिष्ट महत्त्व रखते हैं।

7. सीखने हेतु अधिगम का सिद्धान्त (Theory of Learning to Learn)—यदि कोई व्यक्ति किसी कार्य को करता रहता है तो उसकी उस कार्य को करने की उत्तरोत्तर सीखने से योग्यता बढ़ती जाती है। यही नहीं बल्कि उसी कार्य के समान कार्यों में भी वह अपनी योग्यताओं में सुधार कर सकता है;

उदाहरणार्थ—यदि व्यक्ति कई दिनों तक स्कूटर की कमियों को ठीक करता रहता है तो अन्य वाहनों को ठीक करने में भी उसकी योग्यता में वृद्धि होती रहती है। अभ्यास और समय की गति के साथ उसके कार्य करने की शैली में भी तीव्रता आती है। कार्य के निष्पादन में उन्नति कारक स्थानान्तरण की श्रेणी को दर्शाता है, जिसे हम सीखने हेतु अधिगम (Learning to learn) कहते हैं। यदि हम अपनी भिन्न-भिन्न क्रियाओं का निरीक्षण करें तो वास्तव में किसी क्रिया में प्रवीण होने से हमें अन्य समान कार्यों को करने में भी सहायता मिलती है। सभी समान समस्याओं को हल करने में यह गुण स्थानान्तरित हो जाता है। विभिन्न कार्यों की समानता का सम्बन्ध, सामान्य रूप से विधियों का ज्ञान, परिस्थिति से अनुकूलन और क्रियाओं के समान अंशों को समझने को प्रदर्शित करता है।

इस सिद्धान्त की पुष्टि के लिए वार्ड ने सन् 1937 में प्रयोग किए। उनके एक प्रयोग में प्रतिदिन एक असंगत (Non-sense) शब्दांशों की सूची प्रयोज्यों (Subjects) को सीखने के लिए दी। प्रत्येक सूची में 12 शब्दांश (Syllables) थे जो कि लगभग समान कठिनाई स्तर से लिए गए। वार्ड के प्रयोग द्वारा यह निष्कर्षित हुआ कि प्रयोज्यों ने इस सूची का पूर्ण ज्ञान करने में 38 प्रयास किए। 6 सूचियों के पश्चात, प्रयोज्य केवल 20 प्रयासों में ही कार्य को पूर्ण कर देते हैं तथा 15 सूचियों के बाद, केवल 14 प्रयास ही पर्याप्त थे। कहने का तात्पर्य यह था कि शुरू में सुधार अति द्रुतगति से होता है परन्तु बाद में सामान्य रूप से सुधार हुआ। इससे यह भी प्रतीत होता है कि व्यक्ति किसी कार्य को करने में अभ्यास करता है और असंगत कार्यों को कैसे सीखा जाता है इन्हें भी समझने में उसकी योग्यता में विकास होता रहता है। इसी प्रकार के प्रयोग कई अन्य मनोवैज्ञानिक जैसे मार्क्स (1944), मैल्टन और वोन (1941) आदि ने किए। उनके प्रयोगों से भी यही परिणाम प्राप्त होते हैं कि अभ्यास की निरन्तर वृद्धि से सीखने में उत्तरोत्तर सुधार होता है।

हारलो के प्रयोग इस सिद्धान्त में अधिक प्रसिद्ध एवं पुष्टिकारक हैं। सीखने हेतु अधिगम के व्यापक महत्त्व को हारलो ने प्रसारित किया तथा मानव अधिगम में इसे अधिक उपयोगी बताया। अपने अनेक प्रयोगों के माध्यम से उन्होंने समस्या को अधिक दक्षता से सीखने की विधि का वर्णन प्रस्तुत किया। उनके एक प्रयोग में बन्दरों को साधारण समस्याओं में प्रशिक्षित किया गया। एक बन्दर को एक घन एवं एक ठोस दो वस्तुएँ दी गईं। इस प्रकार की साधारण समस्याओं में प्रशिक्षित करने पर बन्दरों ने समस्याओं को अधिक कुशलता से सीखने का परिचय दिया है। समस्याओं की पुनरावृत्ति से अभ्यास की क्रिया दृढ़ होनी आरम्भ हो जाती है तथा एक स्थिति यह आ जाती है कि जटिल से जटिल

समस्याओं का समाधान साधारण रूप से हल कर सकते हैं क्योंकि अभ्यास से सीखने की योग्यता बढ़ जाती है।

स्थानान्तरण का मापन (Measurement of Transfer)

स्थानान्तरण को मात्रात्मक रूप में भी सांख्यिकी का प्रयोग करके मालूम किया जा सकता है। छात्रों को प्रयोगात्मक एवं नियंत्रित समूहों में विभाजित किया जाता है। प्रायोगिक समूह को स्थानान्तरण की उपयुक्त विधियों या सिद्धान्तों का उपयोग कर पढ़ाया जाता है जबकि नियंत्रित समूह को परम्परागत विधि से ही पढ़ाया जाता है। परीक्षण के उपरान्त प्रयोगात्मक समूह (क) तथा नियंत्रित समूह (ख) की सही प्रतिक्रियाओं के मध्यमान का अन्तर ज्ञात कर, नियंत्रित समूह की सही प्रतिक्रियाओं के मध्यमान से भाग दिया जाय तो स्थानान्तरण ज्ञात हो जाता है। यदि हम प्राप्त संख्या को 100 से गुणा करें तो वह स्थानान्तरण प्रतिशत होगा, अर्थात—

$$\text{स्थानान्तरण प्रतिशत} = \frac{\text{ख-क}}{\text{ख}} \times 100$$

इस सूत्र का प्रयोग हम ऐसी स्थिति में ही कर सकते हैं जहाँ उच्च अंक न्यून कार्य को प्रदर्शित करता हो। इसका तात्पर्य यह है कि जहाँ त्रुटियाँ या प्रयास संख्या के आधार पर स्थानान्तरण का मापन किया जाता है वहाँ हम इस सूत्र का प्रयोग नहीं कर सकते हैं। जहाँ उच्च अंक द्वारा उत्तम कार्य का मापन किया जाता है उस स्थिति में निम्न सूत्र प्रयोग में लाया जाता है।

$$\text{स्थानान्तरण प्रतिशत} = \frac{\text{क-ख}}{\text{पूर्ण संभावित अंक}} \times 100$$

पुनः स्मरण से सम्बन्धित स्थानान्तरण के मापन के सन्दर्भ में उपर्युक्त सूत्र अधिक उपयुक्त है परन्तु अधिगम का मापन सही पदों का पुनः स्मरण जैसा होना आवश्यक है। इस सूत्र के प्रयोग में पूर्ण संभावित अंक का पता लगाना कठिन कार्य है। ऐसे भी प्रयोग हैं जिनमें पूर्ण संभावित अंक अनिश्चिता को प्रदर्शित करते हैं। ऐसी स्थिति में मेने, फोस्टर तथा क्राउले ने इसका संशोधित रूप निम्न सूत्र द्वारा प्रस्तुत किया है—

$$\text{स्थानान्तरण प्रतिशत} = \frac{\text{क-प्रारम्भिक ख अंक}}{\text{अन्तिम ख अंक-प्रारम्भिक ख अंक}} \times 100$$

प्रयोगों में स्थानान्तरण के उन सभी गुणों का समावेश होता है जिनसे वास्तविक परिवर्तन के कारक सन्निहित होते हैं। प्रायोगिक स्थिति में अन्य सभी प्रभावित कारकों को परिसीमित किया जाता है जो कि पर्याप्त कठिन कार्य है। थार्नडाइक ने पाठ्यक्रम के अनेक विषयों के अन्तरण का प्रतिशत ज्ञात किया। उसने 10,11

एवं 12 कक्षा के 13500 छात्रों पर प्रयोग किया तथा एक वर्ष की अवधि में प्रशिक्षण के कारण तर्क के स्थानान्तरण पर पड़े प्रभाव का विस्तृत अध्ययन कर व्याख्या की। सभी विषय अपेक्षित व्यवहार के स्थानान्तरण में समान अवसर प्रदान करते हैं।

विभिन्न विषयों में स्थानान्तरण (Transfer in Different Subjects)

भिन्न प्रकृति के विषयों में स्थानान्तरण अधिक नहीं हो सकता है। अध्यापन-अध्ययन प्रक्रिया में मुख्य समस्या विशिष्ट विषयों के स्थानान्तरण की होती है। अध्यापक विद्यालयी विषयों से जीवन की परिस्थितियों में स्थानान्तरण प्रतिशत को उच्च बनाने में छात्रों की सहायता कर सकता है। वस्तुतः थार्नडाइक के अनुसार, "विषयों के तुलनात्मक स्थानान्तरण के प्रतिशत में बहुत कम अन्तर होता है।" पाठ्यक्रम में सभी विषयों का अपना विशिष्ट महत्त्व होता है इसमें प्राप्त ज्ञान का उपयोग ही वास्तविक स्थानान्तरण का द्योतक है। गणित, साइन्स इत्यादि का जीवन क्षेत्र में स्थानान्तरण निरीक्षित किया जा सकता है। इसका तात्पर्य यह है कि गणित जैसे विषय का जीवन की समस्याओं को हल करने में बहुत उपयोग होता है। इसी प्रकार हम विशिष्ट विषयों को विभिन्न रूप में स्थानान्तरण कर सकते हैं। स्थानान्तरण प्रक्रिया को हम निम्न रूप से प्रयोग कर सकते हैं—

(1) छात्रों को विषय के मूलभूत प्रत्यय और सिद्धान्तों को अधिक गहनता से पढ़ाना आवश्यक है। समुचित सहायक सामग्री का उपयोग कर अमूर्त विचारों को स्पष्ट किया जा सकता है।

(2) छात्रों की समस्या के बारे में पूर्ण चिन्तन एवं तर्क करने का अवसर प्रदान किया जाय।

(3) समस्या का विश्लेषण कर विभिन्न परिप्रेक्ष्य में अनेक समस्याओं के माध्यम से छात्रों को मौलिक सिद्धान्तों के सामान्यीकरण करने में सहायता प्रदान करनी चाहिए।

(4) छात्रों को आधारभूत सिद्धान्तों को जीवन की परिस्थितियों में प्रयोग करने के लिए प्रोत्साहित करना चाहिए। कक्षागत वातावरण में वार्तालाप पद्धति द्वारा जीवन क्षेत्र में प्रयुक्त सिद्धान्तों की जानकारी दी जा सकती है।

(5) शैक्षिक भ्रमण या वास्तविक स्थिति में सम्मिलित होकर छात्रों को विषयवस्तु का यथार्थ ज्ञान दिया जा सकता है।

(6) क्रियाशील पाठों को संगठित करना चाहिए।

(7) जीवन के अनुभावों को समान अधिगम परिस्थितियाँ उत्पन्न कर छात्रों को वास्तविकता का ज्ञान प्रस्तुत करना चाहिए।

सभी पाठ्य विषयों का मानसिक योग्यताओं को विकसित करने में अपना महत्त्व है। अनेक प्रयोगों द्वारा यह सिद्ध किया जा चुका है कि पाठ्यवस्तु योग्यताओं में वृद्धि करती है। विभिन्न विषयों में महत्त्व का अध्ययन कर थार्नडाइक ने यह निष्कर्ष निकाला कि विभिन्न विषयों द्वारा मानसिक विकास में आपसीय अन्तर बहुत कम एवं अविश्वसनीयता अपेक्षाकृत अत्यधिक है, जिससे अध्ययनरत विषय का प्रभाव महत्त्व नहीं रखता। वास्तव में एक विषय उतना ही अच्छा है जितना कि दूसरे विषय। सिर्फ अन्तर इतना होता है कि किसी विषय के संगठन की आन्तरिक संरचना, या विषयवस्तु या पद्धति की सामान्य दृष्टि से योग्यता विकसित करने में एक सरल एवं निश्चित विधि हो सकती है। स्थानान्तरण की सीमा इस तथ्य पर निर्भर करेगी कि सीखे गए ज्ञान का प्रयोग कितना होता है और नई परिस्थिति में अनुभवों के द्वारा विषय ज्ञान का उपयोग कहाँ तक हो रहा है।

स्थानान्तरण की सामान्य परिस्थितियाँ (General Conditions of Transfer)

स्थानान्तरण की अधिक से अधिक मात्रा को विकसित करने के मुख्य आधार स्थानान्तरण सिद्धान्त एवं उचित परिस्थितियों का निर्माण है। पाठ्यवस्तु की संरचना ऐसी होनी चाहिए कि जीवन क्षेत्र में इसकी अत्यधिक उपयोगिता हो और इससे प्राप्त योग्यता का उच्चतम प्रयोग किया जा सके। इसमें बहुत सी मुख्य बातें अधिगमी पर निर्भर करती है। अनुकूल परिस्थितियों को अनुरूप एवं अधिगमी की योग्यतानुसार स्थानान्तरण क्रिया सम्पन्न होती है। इसके साथ-साथ प्रेरक तत्त्वों का मिश्रण एवं विषयवस्तु की संरचना पर भी स्थानान्तरण बहुत कुछ निर्भर करता है। इन सब नियमों, सिद्धान्तों एवं विधियों का ज्ञान मद्देनजर रखते हुए स्थानान्तरण की सामान्य परिस्थितियाँ निम्न हैं—

1. **विषयों का स्थानान्तरण मूल्य** (Transfer Value of Subjects)—यद्यपि विद्यालयी शिक्षा में बालक अनेक विषयों का अध्ययन करता है परन्तु प्राप्त ज्ञान का अधिक उपयोग जीवन क्षेत्र में सभी विषयों का समान नहीं होता है। सामान्यत: दैनिक जीवन में गणित एवं विज्ञान में स्थानान्तरण अन्य विषयों की अपेक्षा अधिक होता है। "विद्यालयी विषय स्थानान्तरण मूल्य में अन्तर रखते हैं।" यह कथन गैरेट ने अपने प्रयोगों के आधार पर व्यक्त किया। इसका तात्पर्य यह है कि जिस विषय का प्रयोग सर्वाधिक होगा स्थानान्तरण की मात्रा भी उसी के सापेक्ष होगी।

2. **विषयवस्तु की समानता** (Similarities in Subject-Matter)—स्थानान्तरण सिद्धान्त के अनुसार समरूप तत्त्वों के आधार पर स्थानान्तरण क्रिया होती है। यदि दो विषयों की विषयवस्तु में समानता है तो स्थानान्तरण अधिक होगा। असमान विषयवस्तु का स्थानान्तरण संभव नहीं है। जैसे—संस्कृत एवं हिन्दी विषयों में स्थानान्तरण अधिक होगा क्योंकि विभिन्न तथ्यों या संरचना में इन दोनों विषयों के स्वरूप या प्रकृति में अत्यधिक समानता है। परन्तु गणित एवं दर्शनशास्त्र के अध्ययन में कोई समरूपता नजर नहीं आती। अत: स्थानान्तरण नहीं के बराबर होता है। रूगर ने निष्कर्ष निकाला कि लैटिन भाषा के पढ़ने से अंग्रेजी भाषा पर उसका प्रभाव पड़ने के कारण यह सरलता से सीखी जाती है।
3. **अधिगमी की इच्छाशक्ति** (Learner's Will)—अन्तर्मुखी व्यक्ति की इच्छाशक्ति अपने तक ही सीमित होती है। वह प्राप्त ज्ञान का उपयोग सामाजिक परिप्रेक्ष्य में कम करता है। अत: स्थानान्तरण सीखने वाले की इच्छाशक्ति पर बहुत निर्भर करता है। इच्छाशक्ति के उत्पन्न होने से स्थानान्तरण की मात्रा बढ़ जाती है। मर्सल के अनुसार, "एक नवीन परिस्थिति में अधिगम स्थानान्तरण के लिए यह आवश्यक है कि अधिगमी में प्राप्त ज्ञान के अन्तरण की इच्छाशक्ति की उत्पत्ति अवश्य होनी चाहिए।" बिना इच्छा के योग्यता का प्रयोग करना अस्वाभाविक है।
4. **सामान्यीकरण** (Generalization)—स्थानान्तरण में इस सिद्धान्त के अनुसार, "जिस सीमा तक कोई व्यक्ति अपनी योग्यताओं के माध्यम से कोई सामान्य सिद्धान्त विकसित करता है उसी अनुपात में संस्कारों का स्थानान्तरण होता है।" अनुभव तथा कार्य के द्वारा स्थानान्तरण क्रिया सबल होती है। सामान्यीकरण के आधार पर ही विभिन्न क्षेत्रों में प्राप्त योग्यता का अधिक उपयोग किया जाता है। वितरित ज्ञान किसी समस्या के समाधान में भी विघटित अवस्था में रहता है। उसे संगठित करने से ज्ञान का क्रमिक स्वरूप निश्चित हो जाता है और सामान्यीकरण के सिद्धान्त का अंश बन जाता है। स्थानान्तरण की सफलता के लिए यह सामान्य सिद्धान्त अधिक शक्तिशाली कारक है।
5. **शैक्षिक उपलब्धियों का स्तर** (Level of Educational Attainments)—शैक्षिक योग्यताओं के स्तर के अनुरूप ही स्थानान्तरण होता है। विभिन्न क्षेत्रों में प्राप्त ज्ञान की दक्षता के अनुरूप स्थानान्तरण सम्बन्धित होती है। विषयों के ज्ञान का आधार यथार्थ एवं वास्तविक अर्थों में होना आवश्यक है। बाह्यस्थित ज्ञान स्थानान्तरण को कमजोर बनाता है। गहन ज्ञान ही विभिन्न दिशाओं में समस्या समाधान में

सहायक होता है तथा इसकी वास्तविकता से स्थानान्तरण सम्भाष्य है। बालक कई विषयों का अध्ययन करता है तथा एक विषय के ज्ञान का उपयोग दूसरे विषय में हो सकता है। यह बालक पर निर्भर करेगा कि वह विशिष्ट विषय का कितना गहन ज्ञान प्राप्त कर उसका प्रयोग दूसरे विषय की समस्याओं के समाधान में कर सकता है। थार्नडाइक एवं वुडवर्थ के अनुसार स्थानान्तरण की क्रिया के द्वारा व्यक्तियों ने 1/3 अधिक उन्नति दिखाई।

6. **स्थानान्तरण का अभ्यास** (Practice of Transfer)—स्थानान्तरण में अनेक मनोवैज्ञानिक प्रयोग इस परिणाम पर पहुँचते हैं कि अभ्यास की क्रिया से स्थानान्तरण की मात्रा बढ़ती है। छात्रों में प्रशिक्षण से इस क्षमता का विकास कर सकते हैं। स्थानान्तरण की शिक्षा देकर उसको व्यावहारिक रूप में परिणित किया जा सकता है। उदाहरणार्थ यदि अचार बनाने की प्रक्रिया में व्यक्ति को इसमें पड़ने वाली सामग्री की निश्चित अनुपात की मात्रा की शिक्षा दी जाती है तो कार्यों में स्थानान्तरण का अभ्यास ज्ञान के क्षेत्र में वृद्धि करता है। यह तभी संभव है जब छात्र इसके आधारभूत तथ्यों में समुचित प्रशिक्षण प्राप्त करें। वेब के अनुसार, स्थानान्तरण की क्रिया द्वारा बालकों ने तर्क परीक्षण में 30% अच्छा काम किया।
7. **सामान्य बुद्धि** (General Intelligence)– स्थानान्तरण अधिगमी की सामान्य बुद्धि के सापेक्ष वाली क्रिया है। गैरेट के प्रयोग द्वारा यह निष्कर्ष ज्ञात होता है कि हाई स्कूल में अध्ययरत सामान्य बुद्धि के छात्रों में स्थानान्तरण करने की योग्यता न्यूनतम सामान्य बुद्धि के छात्रों की अपेक्षा बीस गुना अधिक होती है। सामान्य बुद्धि किसी व्यक्ति के लिए समान योग्यताओं के सन्दर्भ में स्थित रहकर एक समान होती है। अतः स्थानान्तरण में इसका अधिकतम उपयोग अधिगम प्रक्रिया को और अधिक दृढ़ बनाएगा। अध्ययन शैली पर भी स्थानान्तरण बहुत कुछ निर्भर करता है। इस विधि में वे कारक अन्तरित नहीं होते जो असंगत विषयवस्तु को प्रदर्शित करते हैं।

अधिगम का स्थानान्तरण एवं अध्यापक
(Transfer of Learning and the Teacher)

बालक की सीखने की क्रिया अध्यापक पर बहुत अधिक निर्भर करती है। अध्यापक की कार्य सीमा का विस्तार इस सन्दर्भ में अधिक विस्तृत हो जाता है। स्थानान्तरण सीखने की प्रक्रिया में महत्त्वपूर्ण कार्य करता है। अध्यापन शैली एवं

तकनीकी का बालक के अधिगम पर बहुत प्रभाव पड़ सकता है। स्थानान्तरण के सिद्धान्तों एवं प्रयोगों से यह विदित होता है कि यह स्वाभाविक नहीं होता बल्कि अधिगमी एवं अध्यापक के प्रयास के द्वारा अधिगम को स्थानान्तरण प्रक्रिया द्वारा विकसित किया जा सकता है। विद्यालय में ग्रहण की गई शिक्षा से समाजीकरण के उद्देश्यों को प्राप्त करने में सहायता मिलती है। फलतः अध्यापक अधिगम कुशलता में स्थानान्तरण द्वारा वृद्धि कर सकता है । उसकी इस क्रिया में निम्नलिखित कार्य महत्त्वपूर्ण हैं—

1. शैक्षिक महत्त्व की समस्याओं का अनुभव करना (To experience the problems of educational importance)—अध्यापक के लिए यह आवश्यक है कि उसके समक्ष शिक्षा की शैक्षिक महत्त्व की समस्या है । उसे यह अनुभव करना चाहिए कि छात्रों को विषय ज्ञान कैसे दिया जाय कि वे एक स्थिति में प्राप्त व्यावहारिक ज्ञान को जहाँ तक संभव हो दूसरी स्थितियों में उपयोग करने की कुशलता प्राप्त कर सकें । अतः अध्यापक के लिए यह चिन्तन का विषय है कि छात्र कौन से मूल्य, आदर्श, नैतिक गुण, कौशल, अभिवृत्तियाँ, रुचियाँ आदि अपने शैक्षिक अनुभवों से ग्रहण कर सकें। इन व्यावहारिक विशेषताओं को छात्र अर्थपूर्ण ढंग से कैसे सीख सकते हैं। और प्राप्त ज्ञान का उपयोग विभिन्न परिस्थितियों की समस्याओं के समाधान में छात्र कैसे हस्तान्तरित करते हैं। कहने का तात्पर्य यह है कि अध्यापक को शैक्षिक महत्त्व की समस्याओं को स्थानान्तरण प्रक्रिया के क्रियात्मक पक्ष के द्वारा सुलझाना आवश्यक है क्योंकि स्थानान्तरण सीखने की कुशलता पर महत्त्वपूर्ण प्रभाव डालने वाला व्यापक कारक है ।

2. नवीन शैक्षिक विचार प्रस्तुत करना (To present new educational ideas)—आधुनिक विकासशील शैक्षिक पद्धति में अनेक उद्देश्यों को उचित स्थान दिए गए हैं। शैक्षिक उद्देश्य केवल विद्यालयी वातावरण तक ही सीमित नहीं होते बल्कि जीवन के विस्तृत एवं वास्तविक वातावरण से उनका अधिक सम्बन्ध है। समाज की प्रक्रिया में निरन्तर परिवर्तन से छात्रों में नवीन विचारों का निरूपण आवश्यक है । अतः अध्यापक विधि एवं प्रयोग द्वारा अधिगम अनुभवों के स्थानान्तरण को वास्तविक जीवन क्षेत्र से जोड़ सकता है। नवीन परिस्थितियों में विशेषताओं, या विचारों को प्रयोग करने की विधि को समझना उसके लिए आवश्यक है। नवीन विचारों का आत्मबोधात्मक समूह के निर्माण के पश्चात् ही स्थानान्तरण होता है। हरबार्ट योजना के अन्तर्गत विचार प्रक्रिया के पाँच स्तर नवीन एवं पुराने विचारों को सम्बन्धित करने में उत्कृष्ट माने गए हैं—समस्या सामग्री, प्रस्तुतीकरण, तुलना, सामान्यीकरण एवं प्रयोग। पाठ-योजना को अधिगम प्रणाली में विशिष्ट माना गया है क्योंकि इसके द्वारा विषयज्ञान का अन्तरण वैज्ञानिक ढंग से होता है।

3. वास्तविक परिस्थितयों का अनुभव करना (To experience the real situation)—बालक को यदि वास्तविक परिस्थितियों में समस्या समाधान का बोध है तो निश्चित ही वह इसका प्रयोग अन्य परिस्थितियों की समस्याओं के समाधान में करेगा। इसके लिए मौलिक कार्य में पर्याप्त अनुभव स्थानान्तरण क्रिया को विकसित करने में सहायक होता है। अतः अध्यापक को कौशल एवं प्रत्ययों को विकसित करने के लिए पर्याप्त अभ्यास करवाना चाहिए। छात्रों को विभिन्न परिस्थितियों के पारस्परिक सम्बन्धों को पहचानने के लिए प्रोत्साहित करना चाहिए। छात्रों को अवगत कराना चाहिए कि विभिन्न परिस्थितियों में क्या-क्या समानताएँ हैं और इसके लिए छात्रों को अधिक से अधिक प्रशिक्षित करना चाहिए। वुडवर्थ के अनुसार, "स्थानान्तरण की मात्रा दो परिस्थितियों में समानता एवं समान अंशों के समानुपाती होती है।" दोनों परिस्थितियों के मध्य अधिक से अधिक सम्बन्ध स्थापित करने वाले कारकों का समुचित अभ्यास करवाना अध्यापक को स्थानान्तरण के लिए अनिवार्य है।

4. चिन्तन का विकास करना (Developing thinking) किसी तथ्य को समझकर सीखने से स्थानान्तरण की संभावनाओं को विकसित करना चाहिए। रट कर सीखे हुए ज्ञान से अन्तरण नहीं होता। चिन्तन को आदत के रूप में बदलने का प्रयास करना चाहिए। किसी योग्यता के अन्तरण के प्रयास से स्थानान्तरण की क्रिया आसान हो जाती है। छात्रों में समस्या के प्रति चिन्तन का विकास मानसिक योग्यताओं को शक्ति प्रदान करता है। स्किनर के अनुसार, "अधिगम स्थानान्तरण की शिक्षा के लिए विचारयुक्त तैयारी और पाठों के विकास की आवश्यकता है। इस प्रकार अध्यापक विषयवस्तु के माध्यम से चिन्तन की प्रणाली का विकास कर सकता है।

5. प्रत्ययों की स्पष्टता (Clarity of conepts)—जब तक प्रत्ययों या कौशलों का स्पष्ट ज्ञान न हो अधिगम निरर्थक है। यह अध्यापक की प्रभावकता पर निर्भर करेगा कि वह किस प्रकार पाठ्यवस्तु में विभिन्न प्रत्ययों और कौशलों को स्पष्ट करके छात्रों की मानसिक शक्तियों का विकास करता है। अतः शिक्षक को उदाहरण प्रस्तुत कर इन्हें स्पष्ट करना चाहिए। उदाहरणों से छात्रों में नए प्रत्ययों को समझने की शक्ति बढ़ती है और वे इससे जीवन की संगत परिस्थितियों में प्रयुक्त करने की योग्यता रख सकते हैं।

6. सामान्य सिद्धान्तों को समझना (To understand general principles)—स्थानान्तरण को सर्वाधिक प्रभावित करने वाला कारक सामान्यीकरण है। नियम विधि एवं सिद्धान्त के स्पष्टीकरण से स्थानान्तरण की प्रायिकता बढ़ जाती है। ब्रूनर के शब्दों में, "मूल सिद्धान्तों एवं विचारों की समझदारी से अधिगम का स्थानान्तरण की अधिकता का मार्ग प्रशस्त हो जाता है।" यदि अध्यापक स्था-

नान्तरण की मात्रा को कक्षागत अधिगम से जीवन परिस्थितियों में बढ़ाने का प्रयत्न करता है तो उसे यह आश्वस्त हो जाना चाहिए कि विद्यार्थियों को सामान्य सिद्धान्तों का विस्तृत ज्ञान हो गया है। सिद्धान्तों एवं नियमों का यथार्थ परिस्थिति में व्यावहारिक प्रयोग करना भी छात्रों को सिखाना महत्त्वपूर्ण है। कठिन विषय-वस्तु के प्रत्ययों को समझने के लिए निम्न क्रम के सिद्धान्त या नियमों का ज्ञान आवश्यक है। अत: अधिक सामान्यीकृत सिद्धान्त या नियम कठिनाई स्तर के बढ़ते क्रम के अनुसार संगठित किए जाने चाहिए। इसका तात्पर्य यह है कि निम्न कठिनाई के सिद्धान्त अधिक जटिल सिद्धान्तों को समझने में पृष्ठपोषण (Feebdack) का कार्य करते हैं। इस संदर्भ में छात्रों का पूर्व सामान्य ज्ञान सुसंगठित होने से नए कार्यों को सीखने में हस्तान्तरित हो जाता है। जिससे छात्रों की अन्तर्निहित योग्यता का विकास होकर वे जीवन के प्रत्येक क्षेत्र में सफलता प्राप्त करेंगे। छात्रों को नियमों एवं सिद्धान्तों को स्वत: निकालने के लिए प्रेरित करना चाहिए।

7. **उपयुक्त पाठ्यक्रम** (Suitable curriculum)—व्यवस्थित पाठ्यक्रम से अधिगम स्थानान्तरण की मात्रा को बढ़ाया जा सकता है। यह स्थानान्तरण का मूल विन्दु एवं शक्तिशाली माध्यम है। विषयवस्तु का चयन इस प्रकार से संगठित होना चाहिए कि वह छात्रों की आवश्यकताओं के अनुकूल हो तथा इसमें भावी जीवन के उद्देश्यों का समावेश हो। स्थानान्तरण मूल्य के अनुसार पाठ्यक्रम की रचना करनी आवश्यक है। इसके द्वारा शैक्षिक विषय का ज्ञान भावी जीवन की समस्याओं को सुलझाने के अनुरूप होना चाहिए। अर्थात बालक के भविष्य के सामंजस्य में यह सहायक होना आवश्यक है।

8. **अधिगम अनुभवों का ज्ञान** (Knowledge of learning experiences)—अध्यापक को यह जानना आवश्यक है कि अधिगम अनुभव के गुणात्मक प्रभाव होते हैं। ये प्रभाव यह प्रदर्शित करते हैं कि छात्र उत्तरकालीन परिस्थितियों में कैसे कार्य करेंगे। मैकगियोक के शब्दों में, "जहाँ व्यक्ति किसी समस्या के आधारभूत सम्बन्धों की गहराई तक प्रत्यक्षीकरण करता है या जहाँ उसे सम्बन्धों की अन्तर्दृष्टि प्राप्त होती है वहाँ स्थानान्तरण संयोजित करने वाली एक वृहत परिस्थिति बन जाती है।" समस्या समाधान के क्षेत्र के प्रभावों के अतिरिक्त अधिगम अनुभव अधिगमी की प्रेरणा पद्धति, उसके मूल्य, अभिवृत्ति एवं आत्मबोध को भी मद्देनजर रखना अनिवार्य है क्योंकि हमारे अधिगम अनुभवों के अन्तरण से अभिवृत्ति, मूल्य आदि निश्चय होते हैं। अत: यह स्वाभाविक है कि स्थानान्तरण तात्कालिक महत्त्व का विषय है जिसके हर पहलुओं पर अध्यापक का पूर्ण आधिपत्य है।

अध्याय 5

व्यक्तित्व : सिद्धान्त

(PERSONALITY : THEORIES)

व्यक्तित्व शब्द की व्याख्या विभिन्न दृष्टिकोणों से की जाती है। जिन मनोवैज्ञानिकों ने व्यक्तित्व पर कार्य किया एवं इसके विकास में प्रभावित तत्त्वों की खोज की, उन्होंने इन कारकों की महत्ता के आधार पर व्यक्तित्व को परिभाषित करने का अपना दृष्टिकोण व्यक्त किया। व्यक्तित्व से संबंधित परिभाषाओं को दो वर्गों में बाँटा जा सकता है।

(1) शाब्दिक,

(2) सैद्धान्तिक।

1. शाब्दिक अर्थ—व्यक्तित्व को स्वेच्छानुसार (Arbitrary) समझने एवं परिभाषित करने का प्रयास किया गया। आज से करीब 2000 वर्ष पूर्व व्यक्तित्व की लैटिन भाषा के (Persona) शब्द से उत्पत्ति मानी जाती है जिसका अर्थ है—नकाब (Mask) या वेशभूषा। परसोना शब्द से तात्पर्य बाह्य गुणों से था जिसे ग्रीक अभिनेता किसी मंच पर अभिनय करते समय नकाब पहन कर वास्तविकता को ढक लेते थे और अभिनेता द्वारा पहना हुआ नकाब "परसोना" कहलाता था। हमारे देश में भी रामलीला या नाटक में पात्र इन मुखौटों का प्रयोग करता है। व्यक्ति किसी पात्र के अभिनय से दर्शकों पर उसी पात्र के गुणों का प्रभाव छोड़ता है। इसके अनुसार व्यक्तित्व किसी व्यक्ति के बाह्य गुणों का प्रदर्शित समावेश है।

2. सैद्धान्तिक अर्थ—समय एवं विकास के साथ व्यक्तित्व को समझने में भी अधिक परिशिष्टता प्रदर्शित हुई। व्यक्तित्व को सरल एवं क्रमबद्ध रूप से व्यक्त करने के सफल प्रयास किए गए। इनमें सामाजिक, सांस्कृतिक एवं मनोवैज्ञानिक कारकों को महत्त्वपूर्ण स्थान दिया गया और व्यक्तित्व की व्यवस्थित ढंग से व्याख्या की गई। फलस्वरूप कई मनोवैज्ञानिकों का ध्यान व्यक्तित्व के अध्ययन की ओर आकर्षित हुआ। अलग-अलग क्षेत्र में व्यक्तित्व के अर्थ को समझने का

प्रयास किया गया जिननें कुछ निम्न प्रमुख हैं—

1. दार्शनिक विचारधारा—दार्शनिकों का विचार है कि व्यक्तित्व किसी व्यक्ति का एक आत्मज्ञान है। आत्मज्ञान के अनुरूप ही व्यक्तित्व की श्रेष्ठता एवं न्यूनता अंकित की जा सकती है। प्लेटो के आदर्शवाद दर्शन के आधार पर व्यक्तित्व किसी पदार्थ के लिए केवल बाह्य प्रदर्शन है। अन्य कई दार्शनिक इसे पूर्णता का आदर्श मानते हैं तो कुछ व्यक्तित्व को आत्मज्ञान की संज्ञा देते हैं।

2. सामाजिक मूल्य के रूप में व्यक्तित्व (Personality as Social Value)—वर्ट के अनुसार, "व्यक्ति शारीरिक एवं मानसिक प्रतिक्रियाओं का संगठित प्रतिमान है जिसका प्रकाशन आत्म (Self) के द्वारा सामाजिक परिस्थितियों में होता है।" इस वर्ग के मनोवैज्ञानिक व्यक्तित्व को सामाजिक उत्तेजना मूल्य के रूप में व्यक्त करते हैं। इसके अन्तर्गत एक व्यक्ति का दूसरे व्यक्ति या व्यक्तियों पर प्रभाव को व्यक्तित्व कहते हैं अर्थात व्यक्तित्व व्यक्ति की समाज में सामंजस्य होने की एक शक्ति है। जैसे किसी व्यक्ति का उत्तेजना मूल्य जितना अधिक होगा अथवा जो समाज में आकर्षण का केन्द्र बन जाते हैं उनका व्यक्तित्व उतना ही समृद्धशाली होता है। प्रभाव एवं प्रतिष्ठा से व्यक्ति का व्यक्तित्व अंकित किया जाता है। कुछ मनोवैज्ञानिक व्यक्तित्व को अनुक्रिया के रूप में परिभाषित करते हैं। गुथरी के अनुसार, "सामाजिक महत्त्व की वे आदतें या आदतों की पद्धति जो स्थिर तथा परिवर्तन के अवरोध वाली होती है, व्यक्तित्व कहलाती है।"

("Personality is defined as those habits and habit systems of social importance that are stable and resistant to change.")

इसी परिप्रेक्ष्य में आलपोर्ट के अनुसार, "व्यक्तित्व एक व्यक्ति की अपनी विशेषताओं के अनुसार सामाजिक उत्तेजनाओं के प्रति की गई प्रतिक्रिया है और अपने वातावरण के सामाजिक लक्षणों से समायोजित करने का गुण है।'

("Personality is the individual's characteristic reactions to social stimuli and the quality of his adaptation to the social features of his environment.")

सामाजिक मूल्य में प्रतिक्रियाओं का समूहएवं उत्तेजना मूल्यों के आधार पर व्यक्तित्व को परिभाषित किया जाता है जिसमें सामाजिक अनुभवों द्वारा व्यक्ति की बाह्य एवं आन्तरिक सामजस्य स्थापित करने की अभिव्यक्ति सामाजिक परिस्थितियों में होती है। रैक्स के शब्दों में, "व्यक्तित्व समाज द्वारा मान्य तथा अमान्य गुणों का संतुलन है।"

3. सम्पूर्ण योग विधि (Sum Total Approach)— व्यक्तित्व की परिभाषा व्यक्ति की विभिन्न प्रक्रियाओं एवं क्रियाओं के सम्पूर्ण योग के रूप में व्यक्त की गई है। वैलनटाइन के अनुसार, "व्यक्तित्व जन्मजात एवं अर्जित प्रवृत्तियों

का योग है।" ("Personality is the sum total of innate and acquired dispositions.") इसी प्रकार मोटर्न के शब्दों में, "व्यक्तित्व व्यक्ति के समस्त जन्मजात सस्थानों, आवेगों, प्रवृत्तियों, कार्य कुशलताओं, मूल प्रवृत्तियों एवं अनुभवों के द्वारा अर्जित संस्कारों और प्रवृत्तियों का योग है।" ("Personality is the sum total of biological innate dispositions, impulses, tendencies, aptitudes, and instincts of the individual and the dispositions and tendencies experiences.") इस पद्धति की गेस्टाल्ट मनोवैज्ञानिकों द्वारा आलोचना की गई क्योंकि बिना संगठन एवं संयोजन के अंशों के पूर्णाकार के प्रत्ययों को समझे हुए क्रियाओं को जोड़ने का विचार निरर्थक है।

4. संगठित उपागम (Integrative Approach)—इस समुदाय के मनोवैज्ञानिक व्यक्तित्व के सुसंगठित पक्ष पर अधिक जोर देते हुए व्यक्तित्व के निश्चित संगठन के स्वरूप की व्याख्या करते हैं। वारेन के अनुसार, "व्यक्तित्व मानव विकास की किसी अवस्था में सम्पूर्ण मानसिक संगठन है।" ("Personality is the entire mental organization of a human being at any stage of his development.") मानसिक योग्यताओं के संगठन से तात्पर्य उन समस्त ज्ञानात्मक, भावात्मक एवं क्रियात्मक विशेषताओं के सुसंगठित संगठन से है। यह एक-दूसरे के मुख्य अन्तर को स्पष्ट प्रकट करता है। मन के शब्दों में, "व्यक्तित्व व्यक्ति की संरचना, व्यवहार का ढंग, रुचियाँ, अभिवृत्तियाँ, क्षमताएँ, योग्यताएँ एवं अभियोग्यताओं के एक विशिष्ट संगठन के रूप में परिभाषित किया जा सकता है।" ("Personality may be defined as the most characteristic integration of an individual's structures, modes of behaviour, interest, attitudes, capacities, abilities and aptitudes.") इस वर्ग में व्यक्तित्व को व्यक्ति की पूर्ण विस्तीर्ण विशेषताओं का सुसंगठन माना जाता है।

5. व्यवहार-प्रतिमान की सम्पूर्णता (Totality of Behavioural Pattern)—इस विचारधारा के मनोवैज्ञानिक क्षैतिज संगठन के बजाय ऊर्ध्वाधर संगठन पर अधिक बल देते हैं। इसके अन्तर्गत किसी व्यक्ति का सम्पूर्ण व्यवहार प्रतिमान या विलक्षणता व्यक्तित्व कहलाता है। विग्गी एवं हन्ट के अनुसार, "व्यक्तित्व एक व्यक्ति के सम्पूर्ण व्यवहार-प्रतिमान और इसकी विशेषताओं की सम्पूर्णता का उल्लेख करता है।" ("Personality refers to the whole behavioural pattern of an individual—to the totality of its characteristics.") इसी संदर्भ में गेरीसन एवं अन्य के शब्दों में, "व्यक्तित्व सम्पूर्ण व्यक्ति है। इसमें व्यक्ति की जन्मजात अभियोग्यताएँ एवं क्षमताएँ तथा पूर्व सीखी गई बातें निहित होती हैं और इन सभी कारकों का संगठन तथा

समन्वय, व्यवहार-प्रतिमानों, उसके विचारों, मूल्यों एवं आकांक्षाओं की विशेषताओं से पूर्ण होता है।" ("Personality is the wholeman, his inherited aptitudes and capacities, all his past learnings, the intagration and synthesis of these factors into characteristic behaviour patterns, his ideas values and expectations.")

6. **समायोजन** (Adjustment)—कोई भी व्यक्ति बचपन से वातावरण के साथ समायोजन करता है। व्यक्तित्व समायोजन का महत्त्वपूर्ण पहलू है। किसी व्यक्ति के व्यवहार को उसके वातावरण के साथ समायोजन की क्रिया द्वारा स्पष्ट समझा जा सकता है। वह अपने अद्भुत तरीके से समाज में विकसित होता है। व्यक्ति निरन्तर प्रयास के द्वारा इस वातावरण नें समायोजन करता है। वोरिंग के अनुसार, "वातावरण के साथ सामान्य एवं स्थायी समायोजन ही व्यक्तित्व है।" ("Personality is an individual consistent adjustment to his environment.") व्यक्ति किसी परिस्थिति में क्या करेगा, इसकी पूर्ण अभिव्यक्ति को व्यक्तित्व कहा जा सकता है।

(i) फ्रैडनबर्थ ने अपनी पुस्तक, "द साइकोलॉजी ऑफ पर्सनैलिटी एण्ड एडजस्टमेंट" में उपरोक्त सभी परिभाषाओं को एक परिभाषा में बदलने का प्रयास किया। "उनके कथनानुसार, व्यक्तित्व जटिल बिलक्षणताओं की स्थिर पद्धति है जिसके द्वारा किसी व्यक्ति के जीवन प्रतिमान को पहचाना जा सकता है।" ("Personality is the stable system of complex characteristics by which the life pattern of an individual may be identified."

(ii) आलपोर्ट के अनुसार, "व्यक्तित्व व्यक्ति के मनोदैहिक गुणों का वह गत्यात्मक संगठन है जो व्यक्ति के वातावरण के प्रति अद्वितीय समायोजन को निर्धारित करता है।" (Personality is the dynamic organization of those psychophysical system that determine his unique adjustment to his environment.") आलपोर्ट द्वारा प्रस्तुत यह परिभाषा अधिक व्यापक एवं किसी व्यक्ति के व्यक्तित्व के समस्त पहलुओं को सम्मिलित करती है। यह सामाजिक मूल्य के रूप में व्यक्तित्व को परिभाषित करने में अधिक सार्थक एवं समग्र है। इसमें प्रयुक्त शब्दों की विशेषताओं को निम्न तरह से स्पष्ट किया गया है—

(अ) **गत्यात्मक संगठन** (Dynamic Organization)—व्यक्तित्व स्थिर रूप में परिवर्तित होता रहता है। परन्तु फिर भी इसका उपागम (Approach) स्थिर रहता है। समय एवं परिस्थिति के अनुरूप

इसमें भी परिवर्तन होते रहते हैं।

(ब) **मनोदैहिक** (Psycho-physical)—व्यक्तित्व को मनोदैहिक रूप में स्वीकार किया गया है। मनोदैहिक गुणों में व्यक्ति के मानसिक एवं शारीरिक दोनों प्रकार के गुणों का मिश्रण होता है तथा ये दोनों पद्धतियाँ आन्तरिक एवं बाह्य वातावरण के साथ निरन्तर अन्तःक्रिया करते रहते हैं।

(स) **निर्धारित** (Determine)—आलपोर्ट की परिभाषा में व्यक्तित्व को निर्धारक के रूप में स्वीकार किया गया है। मनोदैहिक पद्धति के आधार पर व्यक्ति की वातावरण के साथ अनुक्रियाएँ प्रभावित होती हैं। यह व्यक्ति को क्रिया के लिए प्रेरित करता है।

(द) **व्यक्ति का वातावरण के प्रति अद्वितीय समायोजन** (Unique Adjustment to His Environment)—व्यक्ति अपने अपूर्व तरीके से वातावरण के साथ समायोजन करता है। वह समायोजन की विभिन्न विधियों अपनाता है जिसमें मनोदैहिक गुणों का अत्यधिक विशेषतापूर्ण संगठन छिपा रहता है। व्यक्ति का समायोजन व्यक्तित्व के अनुसार भिन्न-भिन्न प्रकार से होता है। यही पृथक समायोजन अद्वितीय समायोजन है।

(iii) आइजनेक के शब्दों में, "व्यक्तित्व व्यक्ति की अभिप्रेरणात्मक व्यवस्थाओं का वह सापेक्ष स्थिर संगठन है जिसकी उत्पत्ति जैविक चालकों तथा सामाजिक एवं भौतिक वातावरण के मध्य की अन्तःक्रिया के फलस्वरूप होती है।" ("Personality is the relatively stable organization of a person's motivational dispositions, arising from the interaction between biological drives and social and physical environment.")

(iv) **वुडवर्थ**—व्यक्तित्व व्यक्ति के व्यवहार की सम्पूर्ण विशेषताओं की दिशा की ओर संकेत करता है। वुडवर्थ के अनुसार, "व्यक्तित्व का दर्शन व्यक्ति के विचारों, आदतों, अभिव्यक्ति का तरीका, अभिवृत्तियों रुचियों, कार्य करने का तरीका, एवं जीवन के व्यक्तिगत दार्शनिक दृष्टिकोण के द्वारा होता है।"

उपर्युक्त सभी परिभाषाओं का सूक्ष्म रूप से विश्लेषण किया जाय तो किसी परिभाषा का एक निश्चित स्वरूप हमारे समक्ष प्रस्तुत नहीं होता। विभिन्न परिभाषाओं के प्रस्तुतीकरण के आधार पर व्यक्तित्व की कुछ समान विशेषताओं का प्रारूप सभी मनोवैज्ञानिकों को मान्य है।

(1) व्यक्तित्व में शारीरिक एवं संज्ञानात्मक दोनों गुणों का समावेश है।

(2) इसमें सभी गुण व्यक्ति के विशिष्ट तथा भिन्न व्यवहार को निर्धारित करते हैं।

(3) यह अपनी ही क्रियाओं का परिणाम है।

(4) वातावरण के साथ निरन्तर अन्तःक्रिया के द्वारा व्यक्तित्व का व्यवस्थापन होता है तथा अनुभवों को संचित किया जाता है।

व्यक्तित्व के सिद्धान्त
(Theories of Personality)

जिस प्रकार व्यक्तित्व के स्वरूप की विभिन्न विचारधारणाएँ हमारे सामने व्यक्त की गई हैं उसी प्रकार व्यक्तित्व के सम्बन्ध में अनेक सिद्धान्तों का प्रतिपादन किया गया है। इसकी संरचना एवं अभिवृद्धि के अध्ययन में अनेक सिद्धान्तों का विकास हुआ। इस अध्याय में कुछ प्रमुख सिद्धान्तों का वर्णन किया गया है जिनमें व्यक्तित्व के बारे में परिकल्पनाओं का सृजन हुआ है। इन सिद्धान्तों में कुछ व्यक्तित्व के सिद्धान्त निम्न हैं—

1. प्रकार सिद्धान्त (Type Theory)
2. गुण सिद्धान्त (Trait Theory)
3. मनोविश्लेषणात्मक सिद्धान्त (Psychoanalytical Theory)
4. घटनाक्रिया विज्ञान सिद्धान्त (Phenomenological Theory)
5. व्यक्तित्व का अधिगम सिद्धान्त (Learning Theory of Personality)
6. सामाजिक व्यवहार सिद्धान्त (Social Behaviour Theory)

1. प्रकार सिद्धान्त
(Type Theory)

व्यावहारिक भिन्नता प्राकृतिक भिन्नता के समरूप है। जिस प्रकार पेड़ पौधे, जीव-जन्तु, वस्तुएँ एक दूसरे से आकार-प्रकार, व्यवहार, क्रिया इत्यादि में भिन्न होते हैं उसी प्रकार समाज में व्यक्तियों मे भी भिन्नता होती है। प्राचीन काल से ही वातावरण की वस्तुएँ विभिन्न वर्गों में विभाजित की गई हैं। मनोवैज्ञानिकों ने भिन्नता के आधार पर व्यक्तियों का भी वर्गीकरण करने का प्रयास किया। यह वर्गीकरण समान गुणों या आकार-प्रकार के अन्तर्गत किया जाता रहा है। संभवतः व्यक्तित्व का सर्वप्रथम वर्गीकरण ग्रीक शरीरशास्त्री हिप्पोक्रेट्स (400 B.C.) ने संवेग और स्वभाव विलक्षणताओं के आधार पर किया। मानव शरीर के चार द्रव्यों से संबंधित आधिपत्य (Dominance) के आधार पर व्यक्तियों का वर्गीकरण किया गया है। ये चार व्यक्तित्व निम्न हैं—

1. मन्द (Phlegmatic)—इन लोगों में श्लेष पित्त (Phiegam humour)

होता है तथा स्वभाव से मन्द होने के फलस्वरूप शान्त, निर्बल एवं निस्तेज होते हैं।

2. कोपशील (Choleric)—ये वे व्यक्ति हैं जिनमें पीत पित्त (Yellow bile) के कारण शरीर से कुछ कमजोर एवं स्वभाव से चिड़चिड़े और शीघ्र क्रोधित होने वाले होते हैं।

3. विषादी (Melan Cholic)—ऐसे लोग काले पित्त के कारण साधारण शरीर वाले एवं स्वभाव से निराशावादी, मन्द एवं चिन्तायुक्त होते हैं।

4. आशावादी (Sanguine)—ऐसे व्यक्ति रक्त पित्त के फलस्वरूप स्वभाव से सक्रिय आशावान एवं प्रसन्न और शरीर से स्वस्थ होते हैं।

यदि भारतीय आयुर्वेद के इतिहास पर नजर डालें तो भारतीय भौतिक शास्त्रियों ने व्यक्तियों की तीन प्रकार की प्रकृति बताई है—वात (Wind), पित्त (Bile) एवं कफ (Mucus)। इसी प्रकार धर्मशास्त्र में तीन मानसिक प्रवृत्तियों का उल्लेख किया गया है—सात्विक, राजसी, एवं तामसी। समाजशास्त्री क्रिया-प्रधान, भाव-प्रधान एवं विचार-प्रधान व्यक्तित्व को मानते हैं। इसके अतिरिक्त व्यवहार, स्वभाव एवं संरचना के आधार पर व्यक्तियों का वर्गीकरण किया गया है जिनमें कुछ निम्न मुख्य हैं—

क्रेचमर का वर्गीकरण (Kretschmer's Classification)

क्रेचमर (Kretschmer, 1926) जर्मन मनोचिकित्सक ने शारीरिक संरचना के आधार पर व्यक्तियों का वर्गीकरण किया। शारीरिक बनावट के आधार पर उन्होंने व्यक्तित्व विशेषताओं का संबंध स्थापित करने का प्रयास किया। क्रेचमर के वर्गीकरण निम्न हैं—

(क) गोलकाय (Pyknic)—इस प्रकार के व्यक्ति का शरीर मोटा, गोल, छोटा तथा चौड़ा होता है। ये लोग मजबूत शरीर के होते हैं तथा आरामतलब, लोकप्रिय एवं मिलनसार स्वभाव के होते हैं।

(ख) शक्तिहीन (Asthenic)—इस प्रकार के व्यक्ति लम्बे तथा छोटे कंधे वाले होते हैं। ये व्यक्ति दूसरों की आलोचना करना पसंद करते हैं और अधिक सचेत रहते हैं।

(ग) खिलाड़ी (Atheletic)—ये वे लोग हैं जो हृष्ट-पुष्ट, स्वस्थ, दृढ़ निश्चयी एवं खुशमिजाज होते हैं। ऐसे व्यक्ति चुस्त, अधिक सामाजिक एवं चेहरे से सुन्दर होते हैं।

(घ) मिश्रित (Dysplastic)—ऐसे व्यक्तियों में उपर्युक्त तीनों प्रकार के अंशों का सम्मिश्रण होता है। इनकी शारीरिक बनावट असाधारण होती है।

शेल्डन का वर्गीकरण (Sheldon's Classification)

शारीरिक गुणों के आधार पर अमेरिका के शल्य चिकित्सक शेल्डन ने व्यक्तियों को तीन मुख्य वर्गों में विभाजित किया है। उनका यह वर्गीकरण शरीर विज्ञान एवं शरीर-विकास विज्ञान पर आधारित है। उनका मत है कि शारीरिक रचना व्यक्तित्व की विशेषताओं को निर्धारित करती है।

(1) **गोलाकृति** (Endomorphic)—इस प्रकार के व्यक्ति कोमल एवं देखने में गोल-मटोल शरीर वाले होते हैं। इस प्रकार के व्यक्तित्व वाले मनुष्य सामाजिक, वहिर्मुखी, आनन्दप्रिय, भौतिक सुखों के उपभोग के प्रेमी, हँसमुख एवं आरामतलब होते हैं।

(2) **आयताकृति** (Mesomorphic)—ऐसे व्यक्तियों का शरीर मजबूत एवं शक्तिशाली होता है। मांसपेशियों का समुचित विकास होता है तथा तंदरुस्त और हृष्ट-पुष्ट होते हैं। ये व्यक्ति संकट उत्पन्न होने से नहीं घबराते हैं। अर्थात उत्साही, अधिक क्रियाशील आत्मविश्वासी एवं बल प्रदर्शन करने वाले होते हैं।

(3) **लम्बाकृति** (Ectomorphic)—ये व्यक्ति शरीर से दुबले-पतले एवं शक्तिहीन होते हैं। स्वभाव की दृष्टि से ऐसे व्यक्ति प्रेमी परन्तु शर्मीले, एकान्त-प्रिय, कलाकार तथा अन्तर्मुखी होते हैं।

स्प्रेंगर का वर्गीकरण (Spranger's Classification)

जर्मन दार्शनिक स्प्रेंगर ने अपनी पुस्तक "टाइप्स ऑफ मैन" में व्यक्तियों को उनकी रुचियों, सामाजिक कार्यों और स्थितियों के आधार पर निम्न छः वर्गों में विभाजित किया है—

1. सैद्धान्तिक (Theoretical)—जो व्यक्ति सैद्धान्तिक विचार के होते हैं तथा सामाजिक और राजनैतिक कार्यों में भाग लेने की इच्छा नहीं रखते इस श्रेणी के अन्तर्गत आते हैं। दार्शनिक एवं वैज्ञानिक इसी प्रकार के व्यक्ति हैं।
2. आर्थिक (Economic)—जो व्यक्ति आर्थिक मूल्य को सर्वोपरि मानते हैं, प्रत्येक कार्य में लाभ का मूल्यांकन करते हैं तथा धन एकत्रीकरण की इच्छा रखते हैं, इस वर्ग में आते हैं। व्यापारी, उद्योगी आदि ऐसे ही व्यक्ति हैं।
3. सामाजिक (Social)—सामाजिक कार्यों में रुचि, समाज कल्याण की भावना, दयावान, प्रेमी, मानवता में विश्वास आदि गुणों से संबंधित व्यक्ति इस श्रेणी के अन्तर्गत आते हैं।

4. राजनैतिक (Political)—आधिपत्य, सत्ता का इच्छुक, प्रभुत्व एवं नियंत्रण की भावना रखने वाला व्यक्ति इस श्रेणी में आता है।
5. धार्मिक (Religious)—जो व्यक्ति अपना जीवन धार्मिक कार्यों में समर्पित करते हैं ; सरल, सादा जीवन व्यतीत करते हैं और ईश्वर में अटूट विश्वास रखते हैं इस वर्ग के अन्तर्गत आते हैं जैसे सन्त, पुजारी, भक्त आदि।
6. सौंदर्यात्मक (Aesthetic)—ऐसे व्यक्ति सौन्दर्य प्रेमी, एवं प्रत्येक वस्तु को कलात्मक दृष्टि से देखने जैसे गुण रखते हैं। चित्रकार, साहित्यकार, अभिनेता आदि इस श्रेणी में आते हैं।

युंग प्रकार-विज्ञान ((Jung Typology)

स्विस मनोचिकित्सक युंग ने अपनी पुस्तक "साइकोलॉजिकल टाइप" में व्यक्तित्व को मनोवैज्ञानिक लक्षणों के आधार पर अन्तर्मुखी एवं बहुर्मुखी दो आयामों (Dimensions) में बाँटा है। युंग द्वारा प्रस्तुत यह वर्गीकरण अधिक प्रचलित, मान्य एवं प्रभावक है। इनके प्रकार-विज्ञान की मुख्य विशेषताएँ निम्न हैं—

1. **अन्तर्मुखी** (Introvert)—अन्तर्मुखी व्यक्ति वे हैं जिनमें प्रेरणा, आन्तरिक रूप से व्यावहारिक क्रियाओं या गुणों से जुड़ी रहती है। इन व्यक्तियों की व्यावहारिक क्रियाएँ स्वयं में अधिक केन्द्रित होती हैं। अन्तर्मुखी की प्रमुख विशेषताएँ निम्न हैं—

1. कम बोलना, लज्जाशील, एकान्तप्रिय, एवं पठन-पाठन में तल्लीन रहते हैं।
2. आज्ञाकारी, घबराहट, चिन्ताग्रस्त, आदर्शवादी और आत्म-दृष्टिकोण जैसी विशेषताएँ होती हैं।
3. आत्म-चिन्तन एवं लेखनी द्वारा दूसरों को प्रभावित करते हैं।
4. सीमित मित्रता, शान्त एवं गम्भीर स्वभाव के होते हैं।
5. आत्म-वर्णन करने में संकोच, कम लचीलापन, दूसरों के प्रति कम रुचि दिखाना, तथा अच्छे वक्ता नहीं होते हैं।

वैज्ञानिक तथा दार्शनिक अन्तर्मुखी कहलाए जा सकते हैं।

2. **बहुर्मुखी** (Extrovert)—बाह्य वातावरण में रुचि लेने वाले व्यक्ति बहिर्मुखी व्यक्तित्व के होते हैं। इनमें अन्तर्मुखी व्यक्तित्व के विपरीत विशेषताएँ होती हैं। इनकी प्रमुख विशेषताएँ निम्न हैं—

1. सामाजिकता, मिलनसार एवं अधिक बातूनी होते हैं।
2. विस्तृत रुचियाँ, अधिक मित्रता एव चिन्तायुक्त जैसे गुण होते हैं।

3. वातावरण से शीघ्र समायोजन, विनोदप्रिय, चिन्तायुक्त आधिपत्य एवं प्रभुत्व स्वभाव के होते हैं।
4. स्वतन्त्र रूप से आत्माभिव्यक्ति करने वाले तथा सामाजिक प्रशंसा के प्रतीक होते हैं।
5. आशावादी, अनियंत्रित, आक्रामक तथा समाज की ओर सदैव ध्यान रखने वाले होते हैं।
6. कार्य करने की दृढ़ इच्छा एवं संकट में बहादुरी से कार्य करने की प्रवृत्ति होती है।

सामाजिक कार्यकर्ता, राजनीतिज्ञ आदि बहिर्मुखी कहला सकते हैं।

व्यावहारिक क्रियाओं का विश्लेषण करने से प्रतीत होता है कि पूर्णतः अन्तर्मुखी या बहिर्मुखी व्यक्ति नहीं मिलते हैं। अधिकांश व्यक्तियों में दोनों लक्षणों का समावेश रहता है। युंग के इस प्रकार-विज्ञान की आइजनेक ने भी पुष्टि की है। युंग ने इस वर्गीकरण को उभयमुखी (Ambivert) की संज्ञा दी। इस तरह के वे व्यक्ति होते हैं जिनमें अन्तर्मुखी और बहिर्मुखी दोनों प्रकार के व्यक्तित्व के मिश्रित लक्षण पाए जाते हैं। ये कुछ परिस्थितियों में अन्तर्मुखी विशेषताओं को प्रदर्शित करते हैं तो अन्य परिस्थितियों में बहिर्मुखी व्यक्तित्व से सम्बन्धित व्यवहार प्रदर्शित करते हैं। यदि व्यक्ति नियंत्रण के लिए एक परिस्थिति में अन्तर्मुखी है तो दूसरी परिस्थिति में वह अनियंत्रण के लिए बहिर्मुखी हो सकता है। व्यक्तिगत विशेषताओं के आधार पर एक व्यक्ति अन्तर्मुखी विचारों को अपनी धारणाएँ बना लेता है तो दूसरी परिस्थितियों में बहिर्मुखी विचारों को अपनी क्रियाओं में प्राथमिकता दे सकता है। उभयमुखी में वे व्यक्ति होते हैं जिन्हें न तो अन्तर्मुखी और न ही बहिर्मुखी श्रेणी में रखा जा सकता है। ऐसे व्यक्तियों का जनसंख्या में प्रतिशत अधिक होता है।

फ्रायड का प्रकार-विज्ञान (Freud's Typology)

फ्रायड (1920) ने अनुभव प्रतिमान एवं मनोयौनिक विकास के आधार पर तीन प्रकार के व्यक्तित्व को बताया है। इसके अनुसार ये प्रकार किसी निश्चित स्तर पर यौन विकास में काम-शक्ति की स्थिरता पर आधारित होते हैं। ये तीन प्रकार निम्न हैं—

1. मुखीय-कामुक प्रकार (Oral-erotic type)—फ्रायड के अनुसार शिशु अवस्था में यौन मुख में स्थित होता है। शिशु के लिए प्रथम आनन्द देने वाली वस्तु माता का स्तन या दूध की शीशी होती है। इस अवस्था में बच्चा अपनी काम-शक्ति की संतुष्टि मुंह, होंठ और जीभ के द्वारा चूसकर और निगलकर

करता है। इस अवस्था में भूख प्रेम से जुड़ी रहती है और चूसना, भूख एवं प्रेम दोनों में संतुष्टि प्रदान करता है। मुखीय-कामुक प्रकार का व्यक्ति मुखीय क्रियाओं से संबंधित सर्वाधिक आनन्द को प्रदर्शित करता है। फ्रायड के सहयोगी अब्राहम ने मुखीय-अवस्था को मुखीय निष्क्रिय और मुखीय-आक्रामक में विभक्त किया है।

(अ) **मुखीय-निष्क्रिय प्रकार** (Oral Passive Type)—चूसने से प्राप्त आनन्द को मुखीय निष्क्रिय के द्वारा निर्धारित किया जाता है। शिशु इस अवस्था में वाह्य संसार एवं स्वयं के बारे में अन्तर स्पष्ट करने योग्य नहीं होता है और चूसने में आत्म-संतुष्टि को देखता है। इस प्रकार के व्यक्ति दूसरे पर निर्भर आशावादी एवं विचारों में परिपक्व नहीं होते हैं। वे बच्चों जैसी हरकतें करते हैं।

(ब) **मुखीय-आक्रामक प्रकार** (Oral Aggressive Type)—यह अवस्था बच्चे के दांत निकलते समय होती है। बच्चा समझने लगता है कि मां का दूध उसे हर समय उपलब्ध नहीं हो सकता है। बच्चा आनन्द का अनुभव काटने एवं चूसने के द्वारा करता है। कभी-कभी वह अपनी असंतुष्टि मां के स्तनों को काटने के द्वारा दर्शाता है। इस प्रकार के व्यक्ति निराशावादी, संदेहप्रद एवं आक्रामक होते हैं।

2. **गुदीय प्रकार** (Anal Type)—फ्रायड का विचार है कि बालक मल-मूत्र त्याग कर यौन संतुष्टि गुदीय अवस्था में करता है। बच्चा यौन में अन्तर समझने लगता है अर्थात वह लड़का एवं लड़की में भेद समझने लगता है। इस अवस्था में कुछ व्यक्तित्व के गुणों का विकास काम-शक्ति के द्वारा स्थिर हो जाते हैं। जैसे ही बच्चा बढ़ता जाता है वह आनन्ददायक वस्तुओं को व्यवस्थित ढंग से सुरक्षित रखने का प्रयास करने लगता है। सुसमायोजित वयस्कों में संकलन या प्राप्ति की इच्छा विवाह में लुप्त हो जाती है। इस अवस्था में हठ, निर्दयता, अनियमिता आदि व्यक्तित्व विशेषताएँ होती हैं।

3 **लिंग प्रधान प्रकार** (Phallic Type)—इस अवस्था में बच्चे लिंग का अन्तर समझ लेते हैं। व्यक्ति आत्म-प्रेम तथा अपने ही प्रदर्शन में संतुष्टि का अनुभव करते हैं। दूसरों का ध्यान अपनी ओर आकर्षित करने की इच्छा रखते हैं। काम-शक्ति जनन-अंगों से संबंधित हो जाती है। लिंग आनन्ददायक उपलब्धियों के लिए एक बहुमूल्य संतुष्टि और गौरव का स्रोत बन जाता है। इसी काल में पितृ-विरोधी ग्रंथि (Oedipus Complex) और मातृ-विरोधी ग्रंथि (Electra Complex) बनती है।

प्रकार सिद्धान्तों का मूल्यांकन (Evaluation of Type Theory)

1. प्रकार-विज्ञान के द्वारा वर्गीकरण को मनोवैज्ञानिकों ने सामान्य रूप में आलोचना इस दृष्टिकोण से की है कि यह विकास की अवस्थाओं पर अधिक बल देता है। ये सामान्य मानव स्वभाव की अपेक्षा उसके चरमोत्कर्ष रूपों की व्याख्या करते हैं। व्यक्ति को दो या तीन वर्गों में बाँटकर व्यक्तित्व के स्वरूप की विवेचना करना सार्थक नहीं है।
2. प्रकार-विज्ञान व्यक्तित्व की संरचना के विकास की अवहेलना करके इसके विभिन्न पहलुओं का प्रकाश डालते हैं।
3. इनसे प्रयोगात्मक रूप से अध्ययन करना पर्याप्त जटिल कार्य हैं क्योंकि प्रकार अनिरन्तर और अमापक (Non-scaleable) हैं।
4. व्यक्तित्व के परिवर्तनीय गुण से विशिष्टताएँ स्थायी नहीं हो सकती हैं। यदि व्यक्ति आज चोर है तो कल बहुत ईमानदार हो सकता है। निर्दयी है तो दयावान बन सकता है।
5. एक व्यक्तित्व प्रकार के किसी वर्ग के अन्तर्गत आता है यह सुनिश्चित करना कठिन है क्योंकि एक ही प्रकार या वर्ग में अनेक गुणों को सम्मिलित किया गया है।
6. प्रकार सिद्धान्त अणुवादी (Molecular) पद्धति को व्यक्त करते हैं। इससे व्यवहार का विश्लेषण होता है। व्यक्तित्व को एक आत्म-बीज (Core-self) के क्षेत्र में पुंजीय (Molar) या सर्वांगिक (Organismic) पद्धति द्वारा व्यवहार का संघटक वर्णन करने में ये सिद्धान्त अपूर्ण हैं। परन्तु प्रकार सिद्धान्त किसी व्यक्ति के सम्पूर्ण व्यक्तित्व को समझने के लिए बहुत उपयोगी है।
7. शारीरिक विज्ञान में प्रकार सिद्धान्त का अधिक महत्त्व है। जिसमें व्यवहार की प्रक्रिया अपेक्षाकृत अधिक शुद्ध आकार की मानी जाती है।
8. व्यक्तित्व के विभिन्न आयामों के महत्त्वपूर्ण क्रियाओं को जानने में प्रकार सिद्धान्तों की अपनी विशिष्ट विशेषताएँ हैं।

2. गुण सिद्धान्त
(Trait Theory)

गुण सिद्धान्त व्यक्तित्व की संरचना को विभिन्न गुणों के समावेश का आधार मानते हैं। यह सिद्धान्त प्रकार सिद्धान्त से प्रत्यक्ष रूप से सम्बन्धित है जिस प्रकार प्रकार-विज्ञान में व्यक्ति विस्तृत रूप से एक वर्ष में अनेक गुणों का

निर्धारण करता है, उसी प्रकार गुण सिद्धान्त में विस्तृत प्रकार की परिस्थितियों में व्यक्ति के विशिष्ट व्यवहार के स्वरूप की विवेचना की जाती है। गुणों के आधार पर व्यक्तित्व विकास का अध्ययन अपेक्षाकृत प्रकार सिद्धान्त से अधिक तर्कसंगत जान पड़ता है। यही कारण है कि गुण सिद्धान्त का अनुसंधान क्षेत्र में अधिक उपयोग होता है। इस सिद्धान्त के वर्णन से पूर्व गुण क्या है, इसे समझना आवश्यक है। गुण का तात्पर्य व्यवहार करने के तरीके से है, जैसे हम किसी व्यक्ति को चरित्रवान, बुद्धिवान, डरपोक, कार्यकुशल इत्यादि कहते रहते हैं। साधारण रूप में गुण का अर्थ व्यवहार के उस ढंग से है जो कि विभिन्न जीवन की परिस्थितियों में स्थिर रूप से स्पष्ट प्रकट होते हैं। वुडवर्थ के शब्दों में, "व्यक्तित्व गुण हमारे व्यवहार का मुख्य प्रकार का ढंग है, जैसे प्रसन्नता या आत्मविश्वास आदि जो कुछ समय के लिए व्यवहार के गुण को निर्धारित करते हैं परन्तु कुछ दिनों के पश्चात हमारे जीवन के महत्त्वपूर्ण अंग बन जाते हैं।" अतः गुण व्यवहार की एक ऐसी विशेषता है जो कि व्यक्ति विशेष की अपूर्व लेकिन वातावरण के प्रति स्थिर प्रतिक्रिया दर्शाते हैं।

क्रच और क्रचफील्ड ने व्यक्तित्व गुणों की परिभाषा इस रूप में की है, "गुण व्यक्तित्व की एक स्थायी विशेषता है जिसके द्वारा विभिन्न दशाओं में लगभग एक सा व्यवहार होता है।" माइकल के अनुसार, "गुण एक निरन्तर आयाम है जिस पर व्यक्तित्व भिन्नता को व्यक्ति में निहित विलक्षणताओं की मात्रा के परिप्रेक्ष्य में मात्रात्मक रूप से व्यवस्थित किया जा सकता है।" ("Trait is a coutinuous dimension on which individual differences may be arranged quantitatively in terms of the amount of the characteristics, the individual has.") यदि व्यक्ति प्रत्येक परिस्थितियों में किसी गुण का निरन्तर प्रदर्शन करता है तो वह व्यक्तित्व का अंग बन जाता है। यदि हम किसी व्यक्ति के बारे में कहते हैं कि वह बहुत ईमानदार है तो इसका तात्पर्य यह है कि अनेक परिस्थितियों में उसने ईमानदारी के गुण का परिचय दिया है। हर स्थिति में उसके व्यवहार में ईमानदारी दिखाई दी, अतः यह ईमानदारी व्यक्तित्व का गुण बन गया, जो कि उसके व्यवहार का एक विशिष्ट ढंग है।

गुण की विशेषताएँ (Characteristics of Traits)

1. **लचीलापन** (Flexibility)—गुण निरन्तर एक जैसे ही नहीं बने रहते हैं, उनमें लचीलापन की विशेषता सर्वथा बनी रहती है। वे व्यवहार के स्थायी अंग नहीं हैं, बल्कि अवस्था के क्रम में स्थायीकरण की ओर अग्रसर हो सकते हैं। समय तथा परिस्थिति के अनुसार इनमें कुछ न कुछ भिन्नता अवश्य हो सकती है।

2. **अपूर्वता** (Uniqueness)—गुण अपूर्व तथा सार्वभौमिक होते हैं, जैसे भार, ऊँचाई, जन्म, मृत्यु आदि प्रकृति में सार्वभौमिक गुण हैं।

3. **परिमाणिकता** (Scalability)—गुणों को मात्रात्मक रूप में मापन और परिमाणित किया जा सकता है। गुण के अस्तित्व को अनुभवात्मक एवं सांख्यिकीय आधारों पर स्थापित किया जा सकता है।

4. **व्यवहार से अनुमान** (Inference from Behaviour)—वह कार्य या आदतें जो गुणों के अनुकूल नहीं होते हैं उनके द्वारा गुणों के अस्तित्व का प्रमाण ज्ञात करना कठिन है। इन गुणों का प्रत्यक्ष रूप से निरीक्षण संभव नहीं अपितु अनुमान अवश्य संभव है। व्यक्ति की विभिन्न व्यावहारिक क्रियाओं और कथनों से गुण का अनुमान लगाया जाता है।

5. **व्यवहार को चयन करने की क्षमता** (Capacity to Select Behaviour)—व्यक्तित्व गुणों में प्रेरित करने, अवरोध उत्पन्न करने अथवा उपर्युक्त व्यवहार को चयन करने की क्षमता होती है क्योंकि इनमें आदतें एवं अभिप्रेरणाएँ संयुक्त होती हैं।

6. **आदतों का निर्माण करना** (Construct Habits)—आदत की अपेक्षा गुण अधिक सामान्यीकृत होता है। गुणों पर आदतें अपना आधिपत्य स्थापित नहीं कर सकते हैं। परन्तु गुण नई आदतों के निर्माण के लिए दबाव डाल सकते हैं। गुथरी के अनुसार, "गुण एक उच्च क्रम आदत है जो व्यवहार में स्वतन्त्र रूप से पुनः स्थापित होते हैं।"

7. **मानसिक स्थिति** (Mental Set)—मनोवैज्ञानिक गुण को मानसिक स्थिति मानते हैं। गुणों के स्थायित्व से व्यक्ति विभिन्न परिस्थितियों में प्रतिक्रिया करने के लिए तत्पर रहता है। यदि किसी व्यक्ति के व्यवहार में सहनशीलता का गुण स्थायी है तो वह विपरीत परिस्थितियों में भी इसी गुण को प्रदर्शित करता रहेगा।

8. **गुण अर्जित किए जाते हैं** (Traits are Acquired)—गुण वातावरण के प्रेरक तत्त्वों द्वारा संचित करके स्थायी बना सकते हैं। व्यक्ति की मानसिक शक्तियों एवं धारणाओं से सम्बन्धित गुणों का समावेश व्यवहार के स्थायी गुणों के अंश बन सकते हैं। इनका संगठित स्वरूप व्यक्तित्व के गुणों को निर्धारित करते हैं।

आलपोर्ट का वर्गीकरण (Allport's Classification)

आलपोर्ट ने सन् 1929 से 1960 तक गुणों के क्षेत्र में गहन और विस्तृत अध्ययन किया। इन व्यक्तित्व गुणों के आधार पर उन्होंने गुण सिद्धान्त को प्रतिपादित किया। उनके अनुसार, गुण व्यवहार को निर्देशित तथा चालित करते हैं।

आलपोर्ट एवं ओडबर्ट ने 17953 गुणों का नामकरण किया जिनमें से 4050 गुणों का मापन एवं विश्लेषण प्रयोगात्मक विधि द्वारा पुष्ट करने का प्रयास किया गया। गुणों के समूह को आलपोर्ट ने समवर्ती-समुदाय (Syndromes) कहा है। उन्होंने गुण की परिभाषा इस प्रकार की है, "गुण एक सामान्यीकृत और केन्द्रीकृत स्नायु-मनोवृत्ति की क्षमता है जो अनेक उत्तेजकों को समवर्ती कार्यों के लिए संरचित करता है और समायोजित एवं अभिव्यक्त व्यवहार के स्थिर स्वरूप का अनुकरण एवं निर्देशन करता है।" ("A trait is a generalized and focalized neoropsychic system with the capacity to render many stimuli functionally equivalent and to imitate and guide consistent forms of adaptive and expressive behaviour.") आलपोर्ट द्वारा प्रस्तुत परिभाषा अधिक व्यापक एवं महत्त्वपूर्ण है। गुणों का एक समवर्ती गुण समुदाय होता है। उन्होंने सभी गुणों का वर्गीकरण तीन प्रारूपों में किया है—

(1) **बीज गुण** (Cardinal Traits)—वे गुण जो अधिकतर प्राणियों के व्यवहार में पाए जाते हैं, बीज गुण कहलाते हैं। इस प्रकार के गुण अधिक प्रभावशाली होते हैं। जनसंख्या में ऐसे गुणों की संख्या कम होती है परन्तु इनका संवेगों के नियंत्रण में महत्त्वपूर्ण योगदान रहता है। जैसे व्यक्ति में चरित्र गुण का सामंजस्य स्थापित होने से व्यक्ति में जीवन भर इसी गुण का प्रभुत्व बना रहता है।

(2) **केन्द्रीय गुण** (Central Trait)—बीज गुण की अपेक्षा केन्द्रीय गुण कम प्रभावशाली होते हैं परन्तु पर्याप्त सामान्यीकृत अभिवृत्तियाँ होती हैं। यह गुण व्यक्ति के व्यवहार के प्राथमिक गुणों के केन्द्र हैं। आलपोर्ट के अनुसार यह व्यक्तित्व निर्माण के ठोस आधार हैं।

(3) **गौण अभिवृत्तियाँ** (Secondary Dispositions)—ये गुण अधिक संकुचित गुण होते हैं। आलपोर्ट ने इन गुणों की महत्ता पर अधिक जोर नहीं दिया है। इन्हें अभिवृत्ति कहा गया है।

आलपोर्ट के अनुसार गुण सामान्य जनसंख्या में प्रत्येक व्यक्ति में शक्ति एवं मात्रा के अनुसार भिन्न दिखाई देते हैं। व्यक्ति अपने तरीके से वातावरण के साथ अपूर्व समायोजन करता है।

कैटिल का वर्गीकरण (Cattell's Classification)

व्यक्तित्व के गुण सिद्धान्त के दूसरे प्रवर्तक कैटिल हैं। कैटिल ने आलपोर्ट के 17953 गुणों का विश्लेषण किया। कारक-विश्लेषण (Factor analysis) के आधार पर कैटिल ने इन गुणों को कुल 171 पुंजों (Trait pools) में समाहित

किया है। परन्तु समान विशेषताओं के आधार पर ये गुण भी एक दूसरे के गुण क्षेत्र में प्रविष्ट कर लेते थे। बाद में इनकी संख्या 35 हुई और पुन: केवल 12 विभाग ही शेष रह गए। ये 12 विभाग सम्पूर्ण व्यक्तित्व की व्याख्या करने में पर्याप्त हैं। जैसे—चक्रविक्षिप्त (Cyclothymia), सामान्य मानसिक शक्ति, आधिपत्य, प्रसन्नमुखता (Surgency), धनात्मक चरित्र, संवेगात्मक परिपक्वता, विनीत आदि व्यक्तित्व के विभाग हैं। कैटिल ने गुणों को मुख्य चार वर्गों में बाँटा है—

(1) **समान गुण** (Common Traits)—कुछ गुण ऐसे होते हैं जो सामान्य जनसंख्या या सभी समूहों में विस्तृत रूप से वितरित हैं। इन्हें समान गुण कहा जाता है। जैसे—खुशी, दुःखी, प्रेम, चरित्र आदि।

(2) **अपूर्व गुण** (Unique Traits)—ये गुण किसी निश्चित व्यक्ति के विशिष्ट वैयक्तिक गुण होते हैं; जैसे—संवेगात्मक प्रतिक्रियाएँ, सामाजिकता, आत्मविश्वास आदि।

(3) **सतही गुण** (Surface Traits)—सतही गुण व्यवहारपरक घटनाओं के निरीक्षण योग्य वह पुंज है जो कम स्थायी होते हैं तथा जिनका केवल वर्णन किया जा सकता है। ये गुण व्यक्ति के व्यवहार के बाह्य प्रकाशन से स्पष्ट प्रदर्शित होते हैं; जैसे—व्यक्ति का प्रेम, दुःख, सहानुभूति, उत्सुकता आदि स्रोत-गुण उसकी व्यावहारिक क्रियाओं से पहचाने जा सकते हैं।

(4) **स्रोत-गुण** (Source Traits)—कैटिल के अनुसार यह गुण वह प्रामाणिक प्रभाव है जो व्यवहार की व्याख्या और निर्धारक में सहायक है। स्रोत गुण व्यक्ति के व्यवहार की आन्तरिक संरचना या स्रोत कहलाते हैं। संवेगात्मकता, बुद्धि, आत्मविश्वास आदि स्रोत-गुण हैं। कैटिल ने कारक विश्लेषण पद्धति द्वारा संरचित एवं वातावरण से परिवर्तित दो प्रकार के स्रोत-गुण बताए हैं। संरचित गुण वंशानुक्रम एवं व्यक्ति की आन्तरिक क्रियाओं पर निर्भर करते हैं। वातावरण से परिवर्तित गुण पर्यावरण के प्रभाव से सम्बन्धित होते हैं। कैटिल के अनुसार वंशानुक्रम एवं वातावरण के प्रभाव व्यक्तित्व विकास में महत्त्वपूर्ण भूमिका प्रदान करते हैं।

आइजनेक का वर्गीकरण (Eysneck's Classification)

ब्रिटिश मनोवैज्ञानिक आइजनेक ने युंग के व्यक्तित्व प्रकारों को प्रतिमान मानकर गुणों के आयाम (Trait dimensions) द्वारा व्यवितत्व का निर्धारण करने का प्रयत्न किया। कारक-विश्लेषण द्वारा उन्होंने गुण आयामों पर पर्याप्त अनुसंधान कार्य किए। दस हजार सैनिकों पर शोध कार्य के उपरान्त आइजनेक ने सांख्यिकीय विश्लेषण विधि द्वारा व्यक्तित्व के दो आयाम अन्तर्मुखी प्रति बहिर्मुखी

(Introversion vs. Extroversion) और स्नायुविकार प्रति सामान्यता (Neoroticism vs. Normality) ज्ञात किए। बाद में उन्होंने मनोविकार (Psychoticism) एक स्वतन्त्र व्यक्तित्व आयाम की भी खोज की है जो कि अन्तर्मुखी बहिर्मुखी आयाम से बिलकुल भिन्न है। सामान्यता एवं स्नायुविकार गुण से यह अनुभव होता है कि किसी व्यक्ति के संवेग किस अंश तक नियन्त्रित हैं और किस सीमा तक इन संवेगों की उत्पत्ति संभव है। अतः आइजनेक ने व्यक्तित्व के निम्न तीन आयामों को उसका आधार माना है—

(1) अन्तर्मुखी प्रति बहिर्मुखी
(2) सामान्यता प्रति स्नायुविकार या स्थिरता प्रति अस्थिरता
(3) मनोविकार

प्रथम दो आयामों को सामान्य व्यक्तित्व का एक भाग माना जा सकता है जिनका पारस्परिक सम्बन्ध एवं गुण निम्न प्रस्तुत किए गए हैं—

स्थिर अन्तर्मुखी ← | अन्तर्मुखी ← | ↑ सामान्यता → शान्तिप्रियता, विचारशीलता, सहनशीलता
अस्थिर अन्तर्मुखी ← | → बहिर्मुखी | → स्थिर बहिर्मुखी
→ अस्थिर बहिर्मुखी → अपराधी, आक्रामक
↓ स्नायुविकार → भावुक, उत्सुक, चिन्तित
↓
हीनभावना, विषाद

आइजनेक ने व्यक्तित्व मापनी द्वारा व्यक्तित्व के गुणों का परीक्षण किया। उनके अनुसार अन्तर्मुखी-बहिर्मुखी व्यक्तित्व का मनोदैहिक आधार होता है और व्यक्तित्व उत्पत्ति स्वरूप है। स्नायुविकार स्वतः चालित स्नायु पद्धति तथा अन्तर्मुखी-बहिर्मुखी केन्द्रीय स्नायु पद्धति पर आधारित होता है। वातावरण की अपेक्षा उन्होंने वंशानुक्रम को व्यक्तित्व विकास में महत्त्वपूर्ण समझा है। उनकी धारणा है कि व्यक्तित्व के ये आयाम बाह्य आवरण के उत्प्रेरक से भी सम्बन्धित हैं। कई मनोवैज्ञानिकों ने गुण-सिद्धान्त के अन्तर्गत कई महत्त्वपूर्ण कार्य किए हैं। गुण-सिद्धान्त में स्थिरता, गुण आयाम एवं अभिवृत्ति जैसी विशेषताएँ परिलक्षित होती हैं। इस सिद्धान्त में मनोवैज्ञानिकों ने कुछ मुख्य दोष पाए हैं जो कि निम्न हैं—

1. विभिन्न परिस्थितियों में गुण की स्थिरता नहीं बनी रहती है क्योंकि व्यक्तित्व में प्रत्यक्षपरक परिवर्तन होते रहते हैं। अतः इस सिद्धान्त के व्यवहारपरक अभिवृत्तियों की स्थिरता का प्रत्यक्ष स्वीकार्य नहीं है।
2. गुणों का मात्रात्मक मापन संभव नहीं है क्योंकि इसकी कोई इकाई नहीं है।

3. इस सिद्धान्त में सम-प्रभाव (Halo-effect) कार्य करता है। किसी व्यक्ति को एक गुण में कमजोर पाने से उसके दूसरे व्यावहारिक गुणों का भी समान मापन किया जाना सम-प्रभाव कहलाता है।
4. गुण मापनी में प्राप्त अंकों के आधार पर व्यवहार की कल्पना नहीं की जा सकती है।
5. व्यवहार संरचना की प्रक्रिया इस सिद्धान्त द्वारा स्पष्ट नहीं होती है।

3. मनोविश्लेषणात्मक सिद्धान्त (Psychoanalytic Theory)

मानव-व्यवहार की गतिशीलता के महत्त्व में मनोविश्लेषणात्मक सिद्धान्तों का योगदान प्रशंसनीय है। इस सिद्धान्त के अन्तर्गत कई मनोवैज्ञानिकों के सिद्धान्त अधिक महत्त्वपूर्ण हैं जिनका वर्णन निम्न तरह स्पष्ट किया गया है। इस सिद्धान्त के मुख्य प्रवर्तक फ्रायड हैं।

फ्रायड का मनोविश्लेषणात्मक सिद्धान्त (Freud's Psychoanalytic Theory)

सिग्मण्ड फ्रायड (Sigmund Freud) ने बाल्यकाल के अनुभवों को चेतन्यता का मूल आधार माना है। व्यक्ति के विकास में जिन प्रमुख प्रत्ययों का उल्लेख फ्रायड ने किया है वे निम्न हैं—

(1) **चेतना के स्तर** (Levels of Consciousness)—आरम्भ में मन के विचार केवल चेतना के केन्द्र में या इसके सीमावर्ती क्षेत्र में समझे जाते थे परन्तु फ्रायड के अनुसार मन का मुख्य अध्ययन क्षेत्र अचेतन है। उन्होंने इसे हिमखण्ड (Iceberg) कहा है। पानी में तैरते हुए विशाल हिमखण्ड का 9/10 भाग जो अधिकतर पानी में डूबा रहता है यही अचेतन मन है। जो भाग पानी के ऊपर तैरता है वह हिमखण्ड का 1/10 छोटा हिस्सा चेतन मन के समान है, जिसके बारे में व्यक्ति परिचित रहता है। जो विचार भुला दिए जाते हैं वे नष्ट न होकर अचेतन मन में चले जाते हैं, जिन्हें पुनः चेतन मन में लाया जा सकता है। अतः चेतना के तीन स्तर होते हैं—(1) चेतन (Conscious), (2) अवचेतन (Subconscious) और (3) अचेतन (Unconscious)। स्पष्ट ज्ञान का केन्द्र चेतन होता है। अव-चेतन, चेतन परिधि या अस्पष्ट जानकारी स्तर भी कहलाया जा सकता है। यह अचेतन का वह भाग है जिसमें स्थित विचार बिना अधिक कठिनाई के चेतन में लाए जा सकते हैं। जो विचार, भाव, कामना आदि दमित (Repressed) कर दिए जाते हैं, वे सब अचेतन मन में निहित होते हैं। ये बिना चेतना अवस्था में आए व्यक्ति की व्यावहारिक क्रियाओं का संचालन करते हैं।

(2) **मूल प्रवृत्तियाँ** (Instincts)—फ्रायड के अनुसार मानव-व्यवहार के

निर्धारण में मूल प्रवृत्तियों का बहुत महत्त्व है। सम्पूर्ण मन के चालक का मूल आधार कुछ मूल प्रवृत्तियाँ हैं। फ्रायड ने दो प्रकार की मूल प्रवृत्तियाँ बताई हैं—

(1) जीवन-प्रवृत्ति या इरोज (Life-instincts or Eros)

(2) मृत्यु-प्रवृत्ति या थेनोटोस (Death-instincts or Thanotcs)

जीवन-प्रवृत्ति के दो भाग होते हैं। एक भाग जो अचेतन में रहकर सुख के सिद्धान्त से चालित होता है तथा इदम् (Id) इसका प्रतिनिधित्व करता है। दूसरा भाग चेतन में रहकर यथार्थ के सिद्धान्त से चालित होता है और अहं (Ego) तथा परम अहं (Super-ego) इसका प्रतिनिधित्व करता है। काम-भावना को प्रस्तुत करने तथा जीवन भर की चेष्टाओं को प्रस्तावित करने में जीवन-प्रवृत्ति का कार्य है।

मृत्यु-प्रवृत्ति अचेतन में रहकर निर्वाण सिद्धान्त पर आधारित होती है। इसमें आक्रामक एवं विनाशकारी चालक सम्मिलित होते हैं।

(3) **मनोशक्ति** (Psychic-energy)—अचेतन मन समस्त मूल आवेगों को संकलित करता है। फ्रायड के अनुसार मनोशक्ति काम-वृत्ति (Libido) से आती है। मूल प्रवृत्तियाँ, जो चालक भी कहलाती हैं, को सक्रिय करने के लिए काम-वृत्ति या काम-शक्ति की आवश्यकता होती है। काम-वृत्ति जीवन की सभी मूल प्रवृत्तियों की शक्ति कही जाती है। काम-शक्ति (Sexual libido) व्यक्तित्व के लिए प्राथमिक चालक बल का स्रोत माना जाता है। कहने का अर्थ यह है कि काम-वृत्ति चालक की शक्ति है और विकास के पूर्वजननेन्द्रिय (Pregenital) अवस्था क्रम के पश्चात उत्पन्न होती है। काम-वृत्ति की संतुष्टि की आवश्यकता द्वारा व्यक्तित्व की गतिशीलता अधिकतर संचालित होती है। फ्रायड ने व्यक्तित्व की संरचना के तीन स्तरों का वर्णन किया है। ये तीन भाग निम्न हैं—

(i) **इदम्** (Id)—यह अचेतन एवं जन्मजात होता है। इसका मुख्य कार्य उस मनोशक्ति को उन्मुक्त करना है जिसके दमन से व्यक्तित्व प्रणाली द्वारा तनाव उत्पन्न हो जाता है। इसमें व्यक्ति की अतृप्त इच्छाएँ रहती हैं जिन्हें वह शीघ्र सन्तुष्ट करना चाहता है। इदम अच्छे व बुरे में भेद न समझकर आनन्द या सुख के सिद्धान्त पर कार्य करता है।

(ii) **अहं** (Ego)—अहं में चेतन का विकास होता है और वातावरण की वास्तविकता को समझने की शक्ति उत्पन्न होती है। यह यथार्थता के सिद्धान्त पर कार्य करता है। इसका प्रमुख कार्य स्वरक्षा (Self-preservation) है। इसे व्यक्तित्व को कार्यान्वित करने वाले कहते हैं। अहं आवश्यकता की सन्तुष्टि के समाधान के लिए कार्यरत रहता है और यथार्थता के अन्तर्गत ही विचारों को परिसीमित करता है।

(iii) **परम-अहं** (Super-ego)—व्यक्तित्व का तीसरा प्रत्यय जो अन्त में

विकसित होता है। वह नैतिक पक्ष परम-अहं कहलाता है, बाल्यकाल से ही समाज के आदर्श एवं माता-पिता के प्रभाव से प्राप्त अनुभव इसकी संरचना करते हैं। समाज में स्थित आदर्श सिद्धान्तों के अन्तर्गत यह कार्य करता है। परम-अहं चेतन का ही एक अंश है। यह इदम् के आवेगों पर नियंत्रण करने का प्रयास करता है और नैतिक लक्ष्यों की प्राप्ति के लिए अग्रसर होता रहता है।

इनकी प्रकृति को एक उदाहरण द्वारा समझाया जा सकता है —मान लीजिए एक व्यक्ति 20 रु० का सामान खरीदता है और वह 50 रु० का नोट दुकानदार को दे देता है। दुकानदार उसे 30 रु० न लौटाकर 80 रु० यह समझकर लौटाता है कि ग्राहक ने 100 रु० दिए होंगे। यदि व्यक्ति लालची है तो चुपचाप पैसे लेकर वहाँ से जल्दी चले जाने की सोचता है। इस क्रिया में यह इड स्तर है। परन्तु यदि वह दुकान में खड़े व्यक्तियों पर नजर डालता है और सोचता है कि कहीं कोई व्यक्ति देख तो नहीं रहा है या किसी को वास्तविकता का पता तो नहीं हुआ और तब निर्णय लेने की सोचता है इसमें अहं स्तर कार्य करेगा। परन्तु यदि वह तुरन्त दुकानदार के बाकी पैसे लौटा देता है अर्थात उसका मन नैतिक आदर्शों के अनुकूल सोचता है और बाकी 50 रु० लौटा देता है तो परम अहं स्तर, आत्मनियंत्रण के अनुरूप कार्य करेगा। कहने का अर्थ यह है कि इदम् शारीरिक (Biological) है और सुख के सिद्धान्त पर आधारित है। अहं मनोवैज्ञानिक होकर वास्तविकता का परीक्षण करता है और परम-अहं सामाजिक और भौतिकता के आधार पर विकसित होकर पूर्णता की प्राप्ति करता है। बालकों में उत्तम नैतिक गुणों का समावेश बचपन में प्राप्त प्रशिक्षण पर आधारित होते हैं। आत्म-नियंत्रण की आदतों से उसमें सामाजिक दृष्टिकोण से बुरे गुणों का निर्माण नहीं होता है। व्यक्तित्व की तीन दिशाओं का संकेत ये तीनों ही भाग निदेशित करते हैं।

व्यक्तित्व की गतिशीलता (Dynamics of Personality)—मनुष्य भोजन से शक्ति ग्रहण करता है। यह शक्ति उसकी व्यक्तित्व की संचालित क्रियाओं का आधार है। मनोशक्ति की क्रियाओं को कार्यान्वित करने में शारीरिक शक्ति अधिक महत्त्वपूर्ण है। इदम, अहं एवं परम-अहं तीनों भाग मनोसंरचना को संरचित करने में निरन्तर प्रयत्नशील रहते हैं। अहं, इदम् तथा परम-अहं की विरोधी इच्छाओं में समायोजन का कार्य करता है। अहं, इदम् के आवेगों को रोकता है और परम-अहं को नैतिक आदर्शों की ओर ले जाने में सहायक होता है। तनाव को कम करने में व्यक्ति आवेगों को तत्काल सन्तुष्ट करना चाहता है और 'आनन्द तथा दुःख' के सिद्धान्त के अनुकूल प्रभावित होता है। द्वन्द्व (Conflicts) तब उत्पन्न होता है जब माता-पिता या सामाजिक आदर्श क्रिया पर नियंत्रण करने के प्रयास करते हैं। वातावरण का दबाव और इदम् तथा परम-अहं की इच्छाओं के मध्य सदैव एक द्वन्द्व रहता है। अहं इन द्वन्द्व क्रियाओं में

सामंजस्य करने का प्रयत्न करता रहता है तथा मस्तिष्क के उत्पन्न तनाव को कम करने का प्रयास करता रहता है।

व्यक्तित्व का विकास (Development of Personality)—फ्रायड ने व्यक्तित्व के विकास में बाल्यकाल के मनोकामुक (Psychosexual) विकास के प्रभाव का वर्णन किया है। उनके अनुसार कामशक्ति बाल्यपन से ही शरीर के विभिन्न अंगों के माध्यम से विकसित होती रहती है। मनोकामुकता विकास की मुखीय, गुदा, लिंग, गुप्त एवं जनन पाँच अवस्थाओं का वर्णन फ्रायड ने किया। मनोविश्लेषणात्मक सिद्धान्त में व्यक्ति का प्रत्येक अवस्था में प्राप्त अनुभव उसके भवी व्यक्तित्व पर विशिष्ट प्रभाव एवं सांकेतिक अनुभव को प्रदर्शित करता है। काम-शक्ति अन्तिम स्तर से पूर्व किसी स्तर पर स्थिरता स्थापित कर जाता है जो व्यक्ति के यौन जीवन में तथा व्यक्तित्व के अन्य पक्षों में समाहित हो जाता है।

सिद्धान्त का मूल्यांकन (Evaluation of the Theory)

(1) व्यक्तित्व के सभी पक्षों के विस्तृत अध्ययन करने में यह सिद्धान्त अधिक व्यापक है जिसमें मानव व्यवहार की जटिलताओं का स्पष्टीकरण सुलभ है। यह व्यक्तित्व का पूर्णाकार सिद्धान्त भी कहलाता है।

(2) स्वतंत्र साहचर्य के स्वरूप में यह व्यक्ति की सम्पूर्ण क्रियाओं का अध्ययन करता है, व्यवहार पद्धति के विकास में अचेतन मन का अध्ययन अधिक प्रभावक है जिसमें दूरदर्शिता की सृजनशीलता निहित है।

(3) मनोवैज्ञानिकों ने फ्रायड के व्यक्तित्व विकास में बाल्यपन के विकास स्तरों को अधिक महत्त्वपूर्ण माना है। अतः इनका सिद्धान्त पूर्ण व्यक्तित्व का विश्लेषण करता है।

(4) मनोविश्लेषण सिद्धान्त में आँकड़ों का संकलन बीमार व्यक्तियों से प्राप्त किए गए हैं जिनकी पुष्टि अन्य स्रोतों से नहीं होती है। इसमें प्रयुक्त की जाने वाली अनुसंधान पद्धति की क्रमिक विधि स्पष्ट नहीं होती है। यह व्यवहार का स्पष्टीकरण न करके उसकी व्याख्या करता है।

(5) विभिन्न प्रयुक्त प्रत्ययों का अर्थ फ्रॉयड ने अलग-अलग स्थितियों में पृथकता से किया है।

(6) प्रदत्तों (Data) का सांख्यिकीय विश्लेषण एवं मात्रात्मक स्वरूप कठिन है। जिससे सिद्धान्त शंकायुक्त है।

(7) व्यवहार में वर्तमान अनुभव एवं सामाजिक वातावरण की अवहेलना की गई है।

युंग का विश्लेषणात्मक मनोविज्ञान (Jung's Analytic Psychology)

फ्रायड का यौन (Sex) को जीवन का प्राथमिक प्रेरक बल को अस्वीकार करने से युंग के उनसे मतभेद हो गए थे। युंग ने विश्लेषणात्मक मनोविज्ञान का प्रतिपादन किया परन्तु फ्रायड के साथ काम करने से उनके सिद्धान्त के मूल में फ्रायड के प्रत्यय ही प्रमुख हैं। युंग ने काम-शक्ति को जीवन में प्रमुख चालक बल नकारते हुए अपने सिद्धान्त को निम्न रूप से प्रस्तुत किया और अभिन्न जीवन शक्ति को व्यवहार का मुख्य स्रोत माना है—

(1) **अचेतन** (Unconscious)—युंग फ्रायड के चेतन मन के प्रत्यय को स्वीकार करते हैं परन्तु अचेतन मन दो भागों में विभक्त करते हैं—

(अ) **व्यक्तिगत अचेतन** (Personal unconscious)—व्यक्ति के कुण्ठित और दमित अनुभव जो चेतन मन में लाए जा सकते हैं व्यक्तिगत अचेतन कहलाता है। यह फ्रायड के अचेतन के समान है जो पूर्ण रूप से वैयक्तिक प्रकृति का होता है। सामाजिक वातावरण में व्यक्ति के अनेक अनुभव, इच्छाएँ आदि इसका निर्माण करते हैं।

(ब) **सामूहिक अचेतन** (Collective unconscious)—इस अचेतन का स्वरूप प्रत्येक व्यक्ति में समान होता है। इसकी प्रकृति आदिम (Primitive) होती है और ऐसे पदार्थों से निर्मित होता है जो कभी भी चेतन नहीं था। यह व्यवहार की सभी पद्धतियों का केन्द्र स्थान है। इसमें अच्छाइयाँ एवं बुराइयाँ छुपी रहती हैं।

(2) **स्वयं** (Self)—व्यक्तित्व के संगठन में स्वयं का अधिक महत्त्व है। व्यक्तित्व की स्थिरता एवं विशिष्ट गुणों की स्थापना में स्वयं का कार्य अपूर्व है जो व्यक्तित्व विकास में आवश्यक तथ्य है।

(3) **प्रतिबिम्ब** (Shadow)—फ्रायड के इदम् में निहित गुणों का समरूप प्रतिबिम्ब कहलाता है। यह 'आनन्द एवं दु:ख' के प्रत्यय पर निर्भर रहता है। निम्न अवस्थाओं में अर्जित पशु-प्रवृत्तियाँ प्रतिबिम्ब की संरचना करते हैं।

(4) **नकाब** (Persona)—वास्तविक व्यक्तित्व से हटकर जो व्यावहारिक क्रियाएँ सामान्य रूप से व्यक्ति करता है, नकाब या मुखौटा कहलाता है। इसमें व्यक्ति वास्तविकता से परे वाला सामाजिक व्यवहार प्रदर्शित करता है।

(5) **शिल्प-प्रकार** (Archetype)—सामूहिक अचेतन के निर्माण में स्मृतियाँ, इच्छाएँ, अनुभव या सार्वभौमिक विचार शिल्प-प्रकार कहलाते हैं। जैसे 'घर' का विचार घर के शिल्प-प्रकार पर वर्षों से अनुकूलित है। बच्चा घर का

प्रत्यय उसकी अन्तर्दृष्टि के उपरान्त अर्जित करता है जो कि अनुभव के साथ-साथ घर के प्रत्यय को समझने में भी सुधार करता जाता है।

(6) **उपकामुकता** (Biosexuality)— युंग ने इसे एनिमा और एनिमस प्रत्ययों द्वारा अंकित किया। यदि व्यक्ति में नारित्व वाले गुणों का समावेश है तो एनिमा कहलाएगा और यदि नारी में पुरुषत्व गुणों का समावेश होता है तो एनिमस कहलाता है। युंग के अनुसार इन दोनों का शिल्प प्रकार एक दूसरे के जातीय अनुभवों के गुणों से निर्मित होता है। यदि व्यक्ति नारी समाज के सम्पर्क में होता है तो उसमें भी नारी के हाव-भाव, बोलचाल, पहनाव इत्यादि व्यावहारिक गुण प्रकट होने लगते हैं। यह अनुमान लगाना कभी-कभी कठिन हो जाता है कि कौन नारी है और कौन पुरुष।

(7) **मनोवैज्ञानिक प्रकार-विज्ञान** (Psychological Typology)—युंग का अन्तुर्मुखी और बहिर्मुखी मनोवैज्ञानिक प्रकार अत्यधिक महत्त्वपूर्ण तथ्य है। अन्तर्मुखी अभिवृत्ति व्यक्ति के आन्तरिक मन की संरचना का विश्लेषण करता है तो बहिर्मुखी बाह्य संसार का। इन दोनों के कार्यक्षेत्र का उल्लेख व्यवितत्व को प्रदर्शित करने का सरलतम उपाय प्रस्तुत करता है। इन दोनों के मनोदैहिक कार्य के अन्तर्गत युंग ने चिन्तन, आभास, संवेदन एवं अन्तर्ज्ञान का वर्णन किया जो कि प्रत्येक व्यक्ति में सन्निहित होते हैं। चेतन्यता में इनके आधिपत्य का युंग ने विस्तृत वर्णन किया और यह निष्कर्ष निकाला कि किस कारक के कारण व्यक्तित्व सन्तुलित होता है।

(8) **मनोशक्ति** (Psychic-energy)—मनोशक्ति की उत्पत्ति शरीर की परिवर्तन प्रणाली के अनुरूप होती है। युंग ने काम-वृत्ति (Libido) को मनोशक्ति के रूप में प्रयोग किया परन्तु इसकी युंग ने विस्तृत विवेचना की है। मनोशक्ति जन्मजात होती है और विकास क्रम में समाहित हो जाती है। यौन अभिव्यक्ति जननक्रिया का एक स्वरूप है और मनोशक्ति को काम-उत्तेजना द्वारा प्रदर्शित करता है। यह मनोशक्ति कमजोर मूल्य से सशक्त मूल्य की ओर गति करती है और व्यक्तित्व सन्तुलन को निर्धारित करने में सहायक होती है।

व्यक्तित्व का विकास (Development of Personality)—जिस प्रकार फ्रायड व्यक्तित्व विकास में बाल्यावस्था के अनुभवों को अधिक महत्त्व देते हैं युग जीवन के लिए इच्छा को अधिक महत्त्वपूर्ण समझते हैं। मानव शक्ति की अभिलाषा रखता है और अपनी यौन इच्छाओं की सन्तुष्टि चाहता है। लक्ष्य की प्राप्ति में वह आत्मनिर्भरता के लिए प्रयत्नशील रहता है। वर्तमान आकांक्षाएँ भूत एवं भविष्य दोनों पर निर्भर करती हैं। उच्च से उच्च लक्ष्य प्राप्ति की इच्छा व्यक्ति करता है तथा व्यक्तिगत रूप से अपने विकास की क्रिया में क्रियाशील रहता है। युंग ने मानसिक रोगियों के लिए पूर्ण विकसित मनोचिकित्सा का स्वरूप

प्रदान किया। उनका सिद्धान्त उद्देश्यपूर्ण अन्तर्मुखी, बहिर्मुखी, अहम्, लक्ष्य-निदेशित व्यवहार के लिए प्रसिद्ध है।

आलोचना

(1) युंग के प्रत्ययों का वैज्ञानिक विधि द्वारा पुष्टि नहीं की जा सकती है।

(2) युंग का वस्तुनिष्ठ विश्लेषण करते हुए थोम्पसन ने लिखा है कि — 'His thinking becomes more mystical and he creates a conception of personality which sounds like a rigid obsessional system.'

(3) उसकी शिल्प प्रकार, जातीय अचेतन, गुप्तता आदि प्रत्ययों की आलोचना की गई है।

एडलर का वैयक्तिक मनोविज्ञान
(Individual Psychology of Adler)

एडलर बचपन में व्यक्तित्व विकास की प्रक्रिया में फ्रायड के विचारों से अधिक प्रभावित थे परन्तु फ्रायड के विकासात्मक अवस्थाओं के सिद्धान्त से बिलकुल सहमत नहीं थे। कई तथ्यों में एडलर के तर्क फ्रायड से भिन्न थे। इसकी विचार पद्धति को वैथक्तित्व मनोविज्ञान की संज्ञा दी जाती है। एडलर द्वारा प्रस्तुत व्यक्तित्व सिद्धान्त की व्याख्या निम्न रूप में की गई है—

1. **रचनात्मक शक्ति** (Creative Power)—एडलर के अनुसार प्रत्येक व्यक्ति का व्यक्तित्व अपूर्व होता है और वह अपनी क्रियाओं से विज्ञ होता है। दो व्यक्तियों के एक जैसे कार्य करने पर भी उनके चिन्तन, भावना, बोलने एवं क्रिया में भी भिन्नता होती है। उनके व्यवहार को परिचालित करने के लिए शक्ति का स्रोत रचनात्मक शक्ति है। यह वातावरण एवं वंशानुक्रम कारकों से भिन्न कारक है। रचनाशक्ति में व्यक्ति की जन्मजात कार्यक्षमता और वातावरण के प्रभाव उसके जीवन मार्ग में उत्पन्न बाधाओं को दूर करने की गति को प्रभावित करते हैं। अतः गति का नियम जीवन में एक निर्णायक कारक है। उनका सिद्धान्त गति के नियम के स्थायित्व से ही विकसित होता है। इस नियम से ही व्यक्ति समस्या समाधान और जीवन में उत्पन्न बाधाओं पर विजय प्राप्त करने में सफल होता है। गति का नियम पूर्ण रूप से वैयक्तिक और अपूर्व होता है। बालक स्वतंत्र रचनात्मक शक्ति द्वारा पैदा होता है अतः वह इसी शक्ति की अनु-क्रिया से जीवन के मार्ग तथा उसकी शैली का चयन करता है। यह रचनात्मक

शक्ति व्यक्ति के सम्पूर्ण व्यक्तित्व संरचना में सम्मिलित होती है तथा वंशानुक्रम और वातावरण दोनों घटकों का प्रयोग करती है।

2. **उद्देश्यता प्रति कारणत्व** (Purposivism versus Causality)—वैयक्तिक मनोविज्ञान का प्रथम सिद्धान्त कारण-विज्ञान (Teleology) है। एडलर के अनुसार, "सभी मनोक्रियाओं को एक दिशा, एक पूर्व निर्धारक उद्देश्य प्रस्तुत किया जाता है। समस्त मनोघटनाएँ व्यक्ति को समझने के लिए किसी लक्ष्य की तैयारी के परिप्रेक्ष्य में जानी जा सकती हैं। अन्तिम उद्देश्य से ही किसी व्यक्ति की क्रिया, भावना, चिन्तन आदि को समझने में पर्याप्त स्पष्ट सिद्धान्त है। कारणत्व को एडलर मनोविज्ञान में स्वीकार नहीं करता। उनके अनुसार अवयव-हीनता को हम कारण बना सकते हैं परन्तु ये हमारी इच्छा तक ही प्रभावित हो सकती है। बच्चे में गम्भीर कमियाँ जीवन के प्रति आक्रोश अभिवृत्ति पैदा कर सकती हैं परन्तु यदि उसके लिए सभी चीजें आसान बना ली जाएँ तो अभि-वृत्ति परिवर्तित हो जाएँगी और ये कमियाँ कारणत्व कारक नहीं रहेंगी। मनुष्य का जीवन कुछ विचार या लक्ष्य से निर्देशित होते हैं। वह इन विचारों की सत्यता पर विश्वास करता है और वे विचार मनुष्य की क्रियाओं पर अप्रतिरोधात्मक (Irresistible) शक्ति का प्रयोग करते हैं। एडलर के अनुसार, "अन्तिम लक्ष्य ही व्यक्ति के व्यवहार को स्पष्ट कर सकता है।" ये लक्ष्य चेतन अथवा अचेतन हो सकते हैं जो कि आत्मा की पुकार के लिए कारण-विज्ञान के उपकरण हैं; जैसे यदि शिशु रोता है तो वह केवल भूख के लिए ही नहीं बल्कि भोजन प्राप्ति या सहानु-भूति के लिए भी चिल्लाता है।

3. **हीनभावना ग्रन्थि** (Inferiority Complex)—एडलर का मत है कि बालक बचपन में ही अपनी कमियों और दुर्बलताओं का ज्ञान प्राप्त कर लेता है। वह इनकी क्षतिपूर्ति के लिए प्रयास करता रहता है। गम्भीर व्यक्तित्व समस्याएँ उस समय पैदा होती हैं जब व्यक्ति में हीनता की भावना अधिक प्रबल हो जाती है जिससे व्यक्ति में हीनभावना ग्रन्थि का स्थायित्व हो जाता है। बालकों की अनुत्तम (Inferior) अवयव और ग्रन्थियाँ उनके विकास एवं क्रिया को प्रभावित करती हैं। एडलर के अनुसार ये वस्तुनिष्ठ कारण व्यक्ति में काल्पनिक हीनता की भावनाओं को बढ़ाने में सामान्यतः कार्य करते हैं। यदि बच्चा कमजोर है तो लक्ष्य क्षतिपूर्ति है और इसकी ओर अनुप्रेरणा का तात्पर्य है सुरक्षा, शक्ति और पूर्णता के लिए अनुप्रेरणा। कहने का अर्थ यह है कि जीवन की कठिनाइयों और अपनी हीन भावनाओं को दूर करने की अनुप्रेरणा (Striving) ही क्षतिपूर्ति का लक्ष्य है।

4. **श्रेष्ठत्व हेतु अनुप्रेरणा** (Striving for Superiority)—एडलर ने काम-भावना के स्थान पर मानव-व्यवहार का आधार मानव की शक्ति ग्रहण करने

और दूसरों पर अपना आधिपत्य स्थापित करने की भावना को माना है। श्रेष्ठत्व की अनुप्रेरणा ही मानव-व्यवहार का केन्द्र है। एडलर के अनुसार, "The main guiding principle is the advancement of self-esteem, the over-coming of inferiority feelings, the striving for superiority." श्रेष्ठत्व हेतु अनुप्रेरणा प्राकृतिक है और व्यक्ति और संसार के मध्य उत्तम समा-योजन के लिए निरन्तर प्रयास है। शारीरिक कमियों की क्षतिपूर्ति सभी मानव अभिप्रेरणाओं में होती है। 'डेमोन्सथेन्स' ने अपने अथक प्रयास से अपनी हकलाने की कमी को दूर किया और इतिहास में एक महान वक्ता के रूप में प्रसिद्ध हुआ। आक्रामकता एडलर के सिद्धान्त में सामान्य मानव अनुप्रेरणा है जो कि जीवन की एक नैसर्गिक (Intrinsic) आवश्यकता है। यही जीवन की समस्त समस्याओं के समाधान की जड़ है। हमारी समस्त क्रियाएँ इसी से संचालित होती हैं।

5. **सामाजिकता** (Sociability)—व्यक्तित्व के विकास में सामाजिक पर्या-वरण का महत्त्व अत्यधिक है। एडलर का विश्वास है कि श्रेष्ठता या पूर्णता के प्रयास में व्यक्ति सहयोग द्वारा सम्बन्ध स्थापित करता है और सामाजिकता के प्रयास में मानवोचित दिशा का अनुकरण करता है। वह समुदाय को व्यक्तिगत जीवन से अधिक महत्त्व देता है और सामाजिक रुचि या सामाजिक भावना को जीवन की दिशा में मूल्यांकित अभिवृत्ति मानता है। यह दूसरे की दृष्टि में देखने की योग्यता है। अतः सामाजिक रुचि या सामाजिकता एक प्राकृतिक शक्ति है परन्तु इस शक्ति को इसकी प्रारम्भिक अवस्था में कहीं अधिक विकसित होना आवश्यक है। श्रेष्ठता की इच्छा सामाजिकता से जुड़ी होनी चाहिए। एडलर ने सामाजिकता श्रेष्ठता हेतु अनुप्रेरणा के विकास के साथ-साथ माना है। व्यक्ति की समस्त क्रियाएँ समाज के लिए लाभदायक होनी चाहिए।

6. **जीवन-शैली** (Life-style)—मानव व्यक्तित्व के सार को हम इस प्रकार समझ सकते हैं कि मानव कमजोर पैदा होता है। वह कई कठिनाइयाँ झेलता है और असुरक्षित आभास करता है। हीनता की भावना गति एवं क्रिया के लिए मानव को प्रेरित करती है जिससे ये संकट दूर किए जा सकें। अतः श्रेष्ठता की ओर स्थिर गति को हम जीवन-शैली कहते हैं। सभी व्यक्ति विभिन्न प्रकार से श्रेष्ठता हेतु अनुप्रेरणा करते हैं। जीवन-शैली किसी व्यक्ति के व्यक्तित्व को प्रदर्शित करती है क्योंकि प्रत्येक व्यक्ति अपने अपूर्व तरीके से श्रेष्ठता के लक्ष्य को देखता है। यही व्यवहार की सम्पूर्णता को नियन्त्रित करती है। जीवन-शैली का निर्माण बाल्यकाल से ही शुरू हो जाता है। तत्पश्चात अनुभव इस जीवन-शैली में संयोजित होते रहते हैं। इसी शैली के आधार पर विभिन्न समस्याओं का समाधान किया जाता है। अहं या रचनात्मक शक्ति व्यक्ति को आदर्श की ओर निर्देशित करते हैं। एडलर ने रचनात्मक बल के अतिरिक्त व्यक्तित्व के 'सामाजिक रुचि'

एवं क्रिया की उपाधि दो मुख्य निर्धारक माने हैं। उनके अनुसार जीवन की समस्याओं के प्रति व्यक्तिगत अभिवृत्ति सदैव सामाजिक प्रकृति की होती है। क्रिया की उपाधि से तात्पर्य उस क्रिया से है जो व्यक्ति के जीवन क्षेत्र के आकार को दर्शाता है। यह उस बालक की क्रिया को प्रदर्शित करता है जिसमें बालक अन्य बच्चों से झगड़ता है और दूसरा बालक चुपचाप अपने अध्ययन में जुटा रहता है। व्यक्ति का मनोवैज्ञानिक जीवन अन्तिम क्रिया की ओर संकेत करता है और उच्च कलाकार द्वारा निर्मित जैसे चरित्र को दर्शाता है।

एडलर का विचार है कि जीवन-शैली किसी व्यक्ति के शारीरिक विकास पर प्रभाव डाल सकता है। एक तनावयुक्त व्यक्ति अपनी अभिवृत्ति का प्रभाव अपने शरीर में दिखलाएगा। मस्तिष्क एवं शरीर पूर्णाकार को प्रदर्शित करते हैं। अतः दोनों में स्थिर विपरीत प्रभाव होते हैं। मानव शरीर में भी लक्ष्य निर्देशित क्रिया होती है।

7. **प्रकार-विज्ञान** (Typology)—व्यक्ति का वर्ग या प्रकार के आधार पर विभाजन किया जा सकता है। एडलर का वर्गीकरण सामान्य रूप से शैक्षणिक उपाय है जो शिक्षण कार्य के लिए किया जाता है। उन्होंने सामाजिक रुचि एवं क्रिया की उपाधि प्रत्ययों के आधार पर अपने प्रकार-विज्ञान का वर्णन किया। इन्हीं को एडलर ने व्यक्तित्व प्रकार के समूहीकरण के दो निर्देशित सिद्धान्त माने हैं। उन्होंने व्यक्तित्व को प्रकार-विज्ञान के आधार पर चार वर्गों में बाँटा है—

(i) **शासक प्रकार** (Dominant or ruling type)—लक्ष्य प्राप्ति की ओर क्रिया करना परन्तु सामाजिक रुचियों में कमी।

(ii) **प्राप्ति प्रकार** (Getting type)—क्रिया एवं सामाजिक रुचि दोनों की एवं दूसरों से अपनी चिन्ता के बारे में सोचने की इच्छा व्यक्त करना।

(iii) **पृथकता प्रकार** (Avoiding type)—क्रिया और सामाजिक रुचि की न्यूनता, अनिश्चित।

(iv) **सामाजिक रूप से उपयोगी** (Socially useful)—सक्रिय एवं दूसरे के हित में कार्य करना।

8. **मूल्यांकन** (Evaluation)—एडलर का सिद्धान्त अधिक आशावादी है। वह प्राकृतिक और सामान्य सामाजिकता पर विश्वास करता है। व्यक्ति को पूर्ण रूप में समझना आवश्यक समझता है जिसमें श्रेष्ठता का उद्देश्य मुख्य सिद्धान्त है। रचनात्मक शक्ति क्या है? यह लक्ष्य निर्देशक क्यों है? इसमें वातावरण एवं वंशानुक्रम कैसे सम्मिलित है? इन प्रश्नों को पर्याप्त स्पष्ट करने में एडलर अधिक सफल नहीं हुए हैं। कारणत्व का विरोध अधिक सन्तोषप्रद प्रतीत नहीं होता है। उनके अनुसार, "प्रत्येक व्यक्ति अपने विशिष्ट कारण-विज्ञान के अनुसार क्रिया एवं अनुभव करता है। यह निर्धारणत्व (Deterministic) की ओर संकेत करता है।

उसी क्रम में एडलर का विचार है कि "इस कारण विज्ञान की उत्पत्ति अतिप्रारम्भिक बचपन को प्रदर्शित कर सकता है और अधिकतर हम देख सकते हैं कि वे गलत दिशा की ओर मुड़ जाते हैं क्योंकि प्रारम्भिक परिस्थितियों में बच्चे के जीवन में इनका दबाव पड़ता है।" यह और अधिक कारणत्व को प्रकट करता है। कारण-विज्ञान कारणत्व को पृथक नहीं कर सकता क्योंकि व्यक्ति के लक्ष्य निर्धारित करने के भी कारण हो सकते हैं। एडलर का मानव प्रकृति के विश्लेषण अधिक बुद्धिमत्ता-पूर्ण निरीक्षण एवं सुझाव प्रस्तुत करते हैं। इसके सामाजिकता सुरक्षा, अहम् और सृजन शक्ति जैसे प्रत्ययों ने नवीन विश्लेषकों (Neo-analysts) के सिद्धान्तों को जन्म दिया। एडलर ने अहं की समस्याओं को अधिक स्पष्ट किया है। ये समस्याएँ उतनी ही मुख्य हैं जितनी की यौन या अन्य समस्याएँ। एडलर ने जीवन क्रम के महत्त्व को समझने के लिए व्यक्तित्व विकास को प्रस्तावित किया। सामाजिक कारकों की व्यक्तित्व विकास के अध्ययन में विस्तृत व्याख्या की गई है परन्तु एडलर का सैद्धान्तिक सूत्रीकरण किसी विचार सम्प्रदाय को स्पष्ट व्यक्त नहीं करता है।

ओटो रैंक का सिद्धान्त (Otto Rank's Theory)

फ्रायड के अनुयाइयों में ओटो रैंक का स्थान भी प्रमुख था। उसके आधारभूत सिद्धान्तों को स्वीकार न करते हुए रैंक ने मानव जीवन में जन्म को एक संवेगात्मक आघात (Traumatic) की घटना बताई और इसे पूर्ण रूप से उत्कंठित चिन्ता कहा। फ्रायड से अलग होकर रैंक ने 1924 में 'दि बर्थ ट्रौमा' पुस्तक का प्रकाशन किया। उसके मुख्य सिद्धान्त निम्न हैं—

(1) **संवेगात्मक आघात** (Traumatic)—रैंक का विचार था कि प्रत्येक शिशु जन्म लेते समय जब वह माँ के शरीर से अलग होता है तो एक मौलिक चिन्ता का अनुभव करता है। इसे रैंक ने जन्म ट्रौमा (Birth Trauma) कहा जो कि भविष्य में शिशु के व्यक्तित्व विकास के लिए अत्यधिक महत्त्वपूर्ण है। यह केवल शारीरिक न रहकर मनोवैज्ञानिक भी होता है। भविष्य में उत्पन्न कोई भी चिन्ता इस मूल चिन्ता से सम्बन्धित होती है। क्योंकि जन्म माँ के शरीर से अलग होने की प्रक्रिया है और भविष्य में कोई भी पृथकता इस चिन्ता को जीवित कर सकती है। जन्म से पूर्व कोई एक पूर्ण और संगठित होता है और पूर्णता की भावना अनुभव करता है परन्तु बाद में उसे स्वतन्त्र, पूर्ण और वास्तविक अस्तित्व स्वीकार करना पड़ता है। उसे जीवन का डर और वैयक्तिक होने का डर महसूस होता है। यह वैयक्तिककरण का डर, अपने होने का डर, और अपने को दूसरों से पृथक बनाने का डर है।

(2) **आवेगों, संवेगों और इच्छाओं का सिद्धान्त** (Theory of Impulses, Emotions and Will)—रैंक ने फ्रायड के इदम् के सादृश्य जन्मजात आवेगों को माना है। शिशु की क्रियाएँ उत्पन्न होने से वह प्रत्येक तनाव-शक्ति को तुरन्त उन्मुक्त करना चाहते हैं। यह तनाव-उन्मुक्त प्रक्रिया व्यक्ति द्वारा 'आनन्द और दुख' से अनुभव होती है। जैसे ही शिशु बाह्य अवरोधकों के सम्पर्क में आता है उसके अवरुद्ध आवेग संवेगों में बदल जाते हैं। संवेगात्मक जीवन उच्च अवस्था में विकसित तब होता है जब इच्छाओं का विकास होता है। रैंक के अनुसार वैयक्तिकता और सम्बन्धता में गहन अन्तर्द्वन्द्व होता है। इसी प्रकार पृथकता और एकता में भी गहन द्वन्द्व होता है। इच्छा अनिवार्यता के विपरीत आन्तरिक या नकारात्मक बल है। रैंक ने विकास क्रम के अनुसार अभिवृद्धि एवं वैयक्तिकीकरण दोनों में पृथकता की कल्पना की है।

(3) **व्यक्तित्व प्रकार** (Personality Type)—रैंक ने व्यक्तित्व को विकास की तीन अवस्थाओं के अनुरूप तीन प्रकार से वर्गीकृत किया है—(1) मायिक (Magical), (2) मानसिक (Intellectual) और जैविक (Biological)। सामान्य प्रकार अपनी स्वयं की इच्छा को वातावरण की इच्छा के समान मानता है और आचरण करता है। वह अपने मानसिक जीवन के बारे में भ्रमित एवं अनभिज्ञ होता है। मनस्तापी (Neorotic) समाज के प्रति विद्रोही होता है। वह समाज को न तो स्वीकार करता है और न ही उससे पृथक हो सकता है। इन तीनों अवस्थाओं से गुजरने वाला व्यक्ति रचनात्मक कलाकार होता है।

(4) **समाज तथा संस्कृति का सिद्धान्त** (Theory of Society and Culture)—रैंक का विश्वास था कि मौलिक परिवार में बच्चे माँ के समूह से सम्बन्धित होते हैं। पिता का स्थान असार्थक होता है। तभी मातृत्व का विकास हुआ। धार्मिक विकास ऐतिहासिक-सामाजिक विकास के समानान्तर होता है। जन्म का विचार मानव जीवन और कला के प्रत्येक क्षेत्रों में उपस्थित होता है। रचनात्मक जन्म की एक क्रिया है। रैंक ने अपने विचार संस्कृति के इतिहास में प्रयोग किया और माँ तथा पिता जैसे संस्कृति के प्रकारों में अन्तर स्पष्ट किया। जैसे मिस्र की संस्कृति माता के प्रकार की थी और कलात्मक कारक को सम्मिलित करती है। उसके उपरान्त सामाजिक कारक नारी के उच्च आकलन में देखा गया। मातृत्व के विकास के साथ पुत्र-पिता के धार्मिक सम्प्रदाय और विश्वास से यह प्रतीत होता है कि पैतृक तत्त्वों ने भी अपना कुछ आधार बनाया। रैंक ने व्यक्त किया कि "The development of sun-worship always goes hand in hand with a decisive turning from mother culture to father culture, as is shown in the final identification of infact with the sun."

(5) **रचनात्मक इच्छा** (Creative Will)—रैंक के अनुसार कोई चीज

अपने ही कारण हो सकती है। मानव व्यक्तित्व के निर्धारक रचनात्मक इच्छाएँ हैं। रैंक ने नारी अवयवों के डर के प्रत्यय प्रस्तुत किए। उनका रचनात्मक प्रकार कुछ असामान्य विशिष्ट व्यक्तियों के चित्र को अंकित करता है। सभी व्यक्ति सदैव जीवित रहना चाहते हैं और बच्चों की इच्छा नहीं रखते। यह तब तक होता है जब तक कि वे पुनर्जीवन प्राप्त न करें।

रैंक के सिद्धान्त को अन्य मनोवैज्ञानिकों से कोई सहयोग प्राप्त नहीं मिला परन्तु उनके जीवन-संवेग बल ने व्यक्तित्व सिद्धान्तों पर सामान्य प्रभाव अवश्य डाला है।

नवीन फ्रायडीय (Neo-Freudians)

फ्रायड से कुछ भिन्न मत रखने वाले मनोवैज्ञानिक परन्तु स्वयं को मनोविश्लेषण पद्धति के अन्तर्गत समझने वाले नवीन फ्रायडवादी मनोवैज्ञानिकों में फ्रोम, हॉनी, सुलिवान तथा एरिक्सन आदि हैं। सभी ने फ्रायड के काम-वृत्ति सिद्धान्त को अस्वीकार किया। वे संस्कृति एवं सामाजिक अनुभवों को व्यक्तित्व विकास में अधिक महत्त्वपूर्ण मानते हैं। संस्कृति ही व्यक्तित्व की निर्धारक है। बहुत से नवीन मनोविश्लेषक और खासकर सामाजिक रूप से प्रभावित फ्रोम, हॉर्नी और सुलीवान यह अभिधारणा रखते हैं कि मनोविज्ञान में समाज प्रथम कारण है। उनके अनुसार, "सामाजिक सम्बन्ध व्यक्तित्व की संरचना करते हैं और प्राकृतिक बल का संस्कृति और समाज पर प्रभाव यदि है तो बहुत ही कम है।" उन्होंने नए प्रत्यय पद्धति का निर्माण किया जिनका आधार फ्रायडवादी है परन्तु फ्रायडीय नहीं कहे जा सकते हैं।

(1) **हॉर्नी का सिद्धान्त** (Harney's Theory)—हॉर्नी पूर्ण कारणत्व में विश्वास करती थी। सभी चीजों का होना कारण पर निर्भर करता है और कारण स्वरूप प्रभाव उत्पन्न होता है। उसका अचेतन प्रेरणा के सिद्धान्त में पूर्ण विश्वास है। ये अचेतन कारक संवेगात्मक होते हैं। वह अर्जित प्रवृत्तियों के अधिक प्रभाव को नहीं मानती है। व्यक्ति की चिन्ताओं का प्रभाव भी व्यक्तित्व के विकास में महत्त्वपूर्ण है। हॉर्नी का सिद्धान्त फ्रायड, एडलर एवं सुलीवान के कहीं मध्य में स्थित हैं। व्यक्तित्व विकास के सिद्धान्त निम्न रूप से वर्णित किए गए हैं।

(i) **सुरक्षा की आवश्यकता** (Need for Safety)—चिन्ताओं के प्रभावों में उसने बालक के संरक्षकों के संदर्भ में असुरक्षा की भावना को अधिक महत्त्व दिया है। उनके अनुसार सुरक्षा की आवश्यकता सामाजिक रूप से उत्पन्न की जाती है। उनका मत है कि "व्यक्तित्व को समझने की कोई खास आवश्यकताएँ और इसकी कठिनाइयाँ गुणों में प्राकृतिक नहीं हैं परन्तु जिन परिस्थितियों में हम रहते

हैं उसकी पूर्णता द्वारा उत्पन्न होती है।" अतः व्यक्तित्व के गुण वातावरण बलों के गुणक हैं।

(ii) **मानव संवेग** (Human Emotions)—हॉर्नी के अनुसार—"मानव संवेग अपने आप वातावरण के परिणाम और अधिक महत्त्वपूर्ण प्रारम्भिक बचपन के अनुभव हैं।"

(iii) **चरित्र संरचना** (Character Structure)—फ्रायड के इस तथ्य से सहमत हैं हॉर्नी, कि चरित्र तथा मनस्ताप (Neorosis) प्रारम्भिक बचपन में विकसित होते हैं। परन्तु पुनरावृत्ति बाध्यता के सिद्धान्त को स्वीकार नहीं करती है। वास्तविक चरित्र संरचना का विश्लेषण अवधान के परिप्रेक्ष्य में विवरण करता है। वह जननिक कारक एवं सामाजिक-संस्कृति प्रभावों को चरित्र के विकास में अधिक महत्त्व देती है।

(iv) **बालक का विकास** (Development of Child)—यह इस बात पर निर्भर करता है कि बच्चे के साथ कैसा बर्ताव किया जाता है। मुखीय, गुदा या पितृ-विरोधी ग्रन्थि जैसे कोई सार्वभौमिक चीज नहीं है। बच्चे की ये विकास क्रियाएँ पैतृक व्यक्तित्व या व्यवहार के परिणाम हैं। हॉर्नी का मत है कि प्रत्येक चीज वातावरण तथा संस्कृति पर निर्भर करती है।

(v) **परिवर्तन की संभावना** (Possibility of Change)-- प्रौढ़ अवस्था में भी व्यक्तित्व परिवर्तन की संभावना है। हॉर्नी ने स्पष्ट किया कि मनुष्य में अपनी शक्तियों तथा क्षमताओं को विकसित करने की इच्छा होती है और समृद्ध व्यक्ति हो सकता है। उसका मत है कि व्यक्ति में परिवर्तन हो सकता है और जीवित रहने तक परिर्वातित होता रहता है।

हॉर्नी का विश्वास है कि समाज को सुधारा जा सकता है तभी मानव सुखी एवं समृद्धि की प्राप्ति कर सकेगा। वह एडलर के समान सामाजिक परिवर्तन और मानव की प्रकृति में परिवर्तन के सिद्धान्त के समीप आशान्वित है।

2. **फ्रोम का सिद्धान्त** (Fromm's Theory)—फ्रोम ने जीव-उत्पत्ति (Biogenetic) सिद्धान्त को अस्वीकार करते हुए सांस्कृतिक पैतृक गुण को अधिक महत्त्व प्रदान किया। वह अर्जित या संरचित प्रतिमान के पक्ष में है। जिसे फ्रोम स्वभाव कहता है। व्यक्तित्व समाज की सफलता या असफलता पर निर्भर करता है। यह समाज व्यक्ति की आवश्यकताओं से सम्बन्धित होता है। उसका मुख्य ध्येय मनुष्य की एकान्तता या एकाकीपन की भावना से है। इनका मनुष्य की आवश्यकताओं को सन्तुष्ट करने में अपूर्व भूमिका है। इसके सिद्धान्त के मुख्य अंग निम्नलिखित हैं—

(i) **स्वभाव** (Temperament)—स्वभाव प्रतिक्रिया का चलन (Mode)

है और शारीरिक अवस्था सम्बन्धी होकर परिवर्तनीय नहीं है। यह अर्जित और शारीरिक प्रक्रिया से सम्बन्धित होता है।

(ii) **चरित्र निर्माण** (Character Formation)—सामाजिक प्रभावों से जीवन अनुभवों में चरित्र का निर्माण होता है। चरित्र सापेक्ष रूप से स्थायी स्वरूप है जिसमें मानव शक्ति स्वांगीकरण (Assimilation) और सामाजीकरण की प्रक्रिया में इच्छित दिशा प्राप्त करती है। व्यक्ति की शारीरिक बनावट एवं स्वभाव से चरित्र का निर्धारण होता है जो कि जन्मजात और सम्पूर्ण सामाजिक तथा सांस्कृतिक कारकों का उस पर प्रभाव है।

(iii) **व्यक्तिगत तथा सामाजिक चरित्र** (Individual and Social Character)—व्यक्तिगत चरित्र एक ही सांस्कृतिक समूह के सदस्यों में अन्तर प्रदर्शित करता है। इसमें व्यक्तित्व के जन्मजात कारक एवं पारिवारिक वातावरण का विशिष्ट प्रभाव सम्मिलित होता है। सामाजिक चरित्र एक ही सामाजिक चरित्र समाज के सदस्यों द्वारा अपनाया जाता है। व्यक्तित्व में सामाजिक चरित्र समाज की क्रियाओं के उद्देश्यों के लिए मानव शक्ति की परिवर्तन की क्रिया है।

(iv) **चरित्र गुण** (Character Traits)—शारीरिक लक्षणों से चरित्र गुणों का सम्बन्ध होता है। किसी कार्य की इच्छा व्यक्ति का कारण नहीं बल्कि एक लक्षण, चरित्र की एक अभिव्यक्ति है। चरित्र पूर्ण पारिवारिक परिस्थिति का एक परिणाम है।

(v) **आवश्यकता** (Needs)—फ्रोम के अनुसार विभिन्न आवश्यकताओं की पूर्ति के लिए समाज द्वारा प्रदत्त साधन के पारस्परिक सम्बन्ध के फलस्वरूप किसी व्यक्ति का व्यक्तित्व विकसित होता है। इसके लिए फ्रोम ने व्यक्ति एवं प्रकृति में नवीन सम्बन्ध प्रेम व घृणा, समाज में रुचि, एकात्मकता (Identity), और स्थायी सम्बन्ध जैसी आवश्यकताएँ व्यक्तित्व की सामाजिक प्रणाली बताई है।

3. **सुलीवान का सिद्धान्त** (Sullivan's Theory)—सुलीवान का सिद्धान्त पारस्परिक सम्बन्धों का सिद्धान्त कहलाता है। इन्होंने भी सामाजिक कारकों को व्यक्तित्व विकास में महत्त्वपूर्ण माना है। यह जन मनोविज्ञान के मध्य (Between people psychology) के सिद्धान्त द्वारा स्पष्ट किया जा सकता है। इनके मुख्य सिद्धान्त निम्न हैं—

(i) **पारस्परिक सम्बन्ध** (Interpersonal Relation)—संवेगात्मक कठिनाइयों की उपस्थिति पारस्परिक सम्बन्धों की कठिनाइयाँ होती हैं। मानसिक रूप से कोई व्यक्ति स्वयं उस स्तर तक होगा जहाँ तक उसकी समझने की योग्यता होती है। अतः वह अपने सम्बन्धों को सुधार सकता है।

(ii) **तनाव** (Tension)—तनाव को सुलीवान ने दो भागों में विभक्त किया—

(क) क्रिया हेतु शक्ति और शक्ति के परिवर्तन के लिए तनाव ।

(ख) आभास होने की स्थिति ज्ञात करना ।

(iii) **निगमन पद्धति** (Deductive System)—सुलीवान शक्ति एव संस्कृति के द्वैतवाद तथा साथ ही साथ वंशानुक्रम (सन्तोष) और वातावरण के द्वैतवाद (Dualism) की अभिधारणा रखते हैं जिसमें वे संस्कृति एवं वातावरण पर अधिक जोर देते हैं। मनुष्य अन्य प्राणियों के साथ अन्तःक्रिया की उत्पत्ति है।

(iv) **स्व-गत्यात्मकता** (Self-dynamism)—स्व वास्तविक उत्प्रेरक है और संस्कृति को प्रदर्शित करता है। स्व-गत्यात्मकता चेतन एवं अचेतन के बीच के सम्बन्ध सरल बनाता है।

सुलीवान का सिद्धान्त बाल मनोविज्ञान, सामान्य व असामान्य मनोविज्ञान के क्षेत्रों तक फैला हुआ है और समाज-मनोविज्ञान में महत्त्वपूर्ण सुझाव प्रस्तुत करता है। मनुष्य प्रकृति तथा संस्कृति का संयोग है। वह प्रकृति एवं संस्कृति दोनों से बना है। शिशु प्रकृति को व्यक्त करता है और जैसे ही वह बड़ा होता है उसका व्यवहार संस्कृति के अनुरूप परिवर्तित होता है। यह पद्धति मनोविश्लेषण में पूर्ण सामाजिक-सम्प्रदाय में उपलब्ध है। सुलीवान का सिद्धान्त अभिधारणाओं की पद्धति है। विकास, परिपक्वता, समायोजन, बीमारी आदि केवल सामाजिक आन्तरिक सम्बन्धों के परिप्रेक्ष्य में ही पूर्णतया समझे जाते हैं ! समाज के नियम अत्यन्त संकुचित हैं। इन नियमों को समाज या माता-पिता द्वारा आरोपित किए जाने से व्यक्तित्व समस्याएँ उत्पन्न हो जाती हैं।

4. **एरिक्सन का सिद्धान्त** (Erikson's Theory)—अन्य फ्रायडवादियों की तरह एरिक्सन ने भी सामाजिक कारकों को व्यक्तित्व विकास में महत्त्वपूर्ण माना है। उनकी पुस्तक "चाइल्डहुड एण्ड सोसाइटी" में व्यक्तित्व के सिद्धान्त का वर्णन किया गया है। एरिक्सन का सिद्धान्त फ्रायडवादी सिद्धान्तों में अधिक व्यवस्थित तथा संगठित माना जाता है। जिसमें निम्न प्रमुख प्रत्यय हैं—

(i) **विकसित-कोसरत्न** (Developmental Milestone)—इसका तात्पर्य यह है कि जो क्रियाएँ स्थिरता एवं स्थायित्व में जीवन-पर्यन्त परिवर्तित होती हैं परन्तु विभिन्न आयु स्तरों पर एक क्रमिक स्थिरताएँ प्रदान करती हैं। उनके अनुसार अभिवृद्धि के साथ बच्चे में जो स्वाभाविक परिवर्तन होते हैं वे स्थिर तत्त्वों के कारण व्यक्तित्व में विकसित होते रहते हैं।

(ii) **संकटों का विकास** (Development of Crises)—एरिक्सन ने मनो-सामाजिक आधार पर विकास की आठ अवस्थाओं का वर्णन किया है। उनका मत है कि व्यक्तित्व का विकास सम्पूर्ण जीवन भर होता रहता है। यह केवल किशोरावस्था तक ही सीमित नहीं होता। वह बच्चे के जीवन में विभिन्न

कठिन समय पर संकट परिस्थितियों की उत्पत्ति का वर्णन करते हैं। इन्हीं संकटों में से कोसरत्न हल निकलते हैं जो भविष्य के व्यवहार को नियंत्रित करते हैं।

(iii) **संघर्ष** (Conflicts)—व्यक्तित्व पर सामाजिक अन्त:क्रियाओं का प्रभाव पड़ता है। एरिक्सन का विचार है किं व्यक्तित्व विकास नियंत्रण व्यक्ति की विकास के सम्बन्ध में तत्परता का सम्बन्ध है। वह जितने अधिक व्यक्तियों से अन्त:क्रिया करने के लिए तत्पर होगा उसी के सापेक्ष व्यक्तित्व विकास होगा। विभिन्न अवस्थाओं में संघर्षों का निदान वातावरण में उपस्थित मूल परिवर्तनों की शक्ति और कमजोरियों के अनुरूप होता है।

(iv) **व्यक्तित्व का विकास** (Development of Personality)—एरिक्सन ने व्यक्तित्व विकास में शारीरिक एवं यौनिक आधारों को महत्त्वपूर्ण माना है तथा फ्रायड के विकास की अनुसूचित का विस्तार किया। शारीरिक एवं सामाजिक कारकों की अन्त:क्रिया के आधार पर उन्होंने विकास की निम्न आठ अवस्थाओं का वर्णन किया है, जिसमें व्यक्ति सघर्ष या संकटों का निदान परिवर्तन के स्वीकार्य और समायोजन पर निर्भर होता है—

मनोसामाजिक विकास की अवस्थाएँ

क्र० सं०	आयु	संकट
1. मुखीय	शिशु	विकास के प्रति अविश्वास
2. गुदा	2 वर्ष	स्वायत्तता के प्रति लज्जा या अन्याय
3. जनन	3 वर्ष से 5 वर्ष	पहल के प्रति अपराध
4. गुप्त	6 वर्ष से 12 वर्ष	परिश्रम के प्रति हीन भावना
5. किशोरावस्था	13 वर्ष से 18 वर्ष	एकात्मता के प्रति भ्रम
6. युवा	19 वर्ष से 21 वर्ष	मित्रता के प्रति एकान्तता
7. प्रौढ़	22 वर्ष से 50 वर्ष	सृजनात्मकता के प्रति निश्चल
8. परिपक्वता	50 वर्ष बाद	सदाचार के प्रति निराशा

एरिक्सन ने वर्तमान शारीरिक सामाजिक विकास एवं फ्रायड के मनोकामुक विकास के मध्य अन्तर को पूर्ण करने का प्रयास किया। व्यक्तित्व को शारीरिक, अहम् और सामाजिक या सांस्कृतिक कारक प्रदर्शित करते हैं। उनके अनुसार व्यक्तित्व इन तीनों कारकों के पारस्परिक प्रभावों से विकसित होता है। एरिक्सन का सिद्धान्त अधिक प्रभावपूर्ण क्रमिक तथा व्यापक समझा जाता है क्योंकि उन्होंने

सामाजिक, मानव वैज्ञानिक तथा शारीरिक कारकों के संगठन से व्यक्तित्व विकास को जानने का प्रयास किया।

4. प्रतिभास सिद्धान्त
(Phenomenological Theories)

मानव व्यवहार के विकास की प्रक्रिया को समझाने के लिए वैज्ञानिक मनोविज्ञान में अनेक प्रतिमानों की विवेचना की गई है। मनोविज्ञान के विकास के साथ मनोवैज्ञानिकों ने प्रयोगात्मक एवं सैद्धान्तिक आधार पर मानवतावादी, अस्तित्ववादी, व्यवहारवादी एवं प्रतिभास जैसे प्रतिमानों का उद्‌गम हुआ। व्यवहारवादी के अतिरिक्त अन्य सभी प्रतिमानों का आपस में अत्यधिक घनिष्ठ सम्बन्ध है। प्रतिभास प्रतिमान के अन्तर्गत व्यवहार को समझने के लिए अलग-अलग धारणाएँ व्यक्त की गई हैं जिनमें हम यहाँ पर प्रमुख रूप से रोजर्स, केली और लेविन के सिद्धान्तों को संक्षेप में स्पष्ट करेंगे। मेसलो और मरे के सिद्धान्त को अभिप्रेरणा अध्याय के अन्तर्गत समझाया जा चुका है। प्रतिभास सिद्धान्त आलपोर्ट की इस विचारधारा से प्रभावित है कि व्यक्ति संगठित जैविक और सामाजिक प्राणी है तथा अभिप्रेरकों में स्वायत्तता कार्यात्मक होती है। इसका तात्पर्य यह है कि अभिप्रेरक पर आधारित कोई भी क्रिया बाद में स्वयं स्वाभाविक रूप से प्रेरणा देने वाली बन सकती है।

1. रोजर्स का सिद्धान्त (Roger's Theory)

रोजर्स ने मानव व्यक्तित्व को समझने के लिए व्यक्तित्व का स्व-सिद्धान्त (Self-theory) प्रतिपादित किया। यह मुवक्किल केन्द्रित (Client centered) उपचार पर निर्भर करता है तथा स्व (Self) को व्यक्तित्व का निर्धारक समझता है। उनका विश्वास है कि उच्च चालक बल व्यक्तित्व के स्वरूप को प्रभावित करता है तथा स्व-प्रत्यय और सकारात्मक स्व दोनों ही प्रतिभास से सम्बन्धित होते हैं। रोजर्स के अनुसार व्यक्ति का सम्पूर्ण प्रत्यक्षीकरण स्व-प्रत्यय से प्रभावित होता है जिसमें व्यक्ति व्यक्तिगत विचार निर्मित करता है।

व्यक्तित्व सिद्धान्त (Personality Theory)—इस सिद्धान्त के अनुसार व्यक्तित्व की संरचना दो प्रत्ययों से सम्बन्धित होती हैं—(1) प्राणी (Organism) और (2) स्व (Self)। सभी प्रकार के अनुभवों का केन्द्र शरीर होता है। इन अनुभवों से एक प्रतिभास क्षेत्र (Phenomenological field) की रचना होती है। व्यक्ति का अपूर्व दृष्टिकोण का विकास यही प्रतिभास क्षेत्र विकसित करता है। स्व इस प्रतिभास क्षेत्र का एक अंश होता है जिसका वास्तविक स्व से भी प्रदर्शित किया जाता है। शरीर या प्राणी का विकास निरन्तर स्व के विकास में सन्निहित

है। आदर्श स्व व्यक्ति को अपने लक्ष्य के निर्माण नें सहायता पहुँचाता है।

रोजर्स के अनुसार, "प्रत्येक व्यक्ति में स्व-यथार्थता के लिए शक्ति होती है। स्व-यथार्थता का तात्पर्य निर्देशन सिद्धान्त से है जिसकी शक्ति हममें बचपन से होती है जैसे बीज सदैव विद्यमान होते हैं परन्तु उन्हें पानी की आवश्यकता है।" व्यक्ति को आन्तरिक शक्ति का अनुभव आवश्यक है। व्यवहार उद्देश्य निर्देशित प्रयास होता है जो कि क्षेत्र के अनुभवों की प्राप्ति से व्यक्ति की आवश्यकताओं की पूर्ति करता है।

व्यक्तित्व की गतिशीलता (Dynamics of Personality)—व्यक्ति निरन्तर अपने स्व को विकसित और विस्तारित करने की अनुप्रेरणा करता है। अभिप्रेरणा किसी के स्व-यथार्थता के लक्ष्य की अनुप्रेरणा में केन्द्रित होती है। रोजर्स का विचार है कि व्यक्तित्व विकास में कोई विशिष्ट स्तर नहीं होते हैं। वातावरण में स्थित पारस्परिक एवं सामाजिक अनुभवों की प्रक्रिया में व्यक्ति में स्व को विकसित करने की अर्जित प्रवृत्ति होती हैं। वर्तमान अनुभवों को महत्त्व देते हुए रोजर्स स्व-यथार्थता (Self-actualization) की प्राप्ति में निम्न चार स्थितियों को आवश्यक समझता है—

(1) व्यक्ति में अपनी योग्यताओं की लक्ष्य प्राप्ति में अनुभूति होनी चाहिए।

(2) व्यक्ति को विभिन्न विकल्पों का प्रत्यक्ष ज्ञान आवश्यक है अन्यथा उसका स्व-विकास विलुप्त हो जाता है।

(3) व्यक्ति की समाज में प्रतिष्ठा एवं सम्मान आवश्यक है।

(4) विकल्प स्पष्ट रूप से सांकेतिक होने चाहिए।

सांकेतीकरण से रोजर्स का तात्पर्य यह है कि हम अपने लायक उपयुक्त सभी चीजों को पहचानते हैं और ये हमारे लिए संकेत बन जाते हैं। स्व-संरचना तब होती है जब दूसरों द्वारा मूल्यांकित अनुक्रिया होती है और स्व तथा अनुभवों से मूल्यों का विकास होता है। व्यक्ति के व्यक्तित्व में परिवर्तन होता रहता है। यह परिवर्तनीय विकास अधिक सृजनात्मकता और उत्पादकता की ओर अग्रसर होता है। यह तभी संभव होता है जबकि व्यक्ति समस्याओं के निरन्तर समाधान में प्रयास करता रहे। ये प्रयास व्यक्ति की आत्म-प्रेरणा से सम्बन्धित होने चाहिए।

2. केली का सिद्धान्त (Kelly's Theory)

मनोविश्लेषण और प्रतिभास के सिद्धान्तों की प्रतिक्रिया के फलस्वरूप केली ने व्यक्तित्व के सिद्धान्त का प्रतिपादन किया। वह मूल प्रवृत्तियों, चालक या अन्य अभिप्रेरक बलों की अपेक्षा चिन्तन, अनुमान और पूर्व ज्ञान को व्यवहार को प्रभावित करने वाले कारक बताता है। व्यक्ति समस्या का अनुभव करता है और

उसकी व्याख्या पूर्व विचारों के आधार पर करता है। वह घटनाओं के लिए अर्थ एवं रचना को निर्धारित करता है। व्यक्ति में यह विशेषता होती है कि वह स्वयं के निर्माण, नियंत्रण एवं भविष्य निर्माण की जानकारी रखता है। केली की प्रणाली दृष्टिक्रम में उच्च विवेकपूर्ण है।

व्यक्तित्व सिद्धान्त (Personality Theory)—केली ने व्यक्तित्व में व्यक्तिगत संरचना (Personal construct) के तत्त्व को ही अधिक महत्त्वपूर्ण माना है। केली के अनुसार, "व्यक्तित्व संरचना संसार की रचना या व्याख्या करने का एक तरीका है जो व्यक्ति का अपने बारे में मूल्यांकन पर आधारित होता है। वह उन चीजों का मूल्यांकन करता है जो उसके जीवन तथा विचारों को प्रभावित करता है और इन मूल्यांकनों के परिणाम भविष्य में किस दिशा में अग्रसर होंगे।" व्यक्तिगत रचना का विकास सामाजिक सम्बन्धों की सार्थकता पर निर्भर होता है। इन्हीं सम्बन्धों के प्रकार पर भविष्य व्यवहार आधारित होता है।

केली के अनुसार सभी व्यक्ति अपना व्यक्तिगत सिद्धान्त की रचना करते हैं। जीवन में उत्पन्न समस्याओं का निदान और रचना की भिन्नता के आधार पर सभी पृथक रूप से समस्या का समाधान करते हैं। अतः व्यक्ति की क्रियाओं में रचना का आधार अधिक महत्त्वपूर्ण है। रचना के निर्माण में निम्न दो पक्ष आवश्यक हैं—

(1) अपने अनुभवों की व्यक्तिगत व्याख्या।

(2) व्याख्याओं को अभिवृत्तियों में क्रमबद्ध करना।

रचनाएँ दो प्रकार की होती हैं—(1) केन्द्रीय रचना (Core construct) और (2) सीमावर्ती रचना (Peripheral construct)। प्रथम प्रकार की रचना को किसी व्यक्ति की नेतृत्व या सामाजिक कार्य के प्रति अभिवृत्ति द्वारा समझा जा सकता है क्योंकि व्यक्ति में यह अभिवृत्ति सम्बन्धित प्रकार से प्रभावित हो सकती है। दूसरी प्रकार की रचना को व्यक्ति की रुचियों की कम प्राथमिकताओं से जाना जा सकता है।

व्यक्तित्व की गतिशीलता (Dynamics of Personality)—मानव को मशीन की भाँति आन्तरिक बल की आवश्यकता होती है। उसी से गति मिलती है। मानव की क्रिया करने में आन्तरिक प्रेरक बल कार्य करता है। केली के विचार में "प्राणी मनोवैज्ञानिक संसार में जीवित और संघर्षपूर्ण नवीन आपत्तियों से बचता है।"

केली के अनुसार, "अभिप्रेरणा सिद्धान्तों को दबाव और खिंचाव सिद्धान्तों द्वारा समझा जा सकता है। दबाव के अन्तर्गत चालक, प्रेरक या उत्तेजना तथा खिंचाव के अन्तर्गत उद्देश्य, मूल्य या आवश्यकता होती है। उन्होंने व्यक्तिगत

रचना को अनुभवों की क्रिया का स्वरूप माना। व्यक्तित्व का विकास इन रचनाओं के क्रमिक विस्तार के फलस्वरूप होता है। यदि रचनाएँ अनुभव पर आधारित हैं तो व्यक्ति के अनुभव अधिक परिवर्तनीय और सुदृढ़ होकर अधिक जटिल और विस्तृत रचनाओं की पद्धति का निर्माण करते हैं।

3. लेविन का सिद्धान्त (Lewin's Theory)

लेविन ने व्यक्तित्व विकास की एक गतिशील पद्धति प्रस्तुत की है। व्यक्ति आन्तरिक एवं बाह्य बलों को निरन्तर व्यक्तित्व दिशा परिवर्तन में प्रयोग करता रहता है। आवश्यकताएँ तनाव उत्पन्न कर व्यक्ति को लक्ष्य की दिशा में ले जाती हैं। वह मनोशक्ति के माध्यम से व्यक्तित्व में संतुलन स्थापित करने का प्रयास करता है। लेविन के व्यक्तित्व सिद्धान्त में निम्न कारक प्रमुख हैं—

(1) **व्यक्तित्व मण्डलों की एक पद्धति के रूप में** (Personality as a Form of a System of Regions)—व्यक्तित्व को एक मण्डल या मण्डलों के द्वारा प्रस्तुत किया जा सकता है। व्यक्ति में विभिन्न मण्डलों की सीमाएँ गत्यात्मक रूप से स्वतन्त्र होती हैं। ये मण्डल आपस में सम्बन्धित होते हैं। लेविन के अनुसार व्यक्ति में कोई गति (Locomotion) नहीं होती है परन्तु संचार होता रहता है। व्यक्तित्व क्षेत्र के एक भाग का कार्य करता है जिसमें व्यक्ति एवं वातावरण क्षेत्र का निर्माण करते हैं। व्यक्तित्व एक मण्डल या मण्डलों की प्रणाली है जिससे व्यक्ति के बारे में कल्पना की जा सकती है। लेविन का विचार है कि व्यक्ति एवं वातावरण का जीवन क्षेत्र में विचार करना सदैव आवश्यक है।

आन्तरिक एवं बाह्य मण्डल (Inner and Outer Regions)—व्यक्तित्व संरचना के विश्लेषण में लेविन ने गेस्टाल्ट प्रतिमान का अनुकरण किया। व्यक्ति को संबद्ध मण्डल या मण्डलों की प्रणाली, जो कि उपभाग मण्डलों और वातावरण से पृथक विभाजित होते हैं, से प्रस्तुत किया जाता है। कुछ मण्डल आन्तरिक और कुछ बाह्य होते हैं जिनमें बाह्य मण्डल गामक प्रत्यक्षपरक होते हैं। गामक प्रत्यक्ष-परक सीमा क्षेत्र में केन्द्रीय क्षेत्र से अधिक सीमावर्ती (Peripheral) मण्डलों को पहचान सकते हैं। लेविन का मत है कि गामक पद्धति केवल एक आन्तरिक क्षेत्र से गत्यात्मक रूप से सम्बद्ध होता है। यदि किसी क्रिया में व्यक्तित्व सम्बन्धित होता है तो अन्य क्रियाओं की उपेक्षा होती है। लड़ने में व्यक्तित्व की दिशा गामक क्रियाओं की ओर होती है और किसी अन्य गामक क्रिया को समाप्त होना चाहिए। आन्तरिक मण्डलों को सीमावर्ती और केन्द्रीय मण्डलों में बाँटा जाता है। इसमें केन्द्रीय मण्डल का वातावरण से कम संचार होता है।

व्यक्तित्व प्रकार (Personality Type)—विभिन्न व्यक्तियों की व्यक्तित्व

संरचना में अन्तर होता है। प्रौढ़ की अपेक्षा बच्चे का व्यक्तित्व कम विभेदीकृत एवं संगठित होता है तथा सम्पूर्णता की श्रेणी अधिक होती है। लेविन के अनुसार, "बच्चे में पद्धति के एक भाग में परिवर्तन प्रौढ़ की अपेक्षा अन्य भागों को अधिकतर अधिक प्रभावित करता है।" मण्डलों का पृथकीकरण बच्चों में कम होता है। इनके उपभागों के संतुलन के फलस्वरूप ही व्यक्ति सर्वांगीण (Harmonious) है। मण्डलों की एकान्तता या कमजोर संबद्ध से व्यक्ति मानसिक रूप से परेशान रहता है। व्यवहार की मौलिकता (Primitiveness) का स्तर किसी व्यक्ति के विभेदीकरण के स्तर का अच्छा लक्षण है। कुछ मण्डल अन्य की अपेक्षा अधिक प्रमुख कार्य करते हैं। वे वातावरण के बलों के दबाव के अनुसार परिवर्तित हो सकते हैं। नए मण्डल प्रारम्भिक अवस्था में अधिक स्थिर नहीं होते हैं। वातावरण के प्रभावों के परिणामस्वरूप लेविन ने विभिन्न प्रकार के व्यक्तित्व प्रकार में अंतर स्पष्ट करने का प्रयास किया।

विभेदीकरण और पुनः विभेदीकरण (Differentiation and Dedifferentiation)—व्यक्ति के नवव्यवहार में जीवन क्षेत्र एक अविभेदीकृत क्षेत्र होता है। जैसे ही बच्चा बढ़ता जाता है उसका जीवन क्षेत्र और अधिक विभेदीकृत होता रहता है। आवश्यकताओं के विभेदीकरण को आन्तरिक मण्डलों के विभेदीकरण में वृद्धि द्वारा प्रस्तुत किया जा सकता है। विकास व्यक्तित्व के आन्तरिक व बाह्य मण्डल तथा जीवन क्षेत्र का विभेदीकरण है। बच्चे का जीवन क्षेत्र सहज पहुँच से दूर कई मण्डलों से निर्मित होता है और स्वतन्त्र विचरण के लिए क्षेत्र सीमित होता है। बच्चे की अभिवृद्धि के साथ अधिक क्षेत्र आसानी से जानने योग्य बन जाते हैं परन्तु कुछ क्षेत्र दुरूह हैं। व्यक्तित्व का विभेदीकृत क्षेत्र पुनःविभेदीकृत हो जाते हैं और कम परिपक्व रहते हैं।

व्यक्तित्व और वातावरण (Personality and Environment)—वातावरण और परिवर्तनीय परिस्थितियों के प्रभाव से व्यक्तित्व प्रभावित होता है। लेविन परिवर्तनीयता पर विश्वास करते हैं। उनके अनुसार, "यदि जीवन क्षेत्र संभावित घटनाओं की सम्पूर्णता है तो परिस्थिति में प्रवेश करने वाली वस्तुएँ खासकर व्यक्ति और मनोवैज्ञानिक वस्तुएँ, संभावित घटनाओं के सम्बन्धों द्वारा विशिष्ट रूप से अंकित की जानी चाहिए।" अर्थात व्यक्ति वातावरण के प्रभाव एवं वंशानुक्रम कारकों की उत्पत्ति है। वातावरण बलों की सक्रियता से व्यक्ति प्रभावित होता है। नई परिस्थिति के समक्ष व्यक्ति अपने व्यवहार में कुछ हद तक सुधार करता है परन्तु कुछ व्यवहार के प्रतिमान ऐसे होते हैं जिन्हें नई परिस्थिति द्वारा सुधारा जा भी सकता है और नहीं भी। लेविन के शब्दों में इसका तात्पर्य यह है कि वस्तु का वातावरण में प्रवेश उसकी अपनी प्रकृति के अनुसार व्यवहार करेगा। विभिन्न कर्षण बलों एवं शक्तियों तथा उनका वितरण वातावरण

के गुणों को प्रदर्शित करते हैं। व्यक्ति की आवश्यकताएँ व्यक्ति एवं वातावरण के मध्य तनाव अथवा असंतुलन हैं। लेविन का विश्वास है कि केवल बाह्य एवं प्रकट व्यवहार जैसे गति (Locomotion) या संचार है, जो आकर्षण या प्रतिकर्षण के कारण होते हैं, को ही मानना चाहिए।

5. व्यक्तित्व का अधिगम सिद्धान्त
(Learning Theory of Personality)

व्यक्तित्व को स्पष्ट करने में अनेक अधिगम सिद्धान्तों का विकास हुआ है। हम इनसे व्यवहार का विस्तृत रूप से आकलन कर सकते हैं। "अधिगम" अध्याय के अन्तर्गत कई मनोवैज्ञानिकों के अधिगम सिद्धान्तों का वर्णन किया गया है जिसमें व्यक्तित्व को सामान्य अधिगम क्षेत्र की शाखा माना गया है। इस भाग में डोलार्ड और मिलर, बन्डूरा और वाल्टर्स के सिद्धान्तों का उल्लेख किया गया है जो कि व्यक्तित्व विकास को अधिगम सिद्धान्तों के परिप्रेक्ष्य में स्पष्ट करते हैं।

सभी अधिगम सिद्धान्त निम्न दो परिकल्पनाओं पर व्यक्तित्व को स्पष्ट करते हैं—

(1) प्राणी द्वारा सभी व्यवहार बाह्य उत्तेजकों से स्थिर अन्तःक्रिया की प्रक्रिया द्वारा सीखे जाते हैं।

(2) मनोवैज्ञानिकों को व्यवहार के अध्ययन में वस्तुनिष्ठता पर बल देना चाहिए।

डोलार्ड और मिलर का सिद्धान्त (Theory of Dollard and Miller)

डोलार्ड का मिलर का व्यक्तित्व सिद्धान्त पुनर्बलन सिद्धान्त कहलाता है। उनके मूल विचार मनोविश्लेषण से लिए गए हैं और उन्हें हल के पुनर्बलन में परिवर्तित किया गया है। उनके अनुसार, "अधिगम सिद्धान्त परिस्थितियों का वह अध्ययन है जिसमें प्रतिक्रिया और (संकेत) उत्तेजना सम्बद्ध होते हैं, प्रतिक्रिया और संकेत इस प्रकार अनुकूलित होते हैं कि संकेत के दृष्टिगत होने पर प्रतिक्रिया उत्पन्न होती है।" निश्चित मनोवैज्ञानिक सिद्धान्तों के अनुसार ही अधिगम क्रिया सम्पन्न होती है। संकेत तथा प्रतिक्रिया के अनुकूलन को किसी खास स्थितियों में ही दृढ़ बनाया जा सकता है। डोलार्ड और मिलर ने बाल्यकाल के अनुभवों को वयस्क व्यक्तित्व के महत्त्वपूर्ण कारकों के रूप में स्वीकार किया। व्यक्तित्व में चिंता एवं अधिगमित भय का व्यक्तित्व गतिशीलता से अधिक महत्त्वपूर्ण सम्बन्ध है। सामान्य व्यवहार की अपेक्षा कुछ जटिल व्यवहार को अधिगम समस्याओं में अपनाना पड़ता है। अधिगम के सम्बन्ध में इनका यह विचार अधिक सबल है कि "सीखने के लिए किसी को कुछ अवश्य चाहिए, किसी चीज को देखना चाहिए,

करना चाहिए और कुछ प्राप्त करना चाहिए।" इस सिद्धान्त के अनुसार अधिगम के चार महत्त्वपूर्ण अवयव हैं—(1) चालक (अभिप्रेरणा), (2) संकेत (उत्तेजक), (3) प्रत्युत्तर (क्रिया या स्वयं का व्यवहार) और (4) पुनर्बलन (पुरस्कार)।

(1) **चालक** (Drive)—यह वह उत्तेजक है जो प्राणी को किसी क्रिया के लिए प्रेरित करता है। व्यवहार की सक्रियता चालक की शक्ति पर निर्भर करता है। उत्तेजक की तीव्रता चालक क्रिया के समरूप होती है। यदि किसी अनुक्रिया को पुनर्बलन या पुरस्कार द्वारा प्रेरणा मिलती है तो संकेत तथा अनुक्रिया की शक्ति बढ़ जाती है। यही अधिगम क्रिया के लिए मुख्य सिद्धान्त है।

(2) **संकेत** (Cue)—अनुक्रिया की सही प्रकृति के निदेशन या निर्धारण में संकेत एक उत्तेजक है जो अनुक्रिया का निर्देशन करता है। आन्तरिक या बाह्य संकेत गुणों की भिन्नता के कारण अधिगमी में प्रतिक्रिया उत्पन्न करते हैं और व्यक्तित्व सिद्धान्त के अनुसार अधिगम के लिए मुख्य आधार है। संकेत की प्रकृति से सम्बन्धित प्रतिक्रिया पर ही अधिगम योग्यता निर्भर करती है।

(3) **प्रतिक्रिया** (Response)—शारीरिक एवं मनोवैज्ञानिक कमियों से उत्पन्न स्थिति की आवश्यकता प्राणी को क्रिया के लिए प्रेरित करती है। यही क्रिया एक ऐसी अनुक्रिया है जो अधिगम का आधार है।

(4) **पुनर्बलन** (Reinforcement)—उत्तेजना प्रतिक्रिया की सम्बद्धता में पुनर्बलन आवश्यक है जो कि चालक की उपस्थिति में होता है। प्राणी के व्यवहार को संयोजित व संगठित करने में इसका अधिक महत्त्व है। प्रतिक्रिया को तुरन्त पुनर्बलित करने से उसकी प्रायिकता बढ़ जाती है।

डोलार्ड और मिलर ने उपर्युक्त सिद्धान्तों के अतिरिक्त कई अन्य अधिगम सिद्धान्तों को अधिगम प्रक्रिया में महत्त्वपूर्ण माना है। जिनका संक्षिप्त वर्णन निम्न हैं—

(1) **विलोपन** (Extinction)--पूर्व अधिगमित प्रतिक्रिया की समाप्ति या उसे कमजोर बनाने की प्रक्रिया विलोपन कहलाती है। यदि प्रतिक्रिया को पुनर्बलित न किया जाए तो उसकी शक्ति घट जाती है और उत्तेजना (संकेत) तथा प्रतिक्रिया के बीच सम्बन्ध कमजोर हो जाते हैं। अतः प्रतिक्रिया की समाप्ति की प्रक्रिया विलोपन कहलाती है। यदि काफी समय पश्चात पुनः कोई प्रतिक्रिया जो विलुप्त हो गई हों, पुनः परिलक्षित हो जाए तो उसे स्वच्छन्दता पुनःस्थापन (Spontaneous recovery) कहते हैं।

(2) **विभेदीकरण** (Descrimination)—वातावरण के किसी विशिष्ट संकेत (उत्तेजक) के प्रति ही अधिगमित प्रतिक्रिया की प्रक्रिया को विभेदीकरण कहते हैं। जैसे व्यक्ति वातावरण में विभिन्न वस्तुओं जैसे विद्यालय, शहर आदि तथा विचारों के विभेदीकरण को सीखता है।

(3) **सामान्यीकरण** (Generalization)—सामान्यीकरण एक ऐसी प्रक्रिया है जिसमें एक परिस्थिति में सीखे गए ज्ञान का उपयोग विभिन्न परिस्थितियों की समस्याओं को सीखने में स्थानान्तरित हो जाता है। इसकी मात्रा दोनों परिस्थितियों की समरूपता या साम्यता पर निर्भर करेगी।

(4) **आदत श्रेणीबद्धता** (Habit Hierarchy)—डोलार्ड और मिलर के विचार में, इस प्रत्यय से यह तात्पर्य है कि किसी उत्तेजना परिस्थिति के लिए व्यक्ति में अनेक प्रतिक्रियाएँ करने की शक्ति होती है जिनको कि उस परिस्थिति में उत्पन्न होने की प्रायिकता (Probability) के अनुसार श्रेणीबद्ध कर सकते हैं। कार्य करने की आदत विभिन्न परिस्थितियों में करीब एक समान रहती है। जैसे यदि कोई व्यक्ति ईमानदार है तो प्रत्येक परिस्थिति में वह उसकी सत्यता का परिचय देता है अर्थात इस आदत का सामान्यीकरण प्रत्येक परिस्थिति में होता है। चालक की प्रकृति के अनुसार ही उत्तेजना सामान्यीकरण होता है।

डोलार्ड और मिलर के अनुसार व्यक्तित्व एक गत्यात्मक संगठन है जिसे कि आदत निर्माण की विशेषता का स्वरूप प्रमुख है। आदत का अधिगम के उत्तेजना प्रतिक्रिया सम्बद्धता से निर्माण होता है। विकास की प्रक्रिया में सामाजिक परिप्रेक्ष्य में अनेक चालकों उत्पत्ति से व्यक्तित्व विकास होता रहता है। चिन्ता, नैराश्यता, प्रसन्नता आदि अनेक विशिष्ट कारक हमारी क्रियाओं को प्रभावित करते हैं। डोलार्ड और मिलर ने अपने सिद्धान्त में व्यक्तित्व के विकास को सरल चालकों से जटिल क्रियाओं तक का वर्णन किया है और पुनर्बलन के लिए उदासीन घटकों को भी महत्त्वपूर्ण समझकर पुरस्कार मूल्य के समान माना है; जैसे माता के आँख से इशारा करने पर बच्चा तुरन्त समझ लेता है और उसी के अनुरूप क्रिया करता है।

दोष (Demerits)

(1) अधिगम सिद्धान्त पशुओं पर किए गए प्रयोगों पर आधारित है अतः मानव व्यवहार पर इनका प्रयोग बहुत से मनोवैज्ञानिकों को अमान्य है।

(2) यह सिद्धान्त जटिल मानव अधिगम को प्रदर्शित नहीं करता है। उन्होंने ज्ञानात्मक व्यवहार की अपेक्षा की है।

(3) जैविक और आन्तरिक कारकों को छोड़कर यह सिद्धान्त वातावरण निर्धारकों पर अधिक बल देता है।

बन्दूरा और वाल्टर्स का सिद्धान्त (Theory of Bandura and Walters)

बन्दूरा और वाल्टर्स ने व्यक्तित्व के सामाजिक अधिगम सिद्धान्त का प्रतिपादन

किया। इस सिद्धान्त के अनुसार व्यवहार अधिगमित है और व्यक्तित्व को अधिगम अनुभवों की श्रेणियों के संयुक्त प्रभावों के परिप्रेक्ष्य में स्पष्ट किया जा सकता है। अधिगम सिद्धान्त व्यक्तित्व विकास को समझाने में पर्याप्त है। यह सिद्धान्त डोलार्ड और मिलर द्वारा प्रस्तुत सिद्धान्त से बिलकुल भिन्न है। ये निरीक्षित अधिगम (ज्ञानात्मक) पक्ष पर अधिक बल देते हैं। बन्दूरा और वाल्टर्स फ्रायड के सिद्धान्त के विपरीत हैं और जानवरों की अपेक्षा बच्चों पर अपने प्रयोगों को दोहराते हैं। व्यवहार सुधार के सिद्धान्त में उन्होंने ज्ञानात्मक मनोविज्ञान का सन्तुलित संश्लेषण स्पष्ट किया। उनके अनुसार, "मनुष्य की ज्ञानात्मक सांकेतिक क्रिया नए व्यवहार को अर्जित करने में अधिक महत्त्वपूर्ण है।"

सामाजिक सिद्धान्त के मूल आधार—वन्दूरा और वाल्टर्स के प्रतिरूपण सिद्धान्त के मूल आधार निम्नलिखित हैं—

(1) **पुनर्बलन का सिद्धान्त** (Principle of Reinforcement)—अधिकतर व्यवहार सामाजिक परिस्थितियों में पुनबर्लन के सिद्धान्त द्वारा अर्जित किए जाते हैं। बन्दूरा और वाल्टर्स ने उन परिस्थितियों में पुनबर्लन के महत्त्व को अधिक समझा जहाँ व्यक्ति दूसरे लोगों की क्रियाओं का निरीक्षण करता है। इन क्रियाओं में व्यक्ति पुरस्कार एवं दण्ड की प्रतिक्रिया को गहराई से देखता है। इस विशिष्ट प्रकार के पुनर्बलन को प्रतिनियुक्त (Vicarious) प्रेरणा कहते हैं जो प्रतिमान द्वारा किए गए व्यवहार के परिणामों के निरीक्षणों द्वारा मस्तिष्क में संग्रहित होते हैं। वन्दूरा तथा वाल्टर्स ने इसके महत्त्व को एक प्रयोग द्वारा स्पष्ट किया। बच्चों को एक फिल्म दिखाई गई जिसमें एक वयस्क व्यक्ति के व्यवहार को प्रदर्शित किया गया। इस फिल्म में व्यक्ति प्लास्टिक की गुड़िया से आक्रामक व्यवहार प्रदर्शित करता था। बच्चे की प्रतिक्रियाएँ भी उसी फिल्म के व्यक्ति के आक्रामक व्यवहार से पर्याप्त मात्रा में मिलती-जुलती दिखाई दी गई। इससे यह सिद्ध होता है कि मानव व्यवहार प्रतिमान को दिए गए पुनर्बलन की प्रकृति से प्रभावित होता है। इसके पश्चात स्वयं प्रतिमान के समान व्यवहार करके लोगों से संवेगात्मक प्रतिक्रिया अथवा पुनर्बलन की अपेक्षा करता है और व्यवहार को करना सीख लेता है। पुनर्बलन के प्राप्त न होने पर उस व्यवहार को सीखने की क्रिया प्रभावित नहीं होती है।

(2) **प्रतिमानों के प्रकार** (Types of Models)—बन्दूरा और वाल्टर्स के अनेक प्रायोगिक अध्ययनों से प्रतीत होता है कि प्रतिरूपण द्वारा बालकों के व्यक्तित्व का विकास होता है। इन्हें निम्न दो प्रमुख वर्गों में विभाजित कर सकते हैं—

(अ) **वास्तविक जीवन प्रतिमान** (Real Life Models)—**इस वर्ग में फिल्म का नायक या नायिका, अध्यापक विशिष्ट व्यक्ति, मित्र आदि के व्यक्तित्व का प्रभाव सम्मिलित होता है।**

(ब) **चिन्हित प्रतिमान** (Symbolic Models)—इसके अन्तर्गत लिखित चीजें, पुस्तकें, कलात्मक वस्तुएँ, टेलीविजन, फिल्म इत्यादि सम्मिलित किए गए हैं।

उपरोक्त दोनों प्रकार के प्रतिमानों का व्यवहार पर प्रभाव पड़ता है और बच्चे इनका अनुकरण अपनी व्यावहारिक क्रियाओं में करते हैं।

(3) **आत्म-पुनर्बलन** (Self-reinforscement)—निरीक्षित अधिगम में आत्म-पुनर्बलन कार्य करता है। इनका स्तर प्रतिमान के स्तरों पर निर्भर करता है और व्यक्ति विभिन्न परिस्थितियों में इनका प्रयोग निश्चित स्तरों के अनुरूप करता है।

(4) **निरीक्षित अधिगम का स्वरूप** (Patterns of Observational Learning)—बन्दूरा और उसके साथियों ने निरीक्षित अधिगम का विस्तृत विश्लेषण किया और चार प्रमुख उप-प्रक्रियों का वर्णन किया—

(i) **अवधान-प्रक्रिया** (Attention Process)—प्रतिमान को समझने में अवधान के पूर्व क्रियात्मक मूल्य का प्रभाव पड़ता है। अधिगमी को प्रतिमान से सीखने के लिए इससे अवश्य सम्पर्क स्थापित करना चाहिए।

(ii) **निरोध-प्रक्रिया** (Retention Process)—प्रतिमान के व्यवहार को संगठित करने के लिए व्यक्ति को सीखना धारण करना चाहिए।

(iii) **पुनर्बलन** (Reinforcement)—बन्दूरा पुनर्बलन की प्रत्याशी को पूर्व ज्ञान के स्पष्टीकरण द्वारा एक अभिप्रेरक कारक मानता है।

(iv) **गामक कौशल** (Motor Skill)—समुचित परिणामों के पृष्ठपोषण के साथ शारीरिक प्रशिक्षण गामक कुशलता के आकार के लिए आवश्यक है। वास्तविक निष्पादन के सुधार में कुछ गामक कौशलों का प्रशिक्षण सहायता करता है।

(5) **व्यक्तित्व का विकास** (Development of Personality)—व्यक्तित्व के विकास में सामाजिक अधिगम एक महत्त्वपूर्ण भूमिका प्रदान करता है। बन्दूरा और वाल्टर्स के सिद्धान्त के निम्न प्रमुख अंग हैं—

(अ) **सामाजिक अधिगम की भूमिका** (Role of Social Learning)—बालक दूसरों के व्यवहार का निरीक्षण कर अनेक व्यावहारिक क्रियाओं को अपनाता है। व्यक्ति के व्यवहार में संगृहीत प्रतिक्रियाओं को प्रतिमान का व्यवहार प्रेरित करता है। कभी-कभी यह देखा गया है कि एक व्यक्ति जिन व्यक्तियों को पसन्द नहीं करता है परन्तु उनके सफल व्यवहार के कारण वह उनके साथ मिश्रित हो जाता है। अतः बालक में अपने वातावरण में मौजूद प्रतिमान के अनुसार सामाजिक अधिगम होता है।

(ब) **आक्रामक व्यवहार** (Aggressive Behaviour)—बन्दूरा और वाल्टर्स ने विभिन्न प्रकार के व्यवहार को अर्जित करने के अनेक अध्ययन किए। आक्रामक व्यवहार के बारे में उन्होंने यह ज्ञात किया कि यदि बच्चों को घर में दण्ड दिया जाता है और अन्यत्र उन्हें प्रेरणा या पुरस्कार मिलता है तो उनमें आक्रात्मक गुण का समावेश होता है। व्यक्ति निरीक्षित तकनीकी के आधार पर अनेक प्रतिक्रियाएँ सीखता है। उसे प्रतिमान के व्यवहार से सीखने की प्रेरणा प्राप्त होती है।

(स) **अधिगम में अनुकरण** (Imitation in Learning)—यह सिद्धान्त इस बात पर अधिक बल देता है कि निरीक्षित अधिगम की भूमिका में प्रतिमान के व्यवहार का अनुकरण होता है। इसी अनुकरण के अनुरूप व्यक्ति के व्यक्तित्व का विकास होता है। किसी निश्चित परिस्थिति में व्यक्ति के प्रमुख व्यावहार का आकलन किया जा सकता है।

दोष

(1) बन्दूरा और वाल्टर्स ने जैविक प्रभावों को व्यक्तित्व के विकास में महत्त्व नहीं दिया है जबकि ये व्यक्तित्व निर्माण के आवश्यक निर्धारक कारक हैं।

(2) खेल की कुछ व्यावहारिक क्रियाओं में मनोवैज्ञानिकों ने सिद्धान्त अपरिपूर्ण माना है।

व्यक्तित्व को प्रभावित करने वाले कारक (Factors Influencing Personality)

व्यक्तित्व को प्रभावित करने वाले अनेक कारक हैं। इन कारकों में शारीरिक संरचना, वंशानुक्रम, पर्यावरण आदि व्यक्तित्व के विकास को प्रभावित करते हैं। इन महत्त्वपूर्ण कारकों की वर्णन निम्न प्रस्तुत किया गया है—

(1) **शरीर रचना** (Physique)—विभिन्न अध्ययनों के आधार पर यह ज्ञात होता है कि व्यक्तित्व का शारीरिक रचना से घनिष्ट सम्बन्ध है। शरीर का स्नायुमण्डल अप्रत्यक्ष रूप से व्यक्तित्व के विकास को प्रभावित करता है। शारीरिक रचना में व्यक्ति के शरीर के विभिन्न अंगों की बनावट, आकार, रंग, रूप, लम्बाई और भार, अंगों का अनुपात आदि प्रमुख हैं। स्नायुमण्डल आन्तरिक संरचना की स्थिति को प्रदर्शित करता है जिसका सापेक्ष सम्बन्ध स्वास्थ्य-व्यवहार और शरीर-रचना से है। यदि व्यक्ति की शरीर-रचना एवं स्वास्थ्य उपयुक्त

है तो उसका प्रभाव उसके व्यक्तितत्व के गुणों पर पड़ेगा। व्यक्ति की बुद्धि, भावनाएँ, स्वभाव, योग्यता, कुशलता आदि सभी व्यक्तित्व विकास में शारीरिक रचना के कारक हैं।

मेक्डूगल के अनुसार—वास्तविक रूप से हमें उन अद्भुत गुणों के अप्रत्यक्ष प्रभाव को पहचानना है जो मुख्य और दृढ़ रूप से शारीरिक हैं। शारीरिक असंतुलन से व्यक्तित्व विकास की प्रक्रिया विघटित हो सकती है।

(2) **शरीर रसायन** (Body Chemistry)—मानव शरीर के अन्दर कई रासायनिक क्रियाएँ होती हैं और इन रासायनिक परिवर्तन से व्यक्तित्व का प्रभावित होना स्वाभाविक है। खान-पान एवं शारीरिक दशा के कारण व्यक्ति की कार्यशैली भी प्रभावित होती है जैसे—रासायनिक क्रिया यदि सामान्य रूप से सम्पादित न हों तो रक्त शर्करा, रक्त कैंसर, ताप, उदर-गैस, आदि कई बीमारियाँ उभर आती हैं जिसके कारण उसके व्यवहार में परिवर्तित लक्षण दिखाई देंगे।

(3) **नलिकाविहीन ग्रन्थियाँ** (Ductless Glands)—जिन ग्रन्थियों के स्राव से हारमोन बिना किसी नली के रक्त में पहुँचता है उन्हें नलिकाविहीन ग्रन्थि कहते हैं और ये ग्रन्थियाँ व्यक्तित्व के विकास की सीमा को निर्धारित करती हैं। ग्रन्थियों के स्राव किस प्रकार व्यक्तित्व को प्रभावित करते हैं उसका वर्णन निम्न किया गया है—

(अ) **सर्वांकिवी ग्रन्थि** (Pancreas Gland)—यह ग्रन्थि पाचक रस का स्राव करती है। यदि रस का स्राव अव्यवस्थित हो तो पाचन शक्ति प्रभावित होती है। ग्रन्थि की कोशिकाओं से रक्त में इन्स्यूलिन द्रव का भी स्राव होता है। इस द्रव के कम या अधिक स्राव से डाइब्टीज की बीमारी हो जाती है। इस प्रकार इस ग्रन्थि के स्राव का प्रभाव व्यक्ति के शारीरिक एवं मानसिक स्वास्थ्य पर पड़ता है और व्यक्ति में भय, चिड़चिड़ापन, स्वभाव में परिवर्तन आदि लक्षण दिखाई देते हैं।

(ब) **कंठ ग्रन्थि** (Thyroid Gland)—इस ग्रन्थि के थाइरॉक्सिन द्रव के स्राव की अधिकता से व्यक्ति की शारीरिक लम्बाई में वृद्धि और अशांत, उत्तेजित, चिन्तित, अस्थिर जैसे लक्षण दिखाई देते हैं। रस के स्राव की कमी से व्यक्ति बौना, एवं उसमें विस्मृति, थकावट, मानसिक दुर्बलता आदि लक्षण दिखाई देते हैं।

(स) **उपकंठ ग्रन्थि** (Parathyroid Gland)—इसके असामान्य स्राव से कैल्सियम की कमी हो जाती है जिसका प्रभाव संवेगात्मक व्यवहार,

मांसपेशियों एवं हड्डियों के विकास पर पड़ता है ।

(द) **पीयूष ग्रन्थि** (Pituitary Gland)—इससे निकलने वाला हारमोन विभिन्न अन्तःस्रावी (Endocrine) ग्रन्थियों पर नियंत्रण करता है। इसका प्रभाव व्यक्ति के हृदय, धमनियों, वृद्धि और विकास पर पड़ता है। इसकी सक्रियता से व्यक्ति अधिक लम्बा होता है और उसमें आक्रात्मक स्वभाव उत्पन्न होता है और तथा कम क्रियागति से व्यक्ति छोटा और डरपोक हो जाता है।

(य) **मूत्रस्थ ग्रन्थि** (Adrenal Gland)—यह व्यक्तित्व को संतुलित करने एवं उसके स्वभाव को पूर्ण समायोजित स्वरूप प्रदान करने में महत्त्वपूर्ण है। इसकी स्राव की कमी से शारीरिक बनावट एवं शक्ति में अप्रत्याशित परिवर्तन होते हैं जिससे वह थकान, चिड़चिड़ापन एवं कमजोरी का शिकार हो जाता है। स्राव की अधिकता से स्त्रियों में पुरुष जैसे लक्षण या व्यक्तित्व के बाह्य स्वरूप के संतुलन को उचित रूप नहीं मिलता है।

(र) **जनन ग्रन्थियाँ** (Sex Gland)—यौन ग्रन्थियों के सामान्य स्राव न होने से यौन अंगों का विकास उपयुक्त नहीं होता है। इसके कारण विभिन्न रोग और विकार पैदा हो जाते हैं और व्यक्तित्व को प्रभावित करते हैं।

(4) **वंशानुक्रम** (Heredity)—"किसी एक व्यक्ति के वंशानुक्रम में वे सब शारीरिक बनावटें, शारीरिक विशेषताएँ, क्रियाएँ या क्षमताएँ सम्मिलित रहती हैं, जिनको वह अपने माता-पिता, अन्य पूर्वजों तथा प्रजाति से प्राप्त करता है।"

(डगलस तथा हालैण्ड)

"One's heredity consists of all structures, physcial characteristics, functions or capabilities, derived from parents, other ancestors or species."

बच्चों की प्रमुख विशेषताओं के निर्धारण में पित्र्यक (Genes) महत्त्वपूर्ण हैं जो वंशानुक्रम में एक पीढ़ी से दूसरी पीढ़ी में हस्तान्तरित होते हैं। गुणसूत्रों (Chromosomes) में विद्यमान पित्र्यक ही वैयक्तिक गुणों को निर्धारित करते हैं। मनोवैज्ञानिकों ने वंशानुक्रम के महत्त्व को समझने के लिए अनेक अध्ययन किए जिनमें से विजमैन, गाल्टन, डार्विन, मेंडल, लेमार्क आदि मनोवैज्ञानिकों के सिद्धान्त अधिक महत्त्वपूर्ण हैं। जैसे माता-पिता वैसे बच्चे (Like begets like) वाली कहावत से स्पष्ट संकेत मिलता है कि "वंशानुक्रम का प्रभाव व्यक्ति के मानसिक, शारीरिक, चारित्रिक, सामाजिक, व्यावसायिक आदि सभी पक्षों पर

पड़ता है। उदाहरणार्थ माता-पिता की बुद्धि, रंग-रूप, चरित्र, स्वभाव, कार्य-कुशलता आदि वैयक्तिक गुण उनके सन्तान में भी परिलक्षित होते हैं और बहुत कुछ समानता इन गुणों में प्रदर्शित होती हैं। कहने का अर्थ यह है कि वंशानुक्रम का प्रभाव व्यक्ति के सम्पूर्ण व्यक्तित्व पर पड़ता है। इसी कारण मैक्डूगल ने कहा है—"न शिक्षण और न उपदेश और न ही दोनों मिलकर मनुष्य की क्रियाओं, भावों एवं संवेगों में विशिष्ट परिवर्तन कर सकते हैं।"

(5) **वातावरण** (Environment)—बोरिंग, लैंगफील्ड और वैल्ड के अनुसार—"पैत्र्यकों (Genes) के अतिरिक्त अन्य सभी वस्तुएँ जो व्यक्ति को प्रभावित करती हैं, वातावरण हैं।" ("The environment is everything that affects the individual except his genes.") वातावरण में प्राणियों के जीवन, व्यवहार, स्वभाव, अभिवृद्धि आदि व्यक्तित्व कारकों पर बाह्यशक्ति, परिस्थिति एवं दशाओं के सामूहिक प्रभाव के परिणाम को देखा जाता है। भौगोलिक वातावरंण वातावरण नहीं है बल्कि मनोवैज्ञानिक दृष्टि से वातावरण को सांस्कृतिक, सामाजिक, बौद्धिक, संवेगात्मक, पारिवारिक, विद्यालयी आदि विभिन्न प्रकारों से सम्बोधित किया जाता है। व्यक्ति को जैसा वातावरण मिलता है उसमें वातावरण के समरूप विशिष्ट गुण विकसित होते हैं। विभिन्न मनोवैज्ञानिकों—जैसे कैलॉग, मरे, गोर्डन, फ्रीमैन, सोरेन्सन आदि—के प्रयोगों द्वारा यह सिद्ध होता है कि व्यक्तित्व विकास में वातावरण अधिक सक्रिय होता है। वाटसन तो यहाँ तक घोषणा करते हैं कि—"मुझे एक दर्जन शिशु एवं मेरी इच्छानुसार वातावरण दीजिए, मैं उनके वैयक्तिक गुणों की परवाह किए बिना उन्हें निश्चित रूप से जैसा विशिष्ट व्यक्ति चाहें वैसा बना सकता हूँ।" व्यक्तित्व को निम्न प्रकार के वातावरण प्रभावित करते हैं—

(i) **प्राकृतिक वातावरण** (Natural Environment)—प्राकृतिक या भौतिक वातावरण का व्यक्ति से घनिष्ट संबंध है। किसी स्थान की जलवायु प्राकृतिक सम्पदा, जीव-जन्तु, एवं अन्य शक्तियों का व्यक्ति के रहन-सहन खान-पान, आदत, शारीरिक बनावट, रंग-रूप, आदि पर विशिष्ट प्रभाव पड़ता है। यही कारण है कि विभिन्न देशों के व्यक्तियों की शारीरिक बनावट, व्यवहार आदि स्पष्ट रूप से भिन्न-भिन्न दिखाई देते हैं। यह भिन्नता प्राकृतिक वातावरण के अनुसार होती है। ठण्डी जलवायु के लोग गर्म प्रदेशों से अलग पहचाने जा सकते हैं। ऐसी भिन्नता उनके वैयक्तिक गुणों में भी होती है।

(ii) **सामाजिक वातावरण** (Social Environment)—मनुष्य एक सामाजिक प्राणी है। समाज में जन्म लेकर वह अपनी जैविक आवश्यकताओं की पूर्ति करता है। सामाजिक वातावरण के अनुसार आवश्यकताओं में भी भिन्नता होती है। व्यक्ति के व्यवहार, भाषा, रहन-सहन, विचार आदि अनेक गुणों का

संबंध उसके सामाजिक वातावरण पर निर्भर करता है। समाज से ही वह सब कुछ सीखता है और उसी के सापेक्ष उसके व्यक्तित्व का विकास होता है। समाज परिवर्तन के साथ-साथ उसके व्यावहारिक गुणों में भी परिवर्तन होते रहते हैं। सामाजिक मनोविज्ञान के विद्वानों का मानना है कि मानव के आत्म का विकास समाज में ही संभव है।

(iii) **सांस्कृतिक वातावरण** (Cultural Environment)—सामाजिक वंशानुक्रम एक पीढ़ी से दूसरी पीढ़ी में सांस्कृतिक परम्पराएँ हस्तान्तरित करता है। प्रत्येक समाज अपनी मान्यताएँ, रीति-रिवाज, भाषा परम्पराएँ, धार्मिक भावनाएँ आदि निश्चित स्वरूपों से जुड़ा है। उसे ही हम संस्कृति कह सकते हैं। प्रसिद्ध मानवशास्त्री टाइलर के अनुसार—"संस्कृति समाज के ऐसी सम्पूर्ण जटिल क्रियाएँ हैं जिनमें व्यक्ति का ज्ञान, विश्वास, नैतिकता, नियम, परम्पराएँ और अन्य क्षमताएँ तथा आदतें निहित होती हैं। विभिन्न सांस्कृतिक समूहों में व्यक्तित्व के विशेष गुण उस संस्कृति की परिस्थिति के अनुरूप होते हैं।" हम व्यक्तियों के व्यक्तिगत स्वरूप की जानकारी उनकी संस्कृति के आधार पर कर सकते हैं, जैसे अंग्रेज, हिन्दू, मुसलमान, अफ्रीका निवासी आदि को उनकी संस्कृति की पृष्ठभूमि में आसानी से जाना जा सकता है। भाषा, प्रथाएँ, धर्म, रीति-रिवाज रहन-सहन आदि व्यक्ति के व्यक्तित्व पर अमिट छाप छोड़ते हैं। मारग्रेट के शब्दों में—"सांस्कृतिक परिस्थितियाँ किसी व्यक्ति के व्यक्तित्व आदर्श या स्वरूप को ढालने में महत्त्वपूर्ण भूमिका अदा करती हैं।" जिस संस्कृति में व्यक्ति का लालन-पालन होता है उसका व्यापक प्रभाव व्यक्तित्व के लक्षणों पर पड़ता है। लिंटन के अनुसार—"संस्कृति समान व्यक्तित्व पुंज को जन्म देती है और ऐसे प्राप्त अनुभव व्यक्ति की व्यक्तित्व रचना पर अमिट छाप डालते हैं।"

(iv) **पारिवारिक वातावरण** (Family Environment)—**बच्चे का प्रथम** वातावरण परिवार है, उसके व्यक्तित्व के अनेक गुणों का निर्माण बचपन में ही हो जाते हैं। बच्चे के बाल्यकाल के अनुभव एवं प्रशिक्षण का व्यक्तित्व विकास में महत्त्वपूर्ण योगदान होता है। परिवार के आदर्श, सामाजिक-आर्थिक स्थिति, संवेग, आचार-विचार, मार्गनिर्देशन आदि सभी का प्रभाव बालक के व्यवहार पर पड़ता है। बालक का परिवार से प्राप्त अनुभव उसके व्यक्तित्व विकास की सीमा को निर्धारित करते हैं। स्टोट के अध्ययन से प्राप्त निष्कर्ष से पता लगता है कि उच्च नैतिक आदर्शों के परिवार में रहने बाले बालकों में समायोजन, स्वतन्त्रता, आत्मनिर्भरता एवं आत्मसंतुष्टि अन्य सामान्य परिवार के बालकों की अपेक्षा अधिक होती है। इसके विपरीत यदि परिवार का वातावरण ठीक नहीं है तो बालक सामाजिक वातावरण में समायोजित नहीं हो पाता है। इसी प्रकार परिवार का आकार भी व्यक्तित्व को प्रभावित करता है। अर्थात बालक अधि-

कांशत: अपने परिवार का प्रतिरूप होता है।

(v) **विद्यालयी वातावरण** (School Environment)—विद्यालय एक लघु समाज है। बालक के व्यक्तित्व का विकास परिवार में होने के पश्चात वह विद्यालयी वातावरण में प्रवेश करता है। इस विकास प्रक्रिया में बालक के व्यक्तित्व पर अध्यापकों, पाठ्यक्रम, शैक्षिक वातावरण, प्रशासन, समूह व्यवहार आदि का प्रत्यक्ष और अप्रत्यक्ष प्रभाव पड़ता है। वातावरण के अनुसार विद्यालयों की प्रसिद्धि एवं प्रतिष्ठा सर्वविदित होती है। इसका सापेक्ष संबंध छात्रों की उपलब्धियों एवं व्यक्तित्व के गुणों के विकास से होता है। विद्यार्थियों के विभिन्न गुणों का समावेश विद्यालय परिवेश के वातावण के अनुकूल होता है। आदर, प्रेम, सदाचार, आदर्श, अध्ययन की आदतें आदि अनेक व्यावहारिक क्रियाएँ विद्यालय के वातावरण के प्रतिमान हैं। विद्यालय के विभिन्न क्रियाकलाप, कार्य-विधि, शिक्षक, सामाजिक क्रिया, पारस्परिक संबध, भाषा एवं शिक्षण के प्रति अभिवृत्ति आदि सभी की भूमिका व्यक्तित्व विकास में सहायक होती हैं। इसके साथ ही बालकों के संवेगात्मक और सामाजिक विकास में स्कूल के साथी समूह का प्रभाव अधिक प्रभावशाली होता है।

व्यक्तित्व को प्रभावित करने वाले उपर्युक्त कारकों के अतिरिक्त कुछ निम्न कारक भी अधिक महत्त्वपूर्ण हैं—

(i) **बौद्धिक वातावरण** (Intellectual Environment)—मनोज्ञाताओं का विचार है कि "व्यक्ति की योग्यताओं के अनुसार यदि उन्हें उपयुक्त वातावरण मिले तो व्यक्तित्व विकास सुनिश्चित किया जा सकता है।" बौद्धिक वातावरण व्यक्ति के मानसिक शक्ति को विकसित करने में अधिक प्रभावकारी होता है। ऐसा वातावरण अधिगम प्रक्रिया के प्रेरक तत्त्रों द्वारा उत्पन्न किया जाता है।

(ii) **प्रेरणात्मक वातावरण** (Motivating Environment)—व्यक्तित्व को उभारने के लिए प्रेरणात्मक वातावरण का महत्त्व है। संवेग, स्वभाव, आदत और चारित्रिक विकास आदि पर वातावरण के प्रेरक तत्त्वों का विशेष प्रभाव पड़ता है। इसके लिए बालक के परिवार के सदस्य, मित्र, समाज, अध्यापक, साथी समूह ही प्रेरणा के स्रोत हैं।

(iii) **परिपक्वता और द्वन्द्व** (Maturity and Conflict)—परिपक्वता व्यक्तित्व को निश्चित स्वरूप देने में सहायक होती है। व्यक्ति में आत्म-निरीक्षण, आत्म-विस्तार, आत्मानुभूति और आत्म-स्थिरता जैसे गुण परिपक्वता के आधार पर विकसित होते हैं। वह अपनी क्षमता, जीवन-विस्तार के क्षेत्र, आत्मगौरव, जीवन शैली से भली भाँति परिचित होता है और उसी के अनुरूप अपने कार्यों को संगठित करता रहता है। यदि किसी प्रयोजन की प्राप्ति में बाधा पड़ती है तो द्वन्द्व उत्पन्न हो जाते हैं। यदि व्यक्ति में संघर्ष के लक्षण दिखाई देते

हैं तो उससे निश्चित रूप में व्यक्तित्व प्रभावित वातावरण के सम्पर्क से व्यक्ति अनेक कौशलों, आदतों, विचारों आदि को सीखता रहता है। परिपक्वता यह निश्चित करती है कि व्यक्ति क्या और किस प्रकार सीखेगा। फलस्वरूप अधिगम के अनुसार उसका व्यक्तित्व भी प्रभावित होता रहता है।

व्यक्तित्व को प्रभावित करने वाले कारकों में वातावरण एवं वंशानुक्रम दोनों का महत्त्वपूर्ण योगदान प्रतीत होता है। मनोवैज्ञानिकों का मत है कि ये दोनों परस्पर व्यक्तित्व विकास में एक दूसरे के पूरक हैं। दोनों के गुणक का परिणाम ही वुडवर्थ के अनुसार व्यक्तित्व है। अर्थात व्यक्तित्व = वंशानुक्रम × वातावरण। व्यक्ति के व्यक्तित्व के लिए वंशानुक्रम एवं वातावरण को पृथक नहीं किया जा सकता है। दोनों कारकों की अन्तर्क्रिया के फलस्वरूप व्यक्ति का व्यक्तित्व निर्धारित होता है। मैकाइबर और पेज के शब्दों में—"जीवन की हर घटना दोनों के परिणामस्वरूप होती है। इनमें से किसी एक परिणाम में एक उतना ही आवश्यक है जितना कि दूसरा। न कोई एक हटाया जा सकता है और न ही उसे पृथक किया जाना संभव है।" दोनों की अनिवार्यता बालक की सफलता के लिए आवश्यक एवं महत्त्वपूर्ण है।

व्यक्तित्व का मापन (Personality Assessment)

व्यक्तित्व को व्यवहार के विभिन्न गुणों का गतिशील संगठन माना जाता है। प्राचीन काल से ही व्यक्तित्व मापन की पद्धति प्रचलित है। व्यक्ति की शारीरिक आकृति के आधार पर व्यक्तित्व का विश्लेषण किया जाता था। ज्योतिषशास्त्र के आधार पर व्यावहारिक गुणों, क्रियाओं एवं भविष्य का निर्धारण किया जाता था। हस्तरेखा विज्ञान के द्वारा भी मानव व्यवहार का विश्लेषण किया जाता रहा। परन्तु आज के वैज्ञानिक युग में इस प्रकार की विधियों की विश्वसनीयता पर मनोवैज्ञानिक प्रश्नचिन्ह लगाते हैं। यद्यपि ज्योतिष विज्ञान का अपना महत्त्व है और ग्रह एवं नक्षत्रों का प्रभाव व्यक्तित्व के गुणों की संरचना में अनुपम हैं परन्तु इसको और अधिक सार्थक सिद्ध करने के लिए पर्याप्त प्रयोग एवं अनुसंधान कार्य की आवश्यकता है। मनोविज्ञान के विकास के साथ-साथ व्यक्तित्व मापन की नई-नई प्रविधियों की खोज हुई जिनकी विश्वसनीयता एवं वैद्यता-तुलनात्मक दृष्टि से अधिक मापी जाती है। कुछ प्रचलित व्यक्तित्व परीक्षणों को निम्न चार भागों में बाँटा जा सकता है—

(अ) आत्मनिष्ठ विधियाँ (Subjective Methods)—

(1) जीवन इतिहास विधि

(2) आत्मकथा विधि

(3) साक्षात्कार विधि

(4) प्रश्नावली विधि
(5) परिसूचियाँ

(ब) वस्तुनिष्ठ विधियाँ (Objective Methods)—

(1) निरीक्षण विधि
(2) क्रम-मापक विधि
(3) समाजमिति विधि
(4) क्रिया परीक्षण विधि
(5) परिस्थिति परीक्षण विधि

(स) प्रक्षेपण विधियाँ (Projective Methods)—

(1) रोशा परीक्षण
(2) प्रासंगिक अन्तर्बोध परीक्षण
(3) बालकों का अन्तर्बोध परीक्षण

(द) मनोविश्लेषणात्मक विधियाँ (Psychoanalytic Methods)—

(1) शब्द साहचर्य विधि
(2) स्वप्न विश्लेषण विधि

(अ) आत्मनिष्ठ विधियाँ (Subjective Methods)

इन विधियों में व्यक्ति से संबंधित विस्तृत जानकारी व्यक्ति विशेष से प्रत्यक्ष या अप्रत्यक्ष रूप से मालूम की जाती हैं। अप्रत्यक्ष विधि में व्यक्ति के बारे में सूचना उससे घनिष्ट सम्बन्ध रखने वाले व्यक्तियों से ली जाती है।

(1) जीवन इतिहास विधि (Case-history Method)—इस विधि का उपयोग मनोचिकित्सक असामान्य या अपराधी व्यक्तियों के व्यक्तित्व के अध्ययन हेतु करता है। व्यक्ति के बारे में विभिन्न स्रोतों जैसे—माता-पिता, पड़ोसी, संस्था, समूह, परिचितों आदि से सूचनाएँ एकत्र कर जीवनवृत्त तैयार किया जाता है एवं उनका क्रमबद्ध अध्ययन किया जाता है। प्राप्त सूचनाओं का अध्ययन निम्न क्षेत्रों के अन्तर्गत व्यक्ति के समायोजन से संबंधित कारणों में किया जाता है—

1. शारीरिक कारक
2. विभिन्न परिस्थितियों का व्यक्तित्व पर प्रभाव
3. वातावरण से असमायोजन के कारण
4. व्यक्ति की वैयक्तिक भिन्नता के आधारभूत तत्त्व
5. व्यावहारिक क्रियाओं का विश्लेषण

मनोवैज्ञानिकों का कथन है कि यह विधि व्यक्तित्व मापन में अधिक उपयुक्त है और अनेक रूप से पर्याप्त समय तक इसका उपयोग होता रहा। परन्तु

इस विधि द्वारा व्यक्तित्व परीक्षण में कुछ दोष भी हैं। व्यक्ति या सूचना एकत्रित करने वाले स्रोत सही बातों को छिपा देते हैं। अतः इस विधि में नियन्त्रण के अभाव से प्राप्त सूचनाएँ पक्षपातपूर्ण हो जाती हैं। यदि कोई प्रशिक्षित या कुशल अध्ययनकर्ता इसका परीक्षण करे तो उक्त दोषों का निवारण आसानी से किया जा सकता है।

(2) **आत्मकथा विधि** (Autobiographic Method)—इस विधि के अन्तर्गत व्यक्ति से अपनी जीवन की प्रमुख घटनाओं के बारे में लिखने को कहा जाता है। व्यक्तित्व मापन के लिए निश्चित उद्देश्यों का निर्धारण किया जाता है और व्यक्ति से उन उद्देश्यों की प्राप्ति हेतु विशिष्ट शीर्षकों पर अपने जीवन सम्बन्धी घटनाओं का वर्णन लिखने को कहा जाता है। व्यक्ति के विचारों का गहन विश्लेषण मनोवैज्ञानिकों द्वारा व्यवहार को समझने में किया जाता है तथा उसके व्यक्तित्व के विषय में जानकारी प्राप्त करते हैं। इस विधि द्वारा व्यक्तित्व मापन में यह कठिनाई आती है कि व्यक्ति या तो घटनाओं का सही उल्लेख करना भूल जाता है या फिर कभी-कभी वह कुछ घटनाओं को विस्तारपूर्वक लिखना छिपा लेता है। अतः सही व्यक्तित्व का मूल्यांकन करना संभव नहीं हो पाता है। इस विधि को हम वस्तुनिष्ठ विधि नहीं मान सकते हैं। क्योंकि यह निश्चित एवं सत्य तथ्य प्रस्तुत करने में सार्थक सिद्ध नहीं होती।

(3) **साक्षात्कार विधि** (Interview Method)—व्यक्तित्व मापन में यह विधि सर्वाधिक साधारण एवं प्रचलित है। युंग के अनुसार साक्षात्कार एक ऐसी व्यवस्थित विधि कही जा सकती है जिसमें एक व्यक्ति दूसरे व्यक्ति के आन्तरिक जीवन में कम या अधिक काल्पनिक रूप से प्रवेश करता है। इसमें व्यक्तियों के आपस में विचारों का आदान-प्रदान होता है। साक्षात्कारकर्ता दूसरे व्यक्तियों के व्यवहार का विश्लेषण संक्षिप्त वार्तालाप के द्वारा करता है। सामान्यतः शैक्षिक योग्यता के अतिरिक्त विभिन्न पदों पर चयन साक्षात्कार के द्वारा किया जाता है। साक्षात्कार विधि के निम्न प्रकार हैं—

(i) **व्यक्तिगत या सामूहिक** (Individual or Group)—यदि किसी प्रयोज्य अर्थात व्यक्ति से उसके बारे में साक्षात्कारकर्ता व्यक्तिगत रूप से जानकारी प्राप्त करता है तो उसे व्यक्तिगत साक्षात्कार कहते हैं। इस विधि द्वारा व्यक्ति से सम्पूर्ण जानकारी प्राप्त करने की पर्याप्त सुविधा रहती है। परन्तु प्रत्येक व्यक्ति से उत्तर प्राप्त करने में अधिक समय लगने एवं पक्षपात की अधिक संभावना रहती है।

सामूहिक साक्षात्कार के संचालन में साक्षात्कारकर्ता अनेक व्यक्तियों से प्रत्येक प्रश्न का उत्तर एक ही समय में जानने का प्रयास करता है। इस विधि द्वारा समय एवं धन की बचत होती है और प्रयोज्यों के उत्तर के आधार तुरंत

निष्कर्ष निकला जा सकता है। इस विधि की प्रमुख कठिनाई यह है कि सामूहिक स्थिति में निष्कर्षों का विश्वसनीयता स्तर अधिक सार्थक नहीं माना जाता है।

(ii) **अनिर्देशित साक्षात्कार** (Non-directive Method)—इस प्रकार के साक्षात्कार को रोजर्स, पियाजे आदि मनोवैज्ञानिकों ने किसी व्यक्ति की सामाजिक एवं व्यक्तिगत समस्याओं के गहन अध्ययन हेतु विशेष महत्त्वपूर्ण एवं सार्थक माना है। साक्षात्कारकर्ता स्वतंत्र रूप से उत्तरदाता के मनोभाव, मनोदशा, अभिवृत्ति एवं अन्य समस्याओं को शांत एवं सौहार्दपूर्ण वातावरण में जानने का प्रयास करता है। व्यक्ति के व्यवहार एवं उसकी आधारभूत समस्याओं का क्रमबद्ध एवं गहन अध्ययन किया जाता है। रोगियों की मानसिक स्थिति को समझने में नैदानिकों (Clinician) द्वारा इस विधि का अधिक उपयोग होता है जिसमें साक्षात्कारकर्ता सहानुभूतिपूर्ण व्यवहार से प्रभावी कारणों का पता कर उन्हें दूर करने के उपायों को खोजने का कठोर प्रयास करता है। ऐसे साक्षात्कार को अनौपचारिक साक्षात्कार भी कहा जाता है।

इस विधि द्वारा मैत्रिक भावना निहित होने से प्रयोज्य एवं साक्षात्कारकर्ता के मध्य विश्वास की भावना होती है जिससे पूर्ण तथ्य मालूम हो जाते हैं। साक्षात्कार के लचीले स्वरूप से बहुपक्षीय जानकारी की सुविधा रहती है और प्राप्त उत्तरों की वैधता एवं सार्थकता बनी रहती है। इस विधि का मुख्य दोष यह है कि इसके स्वतंत्र एवं अप्रतिबन्धित प्रकृति से संतुलन की प्रायिकता कम हो जाती है। वस्तुपरकता एवं विश्वसनीयता स्थापित करने में कठिनाई होती है।

(iii) **मानकीकृत साक्षात्कार** (Standardized Interview)—आत्मपरकता एवं पक्षपात को कम करने की दृष्टि से यह विधि अधिक महत्त्वपूर्ण मानी जाती है। इस विधि में साक्षात्कार के प्रश्न पूर्व निर्धारित कर लिए जाते हैं और सभी प्रश्न समान रूप से प्रत्येक उत्तरदाता से पूछे जाते हैं। निश्चित क्रम में प्रश्नों को रखा जाता है और अध्ययन को एक क्रमबद्ध वस्तुपरक एवं व्यवस्थित स्वरूप देकर आँकड़ों का विश्लेषण किया जाता है। प्रवेश, नौकरी, शोध कार्य इत्यादि में इस विधि का प्रयोग किया जाता है परन्तु साक्षात्कारकर्ता का कुशल एवं अनुभवी होना आवश्यक है। इस प्रकार के साक्षात्कार को औपचारिक साक्षात्कार भी कहते हैं।

इस विधि में प्रश्नों की रचना अच्छे परीक्षण की विशेषताओं पर की जाती है। अतः व्यक्तिगत पक्षपात एवं आत्मनिष्ठता प्रायः न्यूनतम हो जाती है। नियंत्रित और मानकीकृत स्थितियों में विश्वसनीयता बढ़ जाती है और व्यक्तित्व मापन में विशेष सुविधा रहती है। प्रश्नों के पूर्व निर्धारित क्रम से परिपूर्णता, विविधता एवं वैधता की मात्रा कम हो सकती है।

(4) **प्रश्नावली विधि** (Questionnaire Method)—इस विधि में कुछ

प्रश्नों की सूची तैयार की जाती है जिनका प्रयोज्य (Subject) द्वारा उत्तर दिया जाता है। व्यक्ति का व्यक्तित्व मापन प्राप्त उत्तरों की सहायता से किया जाता है। कहने का तात्पर्य यह है कि प्रश्नावली व्यक्तित्व मापन में उसके विचार, दृष्टिकोण, ज्ञान आदि को जानने की एक विधि है। गुडे तथा हैट के कथनानुसार-—सामान्यत: प्रश्नावली शब्द सूचनादाता द्वारा प्रपत्र को स्वयं भरकर प्रश्नों के उत्तर देने के उपकरण का बोध करवाता है। प्रश्नों के वांछित उत्तर के इस प्रपत्र को व्यक्ति विशेष को डाक द्वारा या व्यक्तिगत रूप से पहुँचाया जाता है। प्रश्नावली का निर्माण निश्चित उद्देश्य की प्राप्ति हेतु किया जाता है जिनके द्वारा व्यक्तियों का मनोभाव, विचार आदि तथ्यों की जानकारी प्राप्त की जाती है। इस विधि से व्यवस्थित वस्तुपरक, एवं द्रुतगामी अध्ययन सम्पन्न होता है। इस विधि का प्रयोग सर्वप्रथम वुडवर्थ ने सैनिकों के मानसिक रोगों के परीक्षण करने के लिए द्वितीय महायुद्ध के समय किया। प्रश्नों के उत्तर हाँ या नहीं में माँगे गए। जैसे क्या आपको कभी पागल होने का भय हुआ है। हाँ/नहीं। धीरे-धीरे मनोवैज्ञानिकों ने इनका उपयोग व्यक्तित्व के विभिन्न क्षेत्रों के मापन में किया। प्रश्नावलियाँ मुख्य रूप से निम्नलिखित चार प्रकार की होती हैं—

(i) **बन्द प्रश्नावली** (Closed Questionnaire)—ऐसी प्रश्नावली में प्रश्नों की संरचना प्रतिबन्धित स्वरूप प्रस्तुत करता है। प्रत्येक प्रश्न के लिए वैकल्पिक उत्तर की व्यवस्था होती है। उत्तरदाता को अपने विवेक एवं विचार से एक उपयुक्त उत्तर का चयन कर अपनी प्रतिक्रिया व्यक्त करनी होती है। सूचनादाता की उत्तर देने की सीमा नियंत्रित रहती है।

(ii) **खुली प्रश्नावली** (Open Questionnaire)—ऐसी प्रश्नावली में प्रश्नों के उत्तर सूचनादाता के लिए मुक्त प्रकृति के होते हैं। अर्थात उत्तर पर कोई प्रतिबन्ध नहीं रहता है। उत्तरदाता को प्रश्न का उत्तर स्वयं लिखना पड़ता है। अत: प्राप्त सूचना की संभावना विस्तृत हो जाती है।

(iii) **चित्रमय प्रश्नावली** (Pictorial Questionnaire)—इस विधि में प्रश्नों के उत्तर विभिन्न चित्रों पर निशान लगाकर देने पड़ते हैं। साधारण व्यक्ति से जानकारी प्राप्त करने के लिए ऐसी प्रश्नावली का निर्माण किया जाता है। उत्तरदाता रोचक एवं मनोरंजक दृष्टिकोण से सही उत्तर देने में रुचि लेता है जिससे वस्तुस्थिति को समझने में सरलता रहती है।

(iv) **मिश्रित प्रश्नावली** (Mixed Questionnaire)—ऐसी प्रश्नावली में उपरोक्त तीनों प्रश्नावलियों का मिश्रित स्वरूप रहता है। इनमें प्राय: प्रतिबंधित तथा विस्तृत दोनों प्रकार की सूचनाओं का संतुलन रहता है।

प्रश्नावली विधि की विशेषताएँ

1. इस विधि द्वारा दूरस्थ क्षेत्रों के अध्ययन में भी सुगमता रहती है।
2. सूचनादाता निष्पक्ष सुविधानुसार एवं पूर्ण विचार कर उत्तर देता है। अत: अध्ययन की निष्पक्षता बनी रहती है।
3. प्रतिबन्धित प्रश्नावली में अध्ययन की एकरूपता की स्थिति उपलब्ध रहती है एवं वस्तुपरकता अपेक्षित रहती है।
4. इस विधि में समय एवं धन की बचत होती है।
5. प्रश्नावली विधि से व्यक्तित्व के गुणों का मापन सरलता से किया जा सकता है।

सीमाएँ

1. शिक्षित व्यक्तियों के अध्ययन में ही इस विधि का प्रयोग किया जा सकता है।
2. अधिकतर अपर्याप्त उत्तर प्राप्त होते हैं जिसका कारण कठिन प्रश्न, भाषा संबंधी कठिनाई, व्यक्तिगत अरुचि आदि हो सकते हैं।
3. इस विधि द्वारा गहन तथा सतत अध्ययन साध्य नहीं रहता है।
4. प्राप्त सूचनाओं की विश्वसनीयता संदेहप्रद होती है।

(5) **परिसूचियाँ** (Inventories)—परिसूची तैयार करने में मनोविज्ञान का विस्तृत ज्ञान होना आवश्यक है। व्यक्तित्व के गुणों का गहराई से परीक्षण परिसूचियों की सहायता से कर सकते हैं। अनेक परिसूचियों का निर्माण एवं मानकीकरण व्यक्तित्व मापन के लिए किया गया। सर्वप्रथम वुडवर्थ ने सामान्य शारीरिक एवं मानसिक पद्धति के बारे में 116 प्रश्नों की एक परिसूची तैयार की। उनके पदचिन्हों पर अनेक मनोवैज्ञानिकों—जैसे वर्नरयूटर आदि—ने व्यक्तित्व परिसूचियों का निर्माण किया। कुछ महत्त्वपूर्ण प्रचलित परिसूचियों का संक्षिप्त वर्णन निम्न प्रकार से है।

(i) **मिनेसोटा बहु-व्यक्तित्व परिसूची** (Minnesota Multiphasic Personality Inventory)—यह परिसूची सम्पूर्ण व्यक्तित्व मापन में परिपूर्ण है जिसको सर्वप्रथम 1943 में प्रकाशित किया गया। यह समूह एवं व्यक्तित्व दोनों प्रारूपों में निर्मित है, जिसमें 550 पदों के उत्तर सत्य, असत्य एवं ज्ञात नहीं—तीन वर्गों में बाँटे जाते हैं जैसे—"मेरी आत्मा किसी समय मेरे शरीर से अलग होती है।" परिसूची को 90 मिनट में भरना होता है और 36 आयामों में बाँटा गया है। हाथवे और उसके सहयोगी इस परिसूची की उपयोगिता बढ़ाने में अनेक बार पदों में संशोधन करते रहे। प्रयोज्यों से प्राप्त उत्तरों के आधार पर फलांकन किया जाता है जिसमें प्राप्त प्राप्तांकों को मानकीकृत प्राप्तांकों में बदल

कर एक तालिका बनाई जाती है। इस परीक्षण की विश्वसनीयता गुणांक ·90 है।

(ii) **सोलह व्यक्तित्व कारक प्रश्नावली** (16 Personality Factor Questionnaire or 16 P.F.)— केटिज ने इस व्यक्तित्व परिसूची का निर्माण व्यक्तित्व के कारक विश्लेषण अध्ययन के आधार पर सन् 1956 में किया। यह व्यक्तित्व के 16 कारकों या लक्षणों का मापन करती है। प्रत्येक कारक एक-दूसरे से सापेक्ष रूप से भिन्न होता है। इस प्रश्नावली से व्यक्ति के व्यक्तित्व के गुणों के बारे में सम्पूर्ण सूचनाएँ शीघ्र उपलब्ध हो जाती हैं। मानक प्राप्तांकों के आधार पर सरलता से निष्कर्ष ज्ञात किए जा सकते हैं। इसके दो प्रारूपों के प्रत्येक में 187 पद हैं तथा प्रत्येक पद के उत्तर हाँ, और कभी-कभी नहीं में दिए जा सकते हैं। इस परीक्षण की विश्वसनीयता ·34 से ·96 तक के मध्य है, तथा वैधता ·42 से ·99 तक होती है। मनोवैज्ञानिक इसे मानकीकृत एवं क्रमबद्ध परीक्षण का स्वरूप मानते हैं। इस परीक्षण का विकास व्यक्तित्व की अधिक सार्थक विशेषताओं के लिए विस्तृत अनुसंधान के आधार पर किया गया था। इस परीक्षण का अनुकूलन भारतीय परिस्थितियों के अनुसार किया गया है और अनुसंधान मे काफी प्रयुक्त किया जाता है।

(iii) **एडवर्ड की व्यक्तिगत अधिमान अनुसूची** (Edward's Personal Preference Schedule)—मर्रे (Murray) ने अपने व्यक्तित्व सिद्धान्त में आवश्यकता के प्रत्यय को अधिक महत्त्व दिया है। एडवर्ड की अनुसूची का निर्माण सन् 1953 में उन्हीं के व्यक्तित्व सिद्धान्त पर आधारित है। उनकी इस अनुसूची में 210 पद युग्म हैं जो कि मनुष्य की 15 आवश्यकताओं से सम्बन्धित हैं। अनुसूची में मानव व्यवहार के मापन हेतु कुछ पदों में प्रश्नों की पुनरावृत्ति की गई है जिससे प्रयोज्य की यथार्थ आवश्यकताओं का परीक्षण तुरन्त हो जाता है। इस अनुसूची की विश्वसनीयता ·60 से ·88 के मध्य है। इसमें प्राप्तांकों को मानक प्राप्तांक में परिवर्तित करने की व्यवस्था उपलब्ध है।

(iv) **स्वभाव सर्वेक्षण** (Temperament Survey)—गिल्फोर्ड ने सन् 1949 में कारक विश्लेषण के आधार पर इस परिसूची का निर्माण किया। इसमें कुल 300 पद हैं तथा यह व्यक्तित्व के 10 विभिन्न आयामों (Dimensions) का मापन कर सकती है। सामान्य क्रिया, आत्म-रक्षा, सामाजिकता, संवेगात्मक स्थिरता, वैयक्तिक सम्बन्ध आदि व्यक्तित्व की विशेषताओं का परीक्षण इस परिसूची से किया जाता है। गिल्फोर्ड ने विश्वविद्यालय के 523 छात्रों तथा 389 छात्राओं पर इस परीक्षण को प्रसारित कर इसका मानकीकरण किया। परीक्षण की विश्वसनीयता ·75 से ·87 तक के मध्य अंकित की गई। यह परीक्षण स्वभाव मापन का एक महत्त्वपूर्ण उपकरण है।

(v) **स्वभाव अनुसूची** (Temperament Schedule)—इस अनुसूची में

कुल 140 पद हैं तथा सर्वप्रथम सन् 1949 में प्रसिद्ध मनोवैज्ञानिक व्यर्सटन ने इसका निर्माण किया। इस परीक्षण से व्यक्तित्व के सात विभिन्न आयामों या गुणों का मापन किया जा सकता है। प्रत्येक आयाम में 20 पद होते हैं। इससे सक्रियता, प्रबलता, प्रेरकता, स्थिरता, सामाजिकता, प्रतिबिम्बिता एवं प्रभुत्व जैसे व्यक्तित्व गुणों की जाँच की जा सकती है। परीक्षण की विश्वसनीयता ·40 से ·80 तक दर्शाई गई है।

(vi) **ब्यल समायोजन परिसूची** (Bell's Adjustment Inventory)—इस परिसूची के दो भाग हैं—प्रथम भाग बालक के लिए तथा द्वितीय प्रौढ़ों के लिए है। इसमें कुल 140 पद हैं जो कि व्यक्तित्व समायोजन का मापन घर, विद्यालय, स्वास्थ्य, संवेगात्मक आदि विभिन्न पहलुओं में करते हैं। परीक्षण उच्च विश्वसनीय है तथा इसकी वैधता ·79 से ·98 तक मानी जाती है।

व्यक्तित्व मापन के लिए अनेक परिसूचियों का निर्माण किया गया है। भारतीय परिस्थितियों के अनुसार भी कई परिसूचियों को निर्मित किया गया है। जिन परिसूचियों का भारतीय परिस्थितियों में अनुकूलन किया गया है उनसे आत्म-प्रतिष्ठा, संवेगात्मक-परिपक्वता, व्यक्तित्व समायोजन, व्यक्तित्व आवश्यकता, नैतिक निर्णय, चिन्ता, नैराश्य आदि विभिन्न कारकों का अध्ययन किया जा सकता है।

(ब) वस्तुनिष्ठ विधियाँ (Objective Methods)

(1) **निरीक्षण विधि** (Observation Method)—निरीक्षण के माध्यम से केवल साधारण एवं बाह्य मानव व्यवहार का अध्ययन किया जा सकता है। युग के अनुसार निरीक्षण नेत्रों द्वारा किया गया उन स्वाभाविक क्रियाओं का क्रमबद्ध एवं विचार-पूर्ण अध्ययन है जो कि उनके घटित होने के समय किया जाता है। अनियन्त्रित निरीक्षण पर व्यक्तियों के सामाजिक सम्बन्धों का अधिकांश ज्ञान निर्भर करता है। व्यक्तित्व सम्बन्धी अध्ययनों में इस विधि का उपयोग विभिन्न परिस्थितियों में व्यक्ति का निरीक्षण दीर्घकाल तक किया जाता है। निरीक्षण निम्न तीन प्रकार का होता है—

(अ)• **अनियन्त्रित निरीक्षण** (Uncontrolled Observation)—इस विधि में निरीक्षक एवं घटित व्यवहार पर नियन्त्रण नहीं होता है। स्वतन्त्रता या स्वाभाविक क्रियाओं के अध्ययन को अधिक महत्त्वपूर्ण समझा जाता है। अतः इस विधि को वैज्ञानिक विधि नहीं कह सकते हैं क्योंकि इसमें निरीक्षण स्वतन्त्र और निष्क्रिय होता है। व्यक्तिगत पक्षपात, कृत्रिम व्यवहार एवं अनियमित क्रियाएँ आदि से निष्कर्षों की विश्वसनीयता एवं वैधता नहीं रहती है।

(ब) **नियन्त्रित निरीक्षण** (Controlled Observation)—यह निरीक्षण व्यवस्थित एवं क्रमबद्ध रूप से आयोजित किया जाता है। युंग के शब्दों में—नियन्त्रित निरीक्षण उन निश्चित पूर्व निर्धारित योजनाओं द्वारा संचालित होता है जिनमें पर्याप्त वैज्ञानिक प्रक्रिया को माध्यम बनाया जा सकता है। बालकों के व्यवहार के अध्ययनों में विभिन्न यांत्रिक साधनों का उपयोग किया जाता है।

(स) **सामूहिक निरीक्षण** (Mass Observation)—वास्तविक वस्तु-स्थिति की जानकारी में एक निरीक्षक त्रुटि कर सकता है। इन त्रुटियों के निराकरण हेतु सामूहिक निरीक्षण की पद्धति अपनाई जाती है जिसमें अनेक निरीक्षणकर्ताओं द्वारा निरीक्षण कार्य पूर्ण किया जाता है। तत्पश्चात प्रत्येक द्वारा एकत्रित तथ्यों का विश्लेषण किया जाता है। इस विधि द्वारा संकलित आँकड़ों के आधार पर अध्ययन निष्पक्ष एवं विश्वसनीय होता है।

निरीक्षण विधि को अधिक वैज्ञानिक निरीक्षण बनाने हेतु ब्राउन और घिसैली ने कहा है कि सही अनुक्रिया के लिए उचित परिस्थिति स्थापित कर उसमें व्यवहार की क्रियाओं को उत्तेजित करना है। इसमें अधिकतर उन्हीं प्रतिबन्धों को लागू करना चाहिए जिनको कि अन्य वैज्ञानिक प्रमाण के लिए किया जाता है।

निरीक्षण विधि द्वारा व्यक्तित्व मापन में निम्न आवश्यक बातों का ध्यान रखना चाहिए—

(1) अध्ययन की समस्या का ज्ञान—समस्या का स्पष्ट ज्ञान न होने से असंगत तथ्यों के संकलन की समस्या उत्पन्न हो सकती है। अतः आँकड़ों के विश्लेषण में कठिनाई होगी।

(2) कुशल निरीक्षक—निरीक्षक को विशिष्ट प्रशिक्षण द्वारा कुशल एवं प्रवीण बनाना आवश्यक है जिससे वस्तुनिष्ठ परिणाम प्राप्त हो सकें।

(3) निरीक्षित तथ्यों को लेखबद्ध करना—अध्ययन के समय ही दृष्टिगत बातों को शीघ्र लेखबद्ध कर देना चाहिए। अन्यथा विस्मरण से कई महत्त्वपूर्ण सूचनाएँ छूट जाती हैं।

(4) व्यवस्थित निरीक्षण—व्यक्तित्व के विभिन्न गुणों के निरीक्षण में व्यवहार के हर पक्ष का अलग से गहन अध्ययन करना आवश्यक है। इससे आँकड़ों के संकलन एवं उनके विश्लेषण में पर्याप्त सहायता मिलती है।

(5) निरीक्षकों की संख्या में वृद्धि—अध्ययन की वस्तुनिष्ठता एवं

विश्वसनीयता की मात्रा को उच्च प्राप्त करने हेतु निरीक्षकों की संख्या बढ़ानी आवश्यक है। अनेक कुशल निरीक्षक यदि एक ही समय साथ-साथ व्यवहार का अवलोकन कर निष्कर्ष निकालें तो अध्ययन अधिक महत्त्वपूर्ण होगा।

(2) **क्रम-मापक विधि** (Rating Scale Method)—क्रम-मापनी का उपयोग किसी गुण के मूल्यांकन में किया जाता है। मनोवैज्ञानिक व्यक्ति विशेष या उसके सम्पर्क स्थापित करने वाले व्यक्तियों से व्यक्ति के गुण या कार्यकुशलता का मूल्यांकन करते हैं। ईमानदारी, नेतृत्व, चतुरता, विश्वसनीयता इत्यादि गुणों को समझने के लिए यह विधि प्रयुक्त की जाती है। क्रम-मापनी के निम्न प्रकार प्रमुख हैं—

(i) **चिह्नांकन सूची** (Check List)—यदि हम किसी व्यक्ति के व्यवहार में निहित किसी गुण का मूल्यांकन करना चाहते हैं तो इस गुण में चिह्नांकन सूची विधि का प्रयोग कर सकते हैं। इसमें प्रत्येक प्रश्न से सम्बन्धित वैकल्पिक उत्तर दिए रहते हैं, जैसे—आपकी रुचि प्रायः किस कार्य में अधिक है।

(अ) पुस्तक का अध्ययन

(ब) खेल खेलना

(स) टेलीविजन देखना

(द) गप्पें लगाना

प्रश्नों का उत्तर 'हाँ' या 'नहीं' या 'ज्ञात नही' में भी प्राप्त किए जा सकते हैं। जैसे—

जीवन का प्रमुख उद्देश्य धन कमाना है। हाँ/ज्ञात नहीं/नहीं

(ii) **आत्म-क्रम उपाय** (Self-rating Device)—इस विधि का निर्माण सर्वप्रथम हेरिसन ने सन् 1960 में किया। इसमें 300 विश्लेषणों को व्यक्ति द्वारा स्वयं चिह्नांकित किए जाते हैं। व्यक्ति स्वयं से संबधित गुणों पर निशान अंकित करता है जो कि उसके आत्म-प्रत्यय (Self-concept) को दर्शाता है। कुछ गुणों का उल्लेख निम्न है—

(1) चतुर

(2) स्वच्छ मस्तिष्क

(3) शांत

(4) ईमानदार

(5) स्थिर स्वभाव आदि।

(iii) **आलेखिक क्रम-मापनी** (Graphic Rating Scale)—इस मापनी का एक विशिष्ट स्थान है तथा सर्वाधिक प्रयुक्त होती है। यह किसी व्यक्ति के गुण-विशेष की मात्रा एवं तीव्रता को दर्शाती है। व्यक्तित्व के किसी एक गुण का

चयन कर उसे तीन, पाँच, सात, नौ या ग्यारह कोटियों में विभाजित कर दिया जाता है तथा सभावित उत्तर विभिन्न कोटियों में से कोई एक ही होगा। यदि क्रम मापनी का उद्देश्य किसी एक विषय के प्रति व्यक्तियों की अभिवृत्ति का मापन करना है तो पाँच-बिन्दु स्केल में इसका स्वरूप निम्न प्रकार का होता है—

शिक्षक ही मेरा आदर्श है—अत्यधिक सहमत/सहमत/तटस्थ/असहमत/अत्यधिक असहमत—क्रममापक विधि अधिक सरल तथा मनोवैज्ञानिक है। किसी एक कोटि में निशान लगाकर व्यक्ति उसके प्रति अपना विभेदक निर्णय प्रस्तुत करता है। व्यक्ति स्वयं अपने गुणों का परीक्षण कर सकता है। इसके अन्तर्गत व्यक्ति के सम्मुख एक उद्दीपक के प्रति निर्णय लेने हेतु सीमित परिधि ही रहती है। क्रममापक में प्रश्नों के निर्धारण हेतु पर्याप्त कुशल एवं अनुभवी व्यक्ति होना आवश्यक है जिससे सांख्यिकीय विश्लेषण में विवेकात्मक कठिनाइयाँ उत्पन्न न हों। कोटियों की संख्या पाँच से नौ के मध्य तक उपयुक्त मानी जाती है।

(3) **समाजमिति विधि** (Sociogram Method)—इस विधि का विकास सर्वप्रथम मोरेनो ने सन् 1934 में किया था। किसी एक समूह में व्यक्तियों की एक-दूसरे के प्रति निश्चित धारणाएँ एवं प्रतिक्रियाएँ होती हैं। इसके द्वारा समूह की रचना, सामाजिक स्थिति आदि का मापन किया जा सकता है। करलिंगर ने समाजमिति को परिभाषित करते हुए कहा है कि—समाजमिति एक ऐसा व्यापक पद है, जो कि समूहों में व्यक्तियों के विकल्प, संप्रेक्षण और अन्तःक्रिया प्रतिमानों में आँकड़ों के संकलन एवं विश्लेषण की ओर इंगित करता है। इस विधि द्वारा सामाजिकता गुण का मूल्यांकन किया जाता है। समाज में व्यक्ति के आपसी संबंध का व्यापक अध्ययन करना समाजमिति विधि की विशेषता है। इसमें प्रत्येक व्यक्ति की प्रतिक्रियाओं के विकल्प संबंधित प्रश्नों के द्वारा ज्ञात किये जाते हैं। इस परीक्षण के कुछ विकल्प प्रश्नों का वर्णन निम्न है।

1. आप अपने किन्हीं दो घनिष्ट मित्रों का नाम लिखिए।
2. आपकी कक्षा में सबसे बुद्धिमान छात्र कौन है?
3. आपका सर्वाधिक प्रिय शिक्षक कौन है?

उपरोक्त प्रश्नों के प्रति छात्रों की प्रतिक्रियाएँ प्राप्त कीं जाती हैं तथा समाजमिति बनाई जाती है। इससे स्पष्ट निष्कर्ष निकलता है कि कौन छात्र अधिक लोकप्रिय है। कौन अध्यापक अधिकतर छात्रों को प्रिय है। अतः व्यवहार का विश्लेषण सरल हो जाता है।

(4) **क्रिया-परीक्षण विधि** (Performance Test Method)—इस विधि को व्यवहार परीक्षण या मनोनाटक (Psychodrama) विधि भी कहते हैं। यह व्यक्तित्व मापन में उपयोगी तकनीक है जिसमें व्यक्ति को किसी एक विशिष्ट परिस्थिति में कार्य करने का अवसर दिया जाता है। यह माना

जाता है कि अपनी क्रियाओं द्वारा व्यक्तिगत आन्तरिक विचार एवं गुणों का प्रदर्शन करता है। परीक्षणकर्ता व्यक्ति की विभिन्न क्रियाओं का निरीक्षण कर उसके व्यवहार की व्याख्या करता है। यह परीक्षण असमायोजित व्यक्तियों के व्यक्तित्व मापन की उपयोगी विधि है। मे (May) और हार्टशोर्न (Hartshorne) ने इस विधि का उपयोग छात्रों में ईमानदारी का गुण मापने हेतु प्रयुक्त किया था। यह एक व्यवहारपरक विधि है, जिसका प्रयोग हम अनेक बार अपने दैनिक जीवन में भी करते हैं। उदाहरणार्थ—यदि बालकों की ईमानदारी का पता करना है तो उनको कुछ पैसे देकर बाजार से सामान मँगा लेते हैं। कुछ बालक चुपचाप बाकी पैसे लौटा देते हैं परन्तु कुछ सामान की कीमत अधिक बताकर पैसे छुपा लेंगे। ऐसे बालकों को बिना आभास दिलाए पुनः सामान खरीदने के लिए भेजा जाए तो वे पुनः पैसे न लौटाने की पुनरावृत्ति करेंगे। इस बात की जाँच आप दुकानदार से कर सकते हैं। इसी प्रकार विभिन्न गुणों की जाँच अनेक परिस्थितियों जैसे—कक्षा, स्कूल, पार्टी, खेल के मैदान, परिवार आदि स्थानों पर भी कर सकते हैं।

(5) **परिस्थिति परीक्षण विधि** (Situational Test Method)—यह विधि वास्तव में क्रिया परीक्षण विधि के समरूप है परन्तु इसमें व्यक्ति को किसी विशेष परिस्थिति या कृत्रिम परिस्थिति में रखकर व्यवहार के विशिष्ट गुणों की जाँच की जाती है। सेना की सेवाओं के चयन में व्यक्तित्व के विशेष गुणों का परीक्षण किया जाता है। परीक्षार्थियों को विभिन्न कार्य करने को दिए जाते हैं। पर्यवेक्षक व्यक्तित्व के अनेक गुण जैसे—धैर्य, साहस, सहयोग, नेतृत्व, दूर दृष्टि आदि का मूल्यांकन करता रहता है। इस विधि द्वारा विभिन्न परिस्थितियों को स्थापित कर व्यक्तित्व के गुणों का मापन किया जा सकता है।

(स) प्रक्षेपण विधियाँ (Projective Methods)

आत्मनिष्ठ एवं वस्तुनिष्ठ परीक्षणों का मुख्य दोष यह है कि ये व्यक्ति के अचेतन मन का अध्ययन नहीं करते। व्यक्तित्व की अचेतन प्रेरणाओं के अध्ययन में मनोवैज्ञानिकों ने एक नई प्रविधि को अपनाया जिसे प्रक्षेपण विधि कहा जाता है। किसी वस्तु को देखकर प्रत्येक व्यक्ति के मन में उसके प्रति अलग-अलग प्रतिमाएँ या विचार उत्पन्न होते हैं। जो कि उनकी आन्तरिक अनुभूतियों, इच्छाओं, रुचियों, संवेगों, कल्पनाओं आदि वैयक्तिक गुणों से संबंधित होते हैं। फ्रायड (1896) के अनुसार, "प्रक्षेपण एक रक्षा युक्ति या प्रक्रिया है जिसमें आवेग, इच्छाएँ एवं विचार का बाहरी परिवेश में प्रत्यक्षीकरण होता है क्योंकि उनकी सचेत पहचान अहं के लिए अधिक कष्टप्रद होगी।" ("Projection is a defence mechanism or process in which impulses, wishes and ideas are enternalized because their conscious recognition would be too painful to the ego.") अध्ययन संबंधित तथ्यों को अधिक वास्तविक, अनौपचारिक तथा वर्णनात्मक रूप प्रदान करने के लिए प्रक्षेपण का अप्रत्यक्ष मापन सफलतापूर्वक किया जाता है। प्रेक्षपण में व्यक्ति को मौलिक एवं विलुप्त व्यक्तित्व संरचना और प्रेरणाएँ प्रकाशित की जाती हैं। अर्थात व्यक्ति की दमित मानसिक प्रक्रियाओं को बाह्य परिवेश में अभिव्यक्त करना तथा बाह्य जगत में प्रत्यक्ष अनुभव करना ही प्रक्षेपण को दर्शाता है।

फ्रीमैन के अनुसार प्रक्षेपण विधि में कोई व्यक्ति अपने व्यक्तित्व के उन आन्तरिक शील गुणों के पहलुओं को अपने वर्णन और रचनाओं में प्रकट करता है जो उसके मन:स्थिति में विद्यमान रहते हैं और इनका बोध व्यक्तित्व परीक्षण के प्रश्नावली जैसी विधि से प्राप्त करना सक्षम नहीं है। मनोभात्रों की अचेतन रूप से अभिव्यक्ति प्रक्षेपण विधि करती है। प्रक्षेपण विधि के संबंध में मरे (1951) का विचार है कि—"प्रक्षेपण विधियाँ वह उपकरण हैं जिसके द्वारा कल्पना को उभारना, अद्वितीय प्रतिमाओं, अन्तर्क्रिया द्वारा मनोभावों तथा नाटकीय सहज भावों को उत्तेजित तथा उन्हें स्पष्ट रूप में प्रस्तुत करना होता है।" "(Projective techniques are ways of stimulating the imagination of evoking and exposing single images, fantasies of interaction, and dramatic improvisation.")

कहने का तात्पर्य यह है कि प्रक्षेपण विधि व्यक्तित्व मापन का ऐसा यंत्र है जो कि व्यवहार के आन्तरिक या अचेतन पक्ष को मापने में सूक्ष्म दर्शक समझा जाता है। प्रक्षेपण विधि की विशेषताएँ व्यक्तित्व मापन में ये विधियाँ मनोविश्लेषक (Psycho-analysts) एवं अन्तर्दृष्टि से संबंधित मनोवैज्ञानिकों की देन है। इन विधियों के सामान्यत: निम्न गुण हैं—

(i) **अचेतन मन की अनुक्रियाओं का अध्ययन**—प्रक्षेपण प्रविधि के द्वारा ही व्यक्ति के अचेतन मन से अनुक्रियाओं को जाग्रत करते हैं। ये अनुक्रियाएँ किसी उद्दीपक के प्रति परीक्षण परिस्थितियों में प्रयोज्य प्रक्षेपित करता है।

(ii) **सम्पूर्ण व्यक्तित्व मापन**—ये विधियाँ संपूर्ण व्यवहार को मापने का प्रयास करती हैं। प्रक्षेपण विधियों से व्यक्तित्व का विस्तृत एवं गहन जानकारी उपलब्ध होती है। इससे अचेतन और अर्द्धचेतन पक्षों का अध्ययन संभव है। ऐसे परीक्षण अपराधी एवं असमायोजित व्यक्तियों के अध्ययन में अधिक उपयुक्त होते हैं।

(iii) **अनुक्रिया की स्वतंत्रता**—इन परीक्षणों में किसी उद्दीपक के प्रति

व्यक्ति की अनुक्रिया करने की पूर्ण स्वतंत्रता होती है। अन्त में प्राप्त निष्कर्षों का स्वरूप वस्तुपरक होता है। अतः परिणाम वैध तथा विश्वसनीय भी रहते हैं। अनुक्रियाओं की प्राप्ति अप्रत्यक्ष रूप से मानकीकृत स्थितियों में ही प्राप्त की जाती है।

(iv) **संदिग्ध सामग्री-प्रयोज्य** (Subject)—इनको प्रयुक्त सभी संदिग्ध सामग्रियों के प्रति स्वतंत्र विचार प्रस्तुत करने होते हैं। संदिग्ध सामग्री से तात्पर्य यह है कि परीक्षण उद्दीपकों के प्रति व्यक्ति अपने तरीके से व्याख्या कर सकता है। जैसे—किसी चित्र को देखकर व्यक्ति अपने आन्तरिक विचार, इच्छाएँ, संवेगों, ग्रन्थियों आदि का प्रक्षेपण उसका वर्णन करने में करता है। उसमें कोई उत्तर सही या गलत न होकर उनका मूल्यांकन गुणात्मक होता है।

(v) **संस्कृति मुक्त विधि**—इन विधियों का स्वरूप प्रायः संस्कृति स्वतंत्र होता है। ये विधियाँ मनोरंजक होने के कारण इनके प्रशासन में कोई असुविधा उत्पन्न नहीं होती है। विभिन्न संस्कृतियों के अनुसंधान कार्य में इनकी अनुप्रयुक्ति व्यापक रूप से लाभप्रद सिद्ध हुई है।

सीमाएँ

(i) ऐसे परीक्षणों के मानकीकृत मानक न होने से विवेचन में कठिनाई होती है।

(ii) विधि की रचना और मानकीकरण सरल कार्य नहीं है।

(iii) इन विधियों में परीक्षणकर्ता को प्रशिक्षित कुशल तथा अनुभवी होना आवश्यक है अन्यथा परिणामों की विश्वसनीयता की संभावना कम रहती है।

(iv) कई प्रक्षेपण विधियों द्वारा सामूहिक परीक्षण में कठिनाई उत्पन्न होती है।

(v) प्रक्षेपण प्रविधियों में प्राप्त परिणामों की विश्वसनीयता एवं वैधता अध्ययन की विषमता के कारण कम रहती है।

(1) **रोर्शा का स्याही धब्बा परीक्षण** (Rorschach Ink Blot Test)—प्रक्षेपण विधियों में यह एक प्रमुख और अधिक प्रयुक्त होने वाली प्रचलित विधि है। इसका निर्माण प्रसिद्ध स्विस मनोचिकित्सक हरमन रोर्शा ने सन् 1921 में किया। इसमें स्याही के धब्बों की विभिन्न आकृतियों का मनोवैज्ञानिक ढंग से विश्लेषण कर व्यक्तित्व का अध्ययन किया जाता है। यदि किसी सफेद कागज के बीच में एक बूंद स्याही डाली जाय और उसके ऊपर दूसरा सफेद पेपर रखकर

बूंद को हथेली से दबा दिया जाय तो सफेद कागज इस प्रकार ऐसी कई आकृतियाँ बना सकते हैं। ऐसे स्याही के धब्बे की आकृतियाँ रोर्शा ने व्यक्तित्व की आंतरिक संरचना को समझने में प्रयोग किए। उन्होंने ऐसे अनेक धब्बों पर शोध कार्य किया और अन्ततः दस धब्बों को परीक्षण के लिए चुना। प्रत्येक कार्ड पर, जिनका आकार 11 × 9 इंच होता है, स्याही के धब्बों को परीक्षण सामग्री के रूप में प्रयुक्त करते हैं। ये आकृतियाँ पाँच कार्डों पर काली और सलेटी, दो कार्डों पर लाल, सलेटी और काली, और अन्य तीन कार्डों पर कई रंगों की होती हैं।

परीक्षण विधि—जिस व्यक्ति के व्यक्तित्व का परीक्षण किया जाता है उससे पूर्ण मैत्रिक भावना स्थापित की जाती है। उसके पश्चात उसे एक-एक कार्ड निश्चित अवधि के अन्तर से प्रस्तुत किए जाते हैं। एक कार्ड जो कि खाली रहता है उसे भी प्रस्तुत कर व्यक्ति से अपनी अनुक्रिया प्रदर्शित करने को कहा जाता है। यह प्रक्रिया व्यक्ति को आरामपूर्वक बिठाने के बाद की जाती है और उसे प्रत्येक आकृति को ध्यानपूर्वक देखने को कहा जाता है। आकृति को देखने के पश्चात उससे पूछा जाता है कि यह आकृति कैसी दिखाई देती है। इसमें आपको क्या दिखाई दे रहा है। प्रत्येक कार्ड की आकृति के बारे में व्यक्ति से विभिन्न प्रश्न पूछकर उसकी प्रतिक्रियाएँ जानी जाती हैं। परीक्षक सविस्तार रूप से प्रत्येक चित्र के बारे में व्यक्ति के उत्तरों को लिखता है साथ ही परीक्षण के समय उसके व्यवहार का भी निरीक्षण कर अभिलेख तैयार करता रहता है।

अनुक्रियाओं का विश्लेषण—रोर्शा के परीक्षण में प्राप्त आँकड़ों का विश्लेषण करना एक जटिल कार्य है। इस कार्य को प्रशिक्षित मनोवैज्ञानिक या विशेषज्ञ ही सम्पन्न कर सकता है। परीक्षक के द्वारा व्यक्ति के प्रत्येक उत्तर का विश्लेषण निम्न चार गुणों के आधार पर करता है—

(i) **स्थिति** (Location)—इसमें परीक्षार्थी की प्रतिक्रिया पूरे धब्बे पर आधारित है या किसी एक भाग पर। इस प्रतिकिया में उसने विस्तृत वर्णन किया है अथवा धब्बे का कम विवरण दिया है। धब्बे को पूर्ण रूप में देखने का अर्थ है कि परीक्षार्थी में अदृश्य तथा संकलन योग्यता है। विस्तृत वर्णन उसकी वास्तविक भावना को प्रदर्शित करता है और व्यक्ति व्यावहारिक न होकर सैद्धान्तिक है।

(ii) **निर्धारक गुण**(Determinant)—इसमें परीक्षार्थी की प्रतिक्रिया धब्बे की बनावट, उसके रंग, बनावट और रंग दोनों के प्रति संयुक्त प्रतिक्रिया अथवा धब्बे में देखी जानी वाली किसी आकृति के गति के कारण देखी जाती है। यदि आकृति (जैसे पशु) चलती हुई दिखाई देती है तो वह अन्तर्मुखी व्यक्तित्व का है।

(iii) **वस्तु** (Content)—इसमें परीक्षार्थी द्वारा धब्बों में किस वस्तु की

आकृति दिखाई देती है जैसे— मानव, पशु, पक्षी, प्राकृतिक दृश्य, स्थान, या किसी विशेष वस्तु आदि। विभिन्न जानवरों की आकृति व्यक्त करने से तात्पर्य है कि उसकी विचार शृंखला शक्तिशाली है। स्वच्छ या सुन्दर चित्रों को देखने का अर्थ है कि उसका नियन्त्रण दृढ़ है।

(iv) **समय एवं प्रतिक्रिया** (Time and Responses)—इसमें परीक्षार्थी को धब्बे के प्रति प्रतिक्रिया का समय, प्रतिक्रियाओं की संख्या और प्रतिक्रियाओं की प्रकृति के बारे में जाना जाता है।

इस परीक्षण में उपर्युक्त चार भागों की व्याख्या अलग-अलग नहीं की जानी चाहिए। संयुक्त रूप से की गई व्याख्याओं से ही व्यक्तित्व की मौलिकता का पता चलता है। रोर्शा के परीक्षण के परिणाम सांख्यिकीय विधि से ज्ञात नहीं होते बल्कि वर्णनात्मक दृष्टि से प्राप्त किए जाते हैं। धब्बों की व्याख्या करने से व्यक्ति के व्यक्तित्व का पूर्ण स्वरूप दृष्टि से प्राप्त किए जाते हैं। धब्बों की व्याख्या करने से व्यक्ति के व्यक्तित्व का पूर्ण स्वरूप प्रस्तुत हो जाता है जिससे व्यक्ति की बुद्धि, संवेग, सामाजिकता, आदि कई व्यक्तित्व गुणों की पर्याप्त जानकारी हो जाती है।

विश्वसनीयता—इस परीक्षण की विश्वसनीयता के बारे में नैदानिकों (Clinician) और मनोज्ञाताओं (Psychometrician) में मतभेद है। नैदानिक परीक्षण के प्रशासन एवं विश्लेषण में कुशल होने के फलस्वरूप इस परीक्षण को अत्यन्त विश्वसनीय मानते हैं एवं मानसिक रोगियों में इस परीक्षण की महत्ता को समझते हैं। उनके अनुसार इस परीक्षण की विश्वसनीयता गुणांक ·75 है। अर्द्धविच्छेद (Split-half) विधि से ·95 तक और परीक्षण पुनः परीक्षण विधि द्वारा विश्वसनीयता ·38 से ·86 तक मापी गई है परन्तु मनोज्ञाताओं का कहना है कि परीक्षक की अपनी विचारधारा के प्रभाव से यह परीक्षण अधिक विश्वसनीय नहीं है। हट्र्ज का कथन है कि रोर्शा परीक्षण के सुधारात्मक एवं मानकीकृत आकार में परिणामों के सांख्यिकी विश्लेषण यह प्रदर्शित करती है कि परीक्षण एक विश्वसनीय उपकरण है।

वैधता—नैदानिक मनोवैज्ञानिकों के अनुसार इस परीक्षण की वैधता ·50 से ·80 तक होती है। इसके विपरीत मनोज्ञाता वैधता को कम अंकित करते हैं। आइजनेक ने इसकी वैधता पर आक्षेप निम्न तथ्यों के आधार पर किया—

(1) विभिन्न अनुभवी एवं कुशल विशेषज्ञ अलग-अलग रूप से व्यक्तित्व का वर्णन करते हैं।

(2) विशेषज्ञ की पूर्व में किए गए निर्णय भी वास्तविकता से भिन्न होते हैं।

(3) विशेषज्ञ के वैयक्तिक गुण परीक्षार्थी की प्रतिक्रिया को प्रभावित कर सकते हैं।

(4) इस परीक्षण में विभिन्न विचार एवं मनोभाव परीक्षण के परिणामों को आत्मनिष्ठ बना सकते हैं।

नैदानिकों का कथन है कि यह परीक्षण उन व्यक्तियों पर अधिक किया गया जिनके बारे में परीक्षक विस्तृत जानकारी रखता था। अतः यह व्यक्ति की अन्तर्दृष्टि की ओर संकेत करता है और यह उसके अन्य अनुभवों में प्रयोग किया जाता है। कई अन्य मनोवैज्ञानिकों ने भी रोर्शा के परीक्षण की वैधता ज्ञात करने के लिए इसका प्रयोग किया और यह सुनिश्चित किया कि नैदानिकों द्वारा प्रस्तुत तथ्यों में सत्यता एवं यथार्थता है। इस परीक्षण का प्रयोग असामान्य एवं मानसिक रोगियों जैसे व्यक्ति पर अधिक किया जाता है। इस परीक्षण की मुख्य विशेषता यह है कि यह एक संस्कृति युक्त परीक्षण है।

(2) **प्रासंगिक अन्तर्बोध परीक्षण** (Thematic Apperception Test or T.A.T.)—इस परीक्षण को, जिसको अधिकतर T.A.T. कहा जाता है, मोर्गन एवं मरे ने सन् 1935 में हारवर्ड मनोविज्ञानशाला में अनुसंधान कार्य के अन्तर्गत निर्मित किया। इसमें व्यक्ति को कुछ चित्र प्रदर्शित किए जाते हैं और उसे अपने मन से चित्र के प्रति कहानी लिखने को प्रेरित किया जाता है। निश्चित समय में चित्र प्रस्तुत करने एवं कहानी लिखने की प्रणाली में व्यक्ति को मनोवैज्ञानिक रूप से अपने वैयक्तिक गुणों का प्रतिबिम्ब प्रक्षेपित करने को प्रेरित किया जाता है और वह अपनी कल्पनाएँ अचेतन मन से प्रदर्शित करता है। परीक्षण सामग्री में कुल 21 कार्ड होते हैं जिनमें से 20 कार्ड में विभिन्न चित्र होते हैं और एक कार्ड खाली रहता है। लड़के, लड़कियों, पुरुष एवं महिलाएँ प्रत्येक को 20 कार्ड परीक्षण के लिए दिए जाते हैं। पुरुष एवं महिलाएँ जिनकी उम्र 14 वर्ष या अधिक हो, उनके लिए अलग से चित्रों की व्यवस्था है। व्यक्ति सामान्यतः जिन परिस्थितियों से गुजरता है ऐसी घटनाओं को चित्र में अंकित किया गया है। 20 कार्ड में प्रत्येक के लिए 10 कार्ड उभयनिष्ठ (Common) होते हैं।

परीक्षण विधि—इसमें लड़के, लड़कियाँ, पुरुष एवं महिलाएँ प्रत्येक को 20 कार्ड और एक खाली कार्ड देकर प्रत्येक कार्ड में चित्र द्वारा प्रस्तुत सामग्री पर कहानी लिखने को कहा जाता है। जिन पर भी परीक्षण किया जाना है वह कहानी लिखते समय अपने विचार, संवेग संघर्ष, आकांक्षा, निराशा आदि वैयक्तिक गुणों को अनजाने में व्यक्त कर देता है। परीक्षक चित्र दिखाने से पूर्व निर्देश देता है कि चित्र में क्या हो रहा है। इस घटना का क्या कारण है और इसका क्या परिणाम होगा। विभिन्न व्यक्तियों की चित्र में क्या भावनाएँ हैं

आदि का परीक्षक वर्णित कहानी के आधार पर गहन अध्ययन कर निष्कर्ष ज्ञात करता है। परीक्षण से पूर्व परीक्षक प्रयोज्य या व्यक्ति के सदर्भ में विस्तृत जानकारी प्राप्त कर लेता है।

सामान्यत: तस्वीरें को दो सत्रों में प्रस्तुत किया जाता है। इसका परीक्षण व्यक्तिगत या सामूहिक रूप से किया जाता है। कहानी लिखते समय व्यक्ति के व्यवहार का सूक्ष्मता से मूल्यांकन किया जाता है और प्रत्येक कार्ड की कहानी लिखने के समय का आलेख तैयार किया जाता है।

परीक्षण का विश्लेषण—इस परीक्षण की कहानियों की व्याख्या करने की अनेक प्रविधियाँ हैं। कहानी में व्यक्ति द्वारा प्राप्त प्रतिक्रियाओं के आधार पर उसके अन्तर्द्वन्द्व, संघर्षों, इच्छाओं, संवेगात्मक अभिवृत्तियों आदि व्यक्तित्व गुणों का विवेचन किया जाता है। कहानी का विश्लेषण निम्न बातों के आधार पर किया जाता है—

(1) कहानी में प्रयोज्य ने मुख्य पात्र किसे माना है और उसकी मुख्य विशेषताएँ क्या-क्या लिखी हैं।

(2) कहानी में किस घटना को छोड़ा गया है और कौन सी घटना जोड़ी गई है।

(3) मुख्य पात्र की आवश्यकताएँ और उसके अन्तर्द्वन्द्व, संघर्ष आदि क्या वर्णित किए गए हैं।

(4) अनावश्यक प्रतिक्रियाएँ क्या-क्या प्रदर्शित की गई हैं।

(5) किस वस्तु के साथ कहानी का प्रकरण जोड़ा गया है।

परीक्षण की वैधता—इस परीक्षण की वैधता के संदर्भ में दो मत हैं। नैदानिकों का मत है कि इस परीक्षण की वैधता उच्च है और मानसिक रूप से विकृत व्यक्तियों के लिए एक उपयोगी उपकरण है। इसके विपरीत मनोज्ञाताओं का कथन है कि इस परीक्षण की वैधता निम्न है क्योंकि इसमें मानकीकृत पद्धति का अभाव एवं गुणों की मात्रा को मापने की क्षमता नहीं है। इसमें व्याख्या को परीक्षात्मक आधार नहीं दिया जा सकता है। इस परीक्षण का उमा चौधरी ने भारतीय परिस्थितियों में अनुकूलन किया जिसमें सिर्फ 14 आकृतियों का उल्लेख किया गया है।

उपयोगिता—मर्सटीन के अनुसार T.A.T. परीक्षण में एक नायक की उग्रता उसके वास्तविक उग्र व्यवहार से पर्याप्त साम्यता रखती है। स्वयं मार्गन और मरे ने इस परीक्षण का आधार व्यक्त करते हुए कहा है कि यह परीक्षण इस तथ्य पर निर्भर है कि एक व्यक्ति किसी संदिग्ध सामाजिक परिस्थिति से संघर्षमय होकर एक काल्पनिक कहानी का निर्माण करता है तो वह अपने व्यक्तित्व का प्रक्षेपण इस प्रक्रिया में करता है। अत: इस परीक्षण द्वारा व्यक्ति

की आन्तरिक चरित्र-चित्रण, अभिरुचियों, संघर्षों, अन्तर्द्वन्द्व, आदि का ज्ञान हो जाता है। इस वैयक्तिक गुणों की जानकारी के उपरान्त उसे आवश्यक निर्देशन का कार्य अधिक सुलभ हो जाता है।

(3) **बालकों का अन्तर्बोध परीक्षण** (Childrens Apperception Test or C.A.T.)—यह परीक्षण टी० ए० टी० के समान है जिसे बैलक ने बनाया था। यह परीक्षण तीन से ग्यारण वर्ष तक के बालकों के व्यक्तित्व का मापन करता है। T.A.T. और इस परीक्षण में अन्तर यह है कि इस परीक्षण में कुल 10 कार्ड होते हैं जिन पर छोटे बच्चे, पशु, पक्षी, आदि बच्चों की रुचि के अनुसार चित्र होते हैं। इसमें बाल जीवन की क्रियाओं को दिखाया जाता है। परीक्षण के प्रशासन की विधि T.A.T. के ही समान होती है और बच्चों को कहानी बनाने हेतु प्रोत्साहित किया जाता है। कहानी के माध्यम से बच्चों की आदतें स्वभाव, संवेगात्मक व्यवहार, पारिवारिक संबंध तथा अन्य व्यक्तित्व के गुणों की संरचना के बारे में अध्ययन किया जाता है। भारतीय परिस्थितियों में भी इस परीक्षण का निर्माण किया जा चुका है। इस परीक्षण में भी विश्लेषण की कठिनाई होती है।

(द) मनोविश्लेषणात्मक विधियाँ (Psychoanalytical Methods)

(1) **शब्द साहचर्य विधि** (Word Association Method)—सापेक्ष रूप से अचेतन मन के विचार एवं मनोभावों को जानना इस विधि की विशेषता है। इसमें कुछ उद्दीपक (Stimulus) शब्द होते हैं। परीक्षक प्रयोज्य को आराम से बिठाकर मनोवैज्ञानिक परिस्थिति उत्पन्न की जाती है। व्यक्ति से प्रश्न पूछकर परीक्षक व्यक्ति के वैयक्तिक गुणों का विश्लेषण करता है। परीक्षक एक-एक शब्द बोलकर व्यक्ति से विशिष्ट शब्दों के कथन को नोट करता है। तत्पश्चात परीक्षक प्रत्येक शब्द की व्याख्या द्वारा व्यक्तित्व का निर्धारण करता है। इनमें गाल्टन, युंग, गिल, वुण्ट आदि द्वारा संरचित शब्दसूचियाँ प्रसिद्ध हैं। इनमें से कई मनोवैज्ञानिकों ने शब्दसूचियों को विभिन्न आयामों (Dimensions) में बाँटे हैं। व्यक्ति पर चेतन मन का अधिकार न होने से सही बात प्रकट करता है। इस विधि द्वारा असामान्य व्यक्तियों के व्यक्तित्व का पता लगाया जाता है तथा मानसिक चिकित्सा करने के लिए यह विधि प्रयुक्त होती है।

(2) **स्वप्न विश्लेषण विधि** (Dream Analysis Method)—इस विधि के माध्यम से स्वप्नों का विश्लेषण कर व्यक्तित्व का अध्ययन किया जाता है। अधिकतर यह प्रयोग मानसिक रोगियों पर प्रयुक्त होता है। यह विधि फ्रायड द्वारा प्रयुक्त प्रमुख विधि है। इसमें स्वप्नों का विश्लेषण कर मनोशास्त्री व्यक्ति के अचेतन मन में दबी हुई आकांक्षाओं, विचार आदि के बारे में जानकारी प्राप्त

करते हैं और उनके समुचित उपचार का माध्यम ढूंढ़ते हैं। व्यक्ति को आराम से कुर्सी पर बिठाकर उसको अपने स्वतंत्र विचार एवं भावनाएँ व्यक्त करने को कहा जाता है। स्वप्न से सम्बन्धित होने वाली घटना के बारे में व्यक्ति की आन्तरिक भावनाएँ व्यक्त करने को उत्तेजित किया जाता है। अत: व्यक्ति के अचेतन मन के ज्ञान का विश्लेषण किया जाता है। यह विधि अचेतन मन की वैयक्तिक गुणों से सामंजस्य स्थापित करने वाली उपयोगी विधि है।

अध्याय-6

बुद्धि और सिद्धान्त
(INTELLIGENCE AND THEORIES)

समस्त प्राणियों में मनुष्य श्रेष्ठतम बुद्धिमान प्राणी है। विद्यार्थी की शिक्षा पर बुद्धि का प्रत्यक्ष प्रभाव पड़ता है। प्राय: यह कहते हुए सुना होगा कि अमुक व्यक्ति अधिक प्रखर बुद्धि वाला है तथा अमुक अत्यन्त मन्दबुद्धि का या मूर्ख है। अर्थात सत्य यह है कि बालकों की मानसिक योग्यता में भिन्नता पाई जाती है। बुद्धि एक ही गुण निर्मित न होकर अनेक गुणों का समुच्चय है। मनोवैज्ञानिक बुद्धि के स्वरूप की व्याख्या अलग-अलग करते हैं तथा इसकी परिभाषा में अनेक मतभेद हैं। बुद्धि के स्वरूप एवं मापन में व्यापक अनुसंधान कार्य हुए हैं परन्तु समस्त मनोवैज्ञानिक किसी सर्वमान्य परिणाम पर नहीं पहुँच सके। बुद्धि की विभिन्न परिभाषाएँ प्रस्तुत की गईं परन्तु एक मनोवैज्ञानिक दूसरे से हमेशा असहमति ही व्यक्त करता है। इसके प्रत्यय (Concept) को समझने में अनेक कठिनाइयों का सामना करना पड़ता है। बुद्धि के स्वरूप को 'बुद्धि-मान' के द्वारा समझाने का प्रयास अवश्य हुआ है क्योंकि बुद्धि को प्रत्यक्ष नहीं देखा जा सकता बल्कि उसके प्रभावों के द्वारा ही इसके स्वरूप की व्याख्या की गई है। विभिन्न मनोवैज्ञानिकों ने बुद्धि को विभिन्न दृष्टि से परिभाषित किया है जिसके आधार पर उन्हें पाँच वर्गों में विभाजित किया जा सकता है।

(1) **समायोजन या अनुकूलन करने की योग्यता** (Adjustment or Adaptation Ability)—इस समुदाय के मनोवैज्ञानिक बुद्धि को वातावरण के साथ समायोजन योग्यता पर अधिक बल देते हैं। जो व्यक्ति जीवन की नयी परिस्थियों में समायोजित होने की जितनी योग्यता रखता है उसी के सापेक्ष उसकी बुद्धिमत्ता होती है। इसके अन्तर्गत निम्न परिभाषाएँ प्रमुख हैं।

(अ) कॉल्विन (Colvin)—"बुद्धि वातावरण के अभियोजन की योग्यता है।"

(ब) स्टर्न (Stern)—"बुद्धि जीवन की नवीन परिस्थितियों और समस्याओं के साथ अनुकूलन करने की सामान्य योग्यता है।"
"Intelligence is the general adaptability to new problems and conditions of life."

(स) बर्ट (Burt)—"बुद्धि अपेक्षाकृत नवीन परिस्थितियों से अभियोजन क्षमता है।"
"Intelligence is the capacity to adapt to relatively new situation."

(2) **सीखने की योग्यता** (Ability to Learn)—इस दूसरे समुदाय के मनोवैज्ञानिक व्यक्ति के सीखने की योग्यता के महत्त्व पर अधिक बल देते हैं। सीखने की योग्यता का सूचक ही बुद्धिमता है। जो व्यक्ति जितने अल्प समय में अधिक से अधिक सीखने की योग्यता रखता है वह उतनी ही अधिक बुद्धि का परिचायक है। इसमें निम्न मनोवैज्ञानिकों की परिभाषाएँ प्रमुख हैं—

(अ) बकिंघम (Buckingham)—"बुद्धि सीखने की योग्यता है।"
"Intelligence is the ability to learn."

(ब) कॉल्विन (Colvin)—"एक व्यक्ति उतनी ही बुद्धि रखता है जितना कि उसमें नवीन परिस्थितियों से समायोजन करना सीख लिया है अथवा सीख सकता है।"
"An individual possesses intelligence in so far as he has learned or can learn to adjust himself to his new environment."

(स) डीयरबोर्न (Dearborn)—"बुद्धि सीखने का अनुभव से लाभ उठाने की क्षमता है।"
"Intelligence is the capacity to learn or to profit by experience."

(3) **अमूर्त चिन्तन की योग्यता** (Ability to Carry on Abstract Thinking)—इस तीसरे समुदाय के मनोवैज्ञानिक अमूर्त चिन्तन करने की क्षमता को ही बुद्धि का स्वरूप मानते हैं। इस वर्ग में निम्न परिभाषाएँ प्रमुख हैं।

(अ) सर्वप्रथम बुद्धि परीक्षण के निर्माता बिने ने बुद्धि को अमूर्त चिन्तन का स्वरूप माना और ठीक से निर्णय लेना, तर्क करना, एवं समझना बुद्धि के आवश्यक कार्य व्यक्त किये।
बिने के अनुसार—"समझ, आविष्कार, लक्ष्य एवं आलोचना—इन्हीं चार शब्दो में बुद्धि छुपी है।"
"Comprehension, Invention, Direction and Criticism

—Intelligence contained in those four words."

(ब) टरमैन (Terman)—"बुद्धि अमूर्त चिन्तन की योग्यता है।"
"Intelligence is the ability to do abstract thinking."

(4) **समस्या समाधान की योग्यता** (Ability to Solve Problems)—मनोवैज्ञानिकों का यह चतुर्थ समुदाय बुद्धि को समस्या समाधान की योग्यता मानता है। इस वर्ग में निम्न परिभाषाएँ प्रस्तुत की गई हैं।

(अ) गैरेट (Garett)—"बुद्धि ऐसी समस्याओं को हल करने की योग्यता है जिनमें ज्ञान और प्रतीक के प्रयोग की आवश्यकता हो, जैसे—शब्द, अंक, रेखाचित्र, समीकरण और सूत्र आदि।"
"Intelligence is the abilities demanded in the solution of problems which require the comprehension and the use of symbols, i.e., words, numbers, diagrams, equations and formulae."

(ब) रायबर्न (Ryburn)—"बुद्धि वह शक्ति है जो हमें समस्या समाधान में एवं अपने उद्देश्यों की प्राप्ति में क्षमता प्रदान करती है।"
"Intelligence is the power which enables us to solve problems and to achieve our purposes."

(स) मैक्डूगल (McDougall)—"बुद्धि जन्मजात प्रवृत्ति को अतीत के अनुभव प्रकाश में सुधारने की योग्यता है।"
"Intelligence is the capacity to improve upon native tendencies in the light of previous experience."

(द) थार्नडाइक (Thorndike)—"वास्तविक परिस्थितियों के अनुसार अपेक्षित प्रतिक्रिया की योग्यता ही बुद्धि है।"
"Intelligence is the power of good response from the point of view of truth or fact."

वास्तव में उपर्युक्त परिभाषाओं में 'एकरूपता' है। सभी एक विशेष दिशा की ओर संकेत करती हैं कि बुद्धि एक प्रकार की योग्यता तथा योग्यताओं का संयोगीकरण है। इसके अन्तर्गत व्यक्ति सीखने की योग्यता रखता है, परिवर्तित परिस्थितियों में उचित समायोजन करता है तथा अनेक घटनाओं, गुणों, सम्बन्धों एवं वस्तुओं आदि में अमूर्त चिन्तन करता है। उदाहरणार्थ यदि कोई बालक सीखने की विशिष्ट योग्यता रखता है तो निश्चित रूप से वह नवीन परिस्थितियों में भी समायोजन की क्षमता रखेगा, प्रत्यक्ष एवं प्रतीक के अधिगम में अमूर्त चिन्तन करेगा तथा समस्या समाधान में भी योग्यता का परिचय देगा। कहने का तात्पर्य यह है कि सभी वर्गों की परिभाषाएँ एक दूसरे में समाहित हैं।

(5) **मानसिक क्षमताओं का फलक** (Function of Mental Capacities)—यदि हम बुद्धि को परिभाषित करना चाहें तो वास्तव में यह मानसिक योग्यताओं और क्षमताओं का एक फलक है। मानसिक क्षमता के तत्वों के दुर्ग्राह्य (Elusive) संयोग से ही किसी व्यवहार की विशेष कार्य सफलता के परिणामों का आकलन किया जाता है। इसी आधार पर उच्च एवं निम्न मानसिक क्रिया की योग्यताओं में भिन्नता प्रतीत होती है। इस प्रकार विभिन्न मनोवैज्ञानिकों द्वारा अनेक प्रत्ययों पर विशिष्ट प्रभावों का मूल्यांकन किया गया। स्टोडार्ड ने इन्हीं मानसिक योग्यताओं के विशिष्ट गुणों को बुद्धि की आधुनिकतम परिभाषा की व्याख्या करने में सम्मिलित किया। वैशलर ने भी उपर्युक्त चारों समुदाय के मनोवैज्ञानिकों द्वारा वर्णित परिभाषाओं का एकीकरण प्रस्तुत किया।

(अ) स्टोडार्ड (Stoddard)—"बुद्धि उन कार्यों को करने की योग्यता है जिनमें (अ) कठिनाई हो, (ब) जटिलता हो, (स) अमूर्तता हो, (द) मितव्ययता (शीघ्रता) हो, (य) लक्ष्य प्राप्त करने की अनुकूलता हो, (र) सामाजिक मूल्य हो, (व) मौलिकता की व्युत्पत्ति हो, तथा (श) विशिष्ट परिस्थितियों में भी शक्ति को एकाग्रचित्त करके, और संवेगों पर नियंत्रण करके किसी कार्य को पूरा करने की योग्यता हो।"

"Intelligence is the ability to undertake activities that are characterized by (1) difficulty, (2) complexity, (3) abstractness, (4) economy (speed), (5) adaptiveness to a goal, (6) social value, (7) the emergence of originals (inventiveness), and (8) to maintain such activities under conditions that demand a concentration of energy and a resistance to emotional forces."

(ब) वैशलर (Wechsler)—"बुद्धि व्यक्ति की उन सब व्यापक योग्यताओं और क्षमताओं का एकीकरण है जो उसकी क्रियाओं को उद्देश्यपूर्ण बनाती हैं, उसकी विचार-प्रक्रिया को तर्कसंगत बनाती हैं तथा वातावरण का सामना करने में उसके व्यवहार को प्रभावशाली बनाती हैं।"

"Intelligence is the global capacity of the individual to act purposefully, to think rationally and to deal effectively with his environment."

उपरोक्त परिभाषाओं में स्टोडार्ड की परिभाषा अधिक व्यापक एवं तर्कसंगत है तथा अनेक मानसिक क्रियाओं की योग्यताओं को दर्शाता है।

बुद्धि के प्रकार
(Kinds of Intelligence)

थार्नडाइक ने बुद्धि को तीन वर्गों में विभाजित किया है। इसके निम्न तीन प्रकार हैं—

(अ) मूर्त बुद्धि (Concrete Intelligence)

(ब) अमूर्त बुद्धि (Abstract Intelligence)

(स) सामाजिक बुद्धि (Social Intelligence)

(अ) मूर्त बुद्धि- इसे यांत्रिक (Mechanical) अथवा गामक (Motar) बुद्धि भी कहते हैं। मूर्त पदार्थों या वस्तुओं के साथ अनुकूलन की योग्यता को मूर्त बुद्धि कहते हैं। बहुत से व्यक्ति बिना प्रशिक्षण के यत्रों तथा मशीनों को तुरन्त ठीक करने में कुशल होते हैं तथा कई ऐसे हैं कि जिनमें यह क्षमता छोटे से छोटे और स्थूल यंत्र को भी ठीक करने की नहीं होती है। व्यक्ति के जीवन की विभिन्न क्रियाओं में मूर्त बुद्धि का पता लगता रहता है। इस प्रकार की बुद्धि को क्रिया परीक्षणों (Performance tests) या चित्र (Picture) परीक्षणों द्वारा मापन किया जा सकता है। जिन व्यक्तियों में गामक बुद्धि का विकास कम होता है वे खेलों या शारीरिक कार्यों में दक्ष नहीं होते हैं।

(ब) अमूर्त बुद्धि— यह शब्दों, अंकों, चिन्हों तथा अक्षरों इत्यादि को समझने की योग्यता है। अमूर्त बुद्धि व्यक्ति के स्वयं को शब्दों और प्रतीकों के प्रति प्रभावशाली व्यवहार के लिए शक्ति प्रदान करने की अभिव्यक्ति है। दार्शनिकों के विचारों एवं गणित के सूत्रों के प्रयोग में उच्च अमूर्त बुद्धि निहित होती है। इसके स्तर, क्षेत्र और गति तीन प्रमुख आयाम हैं। सामान्य शैक्षिक विषयों के अध्ययन में भी अमूर्त बुद्धि की आवश्यकता होती है।

(स) सामाजिक बुद्धि— किसी व्यक्ति की दैनिक जीवन की सामाजिक परिस्थितियों में प्रतिक्रिया करने की योग्यता को सामाजिक बुद्धि कहते हैं। इसमें व्यक्ति अपने को समाज के अनुकूलन व्यवस्थित करने की योग्यता रखता है। सामाजिक बुद्धि का जीवन के प्रत्येक क्षेत्र में उपयोग होता है। नेतृत्व, तार्किक शक्ति, सामाजिक कार्यों में रुचि, सहयोग की भावना इत्यादि इस प्रकार की बुद्धि के लक्षण हैं। जो व्यक्ति लोगों को अपनी कुशलता से प्रभावित करने की योग्यता रखता है उसमें उतनी ही अधिक सामाजिक बुद्धि होती है। सामाजिक

परिस्थितियों में पर्याप्त समायोजन ही सामाजिक बुद्धि का द्योतक है ।

बुद्धि के सिद्धान्त
(Theories of Intelligence)

बुद्धि की प्रकृति अथवा स्वरूप को देखते हुए अनेक मनोवैज्ञानिकों एवं दार्शनिकों ने विभिन्न सिद्धान्तों का विकास किया है । इस आधार पर हम निम्न मुख्य सिद्धान्तों का वर्णन करेंगे—

1. शक्ति सिद्धान्त (Faculty Theory)

यह सिद्धान्त बहुत ही प्राचीन है जिसे एविंगधौस, बिने, टरमन तथा स्टर्न ने अपने तथ्य प्रस्तुत कर बुद्धि को एक इकाई माना है । इस सिद्धान्त के अनुसार बुद्धि अविभाज्य, व्यापक और जन्मजात है तथा विभिन्न खण्डों को पूर्ण करने की योग्यता ही बुद्धि है । इस सिद्धान्त के अन्तर्गत मन (Mind) स्मृति, संवेग, कल्पना, तर्क-शक्ति आदि विभिन्न शक्तियों से बना है। ये सभी शक्तियाँ एक दूसरे से भिन्न हैं तथा विषयवस्तु के ग्रहण में सतत प्रयास से विकसित किए जा सकते हैं। इस सिद्धान्त को एक खण्ड सिद्धान्त की संज्ञा भी दी गई है। क्योंकि भिन्न-भिन्न प्रकार की मानसिक योग्यता के लिए भिन्न बुद्धि परीक्षाएँ होती हैं। अतः प्रयोगात्मक मनोवैज्ञानिकों ने इसकी आलोचना करते हुए यह स्वीकार नहीं किया कि मस्तिष्क में किसी स्वतंत्र शक्ति का स्थायित्व है।

2. द्वि-खण्ड सिद्धान्त (Two-Factors Theory)

इस सिद्धान्त के प्रवर्तक स्पीयरमैन हैं। स्पीयरमैन (1904) का मत था कि बुद्धि दो भागों के मिलने की संयुक्त शक्ति है। पहला, सामान्य खण्ड (General or 'G') तथा दूसरा, विशिष्ट खण्ड (Specific or 'S') ।

मानव के जीवन के सभी कार्यों में 'G' की मात्रा अवश्य कुछ न कुछ विद्यमान होती है। अतः इसका महत्त्व जीवन में अधिक है । उच्च 'G' खण्ड के कारण सभी कार्यों का स्तर भी उच्च होगा एवं इसके साधारण या निम्न होने से कार्यों का स्तर भी घट जाएगा। अर्थात कार्यों का स्तर सामान्य खण्ड के समानुपाती होता है।

सामान्य खण्ड की विशेषताएँ—

(1) यह सामान्य मानसिक शक्ति है।

(2) 'G' की मात्रा हर व्यक्ति में भिन्न होती है।

(3) यह एक सार्वभौमिक जन्मजात योग्यता है।

(4) किसी एक व्यक्ति के समस्त कार्यों में यह स्थिर रहता है ।

(5) 'G' की मात्रा कार्यों के स्तर के समानुपाती होती है।

जीवन के सभी कार्यों में 'G' तथा 'S' की मात्रा भिन्न-भिन्न होती है। परन्तु किसी विशेष कार्य जिसमें विशिष्ट बुद्धि की आवश्यकता होती है 'S' द्वारा सहायता प्राप्त की जाती है। जैसे—संगीत, चित्रकला, कोई कौशल तथा शिल्पकला में प्रवीणता आदि विशिष्ट बुद्धिखण्ड 'S' द्वारा ही प्राप्त होते हैं। स्पीयरमैन के व्यापक प्रयोगों द्वारा प्रतिभाशाली संगीतज्ञ होने में 'G' तथा 'S' के अनुपात को 1 : 4 श्रेष्ठ माना। इस सिद्धान्त का विकास कर स्पीयरमैन ने 'G' और 'S' खण्डों के साथ एक 'समूह खण्ड' को और जोड़ दिया, जो सामान्य एवं विशिष्ट योग्यताओं के मध्य कार्य करता है।

विशिष्ट खण्ड की विशेषताएँ

(1) यह किसी व्यक्ति में कार्यानुसार परिवर्तित होता है।
(2) यह जन्मजात न होकर वातावरण में अर्जित होता है।
(3) अलग-अलग व्यक्तियों में इसकी मात्रा भिन्न होती है।
(4) इसका विकास अभ्यास द्वारा किया जा सकता है।

'G' तथा 'S' के संबंध को निम्न चित्र द्वारा स्पष्ट किया गया है—

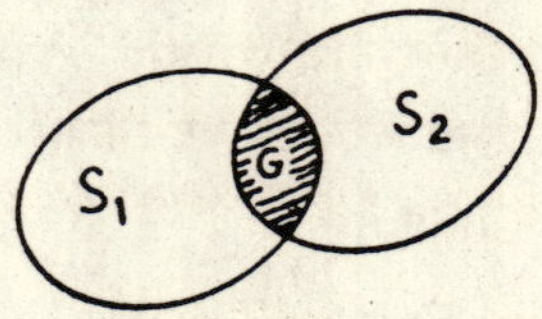

स्पीयरमैन ने विभिन्न परीक्षणों का सांख्यिकी विश्लेषण कर पारस्परिक सहसंबंध की गणना की तथा निम्न सूत्र द्वारा उनकी व्याख्या की। इस सूत्र को उन्होंने चतुष्खण्ड (Tetrad) समीकरण कहा। rap × rbq—raq × rbp = 0 क्योंकि इस समीकरण में चार वर्गों का मापन किया जाता है। अतः बाएँ हाथ के अन्तर को चतुष्खण्ड अन्तर (Tetrad difference) कहा जाता है। इस समीकरण में स्पीयरमैन ने स्पष्ट किया कि—

rap = विलोम (Opposite) तथा पूर्णता के बीच सहसंबंध

rbq = विभेदीकरण (Discrimination) तथा निरस्तन (Cancellation) के मध्य सहसंबंध

rbp = पूर्णता तथा विभेदीकरण के मध्य सहसंबंध

raq = निरस्तन तथा विलोम के मध्य सहसंबंध।

इस चतुष्खण्ड समीकरण के आधार पर स्पीयरमैन ने यह निष्कर्ष ज्ञात किया कि यह सभी प्रकार को योग्यताओं के आन्तरिक सहसंबंध की गणना करने के लिए उपयुक्त विधि है। क्योंकि चतुष्खण्ड अन्तर का मान शून्य के बराबर शायद ही कभी आता हो, अतः यह काल्पनिक समीकरण है जो सदैव सत्यता को सिद्ध नहीं करता।

3. बहुखण्ड सिद्धान्त (Multy-Factors Theory)

अमेरिका के मनोवैज्ञानिक थार्नडाइक ने इस सिद्धान्त को प्रतिपादित किया। उनके अनुसार बुद्धि अनेक योग्यताओं एवं खण्डों का समूह है। बुद्धि में उतनी ही शक्तियाँ या तत्त्व होते हैं जितनी कि व्यक्ति मानसिक क्रियाएँ करता है। ये तत्त्व एक दूसरे से स्वतन्त्र एवं भिन्न होते हैं। थार्नडाइक के अनुसार—सामाजिक, स्थूल एवं सूक्ष्म बुद्धि के तीनों भाग स्वतंत्र शक्तियाँ हैं। उनका विचार है कि किसी व्यक्ति की किसी एक कार्य में योग्यता का अर्थ यह नहीं कि उसके दूसरे कार्य में भी वही योग्यता हो। थार्नडाइक ने बुद्धि परीक्षणों के आधार पर बुद्धि के विभिन्न तत्त्वों का वर्गीकरण प्रस्तुत किया। उन्होंने बुद्धि के चार विशिष्ट गुणों की विवेचना की—

(1) **स्तर** (Level)—यह विशिष्ट गुण यह प्रदर्शित करता है कि किसी कार्य के सम्पन्न होने में कितनी कठिनाई है। किसी कार्य को उत्तरोत्तर बढ़ते क्रम में कठिनाई के जिस ब्रिन्दु तक हम कार्य को पूर्ण करने की क्षमता रखते हैं वही बुद्धि का स्तर होगा।

(2) **विस्तार** (Range)—कठिनाइयों के क्रम में जितने अधिक कार्यों की सख्या का सफल हल प्राप्त होता है उसे विस्तार कहते हैं। बुद्धि में बुद्धि का विस्तार-स्तर के साथ-साथ अनुभवों की अधिकता एवं अधिगम के अवसरों द्वारा भी ज्ञात किया जाता है।

(3) **क्षेत्र** (Area)—प्रत्येक स्तर पर सम्पूर्ण परिस्थितियों की संख्या, जिसे कोई व्यक्ति हल करने की योग्यता रखता है, क्षेत्र कहलाता है। अर्थात प्रत्येक बुद्धि स्तर पर समस्त विस्तार के योग को क्षेत्र कहते हैं।

(4) **गति** (Speed)--जितनी शीघ्रता से हम परीक्षित पदों (Test items) को हल करते हैं गति कहलाती है।

यदि हम किसी व्यक्ति की बुद्धि-परीक्षा लेते हैं तो हम उसे निश्चित पदों (क्षेत्र) का उत्तर निश्चित समय (गति) के अन्दर देने के लिए कहते हैं। ये पद कठिनाई की दृष्टि में अन्तर रखते हैं (स्तर) तथा प्रत्येक स्तर पर कठिनाई क्रम में पदों की निश्चित संख्या (विस्तार) होती है। सभी परीक्षणों में उपरोक्त गुणों में

भिन्नता होती है। थार्नडाइक ने बुद्धि के विभिन्न अवयवों को अलग-अलग समूहों में वर्गीकरण कर नामांकित किया। जैसे अमूर्त बुद्धि-परीक्षण में उन्होंने (CAVD) अर्थात वाक्यपूर्ति (Sentence Completion), गणितीय तर्क (Arithmetic Reasoning), शाब्दिक योग्यता (Vocabulary Ability), निर्देश (Directions) परीक्षण का निर्माण किया।

4. समूहखण्ड सिद्धान्त (Group-Factors Theory)

कुछ मनोवैज्ञानिकों ने स्पीयरमैन के सामान्य एवं विशिष्ट बुद्धि खण्डों को इस कारण नकार दिया क्योंकि बहुत से तत्त्व ऐसे हैं जो सामान्य योग्तता से भी उच्च स्तर के तथा कुछ विशिष्ट योग्यता से निम्न स्तर के विद्यमान थे। इस सिद्धान्त के प्रतिपादक थर्सटन हैं तथा उनका यह सिद्धान्त मात्रात्मक सिद्धान्त भी कहलाता है। उन्होंने खण्ड विश्लेषण (Factor analysis) विधि को विकसित कर इस बुद्धि सम्बन्धी अलग सिद्धान्त की स्थापना की। खण्ड विश्लेषण विधि के आधार पर बुद्धि के कुछ समूह कारकों को पृथक-पृथक किया। प्रत्येक समान मानसिक क्रियाओं को विभिन्न समूहों के अन्तर्गत रखा गया तथा एक समूह दूसरे समूह से भिन्न एवं स्वतन्त्र होता है। उदाहरण के लिए यदि किसी बड़े न्यादर्श (Sample) पर स्मृति योग्यता एवं शब्द प्रवाह (Word fluency) योग्यता के परीक्षण किए जाएँ तो परीक्षणों के पुंज (Clusters) प्राप्त होंगे। ये पुंज विभिन्न परीक्षणों में सह-संबंध विधि द्वारा ज्ञात किए जाते हैं। निम्न चित्र में स्मृति योग्यता (Memory ability) के परीक्षणों को M_1, M_2, M_3 आकृति द्वारा प्रदर्शित किया गया है तथा इसी प्रकार शब्द प्रवाह को W_1, W_2, W_3 आकृति द्वारा प्रदर्शित किया गया है। इन दोनों के परीक्षणों को M तथा W पुंज द्वारा अंकित किया गया है। यही

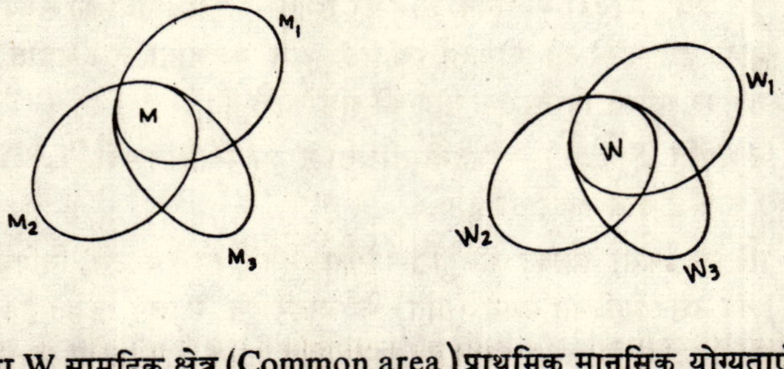

M तथा W सामूहिक क्षेत्र (Common area) प्राथमिक मानसिक योग्यताएँ हैं। इन्हीं प्राथमिक मानसिक योग्यताओं के आधार पर मनोवैज्ञानिकों ने विभिन्न

मानसिक आयामों (Dimensions) के लिए सामान्य सहमति व्यक्त की। ये योग्यताएँ पूर्ण स्वतन्त्र होती हैं लेकिन कुछ रूप में एक दूसरे से सह-सम्बन्ध स्थापित करती हैं।

थर्सटन ने खण्ड विश्लेषण के आधार पर छह प्रारम्भिक खण्डों का उल्लेख किया तथा यह सिद्ध किया कि बुद्धि न तो स्पीयरमैन के दो तत्त्वों में निहित है और न ही थार्नडाइक के बहुसंख्यक सिद्धान्त पर आधारित है।

1. संख्यात्मक खण्ड (Number Factor) (N)—गणितीय प्रकार्यों को शीघ्र एवं सही करने की योग्यता।
2. शाब्दिक खण्ड (Verbal Factor) (V)—शाब्दिक विचारों को समझने और उनके उपयोग करने की योग्यता।
3. क्षेत्र सम्बन्ध (Space Relations) (S)—किसी काल्पनिक स्थान पर किसी वस्तु के प्रहस्तन (Manipulation) कार्य करने की योग्यता।
4. स्मृति खण्ड (Memory Factor) (M)—शीघ्र अधिगम कर अविलम्ब याद करने की योग्यता।
5. तार्किक शक्ति (Reasoning Power) (R)—किसी नियम व सिद्धान्त को तर्क द्वारा खोजने की योग्यता।
6. शब्द प्रवाह खण्ड (Word Fluency Factor) (W)—असम्बन्धित शब्दों में तीव्रता से चिंतन करने की योग्यता।

यह कहना सत्य नहीं होगा कि ये विभिन्न प्राथमिक मानसिक योग्यताएँ एक दूसरे के क्षेत्र में प्रवेश नहीं करते हैं। थर्सटन ने पुनः अपने अनुसंधानों में कुछ अन्य प्राथमिक योग्यताओं का वर्णन किया है जिनमें (1) प्रत्यक्षीकरण की योग्यता (Perceptual ability), (2) निगमन योग्यता (Deductive ability), (3) आगमन योग्यता (Inductive ability), (4) समस्या समाधान योग्यता (Problem solving ability) आदि प्रमुख हैं। वर्ट तथा वर्नन और कोले ने भी सामान्य योग्यताओं का वर्गीकरण किया है।

5. प्रतिदर्श सिद्धान्त (Sampling Theory)

इस सिद्धान्त को प्रतिपादित करने वाले मनोवैज्ञानिक थामसन थे। स्पीयरमैन के द्वि-तत्त्व सिद्धान्त के विपरीत थामसन ने अपने प्रतिदर्श सिद्धान्त में व्यक्त किया कि एक सामान्य तत्त्व विभिन्न विशिष्ट तत्त्वों में सम्मिलित होता है। प्रत्येक अलग बुद्धि-परीक्षण में बौद्धिक तत्त्वों का एक विशिष्ट न्यादर्श ही सम्मिलित रहता है।

निम्नांकित चित्र में धन चिह्न मानसिक योग्यताओं को दर्शाते हैं, जबकि वृत्त दो अलग-अलग परीक्षण हैं जो प्रतिदर्श पर प्रसारित किए गए। परीक्षण "अ" में

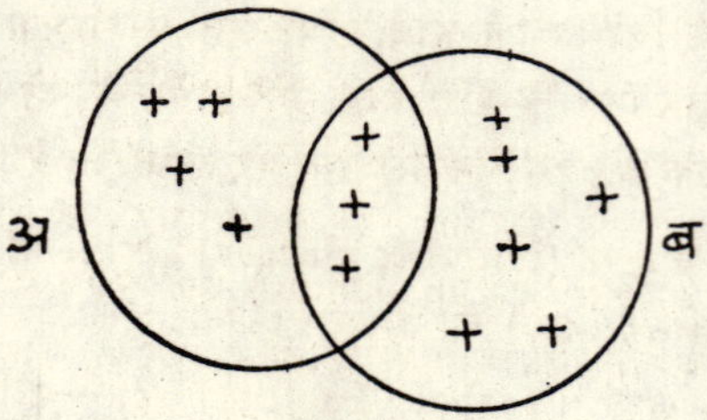

सात विशिष्ट कारकों के प्रतिदर्श एवं परीक्षण "ब" में नौ विशिष्ट कारकों के प्रतिदर्श सम्मिलित हैं। इन दोनों में तीन विशिष्ट कारक सामान्य हैं जिनमें धनात्मक सहसंबंध होता है। ये संयुक्त कारक ही किसी क्रिया में बुद्धि के वास्तविक स्वरूप की गणना करते हैं।

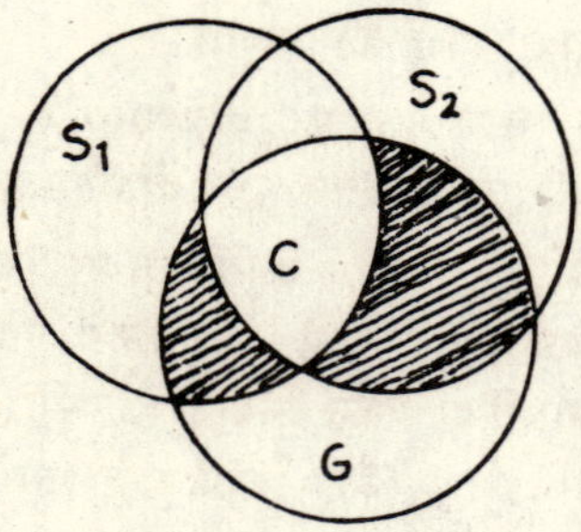

सामान्य तत्त्व का एक भाग ऐसा होता है जिसको सभी विशिष्ट तत्त्व भी आपस में बाँटते (Share करते) हैं। उपर्युक्त चित्र में 'S_1' तथा 'S_2' विशिष्ट कारक एवं 'G' सामान्य कारक हैं। रेखांकित भाग केवल एक विशिष्ट कारक द्वारा सामान्य कारक से सम्मिलित भाग है और 'C' सामान्य कारक का वह भाग है जो सभी (रेखांकित भाग) विशिष्ट कारकों द्वारा बाँटा जा रहा है। सभी बौद्धिक परीक्षणों में 'G' खण्ड मौजूद नहीं रहता। यह सामान्य खण्ड थामसन के सिद्धान्त में विशिष्ट कारकों के समाहित प्रतिदर्श पर निर्भर करता है। विभिन्न परीक्षणों में जो धनात्मक सह-संबंध पाए जाते हैं वह उन प्रतिदर्शों के या योग्यताओं के नमूनों की समाहरण (Overlaping) से स्पष्ट होते हैं।

6. गिलफोर्ड का सिद्धान्त (Guilford's Theory)

विभिन्न परीक्षणों के खण्ड-विश्लेषण के आधार पर गिलफोर्ड तथा उसके सहयोगियों ने बुद्धि की संरचना का प्रतिमान (Model) प्रस्तुत किया। इस प्रतिमान का व्यापक स्वरूप गिलफोर्ड ने सन् 1966 में निकाला। उनके अनुसार मन (Mind) तीन आयामों के संयोग से निर्मित हैं। अतः तीन मौलिक मानसिक योग्यताओं के आधार पर बुद्धि की संरचना व्याप्त है। ये आयाम (1) संचालन (Operations), (2) उत्पादन (Products), एवं (3) पाठ्यवस्तु (Contents) हैं। गिलफोर्ड के अनुसार बुद्धिमता के प्रत्येक आयाम को खण्ड विश्लेषण के द्वारा अलग किया जा सकता है। प्रत्येक आयाम के अन्तर्गत 120 घन (Cube) हैं। प्रत्येक घन एक कारक, या योग्यता को दर्शाता है तथा प्रत्येक कारक का वर्गीकरण संचालन, पाठ्यवस्तु एवं उत्पादन के माध्यम से किया जाता है। उदाहरण के लिए यदि कोई व्यक्ति गणित के प्रश्न हल करता है तो हल करने में तीन संचालन प्रयोग होते हैं—चिंतन, स्मृति एवं बोध। पाठ्यवस्तु में गणित के प्रतीक, आकार (Figure) आदि एवं उत्पादन के तीन आयामों में इकाइयाँ संबंध तथा निहितार्थ

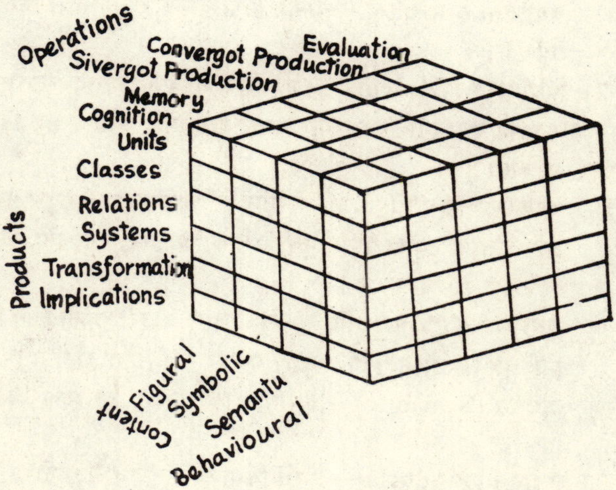

(Implications) का अनुमान लगाना है। बुद्धिमत्ता के तीन आयामों का वर्गीकरण निम्न रूप से वर्णित है तथा गिलफोर्ड द्वारा बुद्धि की संरचना को उपरोक्त प्रतिमान द्वारा दर्शाया गया है। तथा योग्यता को प्रक्रिया तथा बुद्धि का योग बताया है अर्थात—योग्यता = बुद्धि + प्रक्रिया।

गिलफोर्ड का बुद्धि प्रतिमान की संरचना (Guilford's Structure of Intellect Model)

(1) **संचालन** (Operations)– इसके आधार पर मानसिक योग्यताओं को निम्न पाँच मुख्य वर्गों में विभाजित किया गया है—

(अ) **ज्ञान** (Cognition)—अधिगम प्रक्रिया में ज्ञान की योग्यता को अधिक महत्त्वपूर्ण व्यावहारिक संचालन माना गया है।

(ब) **अपसारी चिन्तन** (Divergent thinking)—यह संचालन कार्य-कुशलता की सृजन शक्ति को स्पष्ट रूप.से विलिप्त रखता है। इसके द्वारा विभिन्न दिशाओं, ढूंढ़ और खोज की विभिन्नताओं में चिन्तन किया जाता है।

(स) **उपसारी चिन्तन** (Convergent thinking)—प्रदत्त सूचनाओं से उत्पन्न तथ्यों में उपसारी चिन्तन निहित होता है जिससे सन्तुष्ट परिणाम प्राप्त होकर अनुक्रिया का मापन किया जाता है।

(द) **स्मृति** (Memory)—प्रारम्भिक मानसिक प्रक्रिया का प्रत्यास्मरण एवं पहचान होती है।

(य) **मूल्यांकन** (Evaluation)—जो कुछ भी हम सत्यता, अच्छाई, पर्याप्तता से सीखते हैं मूल्यांकन द्वारा हम परिणाम तथा निष्कर्षों तक पहुँचते हैं।

(2) **विषयवस्तु** (Contents)—मानसिक तत्त्व का विषयवस्तु या पदार्थों के प्रकार के आधार पर वर्गीकरण किया जाता है। इसके आधार पर विषयवस्तु तीन प्रकार की होती है—

(अ) **आकारात्मक** (Figural) – इन्द्रियों के माध्यम से स्थूल पदार्थों का ज्ञान होता है। दृश्य पदार्थ एवं वस्तु का आकार, रंग, रूप, विषयवस्तु के संबंध में चिन्तन है।

(ब) **प्रतीकात्मक** (Symbolic)—विषयवस्तु अक्षरों, अंकों तथा चिह्नों के निश्चित चिन्तोक्त (Pattern) संगठन से निर्मित होता है।

(स) **अर्थगत** (Semantic)—अर्थगत विषयवस्तु शाब्दिक अर्थों या विचारों का स्वरूप है।

(3) **उत्पादन** (Products)—इसमें विचार चिन्तन के पश्चात उत्पादन के रूप में आते हैं। जब किसी संचालन को विषयवस्तु पर प्रयोग किया जाता है तो छः मुख्य प्रकार के उत्पादन संयुक्त रूप से कार्य कर सकते हैं। ये उत्पादक (1) इकाइयाँ, (2) श्रेणियाँ, (3) संबंध, (4) पद्धति, (5) रूपान्तरण एवं (6) निहितार्थ हैं। यही मुख्य उत्पादन के मुख्य तत्त्व हैं। बुद्धि के सिद्धान्तों में कोई

भी ऐसा सिद्धान्त उपलब्ध नहीं है जो सभी मनोवैज्ञानिकों का सर्वमान्य हो। इसका मुख्य कारण बुद्धि का अपना अस्पष्ट स्वरूप है।

बुद्धि का मापन
(Measurement of Intelligence)

बुद्धि का वास्तविक स्वरूप समझने के लिए बुद्धि संबंधी परीक्षणों का विकास हुआ है। शिक्षा के क्षेत्र में बुद्धि का जितना उपयोग होता है शायद ही अन्यत्र होता हो। मनोविज्ञान ने मानसिक परीक्षणों द्वारा व्यक्तियों का वर्गीकरण कर, शिक्षा के क्षेत्र में अद्वितीय परिवर्तन किया। मनोविज्ञान के कारण ही हम यह जान सके हैं कि एक बालक दस वर्ष की आयु में ही कम्प्यूटर से भी शीघ्र प्रश्नों का हल क्यों कर लेता है और दूसरा लगातार विद्यालय में शिक्षा ग्रहण करने पर भी बारह वर्ष की आयु में भी सरल से सरल प्रश्नों का भी हल नहीं कर सकता है। मनोविज्ञान ने बुद्धि मापन की अवधारणा को जन्म देकर बुद्धि को मापने वाली विभिन्न विधियों को बुद्धि परीक्षाओं के नाम से प्रचलित किया है।

बुद्धि परीक्षाओं का संक्षिप्त इतिहास
(Brief History of Intelligence Testing)

प्राचीन काल से व्यक्ति की योग्यता का अनुमान लगाने की हमेशा कुछ न कुछ चेष्टा अवश्य की जा रही है। तब इस बात का आभास अवश्य था कि व्यक्तियों में भिन्नता होती है परन्तु क्यों, इस बात को नहीं समझते थे। विद्वान को बुद्धिमान माना जाता था परन्तु विकास क्रिया के साथ यह ज्ञात हुआ कि "ज्ञान" से बुद्धि पृथक है। मनोवैज्ञानिकों ने इस भिन्नता के कारणों को अनेक प्रयोगात्मक एवं सैद्धान्तिक रूप से पहचानने का प्रयास किया। विद्वानों का मत था कि विचार, रुचि, संवेग आदि को अन्य भौतिक पदार्थों की भाँति मापना कैसे सम्भव हो सकता है। परन्तु थार्नडाइक के स्पष्टीकरण ने इस विचारधारा के विपरीत मनोवैज्ञानिकों को बुद्धि-मापन के लिए प्रोत्साहित किया। उनका विचार था कि जो कुछ वस्तु है वह एक मात्रा में विद्यमान है और वह मात्रा में है तो उसका मापन भी किया जा सकता है।

सन् 1772 में लवेटर का "आकृति-सामुद्रिक" (Physiognomy) तथा सन् 1807 में फ्रांस के गांल का "मस्तिष्क-विज्ञान" (Phrenology) अधिक प्रचलित था। लवेटर ने परीक्षणों के आधार पर चेहरे की आकृति के अनुरूप बुद्धि की व्याख्या की तथा विशिष्ट आकृति का सम्बन्ध विशिष्ट मानसिक गुणों के साथ बताया। गांल ने सिर के आकार के अनुसार बुद्धि की 26 मानसिक शक्तियों की

ओर ध्यान आकर्षित करवाया। सन् 1876 में इटली के प्रसिद्ध अपराधशास्त्र वैज्ञानिक लोमब्रोस ने इसका खण्डन करते हुए शरीर की विकृत आकृतियों को मानसिक एवं संवेगात्मक निर्बलताओं का कारण व्यक्त किया। फ्रांसिस गाल्टन (1875) ने शारीरिक संरचना के अंगों के आधार पर बुद्धि की व्यापकता का अध्ययन किया। मनोवैज्ञानिकों का बुद्धि-मापन का केन्द्र बिन्दु बाह्य शारीरिक संरचना का स्वरूप था। परन्तु कार्ल पियर्सन (1906) ने मुखाकृति, सिर की बनावट तथा विभिन्न शारीरिक अंगों का मानसिक योग्यता से सम्बन्ध को अपने अनुसंधान निष्कर्षों द्वारा असत्य सिद्ध किया। अतः शोधकर्ताओं का ध्यान शारीरिक शक्तियों की ओर आकर्षित हुआ। मनोवैज्ञानिक का यह मत स्पष्ट हुआ कि बुद्धि का ज्ञानेन्द्रियों की योग्यता से अत्यन्त घनिष्ट सम्बन्ध है। इसके साथ शारीरिक शक्ति को भी बुद्धि के मापन में संयुक्त किया गया। इन दोनों के पारस्परिक संयोग से बुद्धि की प्रखरता का सम्बन्ध स्थापित किया गया। मध्यम उँगली तथा मुट्ठी की शक्ति के आधार पर व्यक्ति की बुद्धि की तीव्रता का अनुमान लगाया गया। परन्तु यह कल्पना भी शीघ्र लुप्त होने लगी क्योंकि कई परीक्षणों में निर्बल ज्ञानेद्रियों की शक्ति वाले व्यक्ति तीव्र बुद्धि के थे। इसके विपरीत कई शक्तिशाली ज्ञानेद्रियों वाले व्यक्ति मन्द बुद्धि वाले निकले।

व्यक्ति की बुद्धि मापने की प्रविधियों का विकास प्रयोगशालाओं में सामान्य परिस्थितियों के नियंत्रण द्वारा किया जाने लगा। अमेरिका में कार्थेल तथा कैंटिल ने, यूरोप में बुण्ट ने परीक्षणशालाओं में व्यक्ति के व्यावहारिक एवं मानसिक क्रियाओं का अध्ययन किया। इंग्लैंड में स्पेन्सर, डार्विन तथा गाल्टन ने मानवीय गुणों के परीक्षण करने में वंशानुक्रम की समस्याओं का अत्यंत गहन एवं वैज्ञानिक अध्ययन किया। गाल्टन (1882) ने अनेक मापनियों एवं प्रश्नावलियों का निर्माण बुद्धि मापने के लिए किया। कैंटिल ने सन् 1890 में सर्वप्रथम "मानसिक परीक्षा" का प्रत्यय मनोवैज्ञानिकों के लिए प्रेरक के रूप में प्रस्तुत किया। अमेरिका के मनोवैज्ञानिक हॉल, किलपैट्रिक आदि ने बालकों की बुद्धि मापने में बाल अध्ययन आन्दोलन चलाया। जर्मन के एविंगधौस ने भी बुद्धि-मापन के लिए बुद्धि परीक्षणों के अंकगणित, स्मृति एवं वाक्यपूर्ति के प्रयोग का निर्माण किया।

बिने का ध्यान सन् 1895 में बुद्धि परीक्षा की ओर केन्द्रित हुआ तथा इससे पूर्व अध्ययनों को करते हुए कहा कि वे केवल इन्द्रिय संवेदना का ही परीक्षण करते हैं। बुद्धि परीक्षा के परीक्षण का क्षेत्र इससे कहीं अधिक व्यापक है। बुद्धि परीक्षा के जन्मदाता बिने ने सन् 1905 में बुद्धि परीक्षण का निर्माण किया, जिसमें उन्होंने बुद्धि परीक्षा के अन्तर्गत अनेक मानसिक योग्यताओं जैसे स्मृति, कल्पना, प्रतीक, अवधान आदि की संयोगिक अन्तःक्रिया को परीक्षण में सम्मिलित किया। बिने की बुद्धि-परीक्षण की सहायता से 16 वर्ष तक के लोगों की

बुद्धि का मापन किया जाता था। तत्पश्चात सन् 1908 तथा 1911 में इस परीक्षण के नवीन संस्करण पर्याप्त सुधार के उपरान्त प्रस्तुत किए गए। सन् 1916 में इसका संस्करण टरमैन ने स्टेनफोर्ड बिने के नाम से प्रकाशित किया। स्टेनफोर्ड बिने परीक्षण का पुनः संशोधन टरमैन तथा मेरिल ने सन् 1937 में किया। सभी परीक्षणों में बुद्धि लब्धि का मापन वास्तविक आयु के संदर्भ में किया गया। पुनः मेरिल तथा टरमैन ने 1960 में बुद्धि लब्धि की गणना के स्थान पर विचलन बुद्धि लब्धि का उपयोग किया जिसका सूत्र निम्न है—

$$DIQ = (IQ_x - IQ_y)K + 100$$

जहाँ DIQ = विचलन बुद्धि लब्धि

(Deviation Intelligence Quotient)

$$IQ_x = \frac{\text{मानसिक आयु (Mental Age)}}{\text{वास्तविक आयु (Chronological Age)}}$$

$$K = \frac{6}{\text{मानक विचलन (Standard Deviation)}}$$

इसके उपरान्त विभिन्न बुद्धि परीक्षणों का निर्माण व्यक्तिगत एवं सामूहिक परीक्षणों के लिए किए गए। भारत में भी आज कई महत्त्वपूर्ण बुद्धि परीक्षणों का निर्माण हुआ है।

बिने-परीक्षण एवं संशोधन (Binet Tests and Modifications)

बिने ने आयु के अनुसार मानसिक कार्यों की योग्यता का समीकरण स्थापित करने का प्रयास किया। कार्यों को करने की क्षमता विशेष उम्र के बालकों की मानसिक योग्यता मानी गई। असामान्य बालकों की शिक्षा समस्याओं का अध्ययन करने के लिए सर्वप्रथम सन् 1905 में बिने साइमन स्केल का निर्माण किया गया। इस परीक्षा में 30 प्रश्न थे। प्रश्नों की कठिनाई का स्तर उत्तरोत्तर बढ़ते क्रम में रखा गया। इन प्रश्नों में मानसिक क्रियाओं के अतिरिक्त तर्क, निर्णय तथा बोध आदि पर भी विशेष ध्यान दिया गया। सन् 1908 में इस प्रश्नावली का संशोधित संस्करण निकाला गया। उम्र के वर्ग के आधार पर ये परीक्षाएँ क्रमबद्ध कर मानसिक आयु का प्रत्यय (Concept) प्रस्तुत किया गया। मानसिक आयु का आधार प्रत्येक उम्र के सामान्य बालाकों की कार्यों को करने की क्षमता पर निर्भर होती है। अर्थात यदि किसी बालक की वास्तविक आयु 8 वर्ष की है और वह 10 वर्ष के बालकों के लिए निर्धारित परीक्षा को पास कर लेता है तो उसकी मानसिक आयु 10 वर्ष मानी जाएगी। बिने ने सन् 1911 में बुद्धि परीक्षा में संशोधन और परिवर्द्धन किया और प्रौढ़ स्तर तक परीक्षण का विस्तार किया गया।

बिने ने अपनी मापन-विधि में विभिन्न उम्र के बालकों के लिए पृथक-पृथक प्रश्नावलियों का निर्माण किया। उन्होंने 3 वर्ष से 15 वर्ष (11 व 13 वर्ष छोड़-कर) तक सभी बालकों की परीक्षा के लिए प्रश्नावलियाँ तैयार कीं। प्रत्येक प्रश्नावली की यह विशेषता थी कि 6 वर्ष का बालक जिस प्रश्नावली को हल कर लेता था उसे 5 वर्ष का बालक नहीं कर पाता था। प्रत्येक प्रश्नावली में प्रश्नों का निर्धारण बड़े न्यादर्श पर परीक्षा के उपरान्त बड़ी सावधानी से किया गया। सर्व-प्रथम बिने-साइमन ने ही बुद्धि-मापन का मनोवैज्ञानिक ढंग प्रस्तुत किया। इन परीक्षणों से स्पष्ट प्रतीत होता है कि बिने ने ज्ञान को बुद्धि का सूचक माना। उनका विचार था कि जिस व्यक्ति को जितना अधिक ज्ञान होगा उसकी बुद्धि उतनी ही अधिक होगी।

सन् 1916 में बिने की परीक्षणों का अमेरिका की परिस्थितियों में टरमन ने संशोधन किया। इसको स्टैनफोर्ड-बिने परीक्षण की मान्यता मिली जिसमें सर्वप्रथम बुद्धि लब्धि का प्रयोग किया गया। सन् 1937 में मैरिल की सहायता से इसमें भी आवश्यक संशोधन किए गए। इसमें परीक्षा-विधि बिने से अलग थी तथा प्रश्नों की संख्या भी बढ़ाई गई।

बुद्धि परीक्षणों के प्रकार (Types of Intelligence Tests)

विभिन्न आधारों पर बुद्धि परीक्षणों का वर्गीकरण किया गया है। जिनमें व्यक्तिगत बुद्धि परीक्षण तथा सामूहिक बुद्धि परीक्षण को प्रशासनिक आधार पर दो भागों में विभाजित किया गया है। भाषा के आधार पर शाब्दिक बुद्धि परीक्षण एवं अशाब्दिक बुद्धि परीक्षण दो प्रकार निश्चित किए गए। प्रारूप के आधार पर बुद्धि परीक्षणों के दो प्रकार गति बुद्धि परीक्षण तथा शक्ति बुद्धि परीक्षण हैं।

1. **व्यक्तिगत बुद्धि परीक्षण** (Individual Intelligence Test)—व्यक्तिगत बुद्धि परीक्षण वह परीक्षण है जिसमें एक समय में केवल एक ही व्यक्ति की बुद्धि का मापन किया जाता है। बिने-साइमन बुद्धि परीक्षा के अतिरिक्त ऐसे अनेक परीक्षणों का निर्माण किया गया है जिनके द्वारा व्यक्तिगत बुद्धि परीक्षण किया जाता है। इनमें "दि मिन्नेसोटा प्री-स्कूल स्केल", "दि वैशलर-वैलेविन इन्टेलिजेन्स टेस्ट", इत्यादि प्रसिद्ध हैं। इसके अतिरिक्त मैरिल का "मैरिल पामर स्केल", लेलैण्ड का "दि डैट्रोइट टेस्ट आफ लर्निंग एप्टिट्यूड" तथा गुण्डन औई का "ड्राइंग ए मैन टेस्ट" परीक्षण विभिन्न आयु स्तर के व्यक्तियों पर प्रसारित किए जाते हैं।

व्यक्तिगत बुद्धि परीक्षणों की विशेषताएँ

(1) व्यक्तिगत बुद्धि परीक्षण में पद क्रियातमक, शाब्दिक या अशाब्दिक

किसी भी प्रकार के हो सकते हैं। या तीनों प्रकार के पदों को भी सम्मिलित किया जा सकता है।

(2) पदों की विभिन्नता से बुद्धि का गहन अध्ययन किया जाता है।

(3) इस प्रकार के परीक्षण निर्देशन आदि के क्षेत्र में बुद्धि का मापन किया जाता है।

व्यक्तिगत बुद्धि परीक्षण की सीमाएँ

(1) इस परीक्षण में प्रशिक्षित परीक्षणकर्ताओं का अभाव होता है। अतः इनका उपयोग बहुत कम किया जाता है।

(2) परीक्षणों के प्रशासन और मानवीकरण में कठिनाई होती है।

(3) बुद्धि-मापन के इन परीक्षणों में धन एवं समय का व्यय अधिक होता है।

2. सामूहिक बुद्धि परीक्षण (Group Intelligence Test)—समय एवं प्रतिदर्श का आकार देखते हुए एक [illegible] बुद्धि परीक्षण की आवश्यकता हुई जो कम समय में बहुत से बालकों की बुद्धि का मापन कर सके। इस प्रकार के परीक्षणों का आविष्कार प्रथम विश्व युद्ध के समय हुआ। अमेरिका की सरकार सैनिकों को भर्ती करने के लिए बुद्धि परीक्षा के द्वारा मानसिक योग्यता को आधार बनाना चाहती थी। फौजी सैनिकों एवं अधिकारियों की अधिक संख्या को कम समय में शीघ्र भर्ती करना व्यक्तिगत बुद्धि परीक्षण से सम्भव न था। अतः मनोवैज्ञानिकों की समिति बनाकर सामूहिक बुद्धि परीक्षण का निर्माण किया गया। इस समिति ने आर्मी अल्फा तथा आर्मी बीटा बुद्धि परीक्षणों का निर्माण किया। शिक्षित व्यक्तियों के लिए आर्मी अल्फा तथा अशिक्षित व्यक्तियों के लिए आर्मी बीटा परीक्षण बनाए गए। ऐसे सामूहिक बुद्धि परीक्षणों से एक समय में अधिक व्यक्तियों का मापन किया जाता है। यही कारण है कि इन परीक्षणों का अधिक से अधिक प्रयोग आज भी किया जाता है। इन परीक्षणों को प्रसारित करने में विशेष प्रशिक्षण की अनिवार्यता नहीं है।

सामूहिक बुद्धि परीक्षण की उपयोगिता

(1) इन परीक्षणों में यह आवश्यक नहीं है कि अध्ययनकर्ता विशेष प्रशिक्षण प्राप्त हो।

(2) इन परीक्षणों का मानकीकरण (Standardized) एवं प्रशासन अधिक दुष्कर नहीं है।

(3) इन परीक्षणों का महत्त्व निर्देशन, व्यावसायिक व्यक्तियों के चयन एवं वर्गीकरण के लिए अधिक है।

(4) समय एवं धन की बचत होती है।

(5) कई व्यक्तियों की बुद्धि का मापन एक साथ सुलभ है।

सामूहिक बुद्धि परीक्षण की सीमाएँ

(1) व्यक्ति की बुद्धि का गहन अध्ययन इन परीक्षों से सम्भव नहीं है।
(2) बुद्धि की विश्वसनीयता एवं वैधता कम होती है।
(3) कम आयु के बच्चों या समस्यात्मक बालकों पर ये परीक्षण उपयुक्त नहीं हैं।

(3) **शाब्दिक बुद्धि परीक्षण** (Verbal Intelligence Test)—इस प्रकार के परीक्षण के पदों में भाषा का प्रयोग होता है। यह वह बुद्धि परीक्षण है जिसमें व्यक्ति की बुद्धि का मापन शाब्दिक प्रश्नों के द्वारा मौखिक या लिखित रूप में प्रत्युत्तर प्राप्त कर करते हैं। यह परीक्षण पेपर-पेन्सिल होने के कारण व्यक्तिगत अथवा सामूहिक स्तर पर किया जा सकता है। भाषा के आधार पर परीक्षण विश्वसनीय अवश्य होते हैं परन्तु इसका उपयोग कम होता है। अतः इन परीक्षणों कोकेवल उन्हीं व्यक्तियों पर कर सकते हैं जो प्रश्नों तथा भाषा को समझ सकते हों।

(4) **अशाब्दिक बुद्धि परीक्षण** (Non-verbal Intelligence Test)—जिन बुद्धि परीक्षणों में शब्दों और भाषा का प्रयोग नहीं होता है, अशाब्दिक बुद्धि परीक्षण कहलाते हैं। इन परीक्षणों में रेखाचित्र, चित्र, वस्तुओं एव निर्जीव पदार्थ आदि का प्रयोग किया जाता है। अशिक्षित, अन्धे, गूँगे, बहरे आदि सभी की बुद्धि का मापन समस्यात्मक स्थिति या व्यावहारिक कार्य द्वारा किया जाता है। परीक्षणों की रचना अति कुशल, प्रवीण एवं प्रशिक्षित वैज्ञानिकों द्वारा ही करवाई जाती है। क्रियात्मक बुद्धि परीक्षाएँ एवं अशाब्दिक बुद्धि परीक्षण बुद्धि मापन के एक ही प्रारूप हैं इनसे व्यक्तिगत या सामूहिक दोनों बुद्धि परीक्षण संभव हैं।

(5) **क्रियात्मक परीक्षण** (Performance Test)—क्रियात्मक परीक्षा का निर्माण निरक्षरों या उन लोगों के लिए किया गया जो भाषा में कठिनाई का अनुभव करते हैं। इसमें चित्रों, बिखरी आकृतियों तथा मूर्त वस्तुओं का प्रहस्तन (Manipulation) किया जाता है। इस परीक्षण को सर्वप्रथम सैग्यून ने फॉर्म बोर्ड का निर्माण करके किया था। इसमें एक तख्ते पर कई प्रकार की आकृतियाँ कटी होती हैं तथा व्यक्ति को टुकड़ों की आकृतियों को कम से कम समय में उपयुक्त स्थान पर बैठाना पड़ता है। इस परीक्षण में पिन्टनर-पीटरसन स्केल का निर्माण सर्वप्रथम अधिक प्रचलित हुआ, जिसमें 15 आकृति फलकों का उपयोग होता है। यह 4 वर्ष के बालक से लेकर 16 वर्ष तक के बालकों पर प्रयोग किया जा सकता था। आजकल "रेविन प्रोग्रेसिव मैट्रिक्न्स टेस्ट" का प्रयोग अधिकतर होता है। इसमें ज्यामिति के आकार एवं रचनाएँ होती हैं। प्रयोज्य आकृतियों के ठीक पारस्परिक सम्बन्धों को ढूंढ़ता है तथा सही आकृति छाँटकर क्रम को पूर्ण करने के

लिए चुनना पड़ता है। भूल-भुलैया तथा ब्लॉक डिजाइन, गुडइनॉफ ड्राइंग टेस्ट आदि परीक्षण भी इसी श्रेणी के अन्तर्गत आते हैं। इसके द्वारा गूंगे, बहरे, अन्धे, अशिक्षित आदि की परीक्षा होती है।

व्यक्तियों की बुद्धि परीक्षा में इन परीक्षणों का सबसे अधिक महत्त्व है। जो बालक परीक्षणकर्ता से आमने-सामने होने में डरते या झिझकते हैं, अथवा विदेशी बालक जो भाषा को समझने में कठिनाई का अनुभव करते हैं, उसका क्रियात्मक परीक्षण द्वारा मापन किया जाता है। कुछ क्रियात्मक परीक्षणों में भाषा की भी समस्या नहीं होती है। क्रियात्मक परीक्षण सम्भावना सफलता (Chance success) और अभ्यास प्रभाव (Practice effect) कारकों द्वारा सुगम्य हो जाते हैं अतः विश्वसनीयता गुंणाक कम होता है।

(6) **गति परीक्षण** (Speed Test)—इसमें किसी कार्य या शाब्दिक प्रहस्तन में मानसिक क्रियाओं की गति का मापन किया जाता है। समस्त प्रश्न या समस्यात्मक कार्यों की कठिनाइयों का स्तर समान होता है। उन्हें निश्चित समय में हल अथवा पूर्ण करना पड़ता है। गति परीक्षण में यह देखा जाता है कि निश्चित अवधि में कितने अधिक सही उत्तर दिए गए हैं, उसी के अनुसार बुद्धि मापन की गणना की जाती है।

(7) **शक्ति-परीक्षण** (Power Test)—मानसिक क्रियाएँ अनेक क्षेत्रों से सम्बन्धित होती हैं। इस परीक्षण में एक विशेष क्षेत्र से सम्बन्धित शक्ति की परीक्षा ली जाती है जिसमें समय का कोई प्रतिबन्ध नहीं होता है। प्रश्न की रचना इस तरह की जाती है कि सर्वप्रथम सरलतम प्रश्न तथा उसके उपरान्त क्रमशः प्रश्नों की कठिनाई या जटिलता उत्तरोत्तर बढ़ती जाती है।

वैयक्तिक एवं सामूहिक बुद्धि परीक्षणों में अन्तर
(Difference Between Individual and Group Intelligence Tests)

व्यक्तिगत एवं सामूहिक बुद्धि परीक्षणों का तुलनात्मक अन्तर निम्न प्रकार से है।

व्यक्तिगत परीक्षण	सामूहिक परीक्षण
1. परीक्षण एक समय में एक ही व्यक्ति पर किया जाता है।	1. एक समय में अनेक व्यक्तियों पर प्रयुक्त होता है।
2. परीक्षण में प्रशासन, समय एवं मूल्यांकन की कठिनाइयाँ सदैव विद्यमान रहती हैं।	2. सामूहिक परीक्षण अधिक खर्चीले नहीं होते हैं तथा प्रशासन एवं मूल्यांकन में भी सरलता तथा शीघ्रता रहती है।

3. समय पर प्रतिबन्ध नहीं है परन्तु व्यक्तिगत समय पर ध्यान दिया जाता है।	3. समय की अवधि पूर्ण निश्चित कर सभी परीक्षार्थियों को समान समय दिया जाता है।
4. शाब्दिक प्रतिक्रिया या वस्तुओं का प्रहस्तन होता है।	4. लिखित प्रतिक्रिया तथा प्रायः सभी प्रहस्तन व्यावहारिक होते हैं।
5. अध्ययनकर्ता का विशिष्ट प्रशिक्षित होना आवश्यक है।	5. अनुभवी मूल्यांकन करने वाला परीक्षक होना चाहिए।
6. व्यक्तिगत परीक्षण वैयक्तिक गुणात्मक क्रिया को प्रदान करते हैं।	6. ये परीक्षण उन प्रौढ़ या बड़े बच्चों के लिए उपयुक्त हैं जो पढ़-लिख नहीं सकते हैं।
7. ये परीक्षण अधिक उपयोगी एवं विश्वसनीय होते हैं तथा बुद्धि मापन में सूक्ष्म अध्ययन करते हैं।	7. इनकी विश्वसनीयता एवं उपयोगिता कम है तथा व्यक्ति की गतिशीलता और पढ़ने की योग्यता से प्रभावित हो सकते हैं।
8. मानसिक रूप से असामान्य व्यक्ति तथा बच्चों के लिए ये परीक्षण अधिक उपयुक्त हैं परन्तु पृष्ठपोषण (Feedback) की समस्या बनी रहती है।	8. सामान्य व्यक्ति समुदाय के लिए उपयुक्त हैं प्रेरणा या अवधान की कोई समस्या नहीं है।
9. व्यक्तिगत परीक्षणों की संरचना मानसिक क्रियाएँ को विशिष्ट उद्देश्य से जोड़ना और उनका वातावरण से अद्वितीय समायोजन एक जटिल कार्य है।	9. इनकी विशिष्ट संरचना करना अपेक्षाकृत सरल कार्य है।
10. शिक्षा एवं मनोविज्ञान में निदानात्मक परीक्षा का व्यक्तिगत बुद्धि परीक्षा के अन्तर्गत अधिक महत्त्व है।	10. विशिष्ट योग्यताओं की परीक्षा में इस विधि का अधिक महत्त्व है।
11. मनोचिकित्सा विज्ञान, प्रयोगात्मक मनोविज्ञान आदि में अनुसंधान कार्य के अत्यन्त	11. समूहों की तुलना, सामाजिक मनोविज्ञान एवं सामूहिक व्यवहार के अनुसंधानों में इन

आवश्यक विधि है।	परीक्षणों को उपयोगिता है।
12. प्रशासन की अनौपचारिकता अधिक होती है।	12. प्रशासन की औपचारिकता बनी रहती है।

भारत में बुद्धि परीक्षा (Intelligence Testing in India)

भारत में बुद्धि परीक्षण का विकास काफी समय पश्चात हुआ। जो कुछ भी कार्य इस क्षेत्र में अब तक हुआ है वह भी सराहनीय एवं सन्तोषप्रद नहीं लगता। भारत की परिस्थिति, क्षेत्र, संस्कृति आदि में इतनी विविधता है कि बुद्धि परीक्षण की एकरूपता को प्राप्त करना बहुत ही कठिन कार्य है। इस कार्य में अन्य निम्न प्रमुख कारकों की अधिकता है—

1. बालकों की वास्तविक आयु की यथार्थता संदिग्ध रहती है। छात्र-छात्राएँ सही आयु को विद्यालयों में अंकित नहीं करवाते हैं।
2. अभिभावक या माता-पिता बुद्धि परीक्षण के महत्त्व एवं उपयोगिता से अनभिज्ञ हैं।
3. क्षेत्रीयता, भाषा, धार्मिक भेदभाव, संस्कृति, सामाजिक विविधता आदि कई कारण ऐसे मौजूद हैं जिसके फलस्वरूप सभी बालकों का एक समान बुद्धि मापन नहीं किया जा सकता है और न ही एक समान बुद्धि परीक्षण की रचना की जा सकती है।
4. बुद्धि परीक्षा के कार्यान्वयन में अधिक धन व्यय होता है अतः नवीनतम अन्वेषणों में कठिनाइयां उत्पन्न होती हैं।
5. प्रशिक्षित एवं अनुभवी मनोवैज्ञानिकों का अभाव है। जो भी प्रशिक्षण केन्द्र या प्रयोगशालाएँ उपलब्ध हैं उनमें मनोवैज्ञानिकों एवं उच्च स्तर का पर्याप्त अभाव है।

उपर्युक्त कारकों को मद्देनजर रखते हुए बुद्धि परीक्षा के क्षेत्र में बहुत कम प्रगति हुई है। जो भी परीक्षण बुद्धि मापन में प्रयोग किए जाते हैं वे या तो अन्य देशों के परीक्षणों के अनुवाद हैं या उनका तनिक संशोधित रूप है।

बुद्धि परीक्षा के सम्बन्ध में सर्वप्रथम हबर्ट राइस ने सन् 1921 में महत्त्व-पूर्ण कार्य किया। उन्होंने पंजाब के 5 से 16 वर्ष के 1070 बालकों के प्रतिदर्श पर परीक्षण करके "इंडियन बिने परफोरमेन्स प्वाइन्ट स्केल" का निर्माण किया तत्पश्चात अनेक अन्य मनोवैज्ञानिक कामथ (1935), सिल्वा (1942), जलोटा एवं टण्डन (1961), भाटिया (1955) आदि ने इस क्षेत्र में कार्य किया। कामथ ने कन्नड़ और मराठी भाषाओं में बुद्धि परीक्षण निर्मित की। डा० जोशी (1960) ने 12 से 19 वर्ष तक के किशोरों के "सामान्य मानसिक योग्यता परीक्षा" का निर्माण किया जिसमें 100 प्रश्न सात प्रकार के हैं। 100 प्रश्नों वाली "साधारण

मानसिक योग्यता" डा० जलोटा ने 12 से 16 वर्ष तक के विद्यार्थियों के लिए बनाई। डा० भाटिया ने 11 से 16 वर्ष तक के लिए "भाटिया बैट्री" का निर्माण क्रियात्मक परीक्षा के प्रकार पर किया। यह परीक्षा भारतीय परिस्थितियों के अनुकूल अधिक लोकप्रिय है। इसके अन्तर्गत पाँच परीक्षण हैं—(1) कोज ब्लाक डिजाइन टेस्ट, (2) एलेक्जेण्डर पाँच-ए लांग टेस्ट, (3) पैटर्न ड्राइंग टेस्ट, (4) इमिडियेट मेमोरी टेस्ट, तथा (5) पिक्चर कान्सट्रक्सन टेस्ट।

इनके अतिरिक्त मोलिना घोष (1970) का "एडेप्टेशन ऑफ गुडइनाफ ड्रा ए मैन टेस्ट", मजूमदार (1964) का "एडेप्टेशन ऑफ बैचलर ऐडल्ट स्केल", चटर्जी और मुकर्जी (1967) का "नॉन लैंग्वेज टेस्ट ऑफ इंटेलीजेंस" इत्यादि प्रमुख हैं। स्टैनफोर्ड बिने के परीक्षणों का हिन्दी रूपान्तरण पटना ट्रेनिंग कालेज द्वारा तथा मद्रास के लेडी विलिंगटन ट्रेनिंग कालेज द्वारा इसका तमिल-तेलुगू में रूपान्तरण किया गया है। इस क्षेत्र में "ब्यूरो ऑफ साइकोलॉजी" इलाहाबाद काफी महत्त्वपूर्ण एवं उपयोगी कार्य करने में सक्षम भूमिका निभा रहा है।

मानसिक आयु एवं बुद्धि लब्धि
(Mental Age and Intelligence Quotient)

बिने के द्वारा मानसिक आयु का प्रत्यय विकसित हुआ। इसके विकास कार्य की धारणा में बुद्धि परीक्षा अधिक अर्थपूर्ण व उपयोगी साबित हुई। मानसिक आयु किसी व्यक्ति की क्रियात्मकता की ऐसी अभिव्यक्ति है जो उसके विकास कार्यों की सीमा निर्धारित करती है और किसी अवस्था विशेष में अपेक्षित है। इसका सारांश यह है कि यदि कोई 7 वर्ष की उम्र का बालक परीक्षण में अपनी उम्र के ही सामान्य बालकों की भाँति समान कार्य करने में सफल होता है तो उसकी मानसिक आयु 7 वर्ष बताई जाएगी। यदि बालक अपने से कम आयु वाले बालकों की परीक्षा पास कर पाता है तो उसकी मानसिक आयु कम होगी अर्थात उसकी योग्यता के अनुसार बुद्धि कम है और यदि अपनी आयु के लिए निर्धारित परीक्षा पास कर लेता है तो उसकी बुद्धि सामान्य होगी। इस क्रम में यदि वह अपनी आयु से अधिक आयु वाले बालकों की परीक्षा उत्तीर्ण कर लेता है तो उसकी बुद्धि श्रेष्ठ समझी जाएगी अर्थात जिस वर्ष के बालकों के लिए बुद्धि परीक्षण कोई बालक उत्तीर्ण कर लेता है वही उसकी मानसिक आयु होती है। इससे किसी व्यक्ति की मानसिक परिपक्वता का आभास होता है। संक्षेप में यह कह सकते हैं कि एक आयु विशेष में अपेक्षित क्रियाविधि के विकास की सीमा मानसिक आयु का संकेत है। बालक की आयु वृद्धि के साथ मानसिक योग्यताओं में भी परिपक्वता बढ़ती है। एक व्यक्ति की मानसिक परिपक्वता का विकास जितना अधिक होगा उसकी मानसिक आयु भी उसी के समानुपाती होगी।

बिने ने मानसिक आयु ज्ञात करने के लिए निर्धारित प्रश्नों के उत्तरों की गणना के उपरान्त यह निर्णय लिया कि यदि कोई 6 वर्ष का बालक अपनी अवस्था के सभी प्रश्नों को हल कर लेता है तथा 7 वर्ष के लिए निर्धारित प्रश्नों में दो प्रश्न और 8 वर्ष के एक प्रश्न को हल कर लेता है तो उसकी मानसिक आयु $6+2/5+1/5=6\frac{3}{5}$ वर्ष होगी, अर्थात बड़ी अवस्था की प्रश्नावली के प्रत्येक प्रश्न के लिए बिने 1/5 वर्ष मानसिक आयु जोड़ देते हैं।

बुद्धि लब्धि (Intelligenee Quotient : I.Q.)

किसी भी बालक की मानसिक अभिवृद्धि की मात्रा प्रदर्शित करने को बुद्धि लब्धि कहते हैं। किसी व्यक्ति के पास जितनी बुद्धि की मात्रा होती है वही बुद्धि लब्धि है। सूर्न ने सर्वप्रथम मानसिक लब्धि (Mental Quotient) प्रत्यय का प्रयोग किया। उनका तात्पर्य यह था कि वास्तविक आयु के अनुसार परीक्षणों को करने से मानसिक योग्यता कैसे प्राप्त की जा सकती है। टरमन ने बुद्धि लब्धि शब्द के विचार को अनुपात के रूप में प्रस्तुत किया। यह अनुपात मानसिक शारीरिक आयु का मानसिक आयु में भाग देने पर प्राप्त होता है। इस अनुपात को 100 से गुणा करने पर जो मान निकलता है उसे बुद्धि लब्धि की संज्ञा दी गई। यदि किसी बालक की शारीरिक आयु 8 वर्ष है और वह 12 वर्ष की आयु के सभी परीक्षण पदों (Test items) को सफलतापूर्वक हल कर देता है तो उसकी बुद्धि लब्धि की गणना निम्न रूप से की जाएगी :

$$\text{बुद्धि लब्धि (I. Q.)} = \frac{\text{मानसिक आयु}}{\text{वास्तविक आयु}} \times 100$$

$$= \frac{12}{8} \times 100 = 150$$

स्टर्न, टरमन तथा उनके साथियों ने सामान्य विकृत, प्रखर बुद्धि वाले बालक एवं प्रौढ़ों पर कई वर्षों तक अध्ययन किए। सन् 1916 में निर्मित स्केल में कुल 90 प्रश्नों में 54 पद सन् 1911 के बिने बुद्धि परीक्षण से, 5 इससे पूर्व वाले परीक्षण से, 4 अन्य अमेरिका के परीक्षणों से तथा 27 नए पद को लिया गया। 1937 में पुनः नवीन संस्करण में उच्च एवं निम्न अवस्थाओं के आधार पर 129 पदों को अलग-अलग तीन प्रत्येक वर्गों के लिए चुना गया। इस प्रकार 10 वर्षों के लगातार परीक्षणों एवं अथक प्रयास के बाद बुद्धि परीक्षण का नवीन परिवर्तित संस्करण तैयार किया गया। सन् 1960 के नवीनतम संस्करण में 1937 की भाँति आयु स्तरों के लिए प्रश्नों की संख्या सुनिश्चित है। यह 2 वर्ष की आयु से लेकर प्रतिभाशाली प्रौढ़ों तक की की जा सकती है। इसमें सर्वोच्च मान-

सिक आयु की गणना 22 वर्ष 10 माह तक हो सकती है। 18 वर्ष से अधिक आयु वाले व्यक्ति की इस परीक्षा द्वारा यदि मानसिक आयु 15 वर्ष 9 माह ज्ञात होती है तो उसकी बुद्धि लब्धि 100 या सामान्य मानी जाती है। यह परिणाम साधारण बुद्धि लब्धि न रहकर विचन बुद्धि लब्धि कहलाता है। यह एक मानक अंक होता है।

राबिन्सन टरमन तथा मैरिल ने स्टेनफोर्ड-बिने परीक्षण के आधार पर बुद्धि लब्धि का वितरण निम्न रूप से स्वीकार किया। इसमें प्रतिभा की मात्रा भी अंकित की गई है।

बुद्धि लब्धि	प्रतिशत	वर्गीकरण	विशेषता
160-169	.03	अत्युत्कृष्ट	प्रतिभाशाली
150-154	.02	(Very superior)	(Genius)
160-144	1.1		प्रखर बुद्धि तीव्र बुद्धि
130-139	3.1	उत्कृष्ट	
120-129	8.2		
110-119	18.1	सामान्य से ऊपर	
100-109	23.5	सामान्य (average)	सामान्य बुद्धि
90-99	23.0		
80-89	14.2	सामान्य से नीचे	मन्द बुद्धि (dull)
70-79	5.6	हीन बुद्धि सीमा	निर्बल बुद्धि (feeble mind)
60-69	2		मूर्ख (Moron)
50-59	.4	मानसिक रूप से दूषित	मूढ़ (Imbecile)
40-49	.2	(Mentally defective)	जड़ (Idiot)
30-39	.03		

बुद्धि अभिवृद्धि के निर्धारक तत्त्व
(Determinants of Intelligence Growth)

बुद्धि परीक्षा से यह परिणाम प्राप्त होते हैं कि बालक की अभिवृद्धि के साथ बुद्धि भी बढ़ती है। मनोवैज्ञानिकों की बुद्धि लब्धि के बारे में दो धारणाएँ हैं। एक समूह के अनुसार बुद्धि लब्धि बहुत धीमें परिवर्तित होती है और कई वर्षों तक स्थिर भी रहती है। दूसरा समुदाय यह मानता है कि निश्चित प्रयास से बुद्धि लब्धि प्रभावित हो सकती है। इन दोनों समुदाय के मनोवैज्ञानिकों ने अनेक बुद्धि परीक्षणों के आधार पर मानसिक क्रियाओं की विकास प्रक्रिया में अनेक निष्कर्ष

प्राप्त किए। इन सभी परिणामों के आधार पर यह निर्णय निकाला जा सकता है कि (1) विभिन्न अवस्थाओं में बुद्धि लब्धि एक ही सापेक्षित योग्यता प्रदर्शित करती है, (2) एक प्रयोज्य का बुद्धि लब्धि प्रतिशत, मापन की त्रुटियों का उपेक्षित कर एक आयु से दूसरी आयु तक वही होता है जब तक कि योग्यता में कोई परिवर्तन न हो और (3) बुद्धि लब्धि में किया गया परिवर्तन उसी स्तर में उतनी ही परिवर्तन की नात्रा को प्रदर्शित करता है। इसमें प्रयोज्य की योग्यता के स्तर पर ध्यान नहीं दिया जाता है।

किस स्तर पर बुद्धि की वृद्धि रुक जाती है इसका ठीक-ठीक अनुमान लगाना बहुत ही कठिन है। पिण्डर का मत है कि 14 तथा 22 वर्ष के मध्य कभी भी बुद्धि का विकास रुक सकता है। टरमन का मत है कि 16 वर्ष की आयु में उच्चतर माध्यमिक विद्यालय के बालक बुद्धि के विकास के चरम सीमा पर पहुँच जाते हैं। व्यक्ति का बौद्धिक विकास 30 वर्ष के उपरान्त भी संभव है परन्तु चरम सीमा पर बुद्धि का विकास रुक जाने से व्यक्ति में किसी भी प्रकार की बौद्धिक अभिवृद्धि नहीं हो सकती। नवीन परिस्थितियों को हल करने की योग्यता अब 30 वर्ष में भी 16 वर्ष की ही होगी। वास्तव में बुद्धि नहीं बढ़ती है बल्कि ज्ञान का विकास होता है। ज्ञान, बुद्धि के विपरीत एक अर्जित शक्ति है। बुद्धि एक जन्मजात बौद्धिक योग्यता है और इसकी आगे चरम बिन्दु के पश्चात वृद्धि की संभावना नहीं रहती।

1. वातावरण (Environment)—वातावरण का बुद्धि के विकास पर अद्वितीय प्रभाव पड़ता है। विभिन्न अध्ययनों के परिणामों से अवगत होता है कि बुद्धि के विकास में वातावरण एक महत्त्वपूर्ण कारक है। स्टाक और स्मिथ (1963) ने यह ज्ञात किया कि जिन शिशुओं को उपक्रम आहार नहीं मिलता है उनकी बुद्धि लब्धि करीब 20 अंकों तक कम हो जाती है। सन् 1927 में फ्रीमैन ने अनाथ बच्चों पर प्रयोग करके उनकी बुद्धि लब्धि का मापन किया जिसका मध्यमान 101.4 था। इसके पश्चात इन्हें सुसंस्कृत व अच्छे वातावरण में रखा गया। वातावरण के प्रभाव से कुछ समय बाद उनकी बुद्धि लब्धि में 10 अंकों तक की वृद्धि हुई। कैण्डोल का प्रयोग भी इसी तथ्य की पुष्टि करता है।

2. वंशानुक्रम (Heredity)—थार्नडाइक के अनुसार, "बालक अपनी मूल शक्तियों को वंशानुक्रम से प्राप्त करता है, विशेषकर बुद्धिमत्ता तथा अन्य मानसिक योग्यताएँ।" बर्ट (1966), मुनसिंगर (1975) आदि के अनेक अध्ययनों से इस बात की पुष्टि होती है कि बुद्धि पर वंशानुक्रम का महत्त्वपूर्ण प्रभाव पड़ता है। गाल्टन ने 977 विद्वानों के अध्ययन से ज्ञात किया कि इनके 535 बड़े प्रसिद्ध सम्बन्धी निकले। 977 साधारण व्यक्तियों के अध्ययन से पता लगा कि उनके केवल 4 सम्बन्धी प्रखर बुद्धि के थे।

3. बुद्धि एवं लिंग (Intelligence and Sex)—बुद्धि परीक्षाओं के अध्ययनों से यह पता चलता है कि लड़कियों की बुद्धि 17 या 18 वर्ष तक लड़कों की अपेक्षा अधिक होती है। यह भी देखा गया कि लड़कों का स्तर बौद्धिक कौशलों में लड़कियों की अपेक्षा अधिक तथा लड़कियों का प्रत्यक्षात्मक कौशलों तथा भाषा विज्ञान में लड़कों से उत्तम होती है। मैकमीकेन (1939) के अध्ययन से पता चलता है कि लड़कियों की शैक्षिक उपलब्धियाँ लड़कों से श्रेष्ठ होती हैं।

4. बुद्धि एवं जन्म प्रक्रिया (Intelligence and Birth Process)—अध्ययनों के निष्कर्षों से ज्ञात होता है कि पहली सन्तान अन्य सन्तानों की अपेक्षा अधिक बुद्धिमान होती है। यह भी देखा गया है कि अक्टूबर से फरवरी माह तक पैदा होने वाले बच्चों की बुद्धि, मार्च से सितम्बर महीने में होने वाले से अपेक्षाकृत कम होती है। अपरिपक्व जन्मे हुए बच्चों की बुद्धि का विकास उपयुक्त ढंग से नहीं होता है। परन्तु होवर्ड और वोरेल (1952) के अध्ययन के आधार पर अपरिपक्व पैदा हुए बच्चों की बुद्धि अन्य बच्चों की अपेक्षा अधिक तीक्ष्ण होती है।

5. बुद्धि तथा समुदाय (Intelligence and Community)—मनोवैज्ञानिकों ने विभिन्न समुदायों पर बुद्धि की तुलना की। डा० भाटिया ने विभिन्न जातियों पर इसका अध्ययन किया। उन्होंने 642 प्रतिदर्श के 139 ब्राह्मण, 72 क्षत्रिय, 42 वैश्य, 65 क्रिश्चियन, 121 कायस्थ, 120 मुसलमान, 31 परिगणित तथा 61 अन्य जातियों के लोगों की बुद्धि लब्धि निकाली। औसत बुद्धि लब्धि की गणना के आधार पर ब्राह्मण 97.86, क्षत्रिय 90.39, वैश्य 98.19, क्रिश्चियन 104.3, कायस्थ 101.18, मुसलमान 99.33 और परिगणित जाति का 98.61 थे। जाति के समान परिवार का भी प्रभाव बुद्धि के विकास पर पड़ता है। स्काट और निस्बत (1973) के अध्ययन के आधार पर वृहद परिवार बौद्धिक विकास को ऋणात्मक रूप से प्रभावित करता है। अर्थात जितनी अधिक बच्चे की देख-रेख तथा उसे सुविधाएँ उपलब्ध हों उसकी बुद्धि का विकास अन्य बच्चों की अपेक्षा अधिक होगा। इस परिप्रेक्ष्य में बच्चे का स्वास्थ्य जितना अच्छा होगा उसी रूप में उसकी बुद्धि का विकास भी संभव होता है। जानसन (1969) ने बौद्धिक योग्यता की साहचर्यात्मक अधिगम की तुलना में श्वेत तथा काले अमेरिकन में कोई अन्तर नहीं पाया, जबकि अमूर्त चिन्तन में इन दोनों प्रजातियों में स्पष्ट अन्तर बनाए, तथा श्वेत अमेरिकन की काले अमेरिकन लोगों की अपेक्षा 15 अंक बुद्धि अधिक होती है। बुद्धि लब्धि में 80% तक परिवर्तन, वंशानुक्रम के कारण होते हैं। स्कोदक और स्कील्स (1949) के अनुसार गोद लिए हुए बच्चों की बुद्धि लब्धि में 20 अंकों तक वृद्धि हो जाती है।

6. बुद्धि तथा व्यवसाय (Intelligence and Occupation)—हन्ट

(1969) के अध्ययन से पता लगता है कि बुद्धि लब्धि पर सामाजिक-आर्थिक स्तर का अधिक प्रभाव पड़ता है। यह बुद्धि में अन्तर कुछ ही वर्षों में स्पष्ट प्रदर्शितहोने लगता है। किसी परिवार में माता-पिता के व्यवसाय की तुलना बुद्धि लब्धि से करने पर प्रतीत होता है। उच्च व्यवसाय वाले माता-पिता के बच्चों की बुद्धि भी उच्च होती है। स्टेनफोर्ड-बिने परीक्षणों द्वारा टरमन और मैरिल ने यह सिद्ध किया कि शिक्षक तथा उच्च पद प्राप्त व्यक्तियों की बुद्धि किसान तथा मजदूरों की अपेक्षा अधिक होती है। अतः बुद्धि लब्धि में भी उसी अनुपात में अन्तर पाया जाता है। क्योंकि बुद्धि का व्यवसाय से सीधा सम्बन्ध है। अतः बुद्धि आदर्श एवं नैतिकता से भी जुड़ी है। चेसेल ने यह निष्कर्ष निकाला कि बुद्धि तथा नैतिकता में .70 सह-सम्बन्ध गुणांक होता है। अधिकतर सुसंस्कृत एवं अच्छे वातावरण में नैतिकता एवं उच्च आदर्शों के साथ बुद्धि का विकास भी होता है।

बुद्धि परीक्षणों के उपयोग (Uses of Intelligence Tests)

वर्तमान समय में बुद्धि परीक्षणों की सभी क्षेत्रों में उपयोगिता बढ़ गई है। सफल जीवन के लिए बुद्धि की बहुत अधिक महत्ता एवं उपयोगिता दिन-प्रतिदिन बढ़ती ही जा रही है। नवीनतम समस्याओं को हल करने तथा वातावरण के साथ समायोजना में बुद्धि का अत्यन्त महत्त्वपूर्ण योग है अतः निम्न प्रमुख क्षेत्रों में इसकी उपयोगिता का वर्णन किया गया है—

(1) **मन्द बुद्धि बालकों को परिभाषित करने में**—बुद्धि परीक्षणों के निर्माण से मन्द बुद्धि बालकों के वास्तविक स्तरों को परिभाषित करना आसान हो गया है। एक ही कक्षा में पढ़ने वाले छात्रों में से इस परीक्षण के आधार पर उनका वर्गीकरण किया जा सकता है। कमजोर छात्रों को छाँटकर उनकी शिक्षा के उपयुक्त प्रबन्ध किए जा सकते हैं।

(2) **वैयक्तिक भिन्नता के अध्ययन में**—बुद्धि परीक्षणों की मुख्य उपयोगिता व्यक्तिगत भिन्नता का पता लगाना है। व्यक्तिगत भेदों को मालूम कर बालकों का वर्गीकरण बुद्धि लब्धि के आधार पर किया जा सकता है। मानसिक योग्यता के आधार पर उनका शैक्षिक विकास करना सरल हो, जाएगा। क्योंकि बुद्धि परीक्षण का छात्रों की शैक्षिक उपलब्धि से प्रत्यक्ष सम्बन्ध है अतः सभी शोध कार्यों से निष्कर्ष प्रतीत होता है कि बुद्धि परीक्षण को विभिन्न स्तरों पर अधिगम की तत्परता मापने में प्रयोग किए जा सकते हैं।

(3) **शिक्षा में उपयोग**—बुद्धि परीक्षणों का सर्वाधिक उपयोग शिक्षा के क्षेत्र में है इस परीक्षा द्वारा ही छात्रों का वर्गीकरण सार्थक है।

टरमन (1921) ने व्यक्तिगत एवं सामूहिक बुद्धि परीक्षणों का उपयोग प्रतिभाशाली छात्रों को पहचानने के लिए प्रयुक्त किए। इसी निष्कर्ष के आधार पर इनकी परिभाषा की व्याख्या की गई। बुद्धि परीक्षा के द्वारा प्रतिभाशाली, मन्द बुद्धि, सामान्य बालकों का पता लगाया जा सकता है। उनकी मानसिक योग्यता का सम्यक आकलन कर उन्हें उचित शिक्षा के लिए मार्ग-प्रदर्शित किया जाता है। ह्विपल एवं कॉय ने अपने अध्ययन में अध्यापकों को प्रतिभाशाली छात्रों को सही पहचान में गलत अन्दाज लगाते हुए पाया, अतः बुद्धि परीक्षा छात्रों की बुद्धि का सही वर्गीकरण करती है। बाल अपराधियों की बुद्धि परीक्षा द्वारा ही सही जाँच करके उनके साथ समुचित व्यवहार करने में सहायता पहुँचाई जाती है। छात्रों को बुद्धि के आधार पर वर्गीकरण, उनके लिए पाठ्यक्रम का निर्धारण सरलता से किया जा सकता है। छात्रों के संवर्ग (Homogenous) समूह बनाकर उनकी बुद्धि के अनुरूप यदि शिक्षण किया जाय तो अधिक प्रोत्साहित परिणाम प्राप्त होते हैं।

(4) **मानसिक अभिवृद्धि के अध्ययन में**—मानसिक योग्यताओं का विकास जन्म के उपरान्त निश्चित क्रम में होता है। हम बुद्धि परीक्षणों को व्यक्ति की मानसिक अभिवृद्धि एवं समूह वक्र के लिए प्रयुक्त कर सकते हैं। विभिन्न मानसिक योग्यताओं की वृद्धि की जाँच करने से मालूम होता है कि स्थिर संगत प्रक्रिया द्वारा मानसिक विकास एक वर्ष से दूसरे वर्ष होता रहता है। छात्रों के विकास का मूल्यांकन इस विधि द्वारा अत्यन्त सरल हो जाता है।

(5) **विभिन्न व्यवसायों के चयन में**—विद्यालयी शिक्षा में अनेक व्यावसायिक विषयों का अध्ययन होता है। प्रत्येक व्यवसाय की अपनी विशेषता होती है। मानसिक योग्यता के अनुसार बुद्धि परीक्षणों के द्वारा छात्रों का चयन विशिष्ट व्यवसाय में संभव होता है। शिक्षा के अतिरिक्त अन्य व्यवसाय के क्षेत्र में भी बुद्धि परीक्षणों की उपयोगिता बहुत है। अधिकारियों कर्मचारियों एवं विशेषज्ञों के चुनाव में बुद्धि परीक्षण अधिक सहायता पहुँचाते हैं। मनोविज्ञान द्वारा विभिन्न व्यावसायिक कार्यों के लिए अनेक बुद्धि परीक्षणों का निर्माण किया जाता है।

(6) **सेना के क्षेत्र में**—कई बुद्धि परीक्षणों का निर्माण विश्व युद्ध के समय में हुआ है। सैनिकों की भर्ती, उनका वर्गीकरण, सैनिकों एवं अधिकारियों की पदोन्नति आदि में बुद्धि परीक्षणों की उपयोगिता एवं

महत्त्व बहुत अधिक है।

(7) **शैक्षिक निर्देशन में**—शैक्षिक निर्देशन की महत्ता इस तथ्य पर आधारित है कि छात्रों के मानसिक विकास के स्तर के अनुरूप उन्हें वे सभी साधन उपलब्ध हों जो कि उपयुक्त निर्देशन द्वारा उन्हें विषय-वस्तु अत्यन्त रुचिकर लगे। बुद्धि परीक्षण के माध्यम से हम छात्रों को मानसिक योग्यताओं का पता लगाकर उनको विशिष्ट व्यवसाय के लिए निर्देशन दे सकते हैं। सही बालकों का चयन व्यावसायिक निर्देशन के द्वारा व्यवसाय के लिए किया जा सकता है। बुद्धि परीक्षण, रुचि-परीक्षा एवं विशिष्ट योग्यता परीक्षणों से व्यावसायिक सेवाओं में चयन करना सरल हो जाता है। उच्च शिक्षा में बुद्धि परीक्षणों द्वारा सही बालकों का चयन भी संभव हो जाता है।

(8) **अनुसंधान में उपयोगिता**—बुद्धि परीक्षाओं से सर्वाधिक लाभ स्वयं मनोविज्ञान को हुआ है। परन्तु मानव योग्यताओं के विभिन्न क्षेत्रों में अनुसंधान की व्यापकता के लिए बुद्धि परीक्षण अत्यधिक उपयोगी है। शिक्षा सम्बन्धी अनेक समस्याओं के निराकरण में बुद्धि परीक्षाएँ शिक्षाविदों के लिए सबल साधन हैं। अतः मानसिक योग्यताओं के विकास में इन परीक्षणों का ज्ञान शिक्षक के लिए अति आवश्यक हो जाता है।

अध्याय 7

प्रेरणा
(MOTIVATION)

मनोविज्ञान में प्रेरणा एक महत्त्वपूर्ण कारक है। मानव व्यवहार की क्रियाओं में किसी न किसी रूप में प्रेरणा का अंश अवश्य निहित होता है, बालक की रुचि अध्ययन में क्यों है? व्यक्ति वस्तुओं को संग्रह करने में क्यों रुचि लेता है? किसी विशेष लक्ष्य के लिए व्यक्ति क्यों प्रयास करता है? इस प्रकार के प्रश्नों के उत्तर व्यक्ति के शरीर की आन्तरिक दशा को समझने के उपरान्त ही दे सकते हैं। मनोवैज्ञानिक निर्देशन में प्रेरणा के मनोविज्ञान का सहारा लेते हैं। मानसिक क्रियाएँ प्रेरणा के परिणाम की उत्पत्ति होती है। अधिगम को उन्नत बनाने के लिए प्रेरणा एक आवश्यक कारक है। कहने का अर्थ यह है कि मानव व्यवहार उसकी आन्तरिक दशा के प्रेरक तत्त्वों पर निर्भर करता है, इसी के अनुरूप व्यवहार का निर्धारण और संचालन होता है। अधिक कहने से पूर्व प्रेरणा के अर्थ को समझ लेना आवश्यक है।

प्रेरणा (Motivation) शब्द की उत्पत्ति लैटिन भाषा के Moveers से हुई है जिसका अर्थ है—गति करना (to move)। इससे स्पष्ट है कि व्यक्ति में गति पैदा करने को प्रेरणा कहते हैं। प्रेरणा प्राणी की आन्तरिक स्थिति या शक्तियों के जाग्रत होने एवं लक्ष्य की दिशा में क्रियाशील होने की प्रक्रिया कही जाती है। इसे निम्न रूप से समझाया जा सकता है—

आन्तरिक स्थिति ——→ लक्ष्य की दिशा ←———→ लक्ष्य की प्राप्ति
की उत्तेजना में क्रियाशील ↑
↑ |
——————————प्रेरणा——————————

1. एटकिन्सन (Atkinson)—प्रेरणा एक अथवा अधिक प्रभावों को उत्पन्न करने के लिए व्यक्ति की प्रवृत्ति को जाग्रत करने की क्रिया प्रदर्शित करती है।

("The term motivation refers to the arousal of tendency to act, to produce one or more effects.")

2. यंग (Young)—प्रेरणा क्रिया को जाग्रत करना, दिशा-क्रम में उसे प्रभावित रखना और उसकी स्थिति को व्यवस्थित करने की पद्धति है।

("Motivation is the process of arousing action, sustaining the activity in progress, and regulating the pattern of activity.")

3. हेब (Hebb)—प्रेरणा शब्द का निर्देशन— (1) एक संगठित दशा-क्रम का अस्तित्व, (2) इसकी दिशा, और (3) इसका निश्चित दिशा में स्थायित्व की ओर है।

("The term motivation refers (i) to existence of an organized phase sequence, (ii) to its direction, and (iii) to its persistence in given direction or stability of content.")

4. मैक्डूगल (Mc Dougall)—प्रेरक ऐसी शारीरिक तथा मनोवैज्ञानिक स्थिति है जो किसी कार्य को किसी प्रकार सम्पन्न करता है।

("Motives are conditions, physiological and psychological, within the organism that disposes it to act in certain ways.")

5. गुड (Good)—प्रेरणा, क्रिया को प्रोत्साहित करने, जारी रखने और नियंत्रित करने की प्रक्रिया होती है।

("Motivation is the process of arousing, sustaining, and regulating activity.")

6. मेयर (Maier)—प्रेरणा, एक ऐसी प्रक्रिया की विशिष्टताओं को प्रदर्शित करती है जिससे व्यवहार की अभिव्यक्ति निश्चित होती है।

("Motivation characterizes the process by which the expressions of behaviour are determined.")

उपर्युक्त परिभाषाओं से स्पष्ट होता है कि प्रेरणा एक आन्तरिक स्थिति या दशा या तत्परता है जो किसी व्यवहार की गति को जाग्रत करती है और उसमें तीव्रता लाती है।

प्रेरित व्यवहार का विश्लेषण करने से ज्ञात होता है कि प्राणी में निम्न विशेषताएँ निरीक्षित होती हैं।

1. **व्यवहार चयनात्मक** (Selective) **होता है**—प्रेरित व्यवहार में यह देखा जाता है कि व्यक्ति निजी धारणा के अनुसार विभिन्न दिशाओं में क्रियाशील न होकर केवल लक्ष्य चयन की प्राप्ति की ओर ही सक्रिय हो जाता है। उदाहरणार्थ—यदि बालक को माता-पिता द्वारा परीक्षा में उच्च

अंक प्राप्त करने हेतु प्रेरित किया जाता है तो उसका ध्यान अध्ययन के प्रति अधिक केन्द्रित हो जाता है, लक्ष्य की प्राप्ति का कार्य बालक के लिए सरल हो जाता है।

2. **व्यवहार में संचालन शक्ति प्रबल होती है**—यदि हम व्यक्ति को किसी कार्य के संचालन हेतु प्रेरणा देते हैं तो उसकी क्रियाशक्ति अधिक हो जाती है। उस कार्य को करने के लिए वह उत्साहित एवं तत्पर दिखाई देता है। कार्य सम्पन्न करने में उसकी उत्तेजना तथा शक्ति जाग्रत होती है और तनावमुक्त होकर वह लगातार कार्य करने के लिए प्रेरित रहता है।
3. **व्यवहार में निरन्तरता पाई जाती है**—किसी उद्देश्य की प्राप्ति हेतु यदि व्यक्ति को प्रेरणा दी जाती है तो वह निरन्तर इस क्षेत्र में उद्देश्य प्राप्त करने के लिए उत्सुक एवं प्रयत्नशील रहता है। लक्ष्य प्राप्त करने के उपरान्त प्रेरणात्मक व्यवहार स्वत: समाप्त हो जाता है।
4. **व्यवहार निश्चित होता है**—व्यावहारिक क्रिया में प्रेरणा निर्देशन, लक्ष्योन्मुख (Goal-oriented) एवं दिशा सूचक का कार्य करती है। ऐसा व्यवहार निश्चित दिशा की ओर कार्यरत रहता है। लक्ष्य की दिशा के अन्तर्गत ही व्यवहार नियन्त्रित रहता है। इस विशेषता का अध्ययन मनोवैज्ञानिकों ने अपने प्रयोगों द्वारा सिद्ध किया है।
5. **प्रेरणा आत्मबल की द्योतक है**—प्रेरणात्मक व्यवहार निष्क्रिय नहीं होता है। व्यक्ति साहसपूर्ण ढंग से परिणाम प्राप्त करने की दिशा में तत्पर रहता है। उसमें प्रेरित बल से आत्मविश्वास का विकास होता है। व्यक्ति के आलसी होने पर भी उसमें कार्य द्वारा कार्य सम्पन्न करने की एक सक्रिय भावना जाग्रत रहती है।

प्रेरणा से सम्बन्धित तत्त्व

प्रेरणा की सम्पूर्ण प्रक्रिया को समझने के लिए ऐसे तत्त्वों की जानकारी आवश्यक है जो किसी न किसी रूप में इससे जुड़े हैं, यद्यपि ये तत्त्व स्वयं में विशिष्ट हैं परन्तु ये प्रेरणा के स्रोत हैं—

(1) आवश्यकता (Need)
(2) चालक (Drive)
(3) उद्दीपन (Incentive)

1. **आवश्यकता** (Need)—प्रत्येक प्राणी अनेक आवश्यकताओं से घिरा है परन्तु उसकी कुछ मूलभूत आवश्यकताएँ होती हैं जिनसे उसका व्यवहार प्रभावित होता है। आवश्यकता किसी वस्तु प्राप्ति करने की कमी की अनुभूति है। इस कमी के आभास से व्यक्ति में तनाव उत्पन्न होता है जो कि किसी क्रिया या शक्ति को जन्म देता है, जैसे—बालक को यदि भूख लगती है तो उसे भोजन की कमी

(आवश्यकता) महसूस होती है। उसमें एक तनाव उत्पन्न होता है और भोजन प्राप्त करने के लिए क्रियाशील हो जाता है। कहने का अर्थ यह है कि आवश्यकता शरीर की कोई कमी या अभाव है, जिससे असन्तुलन या तनाव उत्पन्न हो जाता है और व्यक्ति लक्ष्य की दिशा में क्रिया करने के लिए बाध्य हो जाता है।

अभाव या आवश्यकता→तनाव या शारीरिक असन्तुलन→शक्ति या क्रियाशील→लक्ष्य

मरे के अनुसार—"आवश्यकता एक काल्पनिक बल है जो कि किसी व्यक्ति के प्रत्यक्षीकरण, बुद्धि एवं क्रिया को संगठित रूप प्रदान करता है।"

("Need is hypothetical force that serves to organize perception, intelligence and action of the individual.")

आवश्यकता एक आन्तरिक तनाव की स्थिति होती है जिसमें व्यक्ति का जीवन क्षेत्र उद्दीपनों (Incentives) या लक्ष्यों के अनुसार संगठित होता है और वह उद्देश्य प्राप्ति के लिए क्रियाशील रहता है।

2. **चालक** (Drive)—वास्तव में चालक एक आन्तरिक दशा है जो किसी शक्ति का मौलिक तत्त्व बनकर व्यक्ति को क्रिया के लिए उत्तेजित करता है अर्थात चालक किसी क्रिया के लिए गति देने की शक्ति है तथा लक्ष्य की ओर केन्द्रित होती है।

यंग के अनुसार—"चालक व्यक्तित्व, उद्देश्य या एक इच्छा और रुचि के अन्तर्गत प्रेरणात्मक तत्त्व है।"

("Drive is a motivating factor within the personality, purpose or a wish, and interest.")

आन्तरिक दशा से उत्पन्न शक्ति या ऊर्जा चालक कहलाती है। यदि व्यक्ति को भोजन की आवश्यकता होती है तो फलस्वरूप उसे भूख लगी होगी। भूख की दशा उसमें भोजन प्राप्त करने हेतु तनाव उत्पन्न करती है और इस आभास से वह बाध्य होकर भोजन प्राप्त करने हेतु क्रियाशील हो जाता है। इसी आन्तरिक स्थिति द्वारा उत्पन्न वह शक्ति जो व्यवहार कराती है, चालक है। इसी प्रकार पानी की आवश्यकता का चालक प्यास, वायु की आवश्यकता का चालक श्वसन आदि है। गरीबी की स्थिति को मिटाने में भी आन्तरिक अवयव (Elements) शक्ति व्यक्ति को परिश्रम करवा के अमीर बना देती है। अतः इस स्थिति में मुद्रा की आवश्यकता का चालक गरीबी है, इसे निम्न रूप से स्पष्ट किया जा सकता है—

आवश्यकता→	तनाव ——→	आन्तरिक दशा→	अवयव→	शक्ति या ऊर्जा
(Need)	(Tension)	(Intra-organic condition) "चालक"	कोशिकाएँ, उत्तकों (Elements, cells, tissue)	(Energy)

3. **उद्दीपन या प्रलोभन** (Incentive)—बाह्य वातावरण अनेक वस्तुएँ हैं जिनसे व्यक्ति की आवश्यकता का सम्बन्ध होता है। अत: वातावरण की वे समस्त वस्तुएँ जो चालक को सन्तुष्ट या कम करती हैं, उद्दीपन या प्रलोभन कहलाती हैं। इन वस्तुओं की प्राप्ति में व्यक्ति की रुचि निहित होती है और उसकी आवश्यकता की पूर्ति होती है। जैसे 'प्यास' चालक को पानी, काम चालक (sex-drive) को विपरीत लिंग तृप्त करता है अर्थात पानी एवं लिंग उद्दीपन कहलाएँगे। अत: उद्दीपन वह वस्तु या क्रिया है जो व्यवहार को उत्साहित और उद्दीप्त करता है। वास्तविक उद्देश्य की वस्तुएँ ही उद्दीपन कहलाती हैं।

हिलगार्ड के अनुसार—"बाह्य वातावरण में कुछ ऐसी चीज जो आवश्यकता की सन्तुष्टि करता है और इस प्रकार चालक को समापन क्रिया द्वारा कम करते हैं, उद्दीपन कहलाता है।"

("The incentive is something in the external environment that satisfies the need and thus reduces the drive through consumatory activity."

आवश्यकता, चालक, तथा उद्दीपन में सम्बन्ध

इनके सम्बन्ध को निम्न रूप से स्पष्ट किया जाता है—

1. आवश्यकता एवं चालक आन्तरिक दशाएँ या स्थितियाँ हैं और उद्दीपन बाह्य वातावरण की वस्तुएँ या स्थितियाँ।
2. आवश्यकता के अभाव में शारीरिक असन्तुलन एवं तनाव उत्पन्न होता है, चालक व्यवहार को ऊर्जा या शक्ति प्रदान करता है।
3. चालक तथा आवश्यकता व्यवहार को उद्दीपन (लक्ष्य की वस्तु) के लिए प्रेरित करते हैं। यह प्रेरणा चालक करवाता है।

हिलगार्ड ने आवश्यकता, चालक और प्रलोभन में अन्तर स्पष्ट करते हुए कहा है कि आवश्यकता चालक को जन्म देती है। चालक बढ़े हुए तनाव की वह दशा है जो कार्य एवं आरम्भिक व्यवहार को अग्रसर करती है। उद्दीपन बाह्य वातावरण में कोई ऐसी वस्तु है जो आवश्यकता को सन्तुष्ट करती है और इस क्रिया द्वारा चालक को कम कर देती है।

('Need gives rise to drive. Drive is a state of hightened tension leading to activity and prepartory behaviour. The incentive is something in the external environment that satisfies the need and thus reduce the drive through consumatory activity.')

प्रेरणा के प्रकार (Types of Motivation)

प्रेरणा को मुख्य रूप से दो भागों में बाँटा जा सकता है—

1. आन्तरिक प्रेरणा (Intrinsic Motivation)
2. बाह्य प्रेरणा (Extrinsic Motivation)

1. आन्तरिक प्रेरणा – इस प्रेरणा को प्राकृतिक प्रेरणा (Natural motivation) या प्राथमिक प्रेरणा (Primary motivation) या सकारात्मक प्रेरणा (Positive motivation) से भी जाना जाता है। इस प्रेरणा में व्यक्ति को स्वयं से प्रोत्साहन मिलता है और उसकी जन्मजात या प्राकृतिक इच्छाएँ व्यक्ति को किसी क्रिया के प्रति जाग्रत करती है। व्यक्ति की आन्तरिक उत्तेजनाओं का सम्बन्ध उसके केन्द्रीय स्नायुमण्डल (Nervous system)से होता है। ऐसी प्रेरणाएँ समाज एवं वातावरण से अधिक प्रभावित नहीं होती हैं। बालक स्वाभाविक रूप से व्यवहार करता है। जैसे यदि बालक बिना शिक्षक या माता-पिता के कहे ही निरन्तर अपनी इच्छा से अध्ययन में रुचि लेता है तो यह आन्तरिक प्रेरणा का ही परिणाम है। स्वयं की तीव्र की इच्छा या रुचि के द्वारा कार्य करने में ही स्वाभाविक प्रेरणा अन्त तक बनी रहती है।

2. **बाह्य प्रेरणा** (Extrinsic Motivation)—इस प्ररणा को कृत्रिम प्रेरणा (Artificial motivation) या द्वितीयक प्रेरणा (Secondary motivation) या नकारात्मक प्रेरणा (Negative motivation) भी कहा जाता है। इस प्रेरणा पर बाह्य वातावरण का प्रभाव कार्य करता है। व्यक्ति में इच्छा, रुचि, उत्सुकता आदि बाह्य वातावरण में उपस्थित प्रेरक या उद्दीपकों द्वारा उत्तेजित की जाती है। बालक को लक्ष्य प्राप्ति करने के लिए प्रोत्साहित किया जाता है। जैसे पुरस्कार, प्रतियोगिता, प्रशंसा, परिणामों का ज्ञान, दंड आदि बाह्य प्रेरणा के स्रोतों द्वारा व्यक्ति के व्यवहार को प्रभावित किया जाता है। यदि बालक अध्ययन के प्रति अरुचि रखता है तो माता-पिता या अध्यापक विभिन्न प्रेरणा के प्रभावित तत्वों का प्रयोग करता है। इस प्रकार पढ़ने के प्रति उसकी इच्छाशक्ति का विकास किया जाता है। किसी भी व्यावहारिक क्रिया में आन्तरिक प्रेरणा का अधिक महत्त्व है, बाह्य प्रेरणा का उद्देश्य भी आन्तरिक प्रेरणा को जाग्रत करना है। यदि बालक स्वयं स्वाभाविक रूप से प्रेरित है और उसको वातावरण के प्रेरक

तत्त्वों का अतिरिक्त प्रोत्साहन मिलता है तो प्रेरणा की शक्ति और बढ़ जाएगी। बालक की प्रक्रिया अधिक तीव्र हो जाएगी और उसकी कार्य के प्रति रुचि की आदत सदैव निर्मित रहेगी। अतः बाह्य प्रेरणा का प्रयोग उद्देश्य प्राप्त करने की प्रायिकता को बढ़ाता है।

प्रेरकों का वर्गीकरण (Classification of Motives)

मनोविज्ञान के विकास के साथ प्रेरक के प्रत्यय को भी अधिक गहराई से समझने का प्रयास किया गया। मनोवैज्ञानिक मानव व्यवहार के स्पष्टीकरण में चालक तत्त्व से असन्तुष्ट थे। प्रेरक में चालक एवं लक्ष्य निर्देशित व्यवहार दोनों समाहित हैं। प्रेरक एक विशिष्ट आन्तरिक मनोदशा है जो व्यक्ति को क्रिया के लिए उत्तेजित करती है और यह क्रिया लक्ष्य की प्राप्ति तक निरन्तर बनी रहती है।

वुडवर्थ के शब्दों में—"प्रेरक व्यक्ति की ऐसी मनोदशा है जो किसी निश्चित व्यवहार को कराती है और एक निश्चित उद्देश्य की पूर्ति हेतु प्रेरित करती है।" ("A motive is a state of the individual which disposes him for certain behaviour and for seeking certain goals.")

अतः प्रेरक से व्यक्ति की आन्तरिक एवं बाह्य दोनों स्थितियों से व्यवहार को सरलता से जाना जा सकता है। यदि आन्तरिक स्थिति में तनाव और चिन्ता है तो वातावरण में इन्हें दूर करने के कारक उपलब्ध हैं जिनका सम्बन्ध लक्ष्य से होता है। सामान्यतया प्रेरकों को निम्न दो वर्गों में विभाजित किया जाता है।

1. **जन्मजात प्रेरक** (Innate Motives)—ऐसे प्रेरक शारीरिक आवश्यकताओं से उत्पन्न होते हैं और जन्म से ही पाए जाते हैं। प्राणी के अस्तित्व के लिए इनकी तृप्ति आवश्यक है। अतः इन प्रेरकों को प्राथमिक (Primary), शारीरिक (Physiological), जैविक (Biological) आदि कई नामों से सम्बोधित किया जाता है। भूख, प्यास, काम, निद्रा, क्रोध, प्रेम, आदि जन्मजात प्रेरक हैं।

2. **अर्जित प्रेरक** (Acquired Motives)—अनेक मनोवैज्ञानिक इन प्रेरकों को द्वितीयक (Secondry), सामाजिक (Social), कम महत्त्वपूर्ण (Non-vital) प्रेरक भी कहते हैं। ऐसे प्रेरक जन्मजात न होकर सीखे हुए होते हैं। अर्जित प्रेरक दो प्रकार के होते हैं—

(i) **सामाजिक प्रेरक** Social Motives)—ये प्रेरक सामाजिक पर्यावरण में सीखे जाते हैं। इन प्रेरकों का स्थायित्व सामाजिक आदर्शों, मूल्यों, संस्कृतियों, सम्बन्धों आदि के कारण होता है।

मावरर (Mowrer) का मत है कि सामाजिक प्रेरकों से सम्बन्धित व्यवहार मूल रूप में पृथक व्यवहार का उदाहरण है। ऐसे प्रेरक व्यक्ति को समाज में समुचित व्यवहार करने एवं सामाजिक समायोजन में सहायक होते हैं। सामान्य रूप

से हर व्यक्ति में मौजूद कुछ सामाजिक प्रेरक सर्वव्यापी होते हैं। जैसे—आत्म-सम्मान (Self-assertion), सामाजिक अनुमोदन (Social approval), सामुदायिकता (Gregaricusness), युयुत्सा (Combat or pugnacity), अर्जनात्मकता (Acquisitiveness)।

(ii) **व्यक्तिगत प्रेरक** (Personal Motives)—प्रत्येक व्यक्ति के व्यक्तित्व की संरचना अपने में अनोखी है। वैयक्तिक भिन्नता एवं पर्यावरण की पृथकता के कारण व्यक्तिगत प्रेरकों में भी भिन्नता स्वाभाविक है। व्यक्तित्व के अनेक गुणों के आधार पर विभिन्न प्रेरक उसे क्रिया के लिए प्रेरित करते हैं। फलस्वरूप अलग-अलग व्यक्तियों में अलग-अलग अभिवृत्तियाँ, रुचियाँ, लक्ष्य, इच्छाएँ आदि निर्मित होती हैं। मन के शब्दों में, "व्यक्तिगत प्रेरक का प्रयोग उन प्रेरकों में सम्मिलित है जो किसी विशिष्ट संस्कृति में स्वयं प्रधान नहीं होते हालाँकि वे जैवकीय और सामाजिक प्रेरकों से सम्बन्धित होते हैं।"

("The term personal motive will be used to refer to motives which, while allied with physiological and common social motives are themselves not predominant in a particular culture.")

व्यक्तिगत प्रेरक व्यक्ति अपने वैयक्तिक अनुभवों के आधार पर अर्जित करता है। जैसे—जीवन-लक्ष्य, आकांक्षा, स्तर, रुचि, अभिवृत्ति, मद्यपान आदि प्रमुख व्यक्तिगत प्रेरक हैं। प्रेरकों का वर्गीकरण चेतन एवं अचेतन प्रकार से भी किया गया है। चेतन प्रेरक किसी के व्यवहार से समझे जा सकते हैं परन्तु अचेतन प्रेरक व्यवहार को अचेतन रूप से प्रभावित करते हैं। अतः हम उनसे अनभिज्ञ रह जाते हैं। फ्रायड ने मानव व्यवहार की व्याख्या में अचेतन प्रेरकों को अधिक महत्त्व दिया है। अचेतन मस्तिष्क की इच्छाओं को समझना अचेतन प्रेरकों को जानना है।

प्रेरणा के सिद्धान्त
(Theories of Motivation)

प्रेरणा के कारणों की जानकारी प्राप्त करने का प्रयास अनेक मनोवैज्ञानिकों ने किया। इसकी विस्तृत व्याख्या करने के लिए निम्न प्रमुख सिद्धान्त प्रतिपादित किए गए हैं—

1. मासलो का मानवीय आवश्यकताओं का वर्गीकरण
(Maslow's Hierarchy of Human Needs)

मासलो (1954) का यथार्थीकरण का सिद्धान्त (Theory of Self-actualization) प्रेरणा में आवश्यकताओं की सन्तुष्टि एवं महत्त्व पर आधारित

है। प्रेरणा आवश्यकताओं से आरम्भ होती है और इस क्रिया में आवश्यकता की सन्तुष्टि महत्त्वपूर्ण है। मासलो ने व्यवहार को आवश्यकताओं की श्रेणीबद्ध आकृति द्वारा समझाने का प्रयास किया। यही वर्गीकरण प्रेरणात्मक व्यवहार का मुख्य स्रोत या आधार है। सामान्य आवश्यकता की सन्तुष्टि के उपरान्त उच्च श्रेणी की आवश्यकताओं को उत्पत्ति होती है। प्रथम श्रेणी में शारीरिक आवश्यकताएँ जैसे—भूख, प्यास, हवा आदि की सन्तुष्टि होने के पश्चात ही व्यक्ति सुरक्षा, स्नेह, सम्मान जैसी आवश्यकताओं की ओर अग्रसर होता है। द्वितीय श्रेणी में स्व-यथार्थीकरण की आवश्यकता ही प्रमुख है। आवश्यकताओं द्वारा प्रेरित व्यवहार मानवीय गुणों की श्रेणी या क्रम को भी निर्धारित करता है। ईमानदारी, चरित्रवान, स्वार्थी आदि जैसे व्यावहारिक गुणों की क्षमता आवश्यकता की संरचना के अनुरूप विद्यमान होती है। मासलो ने शारीरिक आवश्यकताओं से यथार्थीकरण आवश्यकताओं तक को श्रेणीबद्ध क्रम में प्रस्तुत किया जिसमें जीवन अस्तित्व की मूल आवश्यकताओं से उच्चतम आवश्यकताओं के क्रम को वर्गीकृत गया है। इस वर्गीकरण के मुख्य पद निम्न हैं—

(क) शारीरिक आवश्यकताएँ
(ख) सुरक्षा की आवश्यकताएँ
(ग) सम्बन्ध एवं स्नेह की आवश्यकताएँ
(घ) सम्मान की आवश्यकताएँ
(ङ) यथार्थीकरण की आवश्यकताएँ।

(क) शारीरिक आवश्यकताएँ (Physiological Needs)—ये आवश्यकताएँ प्राणी के जीवन की प्रमुख मूलभूत आवश्यकताएँ हैं। इनकी दीर्घकाल तक सन्तुष्टि न होने पर अन्य आवश्यकताएँ विलुप्त रह जाती हैं। जैसे—भूख, प्यास, काम, हवा आदि। मानव व्यवहार का नियंत्रण इन्हीं से होता है। यदि व्यक्ति को भोजन की सन्तुष्टि नहीं होती तो अन्य उच्च स्तर की आवश्यकताओं का महत्त्व उसके लिए नगण्य है। परन्तु विश्व के इतिहास में कई ऐसे उदाहरण मिलते हैं जिसमें व्यक्ति अपने सम्मान, राष्ट्र की स्वतन्त्रता, चरित्र आदि आवश्यकताओं के लिए अपनी जान तक गँवा बैठे हैं। मासलो ने इस आत्म-त्याग को मनोवैज्ञनिक व्यवधान का कारण समझा है। शारीरिक आवश्यकताएँ निम्न स्तर की मानी गई हैं। आवश्यकता का हनन एवं आवश्यकता की सन्तुष्टि को किसी कार्य को करने के लिए प्रेरित कर सकते हैं। यदि बच्चे की खेलने की रुचि है और उसकी इस आवश्यकता को रोका जाए तो उसे गृह कार्य पूर्ण करने के लिए प्रेरित किया जा सकता है।

(ख) सुरक्षा की आवश्यकताएँ (Safety Needs)—यह आवश्यकता तभी उत्पन्न होगी जबकि शारीरिक आवश्यकताओं की सन्तुष्टि सरलतापूर्वक पूरी हो

जाए। सुरक्षा की अनेक आवश्यकताएँ हैं और नियम, कानून एवं सामाजिक मान्यताओं को व्यवस्थित करती हैं। बच्चों में इस आवश्यकता को स्पष्ट देख सकते हैं। भविष्य की सुरक्षा हेतु व्यक्ति जीवन बीमा, मकान बनाना, धन संचित करना आदि अनेक चीजों को करता है। यात्रा करते समय चोरी, दुर्घटना आदि से सुरक्षित रहना इस आवश्यकता के लक्षण हैं। जीवित रहना, अवैधानिक कार्य न करना, उच्च अधिकारी का आदेश पालन, इत्यादि सुरक्षा आवश्यकता के उदाहरण हैं।

(ग) **सम्बन्ध एवं स्नेह की आवश्यकताएँ** (Belongingness and Love Needs)—व्यक्ति में सम्बन्ध स्थापना एवं प्रेम की आवश्यकताएँ शारीरिक एवं सुरक्षा की आवश्यकताएँ पूर्ण होने के उपरान्त ही उत्पन्न होती हैं। स्नेह, मित्रता एवं समाज में व्यक्तिगत मान्यता इन आवश्यकताओं के अन्तर्गत आते हैं। व्यक्ति समाज में अपना स्थान बनाने का प्रयास करता है। वह अन्य व्यक्तियों से प्रेम, आदर, प्रशंसा बाँटने का प्रयत्न करता है। परिवार में मिल-जुलकर रहना चाहता है। अपनी अलग मित्रमंडली का निर्माण करता है और जीवन-क्षेत्र में इन गुणों का विकास करता रहता है। व्यक्ति सामाजिक जीवन का आनन्द व्यतीत करने का प्रयास करना चाहता हैं।

(घ) **सम्मान की आवश्यकताएँ** (Esteem Needs)—इससे पूर्व की तीनों आवश्यकताओं को निम्न स्तर का माना गया है। उनकी सन्तुष्टि के उपरान्त ही इस आवश्यकता को उच्च स्तर की आवश्यकता कहा गया है। सम्मान की आवश्यकताओं को दो वर्गों में विभाजित किया गया है—

(i) आत्मसम्मान, आत्मविश्वास, आत्मगौरव एवं आत्ममूल्य।

(ii) मान-सम्मान, प्रतिष्ठा, आदर, कीर्ति, सामाजिक सफलता आदि।

व्यक्ति में आत्म-मूल्यांकन की आवश्यकताओं का जन्म तभी होगा जबकि उसके पास भौतिक सुख-सुविधाओं की सभी वस्तुएँ उपलब्ध हों और निम्न स्तर की सभी आवश्यकताओं से सन्तुष्ट हो। वह प्रतिष्ठा एवं सम्मान के लिए किसी कार्य का चयन अपने कौशल के अनुसार करता है। समाज में नेतृत्व हेतु उसकी मनेच्छा अपनी शक्ति के अनुसार होती है। आन्तरिक मन की भावना बाह्य वातावरण में स्थित प्रतिष्ठा के चिन्हों के अनुसार जाग्रत होती है। जैसे राष्ट्रीय या अन्तर्राष्ट्रीय पुरस्कार; फैक्ट्री, संस्थान, धर्मशाला आदि के यश से व्यक्ति आत्मसम्मान ग्रहण कर सकता है। समाज में ये सभी प्रतिष्ठा के पद-चिन्ह होते हैं। दूसरे प्रकार की सम्मान की आवश्यकताओं में व्यक्ति अन्य व्यक्तियों से उच्च स्तर के सम्मान प्राप्त करने की इच्छा रखता है। समाज में अपनी प्रतिभा (Image) उच्च सिद्ध करता है। व्यक्ति अन्य व्यक्तियों को अपने घर की वस्तुओं, भौतिक सुख की चीजों आदि के प्रशंसनीय प्रदर्शन से आवश्यकता की सन्तुष्टि

करता है। ऐसे प्रयासों में असफल होने से व्यक्तित्व का सन्तुलन बिगड़ जाता है। मासलो का विचार है कि सम्मान आवश्यकताओं की अधिकाधिक सन्तुष्टि से व्यक्ति के जीवन की प्रमुख शक्ति कम हो जाती है।

(ङ) यथार्थीकरण की आवश्यकताएँ (Needs of Self-actualization)—श्रेणीक्रम पद्धति में मासलो ने यह आवश्यकता सर्वोपरि मानी है। मासलो के कथनानुसार व्यक्ति की आतमतुष्टि के लिए उसे वही बनाना चाहिए जो प्रतिभा उसमें विद्यमान है। यदि व्यक्ति में संगीत की विलक्षणता है और वह उसमें परिपूर्णता प्राप्त नहीं कर पाता है तो तनाव उत्पन्न होगा। मासलो के शब्दों में, "एक संगीतज्ञ को संगीत को प्रस्तुत करना चाहिए, कलाकार को चित्रकारी करनी चाहिए तथा कवि को कविता लिखनी चाहिए—यदि वह आतमतुष्टि चाहता है।" इस आवश्यकता का मुख्य पक्ष सांस्कृतिक एवं आत्मनिर्धारित प्रतिबन्धों की स्वतन्त्रता है। व्यक्ति को अपने अस्तित्व की आवश्यकताओं की चिन्ता से पृथक रहना चाहिए उसे अपने व्यवसाय में पूर्ण आनन्द का अनुभव कर सामाजिक सम्बन्धों को मजबूत करना चाहिए, मासलो के अनुसार, "यथार्थीकरण प्राप्त करने वाले व्यक्ति की प्रेरणा अन्य व्यक्तियों की प्रेरणा से बिलकुल भिन्न होती है।"

आवश्यकता को एक चढ़ाव के क्रम में व्यवस्थित करने से शिक्षक प्रेरणा की प्रविधि का सरलता से उपयोग कर सकता है। शिक्षक छात्रों को उनकी वैयक्तिक क्षमताओं का बोध करा सकता है। यथार्थीकरण की आवश्यकताओं के अन्तर्गत दूसरों का आदर करना, प्रजातान्त्रिक भावना जाग्रत करना, आन्तरिक सम्बन्धों का बिकास करना, सौन्दर्य की अनुभूति, सृजनात्मकता आदि जैसी विशेषताओं का का आत्मज्ञान होता है। अतः शिक्षक आत्मप्रेरणा की प्रविधियों का चयन कर समुचित शिक्षण की व्यवस्था कर सकता है।

2. आन्तरिक प्रेरणा का सिद्धान्त
(Theory of Intrinsic Motivation)

मानव व्यवहार को कुछ जन्मजात चालक जैसे—भूख, प्यास, यौन एवं कई अन्य शारीरिक और भौतिक चालकों का आदि बिन्दु माना जाता रहा है। परन्तु मनोवैज्ञानिक आवश्यकताएँ व्यवहार के निर्धारण में महत्त्वपूर्ण कार्य करती हैं तथा ये शारीरिक चालक, सुरक्षा, सम्मान, आत्मविश्वास, मान्यता आदि अनेक जटिल प्रेरकों के आधार माने गए हैं। हारलो (Harlow) ने बन्दरों के व्यवहार का अध्ययन कर आन्तरिक प्रेरणा के महत्त्व को अधिक प्रबल कारक सिद्ध किया। उनका कथन है कि उनके प्रयोग में बन्दरों ने बिना बाह्य प्रेरणा के समस्याओं का हल अधिक प्रभावशाली ढंग से ढूंढ़ा। वास्तव में बाह्य प्रेरणा के प्रयोग से अधिगम

की कार्य दक्षता (Efficiency) कम हो जाती है। बन्दरों के प्रायोगिक समूह को बारह दिन तक बिना किसी समस्या (Puzzle) और भोजन या पानी के सम्बन्ध के समस्या को एकत्र करने की स्थिति में रखा गया। इसी प्रकार नियंत्रित समूह को भी इसी अवधि में पहले से बिखरी समस्याओं को प्रस्तुत किया गया। परिणाम-स्वरूप बन्दरों के नियंत्रित समूह की अपेक्षा प्रायोगिक समूह को समस्याओं को बिखेरने में अधिक कार्य-दक्ष पाया गया। अतः बन्दरों ने आन्तरिक पुरस्कार की कार्य निपुणता (Manipulation) के लिए समस्या द्वारा कार्य सीखे। कहने का अर्थ यह है कि आन्तरिक प्रेरणा से ही बन्दरों ने समस्याओं का हल ढूँढ़ा। हारलो ने जानवरों के कार्य-निपुणक व्यवहार पर कई प्रयोग किए। उनके कथनानुसार कार्य-निपुणक (Manipulatory) व्यवहार वातावरण की परिस्थितियों द्वारा स्वतः संचालित होते हैं और स्वतः पारितोषिक का कार्य करती है। कुछ प्रयोग यह प्रदर्शित करते हैं कि मानव एवं जानवरों में स्वतंत्र प्रेरणा एक गम्भीर अन्वेषण है। यदि किसी जानवर को एक स्थान से दूसरे स्थान ले जाया जाय तो वह स्वतः ही वहाँ की विभिन्न स्थितियों का हल ढूँढ़ लेता है।

कई अध्ययन-अन्वेषण, कार्य निपुणता एवं जिज्ञासा प्रेरकों के उपयोग पर किए गए इनसे निम्न परिणाम प्राप्त होते हैं—

1. बाह्य परिस्थितयों द्वारा अन्वेषण चालक उत्तेजित होता है और क्रिया के लिए प्रेरित करता है।

2. जिज्ञासा-चालक की उत्पत्ति सामान्य उद्दीपकों के प्रभाव से होती है।

3. ज्यामिति के जटिल चित्रों को समझने में जिज्ञासा प्रेरणा बच्चों में अधिक स्थिर रुचि पैदा करती है।

अतः अध्यापक को प्रेरणा के समस्त स्रोतों का पता लगाकर कक्षा में उनका समुचित प्रयोग करना चाहिए। परन्तु इस स्तर पर यह नहीं कहा जा सकता है कि आन्तरिक प्रेरणा ही उद्दीपन के प्रारम्भिक नियंत्रण के अन्तर्गत वास्तविक चालक है।

3. उपलब्धि प्रेरणा का सिद्धान्त
(Theory of Achievement Motivation)

इस सिद्धान्त का प्रतिपादन मैक्लीलैन्ड और उसके साथियों द्वारा सन् 1951 में हारवर्ड विश्वविद्यालय में किया गया। मरे (Murray) द्वारा प्रस्तुत 20 आवश्यकताओं की सूची में उपलब्धि प्रेरक को एक मनोजात (Psychogenic) आवश्यकता माना गया, परन्तु मैक्लीलैन्ड (McClelland) और एटकिन्सन (Atkinson) ने इस प्रेरणा को सर्वाधिक महत्त्व दिया और इस प्रेरक पर अनेक उपयोगी अध्ययन किए। यह प्रेरणा मासलो के यथार्थीकरण आवश्यकताओं से

मिलती है। किसी कार्य में दक्षता प्राप्त करने से प्रोत्साहित व्यक्ति को प्रशसा या प्रतिष्ठा मिलती है। अत: व्यक्ति कार्य के सम्पादन हेतु व्यवहार में बेहतर स्तर लाने का प्रयास करता है। उपलब्धि की आवश्यकता में व्यक्ति पूर्ण शक्ति द्वारा कार्य पूरा करने में सर्वोत्तम प्रयत्न प्रदर्शित करता है। उदाहरणार्थ यदि चिकित्सक में उच्च उपलब्धि की प्रेरणा है तो उसके व्यवहार में निरन्तर कठोर परिश्रम, अच्छे कार्य करने में निपुणता एवं विशिष्ट विशेषज्ञ बनने की इच्छा के प्रयास दिखाई देते हैं। उपलब्धि प्रेरणा क्या है ? इसकी परिभाषाएँ निम्न हैं—

1. एटकिन्सन और फेदर (Atkinson and Feathes)—"उपलब्धि प्रेरक एक ऐसी छिपी हुई प्रवृत्ति है जो प्रत्यक्ष कठिन परिश्रम में तभी निहित होती है जबकि व्यक्ति निष्पादन को व्यक्तिगत रूप से कुछ पाने का साधन समझता है।"

("The achievement motive is conceived as latent disposition which is manifested in Dvert striving only when the individual perceives performance as instrument to a sense of personal accomplishment.")

2. हिलगार्ड और एटकिन्सन (Hilgard and Atkinson)—"उपलब्धि प्रेरणा एक ऐसी प्रवृत्ति को दर्शाती है, जिसमें व्यक्ति के उद्देश्य किसी उत्तमता के मानकों के अनुसार निष्पादन के गुणक की प्राप्ति से स्पष्ट हों।"

("Achievement motivation refers to a tendency to define one's goals according to some standard of excellence in the product of performance attained.")

3. मैकडेविड एव हरारी (McDavid and Harari)—"मनोवैज्ञानिक उपलब्धि प्रेरणा उसे कहते हैं जिसमें क्रिया क्षमता, आक्रमणशीलता तथा प्रभुता का घनिष्ट सम्बन्ध मानव व्यवहार में लक्ष्य निर्देशन की एक पद्धति से हो।"

("A system of goal direction in human activity that is closely related to competence, aggresiveness, and dominance is described by psychologists as achievement motivation.")

मैक्लीलैन्ड ने प्रेरक को परिभाषित करते हुए कहा है कि "प्रेरक किसी क्रिया के अश में उद्दीपक द्वारा वास्तविक परिवर्तन और भविष्य में प्रभावित परिवर्तन की प्रत्याशा की पुनर्स्थापना है।"

("A motive is a redintegration of a change in a fact by a cue and anticipation of a future change in affect contingent upon certain action.")

प्रेरक की उक्त परिभाषा में पुनर्स्थापना का तात्पर्य है कि वातावरण के किसी घटक द्वारा उत्तेजना के परिणाम के फलस्वरूप चेतन मन में मनोवैज्ञानिक प्रक्रिया

पुनः स्थापित हो जाती है और इस प्रक्रिया में संकेत (Cue) व्यक्ति में जागृति उत्पन्न करने में प्रभावक कारक है। उदाहरणार्थ यदि व्यक्ति लम्बी अवधि के पश्चात अपने घनिष्ट मित्र को मिलता है तो उसका रूप एक संकेत का कार्य करता है। मन में विविध मनोभाव उत्पन्न होते हैं और सम्पूर्ण मनोवैज्ञानिक क्रिया पुनः स्थापित हो जाती है। जिस प्रकार कि बातें, क्रियाएँ या जो कुछ भी उनके पूर्व जीवन में घटनाएँ घटित हुई होंगी फिर से याद आ जाती हैं। अतः वातावरण के उद्दीपक एवं व्यक्ति में प्रभावात्मक जागृति प्रेरणा के दो मुख्य कारक हैं।

उपलब्धि प्रेरणा का व्यवहार पर प्रभाव

1. व्यक्ति सक्रिय रूप से उत्कृष्ट स्तर की प्राप्ति के लिए प्रयास करता है।
2. कार्य में अधिक निपुणता प्रदर्शित कर कार्य शीघ्र समाप्त करने की रुचि रखते हैं।
3. अधिक लगन एवं परिश्रम द्वारा व्यक्ति कार्य की सफलता की इच्छा प्रकट करते हैं।
4. जीवन में उन्नत प्रदर्शन द्वारा सर्वोच्च स्थान पाने के लिए प्रयास करते हैं।
5. सफलता प्राप्त होने पर गर्व एवं प्रसन्नता की भावना जाग्रत होती है, तथा विफलता में स्वय को उत्तरदायी मानते हैं।

उपलब्धि प्रेरणा में 'उपलब्धि' की मान्यता अधिक है। यदि सचिन का प्रदर्शन विपुल की अपेक्षा जीवन के हर क्षेत्र में उत्तम है अर्थात उसके परीक्षा में उच्च प्रतिशत रहता है, खेल में, सांस्कृतिक कार्यक्रम में, व्यवहार में तथा अन्य सभी दृष्टिकोण से सचिन का निष्पादन (Performance) विपुल से उत्तम है, यदि हम विपुल को पूछें कि सचिन के आपसे काफी अंक ज्यादा हैं ऐसा क्यों ? उसका उत्तर मिलता है कि 'तो क्या हुआ'। सभी ऐसे प्रश्नों में विपुल का उत्तर 'तो क्या हुआ' मिलता है। काफी समय बाद सचिन कोई बड़ा आफिसर बन जाता है फिर भी विपुल का उत्तर 'तो क्या हुआ' ही रहता है। यदि हम इसका विश्लेषण करें तो हमें अवश्य लगेगा कि सचिन के जीवन में उपलब्धि प्रेरणा का प्रभाव प्रर्याप्त विद्यमान है जबकि विपुल में इसके विपरीत विफलता परिहार की प्रवृत्ति है।

इसी प्रकार अनेक देशों की आर्थिक, सामाजिक एवं सांस्कृतिक परिस्थितियों में पर्याप्त भिन्नता होती है। यदि हम आर्थिक वृद्धि की समस्याओं का मनोवैज्ञानिक अध्ययन करें तो मैक्लीलैण्ड के अनुसार इस समस्या के अन्तर्गत व्यक्तिगत एवं राष्ट्रीय कारकों को समझना आवश्यक है। आर्थिक चरों (Economic variables) से समस्या को स्पष्ट नहीं किया जा सकता। इसमें सामाजिक एवं मनोवैज्ञानिक तत्त्व अधिक प्रभावकारी हैं। उनका मत है कि आधारभूत विश्वासों एवं अभि-

वृत्तियों में परिवर्तन कुछ राष्ट्रों की आर्थिक वृद्धि में सहायक सिद्ध हुए हैं और व्यक्तियों की उपलब्धि प्रेरणाओं की शक्ति आर्थिक वृद्धि में अन्तर के कारण हैं।

उपलब्धि प्रेरणा के अध्ययन

1. ऐटकिन्सन एवं रीटमैन ने एक अध्ययन में यह निष्कर्ष ज्ञात किया है कि प्रेरक की अधिकता में व्यक्ति उन्हीं कार्यों को करना अधिक पसन्द करते हैं जिनमें वह अपनी प्रवीणता प्रदर्शित कर सकें।

2. मैक्लीलैण्ड तथा उसके साथियों ने तरंग निर्माण (Fantacy production) का प्रयोग उपलब्धि प्रेरणा में किया तथा चित्र दिखा कर कहानी लिखने के लिए कहा। एक व्यक्ति जो चित्र में कार्य की सफलता एवं सम्पन्नता को व्यक्त करता है, उसे उच्च उपलब्धि प्रेरणा वाला तथा इसके विपरीत विचारों को प्रदर्शित करने वालों को निम्न उपलब्धि प्रेरणा वाले कहा।

3. ऐटकिन्सन एवं फेदर के प्रयोगात्मक अध्ययन से उच्च उपलब्धि प्रेरणा में सफलता प्राप्ति और विफलता उपेक्षा की प्रवृत्ति साथ-साथ सक्रिय रहती है। इस क्रिया में व्यक्ति को दिया गया कार्य और लक्ष्य प्रोत्साहन मूल्य दो प्रमुख परिस्थितिपरक (Situational) कारक विद्यामन रहते हैं। इसे निम्न समीकरण द्वारा प्रस्तुत किया गया है।

$$T_s = M_s \times P_s \times I_s$$

T_s = सफलता प्राप्ति प्रवृत्ति, M_s = सफलता प्राप्ति से सम्बन्धित प्रेरक, P_s = सफलता प्राप्ति की सम्भावना और I_s = लक्ष्य प्रोत्साहन मूल्य की गणना। इससे स्पष्ट है कि सफलता प्राप्ति प्रवृत्ति M_s, P_s और I_s का गुणनफल है। उपलब्धि प्रेरणा में सक्रिय विफलता उपेक्षा (Failure avoidance) प्रवृत्ति को भी निम्न समीकरण द्वारा दर्शाया गया।

$$T_f = M_{af} \times P_f \times I_f$$

T_f = विफलता उपेक्षा प्रवृति, M_{af} = विफलता उपेक्षा से सम्बन्धित उत्पन्न चिन्ता, P_f = विफलता सम्भावना और I_f = विफलता प्रोत्साहन मूल्य।

$T_s + T_f$ का मान धनात्मक तथा उच्च होने से उपलब्धि प्रेरणा से सम्बन्धित निष्पादन सफल एवं उत्कृष्ट होगा। इसके विपरीत मान कम होने से निष्पादन कठिन होगा।

4. एटकिन्सन और लिटविन के अध्ययन से पता चलता है कि जिन व्यक्तियों में T_s प्रबल मात्रा में होता है और T_f का मान निम्न रहे तो व्यक्ति कार्य की सफलता में अधिक समय तक प्रयास करते हैं।

5. मैक्लीलैन्ड एवं सहयोगियों ने प्रासंगिक बोध परीक्षण (T.A.T.) प्रयुक्त कर प्रयोज्य के तरंगों के बारे में सूचना एकत्रित की। उन्होंने प्रासंगिक बोध परीक्षण

में चित्रों के बारे में प्रयोज्यों द्वारा लिखी गई कहानियों का मात्रात्मक एवं गुणात्मक अध्ययन किया। उनके अनुसार माता-पिता की आशाएँ उनके बच्चों में उपलब्धि प्रेरणा के स्तर के सापेक्ष होती हैं। धार्मिक विश्वास, व्यक्तिगत एवं सामाजिक मूल्य आदि में परिवर्तन उच्च उपलब्धि प्रेरणा में बदल सकते हैं।

उपलब्धि प्रेरक का विकास

वर्तमान समय में उपलब्धि एक महत्त्वपूर्ण आवश्यकता हो गई है। उपलब्धि प्रेरक का विकास अनेक तत्त्वों से प्रभावित होता है। घर, समाज, समुदाय, विद्यालय आदि बालक के जीवन के प्रथम चरणों में अभिवृत्ति एवं प्रेरकों के विकास के प्रशिक्षण में सहायक होते हैं। माता-पिता की आशाओं एवं निदेशन बच्चे के जीवन में शुरू से ही उच्च उपलब्धि प्राप्ति की आवश्यकता की भावना को भर देते हैं। उपलब्धि प्राप्त करने वाले बालकों की अपेक्षा उच्च उपलब्धि प्राप्त करने वाले बालकों की माताएँ अपने पुत्रों से कम आयु में ही उत्कृष्टता चाहती हैं। समाज, समुदाय एवं संस्कृति उपलब्धि प्रेरक के विकास में महत्त्वपूर्ण कारक हैं।

1. महान पुरुषों का जीवन परिचय एवं उनके कार्यों की उपलब्धियाँ बालकों के लिए प्रेरणा के स्रोत हैं। अध्यापक इन व्यक्तियों की कहानियाँ सुनाकर उपलब्धि प्रेरकों को स्पष्ट कर सकते हैं। ये प्रेरक बालकों के आतमसम्मान को बढ़ाने में महत्त्वपूर्ण होंगे।

2. अध्यापक को विद्यालय परिसर में उचित वातावरण स्थापित करने का प्रयास करना चाहिए। वह बालकों में उपलब्धि प्रेरकों की अपने व्यवहारिक क्रियाओं द्वारा जागृति ला सकता है। बच्चों को इस बात से भी सन्तुष्ट कर सकता है कि नए प्रेरकों का विकास वास्तविक एवं तर्कसंगत होता है। इन प्रेरकों का सम्बन्ध बच्चों के भविष्य से स्पष्ट करना आवश्यक है।

3. कक्षा में उपयुक्त सामाजिक वातावरण का निर्माण कर छात्रों में "हम" भावना का विकास करना आवश्यक है। यह सामाजिक मूल्य एवं आदर्श को समझने में मदद करेगा।

4. बच्चों की उच्च उपलब्धियाँ स्वयं प्रेरक का कार्य करती हैं। अतः उन सभी प्रमुख उपलब्धियों का आलेख तैयार करवाने में अध्यापक को जोर देना चाहिए जिनमें बालको ने प्रगति की है। नए विकसित प्रेरकों को जीवन की अन्य उन्नत उपलब्धियों की प्राप्ति के लिए प्रोत्साहित करना चाहिए।

5. बच्चों में उच्च आदत निर्माण एवं स्वाध्याय के लिए प्रेरणा जाग्रत करना चाहिए जिससे आत्मप्रेरणा स्थापित होने से उद्देश्य की प्राप्ति हो सके। अतः बालकों को व्यक्तिगत उत्तरदायित्व के कार्य सौंपे जाने चाहिए।

4. प्रेरणा का मनोविषलेणात्मक सिद्धान्त
(The Psychoanalytical Theory of Motivation)

मनोविश्लेषणात्मक सिद्धान्त का विकास सर्वप्रथम फ्रायड (Freud) द्वारा किया गया। उनके अनुसार यौन ही एक प्रारम्भिक प्रेरक शक्ति है। मानव मन अहं, इदम्, और परम अहं द्वारा संरचित होता है तथा मानव व्यवहार की व्याख्या में अचेतन प्रेरणाएँ प्रमुख होती हैं। व्यवहार के कारणों का पता मनोवैज्ञानिक विश्लेषण के आधार पर मालूम किया जा सकता है। फ्रायड के अनुसार—

1. प्रत्येक व्यक्ति एक विशिष्ट रूप से व्यवहार करता है क्योंकि जिस प्रकार की क्रिया व्यक्ति करता है उसकी ऐसी क्रिया के पीछे कुछ न कुछ कारण होते हैं।

2. मनोविश्लेषण किसी क्रिया के प्रदर्शन में उसके बल एवं शक्ति के स्वरूप को स्पष्ट कर सकता है।

3. मनोवैज्ञानिक नियमों के अन्तर्गत व्यवहार की व्याख्या की जा सकती है।

4. व्यक्ति के अचेतन व्यक्तित्व की विवेचना के आधार पर व्यवहार ज्ञात किया जा सकता है।

अचेतन प्रेरणाएँ (Unconscious Motivation)

फ्रायड ने अपने मानसिक रोगियों का निरीक्षण और उपचार कर व्यवहार को स्पष्ट करने में कुछ प्रत्ययों (Concepts) का विकास किया। उनका एक प्रमुख प्रत्यय सन्तुलन है। इसके अनुसार नाड़ी तंत्र किसी भी सीमा तक उत्तेजना बढ़ा सकता है। दैनिक जीवन के अधिकतर व्यवहारों का स्रोत अचेतन मन है। मानव की जिन इच्छाओं की पूर्ति नहीं होती है वह दमित होकर अचेतन मन में चली जाती है परन्तु समय के अनुसार चेतन मन में आकर सन्तुष्टि के लिए प्रयत्न करती रहती है। अतः निश्चित है कि यह हमारी सभी व्यावहारिक क्रियाओं को प्रभावित करती रहती हैं।

फ्रायड ने मन को गतिशील बनाने में मूल प्रवृत्तियों को माना और कहा कि मन की चालक कुछ मूल प्रवृत्तियाँ हैं। इन्हीं के द्वारा अहं, इदम् और परम अहं क्रियाशील होते हैं। ये उत्तेजना के आन्तरिक स्रोत होते हैं और इन उत्तेजनाओं को कम करने में व्यक्ति कार्य करने के लिए क्रियाशील हो जाता है। तनाव को समाप्त करने की इस क्रिया को प्राथमिक प्रक्रिया कहा जाता है।

व्यक्तित्व की संरचना

पूर्व स्थापित प्रक्रिया में शक्ति प्रवाहित होने से दूसरी प्रक्रिया प्रारम्भ हो जाती है। व्यक्तित्व की संरचना का स्वरूप स्पष्ट करते हुए फ्रायड ने इसे इदम्, अहं और परम अहं से निर्मित बताया। इदम् (Id), अहं (Ego) और परम अहं (Super ego) की आपसी अनुक्रिया का परिणाम व्यवहार है। इदम् अचेतन मन में अतृप्त इच्छाओं को इंगित करता है और मूल प्रवृत्यात्मक शक्ति को अपनी इच्छाओं की सन्तुष्टि में तुरन्त खर्च करना चाहता है तथा सुख के सिद्धान्त पर आधारित है। अहं वास्तविकता के सिद्धान्त पर कार्य करता है। यह चेतन मन है और वातावरण के अनुसार आवश्यकताओं की सन्तुष्टि इदम् को इच्छानुसार ज्ञानात्मक स्तर पर करता है। अर्थात इच्छाओं पर नियंत्रण रखकर भले-बुरे परिणाम को सोचता है। परम अहं, इदम् द्वारा असामाजिक आवेगों को रोककर अहं को नैतिक उद्देश्यों की ओर संकेत देता है और अहं तथा इदम् पर नियत्रण करता है। एक पूर्ण समा-योजित व्यक्ति में इन तीनों पद्धतियों में सन्तुलन बना रहता है जबकि असमायोजित व्यक्ति में यह सन्तुलन नहीं होता।

आलोचना

1. यह सिद्धान्त प्रेरकों के विकास एवं संरचना के सिद्धान्त पर निर्भर है। इस सिद्धान्त द्वारा व्यवहार की अनेक क्रियाओं का स्पष्टीकरण करना कठिन है तथा सभी व्यवहार द्वारा लागू नहीं हो सकता है।

2. यह मूलतः व्यवहार में आन्तरिक प्रेरकों पर अधिक बल देता है और काल्पनिक प्रेरकों का जिक्र नहीं करता है।

3. प्रौढ़ावस्था में पूर्व अनुभव महत्त्वपूर्ण हैं जबकि इस सिद्धान्त में व्यवहार के विकासात्मक अवयवों को प्राथमिकता दी जाती है।

4. वातावरण में विकट समस्या उत्पन्न होने पर अहं में तनाव और चिन्ता उत्पन्न हो जाती है। व्यक्तित्व में इस प्रकार सन्तुलन बनाने में अहं का मानसिक यांत्रिकी जैसे दमन, प्रक्षेपण आदि का प्रयोग करना पड़ सकता है।

5. अधिगम पर आधारित प्रेरणा सिद्धान्त
(Learning-Based Motivation Theories)

अधिगम के सभी सिद्धान्तों में प्रेरणा का बहुत महत्त्व है। मानव व्यवहार को स्पष्ट करने में प्रेरणा मानव प्रकृति के प्रत्यय से जुड़ी हुई है। उद्दीपन-अनुक्रिया के सिद्धान्तों में शारीरिक चालकों से व्यवहार की प्रेरणा की उत्पत्ति होती है। प्रेरणा

आन्तरिक या बाह्य उद्दीपनों से उत्पन्न कार्य करने की इच्छा है। वर्तमान व्यवहार के कारणों को व्यक्त करने में उद्दीपन अनुक्रिया के सिद्धान्त पूर्व अनुभवों को अधिक महत्त्व प्रदान करते हैं। ज्ञानात्मक क्षेत्र सिद्धान्त के मनोवैज्ञानिक मानव को एक उद्देश्यपूर्ण, आत्म-सृजनशील एवं चिन्तनशील मानते हैं। इस सम्प्रदाय के मनोवैज्ञानिक प्रेरणा की उत्पत्ति को उस मनोवैज्ञानिक स्थिति का मानते हैं जो कि व्यक्ति के जीवन क्षेत्र में असन्तुलन पैदा करता है। व्यवहार कई अवरोध चिन्ताओं को पार कर लक्ष्य की दिशा में होता है। लक्ष्य के क्षेत्र में पहुँचने पर चिन्ताओं को दूर करना ही प्रेरणा है। इसमें सफलता और असफलता प्रेरक का काम करती है। ज्ञानात्मक सिद्धान्त वर्तमान अनुभवों पर अधिक बल देते हैं। जिन मनोवैज्ञानिकों ने अधिगम सिद्धान्त का वर्णन किया है उन्होंने प्रेरणा के महत्त्व को अपने सिद्धान्त में समझाने का प्रयत्न किया और प्रेरणा के प्रत्यय को स्पष्ट किया। इन मनोवैज्ञानिकों में उद्दीपन अनुक्रिया और ज्ञानात्मक क्षेत्र सिद्धान्त के दो सम्प्रदाय हैं। उद्दीपन अनुक्रिया के अन्तर्गत थार्नडाइक, हल एवं स्किनर तथा क्षेत्र सिद्धान्त में लेविन और टोलमैन के सिद्धान्तों में प्रेरणा का संक्षिप्त वर्णन निम्न दिया गया है।

1. थार्नडाइक—इनके तीन प्रमुख नियमों में प्रभाव का नियम सर्वाधिक महत्त्वपूर्ण माना जाता है। इस नियम के अनुसार जितनी ज्यादा सन्तुष्टि अधिगम क्रिया में होती है उसी के समरूप उद्दीपन अनुक्रिया के मध्य सम्बन्ध दृढ़ होते हैं और यदि असन्तुष्टि अधिक है तो सम्बन्ध कमजोर होगा। प्रभाव के नियम के रूप में थार्नडाइक ने पुनर्बलन माना है। अधिगम में प्रेरणा भोजन के प्रलोभन और उसकी कमी पर आधारित होती है। तत्परता और सम्बन्ध भी प्रेरणा का मुख्य स्रोत कहा गया है। व्यक्ति के लिए भोजन की आवश्यकता तभी होगी जबकि वह भूखा है। उसके तैयार होने की अवस्था से प्रेरणा की पुष्टि की जा सकती है। कहने का अर्थ यह है कि थार्नडाइक के तत्परता के नियम से प्रेरणा का सिद्धान्त निहित है।

2. हल—इनके सिद्धान्त को चालक या आवश्यकता-न्यूनता सिद्धान्त अथवा पुनर्बलन सिद्धान्त कहा जाता है। जब किसी चीज की आवश्यकता होती है तो प्राणी क्रिया करना प्रारम्भ करता है। इसमें आवश्यकता या चालक द्वारा सम्बन्धित क्रिया चलित या प्रेरित होती है। चालक की इन प्रेरणात्मक विशेषताओं के कारण आवश्यकता की प्राप्ति की जा सकती है। हल ने थार्नडाइक के प्रभाव के नियम में पुनर्बलन को क्रमबद्ध गति देकर प्रेरणा का सिद्धान्त विकसित किया। अन्तर सिर्फ इतना है कि "सन्तुष्टि" को हल ने "चालक-न्यूनता" (Drive-reduction) कहा। यहाँ चालकों के स्रोत से अलग-अलग आवश्यकताएँ सम्बन्धित होती हैं और भिन्न उद्दीपनों को प्रदर्शित करते हैं। पुनर्बलन के लिए यह आवश्यक है कि चालक शक्ति की उत्पत्ति तथा आदतों की स्थापना में चालक एक आवश्यक अवस्था है।

स्किनर—इन्होंने पुनर्बलक को ऐसा साधारण घटक माना है जो कि अनुक्रिया की दर को बढ़ाता है। अनेक प्रकार के पुनर्बलक व्यवहार को सुनिश्चित करने का कार्य करते हैं। इसके साथ ही स्किनर ने विभिन्न पुनर्बलन की अनुसूचियाँ विकसित की हैं। इन अनुसूचियों के आधार पर भी व्यवहार के निश्चित स्वरूप का मापन किया जा सकता है। पानी, भोजन, यौन, सामाजिक मान्यता, द्रव्य, पीड़ा आदि अनेक पुनर्बलकों का स्किनर ने विस्तृत रूप से व्याख्या की तथा अपने सिद्धान्त में इनके महत्त्व पर गहरा प्रकाश डाला। प्रेरणा के सिद्धान्त को उन्होंने अपने प्रयोगों द्वारा विकसित करने का अथक प्रयास किया है।

अधिगम के ज्ञानात्मक क्षेत्र सिद्धान्त में ज्ञानात्मक संरचना एवं सम्पूर्ण क्षेत्र का प्रत्यक्षीकरण पर अधिक बल दिया जाता है। किसी भी घटना के ज्ञान में पूर्व-ज्ञान, समझ एवं चिन्तन महत्त्वपूर्ण कारक हैं तथा प्रत्यक्षीकृत कारकों (Perceptual factors) से ज्ञानात्मक संरचना सम्बन्धित है। प्रेरणा के सिद्धान्त में यह संरचना ही प्रभावी होती है।

लेविन—प्रेरणात्मक संरचना के अन्तर्गत लेविन ने सदिश (Vector) तथा कषर्ण (Valence) और आवश्यकता तथा तनाव को प्रेरणा का कारण माना है। सभी व्यक्तियों में आवश्यकता की संरचना पृथक होती हैं। यह आवश्यकता तनाव उत्पन्न करती है और व्यक्ति क्रियाशील हो जाता है। तनाव एक ऐसी स्थिति है जिसमें उसके चारों ओर की पद्धतियाँ तनाव के परिवर्तन के समरूप बन जाती हैं। यह तनाव व्यक्ति के जीवन क्षेत्र में असन्तुलन पैदा करता है। व्यक्ति की क्रियाएँ जो तनाव कम करने में सहायक होती हैं सकारात्मक कषर्ण कहलाती हैं इसके विपरीत प्रभाव वाली क्रियाएँ नकारात्मक कषर्ण कहलाती हैं। यह तनाव लक्ष्य प्राप्ति तक बना रहता है। ये समस्त क्रियाएँ जीवन क्षेत्र की शक्तियाँ हैं। प्रेरणा में कषर्ण शक्ति लक्ष्य की दिशा में व्यक्ति को आकर्षित करती है। सदिश व्यवहार को लक्ष्य की ओर गति देता है। आवश्यकता उत्पन्न होने से बल गतिशील हो जाता है और क्रिया को सन्तुलित करने का प्रयास करेगा। ज्ञानात्मक मनोवैज्ञानिक प्रेरणा की प्रक्रिया में वर्तमान अनुभवों को अधिक महत्त्व देते हैं।

टोलमैन—इस मनोवैज्ञानिक ने प्रेरणा की समस्या का क्रमबद्ध रूप से अध्ययन किया। प्राणी किसी क्रिया के लिए गतिशील तब होता है जबकि उसकी किसी लक्ष्य के प्रति इच्छा होती है। ये इच्छाएँ शारीरिक बाधाओं या शारीरिक कमियों के कारण हो सकती हैं। टोलमैन ने कहा कि अधिगम चिह्नों अथवा संकेतों का अनुसरण करना है। अतः प्रेरणा में भूख, उत्तेजित होने की स्थिति तथा प्रत्याशा मुख्य कारण हैं। प्रत्याशा प्राणी के व्यवहार को नियंत्रित करती है। इनका सिद्धान्त इच्छा शक्ति एवं लक्ष्य वस्तु के प्रलोभन मूल्य पर अधिक बल देता है। इन्हीं तत्त्वों के आधार पर आवश्यकता निर्भर करती है। इस बात का भी संकेत

मिलता है कि किस हद तक व्यक्ति की प्रत्याशा, ज्ञानात्मक संरचना या रचनात्मक चित्र का प्रयोग व्यवहार अपनाने में किया गया है। इस सिद्धान्त में सीखना और क्रिया को अलग-अलग माना गया है। पुनर्बलन क्रिया के लिए यह आवश्यक हो सकता है परन्तु सीखने के लिए इसकी आवश्यकता नहीं भी हो सकती है।

प्रेरणा के कारक (Factors of Motivation)

प्रेरणा व्यवहार को एक निश्चित दिशा देकर शक्तिशाली बनाने का कार्य करती है। अधिगम क्रिया को मात्रात्मक एवं गुणात्मक स्वरूप देने में प्रेरणा एक मुख्य कारक है। डिसीको और क्रॉफोर्ड (Deccceo and Crawford) ने प्रेरणा देने वाले कारकों को निम्न चार भागों में बाँटा है—

1. उत्तेजना (Arousal)
2. प्रत्याशा (Expectancy)
3. प्रलोभन (Incentive)
4. अनुशासन (Discipline)

1. **उत्तेजना** (Arousal)—उत्तेजना से तात्पर्य है—व्यक्ति की जाग्रत (Alert) अवस्था तथा अनुक्रियात्मकता (Responsiveness) उत्तेजना व्यक्ति में शक्ति प्रदान करती है। हैब का कहना है कि उत्तेजना शक्ति प्रदानक (Energizer) है परन्तु निर्देशक नहीं। यह प्राणी के उत्तेजनशक्ति की सामान्य अवस्था का वर्णन करती है। जाग्रत अवस्था से व्यक्ति के व्यवहार की कार्य कुशलता में वृद्धि होती है। व्यक्ति में व्यवहार निपुणता (Efficiency) बढ़ जाती है। हैब (Hebb) ने उत्तेजना एवं व्यवहार का सम्बन्ध दर्शाते हुए कहा है कि व्यवहार निपुणता, सामान्य प्रायिकता वक्र (Normal probabilitiy curve) के अनुरूप उत्तेजना के स्तर से सम्बन्धित होती है। अर्थात उत्तेजना के सामान्य स्तर पर सर्वाधिक व्यवहार निपुणता एवं जैसे-जैसे स्तर निम्न या सामान्य से उच्च होता है व्यवहार निपुणता में भी कमी होने लगती है।

व्यक्ति को उत्तेजना आन्तरिक एवं बाह्य स्रोतों से मिलती है। व्यक्ति शारीरिक आवश्यकताओं की सन्तुष्टि के लिए स्वभाव से ही क्रियाशील रहता है। आन्तरिक स्तर जैविक आवश्यकताओं से लेकर मानसिक स्तर की आवश्यकताओं तक होती है। उत्तेजना के विभिन्न स्तरों पर चालक प्रेरणा व्यक्ति को क्रिया करने के लिए प्रोत्साहित करती है। बाह्य उत्तेजना वातावरण से मिलती है। वातावरण की नवीनता तथा उसमें उद्दीपन प्रेरणा के स्रोत हैं। इनसे व्यक्ति में उत्तेजना, उत्सुकता, भावुकता आदि का स्तर उच्च होता है। उत्तेजना के निम्न कारक भी प्रमुख हैं—

(i) **जिज्ञासा** (Curiosity)—जिज्ञासा वह प्रवृत्ति है जिसमें व्यक्ति वातावरण में स्थित तथ्यों का अन्वेषण ही नहीं करता बल्कि वह उन उद्दीपकों के

प्रति ज्ञान अर्जित करने का भी प्रयास करता है। यह बालकों को सुप्तावस्था से उत्तेजना में लाती है। यह बालकों को सीखने में सन्तोष ही नहीं देती बल्कि एक पारितोषिक का कार्य भी करती है, जो वस्तु आकर्षण का केन्द्रबिन्दु बन जाती है। उसी ध्यान आकर्षण का सम्बन्ध जिज्ञासा की प्रेरणा से है।

(ii) **चिन्ता** (Anxiety)—चिन्ता भी उत्तेजना के कारण से सम्बन्धित है। चिन्ता एवं संवेग अधिक चिन्ता अधिगम के स्तर को कमजोर करती है बल्कि सामान्य से निम्न स्तर की चिन्ता कार्यशीलता को बढ़ाती है। ऐलपर्ट, हेबर, सीमोर और उसके सहयोगी आदि के प्रयोगों से यह ज्ञात होता है कि चिन्ता प्रेरणा का स्रोत है और इससे सदैव ही कार्यशीलता कम नहीं होती है।

(iii) **नैराश्य** (Frustration)—जब व्यक्ति किसी कार्य को पूर्ण नहीं कर पाता है तो उसे निराशा होती है। उसके व्यवहार में नैराश्य के लक्षण दिखाई देते हैं। आक्रमण व्यवहार का एक कारक है। नैराश्य विस्थापन, प्रक्षेपण, सम्पूर्ति (Compensation) आदि मानसिक मनोरचनाओं (Mechanism) द्वारा दूर हो सकती है। लौसन के अनुसार नैराश्य शरीर को एक प्रकार की ऊर्जा प्रदान करती है। इस ऊर्जा का सदुपयोग रचनात्मक कार्यों के लिए किया जा सकता है। मनोवैज्ञानिक नैराश्य को प्रेरणा का प्रतीक मानते हैं और नैराश्य से व्यक्ति कार्य को पूरा करने का निश्चय कर सकता है। ऐसी उत्तेजना व्यक्ति को प्रेरित करती है। जैसे यदि कोई कड़ी मेहनत के बाद भी आई०ए०एस० में असफल होता है तो वह इस निराशा से और अधिक पढ़ने के लिए प्रेरित होता है। ऐसे नैराश्य बालक को सीखने हेतु जाग्रत करते हैं।

(iv) **उत्तेजन** (Stimulation)—उत्तेजना में उत्तेजन की प्रक्रिया सम्मिलित होती है। उत्तेजकों को वातावरण में प्रस्तुत करना और उत्तेजन करना भी प्रेरणा के प्रमुख कारक हैं। पाठ्यवस्तु को रुचिकर बनाने में उत्तेजन क्रिया का बहुत महत्त्व है। यह बालकों में सीखने की क्रिया को जाग्रत करती है।

2. **प्रत्याशा** (Expectancy)—हम किसी कार्य की कितनी मात्रा की अपेक्षा करते हैं और कितना वास्तविक कर पाते हैं यह उत्तेजना के कारण का स्रोत माना जाता है। वरूम (Vroom) ने प्रत्याशा को परिभाषित करते हुए कहा है कि—

"प्रत्याशा वह क्षणिक विश्वास है कि किसी विशेष कार्य से कोई निश्चित परिणाम अवश्य निकलता है।"

"Expectancy is a momentary belief that a particular outcome will follow a particular act."

उनके अनुसार प्रत्याशा और संयोजकता का गुणक प्रेरणा है अर्थात

$$\text{प्रेरणा} = \text{प्रत्याशा} \times \text{संयोजकता}$$

संयोजकता (Valence) का तात्पर्य व्यक्ति के प्रत्याशित सन्तोष (Expected satisfaction) से है। कहने का अर्थ यह है कि व्यक्ति किसी प्रत्याशित सन्तोष की प्रत्याशा से प्रेरित होता है। छात्रों की उच्च उपलब्धि अध्यापक की प्रत्याशा होती है। इसमें अनुदेशन के उद्देश्य प्रत्याशा का कार्य करते हैं। इस क्रिया में छात्र की प्रत्याशा तथा शक्ति सन्तुलन उद्देश्य प्राप्त करने का प्रयास करते हैं। प्रेरणा तभी कार्य करती है जब व्यक्ति को सफलता एवं विफलता में अधिक अन्तर न होने से व्यक्ति उद्देश्य प्राप्ति का अनुभव करता है।

3. **प्रलोभन** (Incentive)—वास्तव में मानव जीवन की लक्ष्य वस्तु है। वातावरण में उपस्थित वस्तुएँ (उद्दीपन) किसी क्रिया की ओर व्यक्ति को प्रेरित करती हैं। स्पेन्स का कथन है कि लक्ष्य तथा प्रलोभन द्वारा प्राणी की क्रियाओं को प्रेरित किया जा सकता है। स्किनर पुनर्बलन को प्रलोभन मानते हैं। यह व्यवहार को बल प्रदान करता है। प्रलोभन की प्रकृति के अनुसार ही व्यक्ति की कार्य करने की शक्ति प्रभावित होती है। अधिक प्रलोभन मिलने से प्रेरणा भी अधिक मिलेगी। अतः प्रलोभन तथा अधिगम में घनिष्ठ सम्बन्ध होता है। प्रशंसा, पुरस्कार, पृष्ठपोषण आदि प्रलोभन की तकनीकियाँ अधिगम की क्रिया को प्रेरित करती हैं।

4. **अनुशासन** (Discipline)—प्रेरित व्यवहार को नियमित करने में अनुशासन एक महत्त्वपूर्ण कारक है। इस क्रिया में कभी-कभी दण्ड द्वारा व्यवहार को नियंत्रित कर उद्देश्य की प्राप्ति की जा सकती है। क्योंकि दण्ड एक उद्दीपन के समान है जिससे व्यक्ति बचने का प्रयास करता है। इस विधि को यदि अन्य व्यक्तियों के समक्ष अपनाया जाए तो दण्ड प्रेरणा का कार्य करेगा। व्यक्ति वांछित व्यवहार करेंगे और भविष्य में गलत व्यवहार की पुनरावृत्ति नहीं करेगा। अनुशासन में यदि त्रुटिपूर्ण प्रतिक्रिया को सही विधि द्वारा प्रतिस्थापित (Substitute) किया जाए तो प्रत्यवस्थापन (Restitution) कहलाता है और यदि प्रयुक्त अनुशासनात्मक विधि दूसरों के व्यवहार को भी प्रभावित करे तो तरंग प्रभाव (Ripple-effect) कहलाता है। अतः प्रत्यवस्थापन और तरंग प्रभाव प्रेरणा की मात्रा में वृद्धि करते हैं। छात्रों में प्रेरणा विकसित करने के लिए निम्नलिखित बातें आवश्यक हैं—

1. व्यवहार की कुशलता में सजगता (Alertness), जागृति, उत्तेजना से वृद्धि होती है। अतः छात्रों को सीखने हेतु व्यस्त रखना चाहिए।
2. छात्रों को अधिगम के उद्देश्य एवं उसके महत्त्व को भली प्रकार समझ लेना अनिवार्य है। उच्च आकांक्षा स्तर का निर्माण कर छात्रों को सफलता की प्रत्याशा हेतु प्रेरित करना चाहिए।

3. बालकों को मनोवैज्ञानिक या भौतिक रूप से पुरस्कार देकर उच्च उपलब्धि हेतु उत्तेजित करना चाहिए।
4. बालकों के व्यवहार को अनुशासन तकनीकी से नियमित करना एक सफल प्रयोग है। समूह में पुरस्कार द्वारा किसी बालक की प्रशंसा करके प्रेरणा का प्रभाव बढ़ाया जा सकता है।

प्ररणा की प्रविधियाँ (Techniques of Motivation)

अध्यापक एवं छात्र दोनों एक व्यक्तित्व पद्धति को प्रदर्शित करते हैं। कुछ ऐसे वैयक्तिक गुण होते हैं जो प्रेरणा को सफलतम बनाते हैं। अध्यापन अधिगम को सुचारु रूप से विकसित करने में अध्ययनकर्ता में प्रेरणा का उपलब्ध होना आवश्यक है। सोखने वाले के पक्ष में प्रेरणा की पुष्टि वातावरण के तत्त्वों को निपुणता से प्रयुक्त करने, आवश्यकता की उत्तेजना या अध्ययनकर्ता के उद्देश्य वस्तु में प्रलोभन अथवा मूल्य निर्धारण से हो सकती है। मनोवैज्ञानिकों ने छात्रों को प्रेरित करने के लिए कुछ सामान्य प्रविधियों को विकसित किया। कुछ महत्त्वपूर्ण प्रविधियों का वर्णन निम्न है—

1. पुरस्कार एवं दण्ड (Reward and Punishment)—पुरस्कार एवं दण्ड छात्रों को प्रेरित करने की महत्त्वपूर्ण प्रविधि है। ये दोनों बाह्य प्रेरणा के स्रोत कहे जाते हैं। पुरस्कार किसी प्रशंसनीय कार्य के लिए दिया जाता है। इससे बालकों में रुचि उत्पन्न होती है। उनका मनोबल बढ़ता है और कार्य को करने के लिए प्रोत्साहन मिलता है। पुरस्कार को भौतिक पदार्थ, प्रशंसा या मनोवैज्ञानिक—किसी भी रूप में दिया जा सकता है। इससे आत्म-सम्मान, अहं की सन्तुष्टि, खुशी, आत्मविश्वास आदि भावनाओं का विकास होता है। छात्रों को सीखने के लिए प्रेरित करने में इसका सकारात्मक प्रभाव होता है। अध्यापक को यह ध्यान रखना चाहिए कि छात्र पुरस्कार के महत्त्व को समझें और छात्रों में बाह्य परिस्थितियों में भी स्वयं सीखने की जिज्ञासा का विकास हो।

दण्ड भी प्रेरणा की एक प्रविधि है। किसी अवांछनीय या गलत कार्य करने के लिए दण्ड देने से भय उत्पन्न होता है। यह व्यक्ति को अनुचित कार्य न करने के लिए प्रेरित करता है। अध्यापक को दण्ड का प्रयोग करते समय इसका ध्यान रखना चाहिए कि अनुचित दण्ड या आवश्यकता से अधिक दण्ड व्यक्तित्व में असन्तुलन पैदा कर सकता है।

2. प्रशंसा और निन्दा (Praise and Blame)—व्यक्ति अपनी उपलब्धियों के लिए कुछ न कुछ प्रशंसा प्राप्त करने का इच्छुक रहता है। कई मनोवैज्ञानिकों ने प्रशंसा तथा निन्दा (Reproof) के प्रभाव को जानने के लिए प्रयोग किए। हरलॉक के अध्ययन से ज्ञात होता है कि बालकों को प्रेरित करने में निन्दा

की अपेक्षा प्रशंसा अधिक प्रभावशाली होती है। निन्दा का प्रयोग गलत कार्य या अनुचित कार्यों के लिए किया जाए तो उसका अनुकूल प्रभाव पड़ेगा। परन्तु कई अध्ययनों से यह निष्कर्ष ज्ञात होता है कि प्रशंसा एवं निन्दा का प्रभाव वैयक्तिक भिन्नता से सम्बन्धित होता है। प्रशंसा को अच्छी दृष्टि, मुस्कराहट, शाब्दिक, (जैसे शाबास, बहुत अच्छा आदि) द्वारा व्यक्त कर सकते हैं। परन्तु अध्यापक को इनका प्रयोग अधिक सावधानी से करना चाहिए। प्रशंसा एवं निन्दा का सफल प्रयोग छात्रों के स्वभाव, व्यक्तित्व एवं पूर्ण प्राप्त अनुभवों पर आधारित होता है। कमजोर छात्रों पर निन्दा का प्रयोग मनोवैज्ञानिक दृष्टिकोण से अनुचित होगा।

3. सफलता और असफलता (Success and Failure)—यदि हमें किसी कार्य में सफलता मिलती है तो हमारी रुचि ऐसे कार्यों के प्रति और अधिक बढ़ जाती है। इस प्रेरणा प्रविधि का प्रयोग सामान्य स्तर के बालकों के लिए विशेष महत्त्व रखता है। बरनार्ड का कथन है कि सफलता से व्यक्ति में आत्मविश्वास का विकास होता है, जिसके आधार पर वह अपनी योग्यता के अनुसार जीवन लक्ष्यों को निर्धारित करता है। सफलता प्रेरणा का महत्त्वपूर्ण कारक है। प्रतिभाशाली छात्रों के लिए असफलता भी प्रेरणा का कार्य करती है। ये छात्र असफलता को चुनौती के रूप में स्वीकार करते हैं और कार्य के प्रति उनका प्रोत्साहन और अधिक सबल हो जाता है।

4. प्रतियोगिता एवं सहयोग (Competetion and Cooperation)—वर्तमान युग में जीवन के हर क्षेत्र में प्रतियोगिता का विशेष महत्त्व है। यह प्रेरणा की एक स्वस्थ प्रवृत्ति है। इसका स्वरूप व्यक्तिगत या सामूहिक दोनों हो सकते हैं। छात्र एक-दूसरे से अधिक अंक प्राप्त करना चाहते हैं। विभिन्न सेवाओं के चयन में ऐसी परीक्षाओं का प्रावधान होता है। छात्र प्रतियोगिता के माध्यम से उच्च उपलब्धि के लिए प्रयत्नशील रहता है। अतः यह अधिक परिश्रम करने की प्रेरणा देता है। सामूहिक प्रतियोगिता सहयोग की भावना उत्पन्न करती है और इससे सामूहिक रूप से कार्य को प्रोत्साहन द्वारा मिलता है। सहयोग द्वारा मिल-जुलकर कार्य करने की प्रवृत्ति जाग्रत होकर अधिक उन्नति किया जा सकता है। सहयोग लोकतांत्रिक प्रवृत्तियों को विकसित करने के लिए प्रेरित करता है। समाजीकरण के विकास में भी सहयोग प्रेरणा अधिक प्रोत्साहन प्रदान करती है।

5. परिणामों का ज्ञान (Knowledge of Results)—बालक अपनी प्रगति का ज्ञान परिणामों के आधार पर करता है। यदि परिणाम उत्तम होते हैं तो उसे पुनर्बलन तथा पृष्ठपोषण (Feedback) मिलता है। उदाहरणार्थ यदि गणित के प्रश्न हल करते समय तुरन्त सही उत्तर निकलता रहता है तो और अधिक प्रश्न हल करने की रुचि उत्तरोत्तर बढ़ती जाती है। अध्यापक के प्रश्न पूछने में यदि बालक सही उत्तर देता है और अध्यापक 'बहुत अच्छा' या 'शाबास'

आदि शब्दों से बालक को प्रोत्साहित करता है तो वह बालक के व्यवहार को पुनर्बलित करता है। यहाँ अध्यापक सही उत्तर के बारे में सूचना (पृष्ठपोषण) प्रदान करता है। बालक ऐसे व्यवहार से प्रेरित होकर क्रियाशील हो जाते हैं और उन्हें अधिक परिश्रम करने की प्रेरणा मिलती है। छात्रों को प्रगति चार्ट (Progress Chart) से अपनी प्रगति का बोध होता है। स्किनर के अभिक्रमित अनुदेशन से छात्र तुरन्त अपने निष्पादन (Performance) का ज्ञान प्राप्त करता है और यही निष्पादन का ज्ञान अधिगम क्रिया में प्रेरणा का कार्य करता है। इस क्रिया में हमें अपने पूर्व निष्पादन को सुधारने की चुनौती मिलती है।

6. नवीनता (Novelty)—हर व्यक्ति में नवीन कार्य को सीखने की जिज्ञासा एवं उत्सुकता होती है। नवीनता के प्रति उसमें उत्साह एवं स्वाभाविक रुचि होती है। अत: अध्यापक को अपने शिक्षण में नवीनता को अवश्य सम्मिलित करना चाहिए। इस नवीनता का तभी महत्त्व है जब अध्यापक पूर्व ज्ञान दृष्टि में रखते हुए उसका सम्बन्ध नवीन ज्ञान से करें। अध्यापक को शिक्षण में नवीनता लाने में पाठ्यवस्तु को विभिन्न प्रकार से प्रस्तुत करना चाहिए। छात्रों को नवीन ज्ञान के क्षेत्रों में प्रवेश करने के लिए नवीनता प्रविधि का प्रयोग करना चाहिए। ट्रेवर का मत है कि अध्यापक कार्य को खेल में परिवर्तित कर सकता है। खासकर छोटे बच्चे सुस्त नहीं बैठ सकते हैं बल्कि उन्हें अन्य बच्चों के साथ खेलना भी पसन्द है। नवीनता प्रविधि में परिवर्तन एवं विविधता का प्रयोग कर छात्रों के अधिगम की प्रवृत्ति को प्रोत्साहित किया जा सकता है।

7. आकांक्षा का स्तर (Level of Aspiration)—जीवन लक्ष्य की वस्तु या मूल्य आदि को प्राप्त करने के प्रति व्यक्ति की इच्छा की तीव्रता आकांक्षा स्तर कहलाती है। आकांक्षा स्तर व्यक्ति की शारीरिक और मानसिक योग्यता तथा वातावरण के अनुसार निर्धारित होना चाहिए, तभी जीवन में सफलता प्राप्त हो सकती है अन्यथा नहीं। आइजनेक के अनुसार, आकांक्षा स्तर एक सम्भावित लक्ष्य प्राप्ति है जो व्यक्ति स्वयं के कार्य निष्पादन के आधार पर निश्चित करता है। यह व्यक्ति के सामर्थ्य, योग्यताओं, बुद्धि, प्रत्याशाएँ, पूर्व उपलब्धियों आदि पर निर्भर करता है। यह प्रेरणा का एक महत्त्वपूर्ण कारक है। अत: शिक्षक का यह दायित्व हो जाता है कि आकांक्षा स्तर को ऊँचा उठाने के लिए छात्रों का मार्गदर्शन करे, जिससे छात्र जीवन निर्माण की दिशा में क्रियाशील रहें। इस प्रक्रिया में छात्रों को अधिगम क्रिया में सक्रिय रहने के लिए प्रोत्साहित करना चाहिए तथा लक्ष्य के अनुसार उनकी अहं-शक्ति को उत्तेजित करने का प्रयास करना चाहिए।

8. लक्ष्यों का निर्धारण (Setting of Goals)—लक्ष्योन्मुखी व्यवहार प्रेरणा का प्रतीक है। लक्ष्य को समझना एवं उसका निर्धारण करना कार्य की दिशा

की ओर संकेत करता है। शक्तिशाली लक्ष्य व्यक्ति को अधिक प्रेरित करता है और कठोर परिश्रम के लिए वह तत्पर रहता है। यह प्रेरणा का मुख्य अवयव बन जाता है। अत: अध्यापक को सम्भावित लक्ष्य प्राप्ति के लिए छात्रों को प्रेरित करना चाहिए जिससे वे निरन्तर कार्य के प्रति संलग्न रह सकें।

9. सहायक सामग्री (Material Aids)—किसी भी पाठ्यवस्तु के समुचित एवं सम्पूर्ण ज्ञान के लिए शिक्षण सामग्री उत्तेजक का कार्य करती है। छात्र श्रव्य-दृश्य साधनों द्वारा सीखने में अधिक रुचि लेते हैं। और ऐसे साधन उन्हें ज्ञानार्जन की प्रेरणा देते हैं। विद्यालय में उपलब्ध विभिन्न शैक्षिक उपकरणों की व्यवस्था विद्यार्थियों के लिए उत्तेजक का कार्य करते हैं। अध्यापक इन साधनों का शिक्षण क्रिया में कहाँ तक प्रयोग करता है। छात्रों को इनके समुचित प्रयोग से निश्चित ही सीखने में प्रेरणा मिलती है। अत: अध्यापन के लिए इनका चयन आवश्यक ही नहीं बल्कि अनिवार्य भी है।

10. अति-अधिगम (Over-learning)—यदि अभ्यास एवं परीक्षण बिना किसी त्रुटि के जारी रहता है तो नवीन चीज के धारण में वृद्धि की जा सकती है। जैसे कई वर्ष की अवधि के पश्चात पुन: साइकिल चलाना, काफी समय सितार न बजाने पर भी पुन: सितार बजा लेना आदि अति-अधिगमित (Over-learned) के उदाहरण हैं। प्रेरणा और धारण (Retention) की ऐसी प्रविधियों के लिए यह आवश्यक है कि बालक विशिष्ट एवं अमूर्त प्रत्ययों को सीख रहा हो। इसमें नवीन वस्तु को सीखने और उनकी पुनरावृत्ति के समय में पर्याप्त अन्तर रहना चाहिए। बच्चों को बिना पाठ्यवस्तु के समझे भी उसे याद करने के लिए प्रोत्साहित किया जाता है। अति अधिगम में अमूर्त सिद्धान्त या प्रत्ययों को सीखने के लिए इस प्रविधि का प्रयोग किया जाता है।

11. रुचि का विकास (Development of Interest)—प्रेरणा की मुख्य प्रविधियों में बालकों की रुचि को मान्यता प्रदान करना भी है। रुचि से बालकों का ध्यान पाठ्यवस्तु के प्रति आकर्षित होता है। अधिगम क्रिया में अध्यापक को छात्रों में मनोवैज्ञानिक एवं सामाजिक आवश्यकताएँ उत्पन्न करनी चाहिए। अधिगम को छात्रों के व्यावहारिक जीवन से सम्बन्धित करना भी आवश्यक है। छात्रों की रुचियों के अनुसार शैक्षिक वातावरण का निर्माण प्रेरणा का स्रोत बन जाती है।

प्रेरणा, शिक्षण एवं अधिगम परस्पर एक जटिल पद्धति है। वास्तव में यह अध्यापक, विद्यार्थी एवं समय पर आधारित है। इन सबमें अध्यापक का स्थान, उसकी शिक्षण विधि एवं उसकी कक्षागत समस्याओं के निराकरण की शैली सर्वोपरि है। एक सफल शिक्षक विचारों का कलाकार है। वह बीते हुए समय को वर्तमान जैसा स्पष्ट कर सकता है और भविष्य को यथासम्भव आज जैसा बना

लेता है। अध्यापक की पृष्ठभूमि, व्यक्तित्व, आदर्श, नैतिकता आदि शिक्षण को प्रदर्शित करते हैं।

अनुसंधान से प्राप्त निष्कर्षों से विदित होता है कि जो शिक्षण विधियाँ अधिक प्रजातांत्रिक हैं—अर्थात छात्रों की सहभागिता को प्रोत्साहित करना, छात्र या समूह को उत्तेजित करना, वार्तालाप, सामूहिक शिक्षण आदि—वे अन्य विधियों से उत्तम होती हैं। ऐसे अध्यापक ही अधिगम एवं प्रेरणा में अधिक सफल होते हैं जो छात्रों में ज्ञान प्राप्त करने हेतु प्रेम एवं सहानुभूति से आत्म-प्रेरणा जगाते हैं और उन्हें स्वयं अच्छे अध्यापक बनने की प्रेरणा देते हैं।

□□